닮음

닮음 3

김 향 안 지음

GLORIA

머리말

시편의 영성과 성서 인물

성경은 하나님의 책이다. 성경은 하나님께서 스스로를 우리에게 계시하신 책이다. 성경에서 우리는 하나님의 존재, 속성 그리고 우리와 세계를 향하여 가지신 감정을 찾을 수 있다. 그리고 성경은 하나님께서 과거와 현재 그리고 미래를 초월하여 펼치고 성취하신 구원 계획을 보여준다. 그러므로 우리는 성경의 근본 저자가 하나님이심을 믿는다.

"모든 성경은 하나님의 감동으로 된 것으로…"(딤후 3:16a)

동시에 성경은 사람의 책이다. 좀 더 나아가 사람을 위한 책이다. 성경에는 무수한 인물들이 등장한다. 세대주의 방법으로 계산하는 연수만 해도 6,000년이 족히 넘으니 그동안 등장하는 인물이야 오죽 많으랴! 우리가 알고 있는 어떠한 대하소설도 이만한 세월을 아우르지 못한다. 이처럼 많은 인물을 등장시키지 못한다. 성경은 무수한 등장인물들이 하나님과 어떠한 관계 속에서 살았는지를 보여준다. 그들의 신앙과 삶은 오늘을 사는 우리에게도 교훈이 된다. 곧 우리의 신앙과 삶에 대한 방향과 지표를 보여주는 것이다.

"교훈과 책망과 바르게 함과 의로 교육하기에 유익하니"(딤후 3:16b)

시편은 예수님이 있던 당시에도 존재하였다. 신약시대에 성경이라 함은 구체적으로 구약을 가리킨다. 예수님은 사랑을 가르치시며, 온 율법과 선지자의 강령을 말씀하셨다(마 22:40). 이로 보아 우리는 구약이 율법과 선지서로 되어 있음을 유추할 수 있다. 다른 부분에서 예수님은 율법과 선지자의 글과 시편을 말씀하셨다(눅 24:44). 이를 보면 구약이 세 부분으로 이루어졌음을 알게 된다. 복음서의 저자들은 시편을 인용하며 시편의 예언이 구체적으로 예수에게 적용되었음을 증언한다.

시편에는 하나님에 대한 은유적 표현이 매우 많다. 시편 18장 2절이 잘 설명해 준다.

"여호와는 나의 반석이시요 나의 요새시요 나를 건지시는이시요 나의 하나님이

시요 나의 피할 바위시요 나의 방패시요 나의 구원의 뿔이시요 나의 산성이시로다"

이런 표현은 하나님이 어떤 분인지를 고백, 선포하는 형식이다. 이러한 은유는 성경 기록자의 믿음을 나타낸다. 저자가 당한 고난, 그가 누렸던 기쁨, 하나님과 교제하며 깨달은 진리, 묵상 중에 얻은 은혜 등을 은유적으로 표현한다. 이러한 은유적 표현은 시편 도처에서 살펴볼 수 있다.

은유적 표현은 하나님의 말씀에 대하여도 적용된다. 대표적인 구절이 시편 19장 7~9절이다.

"여호와의 율법은 완전하여 영혼을 소성시키며 여호와의 증거는 확실하여 우둔한 자를 지혜롭게 하며 여호와의 교훈은 정직하여 마음을 기쁘게 하고 여호와의 계명은 순결하여 눈을 밝게 하시도다 여호와를 경외하는 도는 정결하여 영원까지 이르고 여호와의 법도는 진실하여 다 의로우니"

이미 시편 기자는 하나님과 교제하고, 진리를 묵상하는 어떤 지침을 가지고 있었다고 할 수 있다. 그 지침을 사용하여 그는 영적 침체가 올 때 그것을 극복하였고, 기쁜 일이 있을 때 하나님을 찬송 할 수 있었다.

이상으로 보아 시편은 매우 영적인 책이라 하겠다. 그러나 성경이 사람을 위한 책이라면 시편도 역시 사람들에게서 나는 냄새를 맡을 수 있다. 시편에서 우리는 현실세계에서 사람들이 느끼는 다양한 감정을 접하게 된다. 긍정적 감정으로 기쁨, 승리감, 희망, 용서, 감사, 신뢰, 경외, 사랑, 겸손 등이 있다. 한편 부정적 감정으로는 슬픔, 분노, 절망, 수치, 두려움, 애통, 괴로움, 의심, 교만 등이 나타난다. 시편은 이러한 감정을 어떻게 처리하는지 우리에게 보여준다. 우리는 시편을 통해 긍정적 감정들은 어떻게 승화시키며, 부정적 감정들은 어떻게 극복하는지를 배우게 된다. 그러므로 시편은 매우 인간적인 책이라 하겠다.

시편은 다양한 장르(genre)의 시들을 모은 모음집이다. 시편의 장르는 크게 나누어 일곱 가지이다.

찬양시, 탄식시, 감사시, 신뢰의 시, 회상의 시, 지혜시, 제왕시이다. (트램퍼 롱맨 『시편을 어떻게 읽을 것인가?』)

이러한 장르들은 콘텍스트(Context) 즉 사람의 처한 상황을 표현하고 있다. 사람은 여러 상황 속에서 다양한 감정을 경험한다. 그 감정을 처리해나가는 과정에서 인격적 성숙을 이루고 영적인 깊이를 경험해 간다. 그러므로 시편은 하나의 문학작품이다. 곧 영적 색채를 강하게 지닌 영적 문학모음집이다.

이제 우리는 새롭게 시편을 탐색하려고 한다.

두 가지 관점을 정하고 두 가지 관점을 동시에 추구해 나갈 것이다. 두 가지 관점은 곧 하나님과 사람이다. 먼저는 하나님의 관점으로 하나님을 향한 신앙 고백, 하나님 경험, 하나님을 찬양하는 것 곧 영적인 부분을 탐구할 것이다. 한편 사람의 관점에서는 사람의 상황 극복, 표현되는 감정, 그 감정 처리 등을 살필 것이다. 긍정적 감정들을 승화시키는 과정에서 우리는 기쁨을 누리는 방법을 알게 되며, 부정적 감정들로 인한 고통이 해소되는 과정을 보며 치유를 경험하게 될 것이다. 이는 성경이 하나님의 책이며, 동시에 사람을 위한 책이라는 두 관점의 대전제를 만족시키는 시도이다.

우리는 시편과 성경 인물을 볼 것이다. 시편을 한 편씩 볼 때마다 성경 인물 한 사람을 이야기 할 것이다. 구체적으로 그 인물의 신앙과 됨됨이 그리고 행적들을 시편이라는 창을 통해 바라볼 것이다. 즉 시편이 사람의 영적 동향과 행적을 비추는 거울의 작용을 하는 것이다. 그 거울은 곧 나를 비추는 거울이다. 인물 한 사람의 영성과 행동은 그 시대 그 사람으로 끝나지 않는다. 시편은 그 시대 그 사람의 신앙과 한 번의 상황으로 끝나지 않는다. 오늘 이 시대 나의 상황에도 똑같이 나타날 수 있다. 이러한 연속성 때문에 성경은 영원한 진리임을 스스로 증명한다.

사람이 가진 영성이 그의 행동을 좌우한다. 우리는 성경 속에서 사람의 성공을 보며 하나님이 요구하시는 영성이 어떤 것인지, 사람의 실패를 보며 하나님이 싫어하시는 영성은 어떤 것인지 알게 된다. 물론 사람이 성공과 실패의 평가 기준을 세울 수 없다. 하나님만이 평가의 절대적 기준이 되신다. 게다가 당대의 성공만이 영원한 성공이 아니며 역사가 그의 성공을 인정해 줄 때 비로소 완전한 성공이 된다. 우리는 시편을 통해 성공하는 영성, 역사가 인정하는 영성, 하나님이 인정하시는 영성 곧 시편 기자들이 어떤 영성을 가지고 있으며, 그들이 추구하는 영성의 방향을 알게 된다.

성경은 훌륭한 사람만 등장하지 않는다. 평범한 사람도 등장한다. 성공한 사람만 등장하지도 않는다. 실패한 사람도 많이 등장한다. 어찌 보면 실패한 사람들이 더 많이 등장한다. 성경에는 평범하게 살다 간 사람과 이름만 올라와 있는 사람이 수 없이 많다. 우리는 성공한 사람도 보고, 실패한 사람도 볼 것이다.

훌륭한 사람과 평범한 사람을 통해 그들의 영성과 신앙, 그들의 삶과 선택의 결과들을 함께 탐구해 나가고자 한다. 성경의 수많은 인물들을 다 살필 수는 없다. 한 편에 한 사람씩 고작 150명이다. 전체적으로 보았을 때 150명은 적은 수이다. 그러나 우리가 인생을 살며 알고 지내는 사람의 수가 200명 내외라고 하면 150명은 매우 많은 숫자이다.

시편 속에 거론된 인물이 일차적인 탐구대상이 될 수 있다. 시편과 약간의 연관성이 있는 인물 역시 우리의 탐구 대상이다. 그러나 시편과 거리가 먼 인물도 우리의 탐구의 대상이 될 수 있다. 정작 중요한 것은 인물의 선정이 아니라, 그 인물의 내면세계를 보는 창이 곧 시편이라는 점이다. 그 인물의 겉으로 드러나지 않는 깊은 속을 살피는 현미경으로 시편을 사용한다는 점이다.

인물의 삶과 영성을 이해하는 방법으로 시편을 사용할 것이다. 이로써 시편은 우리의 영성을 풍부하게 하는 영적 양식이 될 것이며, 우리의 병든 영혼을 치유하는 영적 양약이요, 우리의 신앙을 건전하고 바르게 이끄는 영적 지침이 될 줄로 믿는다.

아무쪼록 본서와 함께 "시편의 영성산책"을 떠나는 독자들이 시편의 주인공이 되어 함께 기쁨과 슬픔을 나누면서 하나가 될 때 주님 닮는 감격의 기쁨이 넘치기를 축원합니다.

2010년 10월 4일

김항안 목사

CONTENTS

시편 101편
민감함의 영성과 야고보

의장 야고보

예루살렘 교회에 회의가 열렸다. 의제는 이방인이 과연 구원받는 것이 하나님의 뜻에 합당한가에 대한 결론을 내리는 것이다. 바울과 바나바는 제1차 전도여행을 통해 아시아에 복음을 전하고 교회를 세우며 구원받는 사람이 생겨나는 것을 보았다. 바울과 바나바가 전도여행에서 돌아와 이 같은 사실을 보고한다. 그들은 이방에 복음을 전하러 갔고 목적한 바를 이루었으니 당당하게 보고할 수 있다. 그런데 보고를 듣고 혼동하는 사람들이 있었다. 보수적인 유대인들이다. 그들은 이방 민족이 구원받는 것이 하나님의 뜻에 합당하지 않다고 생각한다. 그러니 바울과 바나바의 사역을 인정할 수 없다는 것이다.

하지만 바울의 생각은 달랐다. 하나님이 그를 이방의 빛, 이방의 사도로 삼으셨다. 바울이 아시아에서 복음을 전할 때 성령이 함께 하시는 것을 체험하였다. 바울은 사람이 믿고 구원받는 것이 사람의 일이 아니라 하나님이 하시는 일이라는 것을 믿는다. 바울의 체험에 의한 간증과 보수적 유대인의 전통적 사고방식이 대립하였다. 대립이 지속되면 안 된다. 지금 복음의 역사가 일어나고 있는데, 대립이 지속된다면 복음의 역사가 제한받을 수도 있기 때문이다. 예루살렘 교회가 이 일에 나섰다. 교회는 이 문제가 심각한 대립이며, 신속하게 해결해야 할 문제라는 것을 민감하게 받아들였다. 그래서 회의를 열게 되었다.

회의라는 것은 언제나 격론이 벌어진다. 바울은 이방인이 구원받는 것을 경험했다. 유대인은 전통적으로 이방인의 구원은 하나님의 뜻이 아니라고 생각했다. 두 의견이 팽팽하게 맞섰다. 어느 한 쪽으로 기울어지지 않는다. 누군가 중재자로 나서야만 했다. 두 의견이 모두 만족할만한 새로운 의견을 제시해야만 한다. 아주 민감한 문제에는 양쪽 모두 만족할만한 명쾌한 의견이 제시되어야만 한다. 그래야 갈등이 봉합되고 다시 연합하게 될 것이다. 이 때 예수님의 동생 야고보가 나섰다. 그는 아주 민감한 문제에 민첩하게 대처하였다. 예수님의 동생이라는 권위를 가지고 민감하게 대응함으로 교회의 문제를 해결하였다.

야고보가 명쾌한 중재안을 제시한다. 일단 이방인이 구원받는 실제 상황을 무시할 수는 없다. 그러나 유대인의 감정을 달래기 위해서는 이방인이 개종한 이후 과거의 습관을 버려야 한다. 그들은 우상의 더러운 것과 음행과 목매어 죽인 것과 피를 멀리해야 한다. 전도자들은 이것에 유념하여 이방인을 권면해야 한다. 반면에 유대인은 이방인이 하나님께로 돌아오는 것에 대하여 지나치게 반대하면 안 된다. 지나친 반대는 예수님의 계획과 성령의 역사를 제한하는 것이 되기 때문이다. 유대인은 이방인에게 나타난 구원의 역사와 삶의 변화를 확인한다면, 이방인의 구원을 인정해야 한다.

지도자의 유형

여러 가지의 지도자 유형이 있다. 리더십 연구가 발전함에 따라 다양한 분류를 할 수 있다. 공동체의 특성, 문화적 배경 그리고 환경과 사회적 변화에 따라 지도자의 기능적 역할이 바뀔 수 있다. 이러한 기능적 역할에 따라 지도자를 일곱 가지 유형으로 나눌 수 있다.

첫째는, 비전형 지도자이다. 비전형 지도자는 공동체의 성장에 헌신하는 사람이다. 성장을 위해 공동체가 가져야 할 필요 요소를 살펴보고, 공동체 성장의 저해 요소와 문제 근원을 찾아내는 사람이다. 그러므로 비전형 지도자는 공동체의 발전을 위해 문제를 해결할 수 있는 명확한 해결점을 제시한다. 비전형 지도자는 미래를 위해 현실을 타개하는 지도자이다.

둘째는, 교사형 지도자이다. 이런 지도자는 자기가 가진 지혜와 기능을 다른 사람들에게 나누어주는 사람이다. 동시에 공동체가 나아갈 방향을 알고 다른 사람들에게 제시하는 지도자이다. 교사형 지도자는 자신이 제시한 방향을 공동체에 확실히 심는 사람이다.

셋째는, 섬김형 지도자이다. 이런 지도자는 다른 사람들의 실제적 필요를 아는 사람이다. 그리고 다른 이의 필요를 충족시켜 그들의 목표성취를 돕는다. 이런 지도자는 자신의 성공보다 다른 사람의 성공을 더 기뻐하며 축하해준다. 그러므로 섬김형 지도자는 자기의 시간과 에너지를 다른 사람의 성공을 위해 기꺼이 투자할 수 있다.

넷째는, 조직형 지도자이다. 이런 지도자는 그의 마음속에 마지막 결과를 미리 예상하고 있다. 머리는 목표에 대한 그림을 그리고 있다. 그리고 목표를 완수하는 것을 성공으로 여기며, 성공하기 위해 자원을 모으고 조직하며 배분한다.

다섯째는, 중개형 지도자이다. 이런 지도자는 성실성과 동정심을 갖추고 공동체의 모든 사람이 다 유익을 얻도록 행하는 지도자이다. 주어진 문제를 해결하였을 때의 혜택이 무엇인지를 명확히 분석할 줄 알고 제시하는 지도자이다. 그들은 공동체의 문제와 해결 그리고 주변 사람들의 태도와 감정을 감지하는 민감성을 가진다. 예루살렘 회의의 의장 야고보가 이런 유형이다.

여섯째는, 이상형 지도자이다. 이런 지도자는 작은 빈틈도 보이지 않으려는 지도자이다. 흠이 없는 청렴성을 지니고 있다. 그러나 빈틈을 보이지 않으려는 것이 결점이 될 수 있다. 그러므로 이런 지도자는 다른 사람의 충고를 기꺼이 받아들인다. 문제가 생기면 인정할 줄 안다. 동시에 진실한 것과 바른 것에 대하여 담대하게 말할 줄 안다.

일곱째는, 공급형 지도자이다. 이런 지도자는 공동체가 가진 자원으로 최대의 효과를 내는 사람이다. 자원을 분배하되 신중하고 아끼는 마음으로 분배한다. 동시에 최대의 효과를 내는 방법까지 제시한다. 그 방법을 계속 발전시킬 줄 알며 더불어 공동체의 구성원들에게 효율성을 강조한다.

지도자의 조건

지도자란 공동체를 앞으로 나아가게 하는 에너지를 가진 사람이다. 공동체가 앞으로 나아가려면 공동체 전체가 화합하여야 한다. 그러므로 지도자는 공동체를 화합하게 하는 능력을 가져야 한다. 만약 지도자에게 그런 능력이 부족하다면 키워야 한다. 주변의 사람들은 지도자에게 그런 능력을 가지도록 조언해야 한다. 지도자는 어느 한쪽으로 치우치면 안 된다. 지도자는 어느 한 쪽으로 기울어도 안 된다. 지도자는 전체를 보는 안목을 가져야 한다. 지도자는 자기와 코드가 맞느냐 아니냐를 따지는 것이 아니라, 공동체의 힘을 결집시키는 일에 관심을 가져야 한다. 이것이 지도자에게 가장 요구되는 능력이다.

지도자를 흔들기 위한 수많은 요구와 갈등이 공동체 속에 존재한다. 자기의 요구가 충족되지 않으면 지도자를 향해 비난과 욕설을 퍼붓는 사람들이 있다. 혹은 지도자를 이용해 자기의 배를 불리고, 이익만 챙기려는 사람들이 있다. 이들은 이익을 위해서는 나쁜 일도 서슴지 않고, 아부할 수도 있다. 비난과 욕설을 퍼붓더라도 그들의 유익을 위해서는 언제나 아부할 수 있는 사람들이다. 지도자는 이러한 아부성 요구를 분별하는 능력이 있어야 한다. 그러므로 지도자는 사람을 보는 눈이 민감해야 한다. 지도자에게 요구하는 일이 과연 공동체를 위해 타당한 것인지를 민감하게 판단하는 능력도 있어야 한다.

지도자는 공동체의 다양한 계층들이 요구하는 것을 민감하게 느낄 줄 알아야 한다. 그렇지 않으면 공동체가 갈등 속으로 빠지기 때문이다. 다양한 계층의 요구가 타당하다면 들어주어야 하고, 타당하지 않다면 들어주지 않아야 한다. 그러나 타당한 이유와 타당하지 않은 이유를 명확하게 제시해야 한다. 그래야 수긍하기 때문이다. 지도자는 공동체의 다양한 계층이 모두 만족하도록 해야 한다. 덕이 있는 지도자나 유능한 지도자는 그렇게 한다. 이런 능력을 얼마나 발휘하느냐가 곧 지도자의 능력이다. 이 능력은 지도자의 민감함에서부터 온다. 민감함이 없다면 아마도 지도자 때문에 사회 불안이 야기될 것이다.

역사상 공동체를 키운 지도자들은 이런 부분에서 민감하였다. 영국의 빅토리아 여왕이나 엘리자베스 1세 여왕은 각종 갈등들을 적절하게 소화하고, 영국의 부흥을 이루었다. 그들은 개신교와 가톨릭의 갈등을 적절히 봉합하였다. 그리고 영국 국민의 시선을 밖으로 돌렸다. 국민은 내부의 갈등보다 밖에서 얻을 수 있는 자원들에 환호하였다. 영국을 해가 지지 않는 나라로 만들 수 있었던 것도 바로 이런 민감함 때문이었다. 어찌 보면 이런 민감함은 남성보다는 여성이 더 앞서는 모양이다. 민감함이라는 지도자의 조건이 남성보다는 여성에게 더 타당한 모양이다. 이런 면에서 여성의 지도력을 인정해야 하지 않을까?

영적 지도자는 어떤 사람들일까? 각각의 기능적인 특성이 있을 것이다. 그러나 어떤 지도자든지 가져야 할 것이 있다. 어떤 지도자든지 지도력을 가져야 한다. 지도력의 내용과 모양은 달라도 지도력의 모습이 보여야 한다. 그리고 영성을 가져야 한다. 영성의 모양과 내용이 달라도 분명히 영성이 있어야 하고 그 영성의 실체가 확실해야 한다. 시편 기자는 분명한 영성을 가지고 있다. 그의 영성은 하나님을 찬송할 줄 아는 영성이다. 하나님이 자비와 공의를 동시에 베푸심을 인정하는 영성이다. 그것은 하나님의 자비와 공의를 동시에 맛보고 깨달은 영성이다. "내가 인자와 정의를 노래하겠나이다 여호와여 내가 주께 찬양하리이다"(1절).

자비와 공의는 얼핏 보면 상반된 것으로 보인다. 그러나 두 가지가 동시에 갖추어졌을 때 균형을 이룬다. 하나님은 완전한 균형을 갖추신 분이시다. 하나님은 편벽이 없으시다. 어느 한 쪽으로 치우치지도 않으신다. 하나님은 완전한 분이시다. 그러므로 시편 기자도 하나님의 완전함을 따르고 싶다. 길을 갈 때든지, 집 안에 있을 때든지 그의 목표는 하나님의 완전함을 본받는 것이다. "내가 완전한 길을 주목하오리니 주께서 어느 때나 내게 임하시겠나이까 내가 완전한 마음으로 내 집 안에서 행하리이다"(2절). 하나님은 원하는 것을 행하고, 원하지 않는 것은 행하지 않으신다. 그의 영성은 하나님께 초점을 맞추고 있다.

하나님 앞에 완전하려면 민감해야 한다. 하나님이 원하지 않는 것을 가려내는 민감함이 있어야 한다. 외부로부터 오는 것에 대하여 민감하게 파악한다. 그리고 그것이 불의하다면 과감하게 물리친다. "나는 비천한 것을 내 눈 앞에 두지 아니할 것이요 배교자들의 행위를 내가 미워하오리니 나는 그 어느 것도 붙들지 아니하리이다"(3절). 민감하게 파악하는 것은 불의한 것을 물리치는 결단력을 기초로 한다. 완전하려는 사람은 자기 안에서 나오는 마음을 보고도 민감하게 반응할 줄 안다. 자기 마음을 다스리고 동시에 행동을 다스린다. "사악한 마음이 내게서 떠날 것이니 악한 일을 내가 알지 아니하리로다"(4절).

민감한 사람은 옳은 것과 그른 것을 구별할 줄 안다. 옳고 그름을 구별할 줄 모른다면 지도자가 될 수 없다. 지도자는 선악에 대한 민감해야 한다. 이것이 공동체의 발전에 밑거름이 되기 때문이다. 이런 지도자는 옳은 사람을 바른 길로 이끈다. 민감한 지도자는 성실한 사람, 함께 해야 할 사람을 구별한다. 다른 이의 감정과 마음 그리고 행동을 정확하게 분별할 줄 안다. 사람들의 감정과 마음 그리고 행동이 공동체의 유익이 될 것인지를 판단할 줄 안다. 그러면 함께 할 사람을 선택할 수 있을 것이다. "내 눈이 이 땅의 충성된 자를 살펴 나와 함께 살게 하리니 완전한 길에 행하는 자가 나를 따르리로다"(6절).

민감한 지도자

민감한 지도자는 악한 사람을 용납하지 않는다. 민감한 지도자는 정의를 사랑하고 정의를 세우기 원한다. 민감하지만 결코 나약하지 않다. 그들은 동시에 결단력을 가져야 한다. 왜냐하면 악한 일이 더 세력을 얻지 못하도록 해야 하기 때문이다. 민감하면서 결단력이 없다면 스스로 스트레스만 받고 우울증에 빠질 것이다. 그런 지도자는 아무런 영향력을 행사할 수 없을 것이다. 그러나 민감하고 결단력 있는 지도자는 공동체를 바르게 세운다. 악한 사람, 가짓말하는 사람들이 설 자리가 없다. 거짓에 민감하기 때문이다. "거짓을 행하는 자는 내 집 안에 거주하지 못하며 거짓말하는 자는 내 목전에 서지 못하리로다"(7절).

거짓말 하는 사람들은 대부분 교만과 독선에 가득 차 있다. 그들은 다른 사람들을 넘어뜨리는 데 일가견이 있다. 그들은 다른 사람과 함께 공동체를 세우려하기 보다는 자기 유익을 위해 공동체를 무너뜨리는 일을 한다. 거짓말로 남을 모함하고, 눈이 높아 낮은 곳에서 고통당하는 사람들을 살피지 못한다. 고통당하는 사람을 보아도 외면하고 돌아선다. 이런 사람들은 처음에는 잘 되는 것 같아도, 공동체로부터 축출당할 것이다. 진정한 지도자, 민감한 지도자는 이런 사람을 가려낼 줄 안다. "자기의 이웃을 은근히 헐뜯는 자를 내가 멸할 것이요 눈이 높고 마음이 교만한 자를 내가 용납하지 아니하리로다"(5절).

민감한 지도자는 한 번 세운 원칙을 쉽게 바꾸지 않는다. 일관성과 전일성(全日姓)을 가지고 있다. 그것은 악한 사람을 땅에 머물지 않게 하는 것이다. 자기가 다스리는 땅과 자기 집에 악한 일이 일어나지 않도록 하는 것이다. 그렇게 하려면 부지런히 살펴야 한다. 악한 사람은 꾀도 많다. 틈만 나면 헤집고 들어와서 공동체에 먹물을 뿌려댄다. 살피지 않으면 언제 틈탈지도 모른다. 그러므로 깨어 있어야 한다. 민감한 지도자는 정신적인 긴장을 늦추지 않는다. 아침저녁으로 살펴야 한다. 아침마다 계획을 세운다. 어떤 계획일까? "아침마다 내가 이 땅의 모든 악인을 멸하리니 악을 행하는 자는 여호와의 성에서 다 끊어지리로다"(8절).

민감한 지도자는 저녁마다 반성을 한다. 과연 자신이 가지고 있는 영성의 원칙, 리더십의 원칙대로 행하고 있는가? 자신의 말과 행동이 공동체에 기여를 할 수 있는가? 아니면 공동체를 와해시킬만한 실수를 저지르지는 않았는가? 원칙은 세우는 것으로 끝나지 않는다. 계획과 실천 그리고 반성이 동반되어야 한다. 민감한 지도자는 이런 패턴을 반복한다. 재미없어 보이는 사람 같아도 그는 이런 패턴이 재미있다. 매일 매일 그에게 새로운 일이 펼쳐진다. 그리고 시간이 지날수록 그와 그의 공동체가 성장하는 모습이 보인다. 젊은이가 비전을 가지고, 노인들이 꿈을 꾸고 기뻐하는 일들이 생겨난다.

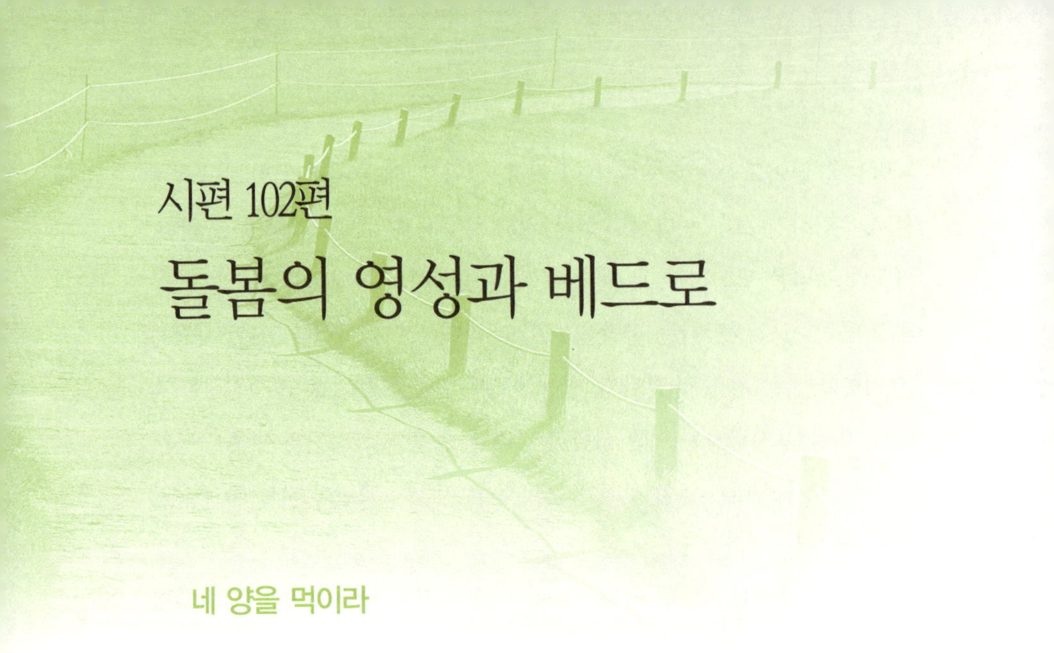

시편 102편
돌봄의 영성과 베드로

네 양을 먹이라

베드로는 허탈감에 빠졌다. 3년 동안 예수님을 따라 다니며 예수님에게 공을 들였다. 그런데 예수님이 십자가에서 고통을 당하며 돌아가셨다. 베드로에게는 모든 소망이 사라졌다. 베드로의 허망함을 보상받을 길이 없다. 게다가 예수님이 십자가에 돌아가실 때 그분을 모른다고 세 번이나 부인하였다. 마음 속에 자책감이 있어서 보상받으려는 생각조차 들지 않는다. 그런데 예수님이 부활했다는 소식을 들었다. 빈 무덤을 방문했던 여인들로부터 예수님이 갈릴리로 먼저 가서 제자들을 만날 것이라는 말을 전해 들었다. 베드로는 즉시 무덤으로 달려가서 빈 무덤을 보았다. 과연 무덤이 비어 있었다. 이제 베드로가 무엇을 해야 하는가?

나 같으면 어떻게 하였을까? 혹시 살아난 예수님을 찾아 나섰을까? 아니면 예수님이 살아나셨다는데 정말 그렇게만 된다면 얼마나 좋을까 하고 생각만 했을까? 우리 바람은 예수님을 찾아 나서는 것이다. 우리 바람은 베드로가 살아나신 예수님을 찾아 나서는 것이다. 그런데 베드로의 마음은 그렇지 않은 것 같다. 왜냐하면 베드로가 물고기 잡으러 간다고 갈릴리 바다로 갔기 때문이다. 예수님을 만나러 갈릴리로 가는 것이 아니라 물고기를 잡으러 간다. 가는 것도 같고 목적지도 같다. 그런데 목적은 다르다. 그는 사람을 낚는 어부가 되려다 실패하고 다시 물고기 낚는 어부로 돌아갔다. 그는 스스로 과거로 돌아간 것이다.

그런데 이게 웬 일인가? 예수님이 베드로를 찾아오셨다. 베드로가 밤새도록 물고기를 잡으려고 그물을 내렸는데 한 마리도 건져 올리지 못했다. 그때 예수님이 베드로를 찾아오셔서 오른쪽으로 그물을 내리고 말씀하셨다. 베드로가 그물을 내리자 엄청난 양의 물고기가 올라온다. 베드로 혼자서 감당이 안되어 주변에 있는 다른 친구들도 부른다. 이제 베드로가 물고기를 건져 올리고 해변으로 간다. 그런데 예수님이 벌써 해변에서 불을 피우고 물고기를 굽고 계시다. 낌새를 보니 베드로에게 무엇인가 하실 말씀이 있는 것 같다. 부활하신 예수님을 만났는데 베드로가 어디로 가겠는가? 예수님 앞에 앉았다.

예수님이 조용히 베드로에게 물으셨다. "네가 날 사랑하느냐?" 베드로는 주를 사랑하는 줄 주께서 아신다고 대답한다. 예수님이 베드로에게 말씀하신다. "내 양을 먹이라." 이런 대화가 세 번 반복되었다. 이후 베드로는 양을 치는 사람이 되었다. 교회의 지도자가 되어 사람들을 가르치고, 세웠다. 그리고 목양에 대하여 터득하고, 다른 사람들에게 양을 치는 것에 대하여 말하였다. "너희 중에 있는 하나님의 양 무리를 치되 억지로 하지 말고 하나님의 뜻을 따라 자원함으로 하며 더러운 이득을 위하여 하지 말고 기꺼이 하며 맡은 자들에게 주장하는 자세를 하지 말고 양 무리의 본이 되라" (벧전 5:2~3).

목양일념

스웨덴의 장애인 가수 레나 마리아가 일본을 방문하였다. 기자가 레나에게 물었다. "당신의 성공 요인이 무엇입니까?" 만약 독자 같으면 무엇이라고 대답하겠는가? 아마도 성공 요인이 여러 가지가 있을 것이다. 장애를 딛고 일어선 의지력, 음악에 집중한 집중력, 연습에 매진하는 노력, 장애를 탓하지 않는 자존감 등 수없이 많을 것이다. 그러나 이런 것들 중 어느 하나가 성공의 비결은 아니다. 이런 것들 모두가 어우러진 결과가 성공이다. 좌절과 낙망, 성공과 기쁨, 비전과 희망, 눈물과 웃음 그리고 경험과 재능 등이 복합적으로 나타난 것이 성공이라는 결과이다. 그러니까 성공의 비결이란 없다는 편이 더 타당하다.

목회를 잘 하신다고 소문이 난 목사님들을 만난 적이 있는가? 그분들에게 어떤 특성이 있는가? 아마도 여러 가지 특성이 있을 것이다. 젊은 목사님들은 목회 비결을 배우려고 하겠지만 사실은 비결이란 것이 없다. 평생 목회만 생각하고, 삶의 가치와 습관 그리고 목적을 목회에 두고 살았을 뿐이다. 눈에 보이는 비결보다는 눈에 보이지 않는 비결이 더 많다. 그러니까 목회 성공의 비결이 없다고 말하는 편이 더 나을 것이다. 비결을 찾는 분이 있다면 실망할 것이다. 굳이 비결이라면 말 그대로 목양일념 밖에 없다. 그분들의 생각 속에는 오직 목회이다. 그분들의 이야깃거리는 언제나 교회, 성도들이다.

물론 전문가적 능력을 가지고 특별한 목회를 하시는 분들도 많다. 전도, 성경공부, 제자훈련, 선교, 새신자 교육, 멘토링, 상담, 치유, 설교, 심방, 소그룹 운동, 목회 행정, 청소년 사업, 기도 등등 셀 수 없이 많다. 목사님들마다 각각의 독특한 은사가 있고, 그 은사를 적절히 사용할 줄 아는 능력이 즐겁게 목회하는 이유 중 하나가 될 수도 있다. 성공적으로 목회한다고 평가받는 분들에게 물으면 이상하게 자랑보다는 목회가 어렵다고 말한다. 그런데 그분들은 어렵다고 포기하거나. 회피하지 않는다. 오히려 어려우니까 더 도전한다. 어려운 일이기에 성취하면 뿌듯한 보람을 느낄 것이다.

목양일념을 생각하시는 분들의 사고방식 속에는 언제나 하나님과 사람의 관계가 들어있다. 어떻게 하면 교회와 성도들이 하나님의 은혜를 많이 받을까? 어떻게 하면 교회와 성도들이 하나님의 축복을 받을까를 생각한다. 어떻게 하면 건강한 교회를 세우고, 헌신된 일꾼을 세울까? 어떻게 하면 복음이 전파되고 구원받는 사람이 더해질까를 생각한다. 굳이 비결을 말하라면 아마도 이러한 사고방식일 것이다. 사고방식 자체가 복을 받을만한 것이어야 한다. 사람은 사고방식에 따라 움직인다. 그리고 목회의 비전과 꿈을 목표로 삼아 성취한다. 생각이 결과를 낳는 것이다. 이 땅의 교회들과 목회자들이 모두 이렇다면 얼마나 좋을까?

목회자의 아픔

목회자들에게 위장병과 심장병이 많다. 성도들이 속을 썩여서 스트레스를 받다보니 위장병이 생겼다. 혹은 심방 때마다 잘 먹어서 위장병이 생길 수도 있다. 어떤 경우에는 너무 긴장해서 심장병이 생길 수도 있다. 성도들의 요구를 기억하고 들어주려다 보니 항상 긴장해야 하는가 보다. 수십 년을 한결같이 목회하다가 병을 얻으신 분들도 있다. 어느 한 순간을 다리 뻗고 잠잔 적이 없으신 분들도 있다. 그분들은 모든 것을 다 희생하였다. 청춘을 희생하고 개인적인 취미도 희생하였다. 심지어 가족들마저도 희생하신 분들이 있다. 세상에서는 이런 희생을 알아주지 않는다. 세상은 성공만을 알아준다. 교회와 성도들까지도 이렇다.

목회 중에 울부짖는 분들이 있다. 수십 년 이상 목회하면서 울부짖음으로 밤을 새운 분들도 많다. 주님이 반드시 들어주셔야 할 절박한 문제들도 있다. "여호와여 내 기도를 들으시고 나의 부르짖음을 주께 상달하게 하소서"(1절). 경제적인 문제들, 성도와의 관계, 성전 건축 그리고 교회와 주변 환경의 급격한 변화 등 밤을 세워야 할 일들이 수없이 많다. 고난이 오거나 중요한 일을 앞에 두고 하나님의 뜻이 과연 무엇인지 묻는 분들도 있다. 주님이 빨리 응답하시면 얼마나 좋을까? "나의 괴로운 날에 주의 얼굴을 내게서 숨기지 마소서 주의 귀를 내게 기울이사 내가 부르짖는 날에 속히 내게 응답하소서"(2절).

이처럼 애타게 기도하는 목적은 모두 목회 때문이다. 목회자들의 타들어 가는 마음을 과연 누가 알아줄까? 성도들이 쉽게 알아주지 않는다. 성도들은 일방적으로 목회자의 희생과 아픈 가슴만을 요구하는 것 같다. 주변의 목회자들도 잘 알아주지 않는다. 겉으로는 걱정을 해도 강 건너 불구경일 수도 있다. 너무 걱정이 많으면 금식기도로 하나님께 매달린다. "내 날이 연기 같이 소멸하며 내 뼈가 숯 같이 탔음이니이다 내가 음식 먹기도 잊었으므로 내 마음이 풀 같이 시들고 말라 버렸사오며"(3~4절). 금식기도를 오래 하다보면 몰라볼 정도로 쇠약해지고 수척해질 수 있다. "나의 탄식 소리로 말미암아 나의 살이 뼈에 붙었나이다"(5절).

금식만 하는가? 밤을 새워 기도하는 분들도 있다. "나는 광야의 올빼미 같고 황폐한 곳의 부엉이 같이 되었사오며 내가 밤을 새우니 지붕 위의 외로운 참새 같으니이다"(6~7절). 혹시라도 성도들 한 사람이 다치면 마치 자기가 다친 것 마냥 아프다. 성도들 가정에 문제가 생기면 자기 가정보다 더 염려한다. 성도들이 하나님의 책망을 받는 것 같으면 중보의 시간으로 날을 샌다. 성도들을 책망하느니 차라리 자신을 책망해달라고 통사정을 하는 분들도 있다. "나는 재를 양식 같이 먹으며 나는 눈물 섞인 물을 마셨나이다 주의 분노와 진노로 말미암음이라 주께서 나를 들어서 던지셨나이다"(9~10절).

이러한 목양일념의 근원이 어디일까? 그것은 바로 하나님의 긍휼이다. 하나님은 긍휼하심으로 당신의 백성을 목양하셨다. "주께서 일어나사 시온을 긍휼히 여기시리니 지금은 그에게 은혜를 베푸실 때라 정한 기한이 다가옴이니이다"(13절). 하나님이 시온을 세우셨다. 하나님이 백성을 구별하시고, 당신의 능력에 따라 살게 하셨다. 하나님이 백성에게 영광으로 나타나셨다. "여호와께서 시온을 건설하시고 그의 영광 중에 나타나셨음이라"(16절). 하나님이 백성을 긍휼히 여기심으로 그들을 택하시고 세우셨다. 하나님이 당신의 영광을 보여 주셨다. 지금 하나님은 백성을 당신의 뜻대로 목양하고 계신다.

하나님의 목양 방법은 백성에게 기도하도록 하는 것이다. 하나님은 기도를 외면하지 않으신다. 비록 가난한 사람의 기도라도 하나님이 모른 척 하지 않으신다. 그들도 하나님의 백성이기 때문이다. "여호와께서 빈궁한 자의 기도를 돌아보시며 그들의 기도를 멸시하지 아니하셨도다"(17절). 하나님은 백성의 형편과 처지, 그들의 아픔과 애환, 기쁨과 소망을 모두 알고 계신다. 하나님이 목양하시는 방법은 백성의 마음을 알아주는 것이다. 그리고 문제점을 신비한 능력으로 해결하시는 것이다. "여호와께서 그의 높은 성소에서 굽어보시며 하늘에서 땅을 살펴 보셨으니 이는 갇힌 자의 탄식을 들으시며 죽이기로 정한 자를 해방하사"(19~20절).

목양이란 양을 알아주는 것이다. 예수님의 말씀처럼 목자가 양을 알고 양이 목자를 아는 것이 곧 목양의 기본이다. 하나님은 양을 해치려는 원수들을 알고 계신다. "내 원수들이 종일 나를 비방하며 내게 대항하여 미칠 듯이 날뛰는 자들이 나를 가리켜 맹세하나이다"(8절). 하나님은 원수들에게 시달려서 쇠약해진 양의 모습을 알고 계신다. "내 날이 기울어지는 그림자 같고 내가 풀의 시들어짐 같으니이다"(11절). 어떤 때는 하나님의 책망을 받아 쇠약해질 수도 있다. 양은 목자 앞에서 아무 힘도 없다. 그야말로 쇠약한 지경에서 오직 목자만 바라보아야 한다. "그가 내 힘을 중도에 쇠약하게 하시며 내 날을 짧게 하셨도다"(23절).
정말로 하나님이 도와주셔야 한다. 하나님의 목양은 양들이 해결할 수 없는 문제를 만났을 때, 하나님이 놀라운 능력을 행사하심으로 해결해 주시는 것이다. 하나님이 도우시는 곳에는 발에 걸리는 돌을 보아도 즐겁다. 티끌이 날려도 기쁘기만 하다. "주의 종들이 시온의 돌들을 즐거워하며 그의 티끌도 은혜를 받나이다"(14절). 하나님이 백성을 보고 계시는 것처럼 백성도 하나님의 시선 안에 있다. 목양이란 양을 시선 안에 두는 것이다. 양이 목자의 시선 안에 있을 때 비로소 안전하고 강건해질 수 있다. 목양은 양을 강건하게 하는 것이다. "주의 종들의 자손은 항상 안전히 거주하고 그의 후손은 주 앞에 굳게 서리이다 하였도다"(28절).

목양의 영광

아무리 목자가 가슴 아픈 일이 있어도 양보다는 한 수 위다. 하지만 영광을 받는 것은 양보다 목자가 더 클 것이다. 사실 양이 얻는 영광은 모두 목자가 얻어야 마땅하다. 목자의 도움과 돌봄으로 양이 영광을 얻을 만큼 살게 되었기 때문이다. 만약 목자가 양을 외면했다면 양의 목숨은 이미 끊어졌을 것이다. "나의 말이 나의 하나님이여 나의 중년에 나를 데려가지 마옵소서 주의 연대는 대대에 무궁하니이다"(24절). 양은 목자에게 있을 때 비로소 영광을 얻는다. 그러므로 양에게 영광을 가져다 주는 목자가 영광을 받아야 한다. "여호와여 주는 영원히 계시고 주에 대한 기억은 대대에 이르리이다"(12절).

목자되신 하나님, 백성을 목양하시는 하나님의 이름이 양된 백성 사이에서 선포되어져야 한다. “여호와의 이름을 시온에서, 그 영예를 예루살렘에서 선포하게 하려 하심이라”(21절). 게다가 양을 돌보시는 하나님을 열방의 백성이 알고 그분을 두려워할 것이다. “이에 뭇 나라가 여호와의 이름을 경외하며 이 땅의 모든 왕들이 주의 영광을 경외하리니”(15절). 온 나라와 민족 그리고 백성이 목양하시는 하나님을 섬긴다. “그 때에 민족들과 나라들이 함께 모여 여호와를 섬기리로다”(22절). 목자들의 영광이 여기에 있다. 목자들의 받는 영광은 세계적이며 우주적이다. 하나님이 받으시는 영광이 그렇다. 하나님이 목양하심으로 이런 영광을 받으신다.

정말 중요한 것은 이러한 영광을 당신의 목양을 따르는 목자들에게 주셨다는 것이다. 이스라엘이 열방 민족의 목자가 된다면 그분의 영광을 얻을 것이다. 하나님은 이미 이것을 계획하셨고, 백성에게 약속하셨다. 그리고 백성에게 목양의 길로 나아가라는 권고가 주어진다. 이스라엘 백성은 민족 전체가 모두 목양의 길로 부름을 받았다. 이방인들이 그들의 목양 대상이다. 목양을 해야 할 이스라엘은 그들의 진정한 목양자인 하나님을 찬송해야 한다. 목양의 길은 당대에만 있는 것이 아니라 다음 세대에까지 계승된다. “이 일이 장래 세대를 위하여 기록되리니 창조함을 받을 백성이 여호와를 찬양하리로다”(18절).

하나님은 백성만 목양하시지 않는다. 하나님이 창조하신 모든 세계가 하나님의 목양 대상이다. 하나님이 땅과 하늘을 창조하셨다. “주께서 옛적에 땅의 기초를 놓으셨사오며 하늘도 주의 손으로 지으신 바니이다”(25절). 창조주 하나님은 창조물보다 높으시다. 하나님이 지으신 창조물이 다 사라진다 해도 하나님은 여전히 계신다. “천지는 없어지려니와 주는 영존하시겠고 그것들은 다 옷 같이 낡으리니 의복 같이 바꾸시면 바뀌려니와”(26절). 그분은 새 하늘과 새 땅을 세우시되 우리를 위해 세우시고, 우리에게 주신다. “주는 한결같으시고 주의 연대는 무궁하리이다”(27절). 그분은 새 하늘과 새 땅에서 영원토록 우리의 목양자로 계신다.

시편 103편

새로움의 영성과 소경

누구의 죄 때문인가

태어날 때부터 앞을 볼 수 없는 한 사람이 있었다. 매우 불행한 일이다. 다른 사람들은 밝은 세상을 볼 수 있는데, 이 사람은 그렇지 못하다. 귀로 듣고, 냄새를 맡고, 손으로 만지는 감각은 있으나 사물의 모습을 볼 수는 없다. 태어날 때부터 장애를 가지고 있으니 주변 사람들이 혹시 죄를 가지고 태어나지는 않았나 의심의 눈초리로 본다. 시각장애인이 예수님 앞을 지나간다. 제자들이 그 모습을 보고 예수님께 여쭙는다. "제자들이 물어 이르되 랍비여 이 사람이 맹인으로 난 것이 누구의 죄로 인함이니이까 자기니이까 그의 부모니이까"(요 9:2). 보통 사람들은 남의 불행을 보고 연구의 대상으로 삼는다. 제자들도 거듭나기 전에는 그랬다.

그러나 예수님이 보시는 방법은 달랐다. 예수님은 장애를 죄의 대가로 보려고 하지 않았다. 만약 죄의 대가라면 그것은 과거와 연결된 것이다. 문제를 과거와의 연관성에서 찾으려는 것이다. 사람들은 대부분 과거와의 연관성으로 문제를 찾는다. 그것도 사람과의 문제이다. 과거에 있었던 인간관계의 문제가 해결되면 다 잘될 것이라 생각한다. 이것이 치유이다. 그러나 과거의 문제로 해결되지 않는 것도 있다. 이때는 다른 시각으로 보아야 한다. 우리 예수님이 그랬다. 그분은 시각장애인을 과거의 시각이 아닌 다른 시각으로 보셨다. 다른 시각이란 곧 미래의 시각이다. 그를 통해 하나님의 위대하심이 드러난다.

"예수께서 대답하시되 이 사람이나 그 부모의 죄로 인한 것이 아니라 그에게서 하나님이 하시는 일을 나타내고자 하심이라"(요 9:3). 예수님은 시각장애인의 인생을 하나님과의 관련성으로 보셨다. 치유의 또 다른 시각이다. 사람은 연구의 대상으로 삼는 것을 예수님은 영광의 대상으로 삼는다. 예수님이 시각장애인을 긍휼히 여겼다. 그를 통해 하나님의 영광이 드러나기를 원했다. 예수님이 침을 뱉아 진흙을 이겨 시각장애인의 눈에 바르셨다. 그리고 실로암 연못에 가서 씻으라 하셨다. 시각장애인이 실로암 연못에 가서 씻고는 밝은 눈으로 돌아왔다. 그가 새로운 인생을 찾았다. 예수님이 시각장애인에게 새로운 삶을 선물하셨다.

사람들은 죄의 시각에서 본다. 사람들이 죄인이기 때문이다. 죄인은 자기의 죄를 들여다보는 것이 아니라 남의 죄를 들여다보려 한다. 자신의 연약함을 말하지 않고, 다른 사람의 연약한 죄만 살피려 한다. 심지어 긍휼을 베풀어야 할 대상에게도 죄를 물으려 한다. 소경이 눈을 떴을 때 바리새인들이 놀랐다. 그리고 소경이 눈을 뜬 것에 대해 안식일을 들이대며 예수님에게 죄를 뒤집어씌우려 했다. 죄인들은 언제나 죄를 더 많이 짓는다. 만약 어떤 대책이 서지 않는다면 죄인들이 판치는 세상이 될 것이다. 하나님의 대책이 무엇일까? 그것은 죄인의 몸을 쓰신 예수님이 소경처럼 우리를 새롭게 하시는 것이다.

죄의 대가

매우 분석적인 사람들은 세상에 죄가 많다고 본다. 그들의 눈에는 더러운 것, 치사한 것, 오염된 것들이 보인다. 한편 낙관적인 사람들은 그래도 세상은 살만한 가치가 있다고 한다. 그들의 눈에는 따뜻한 것, 밝고 아름다운 것들이 보인다. 하지만 두 종류의 사람들이 모두 세상을 더럽게 볼 때가 있다. 상식적으로 이해하기 어려운 불행한 사건들이 사회를 휩쓸고 갈 때이다. 예를 들어 전쟁의 상황 같은 경우이다. 반면에 두 종류의 사람 모두 사회를 희망의 시선으로 볼 때가 있다. 예를 들어 월드컵 축구에서 한국의 승리했던 것과 같은 경우이다. 그러므로 사회 현상이 사람들의 생각을 바꾸어 놓을 수도 있다.

하지만 사회 현상은 언제나 동일하지 않다. 현상은 언젠가 지나가게 마련이다. 그리고 일상의 생활로 돌아가게 마련이다. 전쟁이 끝난 후 평화의 시대가 올 것이고, 월드컵이 끝나면 또 다시 일상 생활로 돌아가야 한다. 물론 전쟁의 후유증이 남고, 축구를 보고 싶은 정신적 공황 상태가 남을 것이다. 일상의 생활에는 일상의 가치가 있다. 사람들은 그 가치에 따라 산다. 이때 사람들은 자기의 성격에 따라 가치의 기준을 달리 둔다. 분석적인 사람들은 여전히 죄가 많은 세상을 비난한다. 반면에 낙관적인 사람들은 미래의 희망을 두고 산다. 일상의 생활로 돌아가면 원래 가졌던 가치 기준으로 돌아가는 것이다.

그래도 사회는 공익적인 가치가 있으며, 상식적인 기준이 있다. 우리는 그것을 법이라고 한다. 보통 사람들은 상상도 하지 못할 수많은 법들이 있다. 더 중요한 것은 사람들 마음속에 양심이라는 법의 기준이 있다. 물론 양심도 사람들의 생각에 따라 다르지만 말이다. 보편타당한 양심이 있음에도 양심이 비뚤어진 사람은 죄를 짓게 된다. 말과 행동에서 끔찍한 죄를 짓고 사람들을 놀라게 한다. 사회는 이런 사람들을 내버려 두지 않는다. 반드시 개인적인 자유에 제한을 가하고, 죄의 대가를 치르게 한다. 하지만 죄의 대가를 치른다고 원래의 상태로 돌아갈 수 없다.

세상은 죄의 대가를 요구한다. 정치가들이나 행정 관리가 잘못하면 책임을 지고 물러가야 한다. 다른 사람에게 피해를 끼쳤으면 피해를 보상해야 한다. 이에는 이, 눈에는 눈이라는 보응의 원칙이 여기서 적용된다. 아마도 죄의 대한 대가는 일벌백계(一罰百戒)의 원칙이 적용되는 지도 모른다. 죄의 대가가 무섭다는 것을 알고 두려운 마음에 죄를 짓지 말라는 것이다. 그래도 세상은 죄로 오염되어 간다. 무엇이 문제인가? 세상은 일벌백계도 통하지 않는다. 오히려 양심교육을 시키는 편이 더 낫다. 양심이 바른 사람이 많으면 깨끗한 세상이 올 것이라는 희망 때문이다. 죄의 대가보다는 죄의 원인을 제거하는 편이 훨씬 더 나을 것이다.

은혜의 계절

엄밀히 말해서 죄가 없는 사람이 있는가? 갓 태어난 아기 정도면 죄가 없다고 말할 수 있을까? 그 아이들은 죄에 대한 감각조차도 없다. 쌍둥이는 엄마 뱃속에서도 서로 싸운단다. 그렇다면 갓 태어난 아기가 결코 죄가 없다고 말할 수 있을까? 엄마가 임신 3개월 정도만 되어도 뱃속의 아기는 엄마의 말을 알아듣고, 엄마의 감정을 느낄 수 있단다. 그러니까 태교를 하는 것이다. 그렇다면 아기들이 세상의 죄를 느낀다고 말하는 편이 옳다. 갓 태어난 아기들도 이미 죄에 대한 생각과 마음을 품고 태어난다. 아기는 엄마로부터 세상의 죄에 대하여 전해 듣고 아직 죄를 걸어낼 이성과 판단력을 가지지 못한 채 태어난다.

아기들을 아무렇게나 키우면 죄의 모습들이 더 많이 자라게 될 것이다. 아니 아무리 잘 키운다고 해도 죄의 모습은 점점 자란다. 인간은 살면 살수록 죄만 더 많이 쌓아갈 뿐이다. 죄가 자라게 하지 않으려면 특단의 대책이 필요하다. 그것은 죄인된 자기를 철저하게 인식하고, 죄를 용서하시는 예수님을 만나는 일이다. 죄가 없으신 예수님을 만나는 것만이 죄를 용서받고, 죄가 더 이상 자라지 않게 하는 것이다. 예수님으로 인해 죄의 뿌리가 완전히 뽑혔기 때문이다. 하나님이 이 일을 계획하셨다. 하나님만이 우리의 죄를 사라지게 하실 수 있는 유일한 분이시다. "그가 네 모든 죄악을 사하시며 네 모든 병을 고치시며"(3절)

죄를 내버려두면 파멸의 길로 간다. 죄의 결과는 사망이다. 죄가 장성하여 사망을 낳는다. 그러나 하나님은 사람이 죄의 결과로 죽는 것을 결코 원하지 않으신다. 하나님은 사람이 살기를 원하신다. 그러나 죄를 안고 사는 것을 원하지 않으신다. 하나님은 사람이 죄를 벗고 사는 것을 원하신다. 그래서 하나님은 사람에게 죄를 벗는 길, 생명을 얻는 길을 알려 주셨다. 죄를 벗는 것은 하나님과 친밀한 관계로 들어가는 것을 의미한다. 죄를 벗은 후 비로소 생명을 얻는다. 그 길이 곧 예수님이다. 예수님이 말씀하셨다. "예수께서 이르시되 내가 곧 길이요 진리요 생명이니 나로 말미암지 않고는 아버지께로 올 자가 없느니라"(요14:6).

이것이 하나님의 은혜이다. 하나님이 사람들에게 죄의 대가를 지불하라고 요구하지 않으신다. 하나님이 율법에서 제사를 드리도록 요구했으나 사람에게 완전한 지불 능력이 없음을 알고 계셨다. 그래서 당신이 대신 지불하셨다. 아들을 지불하시고, 사람에게 생명의 기회를 주셨다. 누구든지 예수님을 만나는 사람은 생명을 얻게 되었다. "네 생명을 파멸에서 속량하시고 인자와 긍휼로 관을 씌우시며"(4절). 이로써 죄인이 변하여 의인이 되었다. 죄의 종이 변하여 하나님의 자녀가 되었다. 하나님의 원수가 변하여 예수님의 친구가 되었다. 예수님과 함께 하면 완전히 새로워진다. 이런 은혜가 우리에게 임하였다.

시편의 기자는 자신이 죄인이었음을 알고 있다. 그러나 하나님이 자기의 죄를 갚지 않으셨다. "우리의 죄를 따라 우리를 처벌하지는 아니하시며 우리의 죄악을 따라 우리에게 그대로 갚지는 아니하셨으니"(10절). 죄의 대가를 받아야 하는데 하나님이 죄의 대가보다는 오히려 은혜를 내리신다. 하나님은 자비의 하나님, 은혜의 하나님이시다. "여호와는 긍휼이 많으시고 은혜로우시며 노하기를 더디 하시고 인자하심이 풍부하시도다"(8절). 죄인은 하나님 앞에 감히 얼굴을 들지 못한다. 왜냐하면 책망과 죄를 물을것이라는 두려움 때문이다. 그런데 죄를 용서받은 후 하나님을 새롭게 알게 되었다. "자주 경책하지 아니하시며 노를 영원히 품지 아니하시리로다"(9절).

이제 시편 기자는 완전히 새롭게 되었다. 하나님과의 관계에서 새로움을 경험하였다. 하나님이 시인을 만족하게 하셨다. 죄의 짐이 벗어진 후 하나님이 가장 필요한 것과 가장 좋은 것을 주셨다는 것을 알게 되었다. 죄의 무거운 짐이 완전히 사라지고, 훨훨 날 것만 같은 가벼움이 생겼다. "좋은 것으로 네 소원을 만족하게 하사 네 청춘을 독수리 같이 새롭게 하시는도다"(5절). 하나님이 죄를 멀리 옮겨 놓으셨다. 이제는 죄로부터 영향을 받지 않기를 원하시기 때문이다. "동이 서에서 먼 것 같이 우리의 죄과를 우리에게서 멀리 옮기셨으며"(12절). 시인의 인생을 하나님이 주관하신다. 이것이 시인에게는 새로운 은혜였다.

사실 하나님이 죄를 용서하시는 것은 하나님의 이성으로 되는 것이 아니다. 이성적으로 생각하면 죄의 대가를 받는 것이 마땅하다. 그러나 죄의 대가를 받은 사람은 이 땅에서 사라지고 말 것이다. 천상 하나님이 죄인을 감성적으로 대하실 수밖에 없다. 죄인을 불쌍히 여겨 주셔야 한다. 마치 아버지가 자녀를 대하듯이 대해 주셔야 한다. 죄를 아파하며 하나님을 바라보는 사람을 향해 죄를 묻기보다 불쌍히 여기심으로 대하신다. "아버지가 자식을 긍휼히 여김 같이 여호와께서는 자기를 경외하는 자를 긍휼히 여기시나니" (13절). 우리가 새로워짐은 하나님이 우리를 불쌍히 여기시기 때문이다. 도대체 우리가 누구인가?
하나님이 사람을 흙으로 빚으셨다. 사람이 죽으면 흙으로 돌아간다. 그러므로 사람은 흙이다. 하나님이 이것을 아신다. "이는 그가 우리의 체질을 아시며 우리가 단지 먼지뿐임을 기억하심이로다"(14절). 사람이 살았을 때 제아무리 영화를 누려도 죽으면 그것으로 끝이다. 그 영화를 저 세상으로 가지고 가지 못한다. "인생은 그 날이 풀과 같으며 그 영화가 들의 꽃과 같도다 그것은 바람이 지나가면 없어지나니 그 있던 자리도 다시 알지 못하거니와" (15~16절). 이런 사람을 향하여 하나님은 영원한 은혜를 바라보게 하셨다. 그것은 사람을 새롭게 하는 은혜이다. 흙으로 돌아갈 인생을 하나님이 영원으로 인도하셨다. 이제 사람은 흙이 아니라 영원한 존재이다.

새로움을 감사하라

하나님은 사람을 새롭게 하시는 은혜를 베푸신다. 죄로부터 압박을 당하는 사람에게 의로운 일을 행하셨다. "여호와께서 공의로운 일을 행하시며 억압 당하는 모든 자를 위하여 심판하시는도다"(6절). 그리고 이 일을 여러 사람에게 알리셨다. "그의 행위를 모세에게, 그의 행사를 이스라엘 자손에게 알리셨도다"(7절). 모세가 하나님의 은혜를 안다. 또 백성이 안다. 모세와 백성 모두 하나님이 죄를 용서하시고 새롭게 하시는 은혜를 체험하였다. 이것은 이스라엘의 역사에 기록되어졌고, 시인의 시대까지 알려졌다. 시인 역시 모세가 체험했던 새로움의 은혜를 체험했다. 하나님이 대대로 새로움의 은혜를 허락하신다.

하나님은 이스라엘의 역사를 다스리신다. 하나님이 이스라엘 민족을 대대로 다스리신다. 시대마다 하나님은 민족을 새롭게 하신다. 하나님이 사람을 세우심으로 민족의 영성을 깨우고, 당신을 경외하게 하신다. "여호와의 인자하심은 자기를 경외하는 자에게 영원부터 영원까지 이르며 그의 의는 자손의 자손에게 이르리니 곧 그의 언약을 지키고 그의 법도를 기억하여 행하는 자에게로다"(17~18절). 하나님이 이스라엘을 다스리시고, 또 이스라엘을 통해 만국을 다스리고 계심을 알려 주신다. "여호와께서 그의 보좌를 하늘에 세우시고 그의 왕권으로 만유를 다스리시도다"(19절). 이스라엘과 온 민족이 모두 하나님 안에서 새로워진다.

새롭게 하시는 하나님의 은혜가 놀랍다. 하나님을 모르는 백성은 영적으로 소경이다. 그런데 하나님을 알게 하심으로 영적 눈을 뜨게 하셨다. 이제 이스라엘이 하나님께 영광을 돌릴 것이다. 하나님의 인자하심을 찬양하게 될 것이다. "이는 하늘이 땅에서 높음 같이 그를 경외하는 자에게 그의 인자하심이 크심이로다"(11절). 하나님의 이런 놀라움을 체험한 시인은 스스로에게 하나님을 찬양하라고 말한다. 하나님은 찬양하지 않고서는 견딜 수 없는 은혜를 입었기 때문이다. "내 영혼아 여호와를 송축하라 내 속에 있는 것들아 다 그의 거룩한 이름을 송축하라 내 영혼아 여호와를 송축하며 그의 모든 은택을 잊지 말지어다"(1~2절).

시인은 이제 천사들을 향하여 하나님을 찬양하라고 외친다. 하나님의 새롭게 하시는 은혜가 위대하기 때문이다. 천사들의 사명은 하나님의 위대한 일을 찬양하는 것이다. 천사들은 그 사명을 위해 하나님으로부터 지음을 받았다. "능력이 있어 여호와의 말씀을 행하며 그의 말씀의 소리를 듣는 여호와의 천사들이여 여호와를 송축하라 그에게 수종들며 그의 뜻을 행하는 모든 천군이여 여호와를 송축하라 여호와의 지으심을 받고 그가 다스리시는 모든 곳에 있는 너희여 여호와를 송축하라 내 영혼아 여호와를 송축하라"(20~22절). 천사들이여! 하나님이 사람의 죄를 용서하시고, 영적 눈을 뜨게 하심으로 새롭게 하셨다. 찬양하라.

시편 104편

주권의 영성과 에녹

하늘로 올리운 사람

에녹은 아담의 칠대손이다. 그는 창세기 원시 역사 중에 아주 특별한 사람이다. 창세기 원시 역사에 나오는 인물들은 대부분 오래 살았다. 그런데 에녹은 다른 사람처럼 오래 살지는 않았다. 그러나 사실은 에녹이 가장 오래 산 인물이라 할 수 있다. 다른 인물들은 수한이 다 차고 그의 몸이 땅으로 돌아갔다. 하나님이 아담에게 말씀하신 대로 이루어졌다. 그런데 에녹만큼은 하나님이 말씀하신 대로 되지 않았다. 그러니까 에녹은 땅으로 돌아가지 않았다. 그는 직접 하나님께로 갔다. 하나님이 그를 직접 데려가셨다. 다른 사람들은 목숨이 끊어지는 것이 곧 하나님이 데려가시는 것이었다. 그러나 에녹은 하나님께서 산 채로 데려가셨다.

에녹은 매우 특별한 사람이었다. 에녹은 역사에서도 특별한 사람이었고, 죽음에서도 특별한 사람이었다. 왜 에녹이 이 정도로 특별한 사람이 되었을까? 그것은 에녹이 하나님과 특별한 관계 속에 있었기 때문이다. 에녹은 하나님과 동행하였다. 하나님과 동행하는 것이야 누구든지 다 한다. 성경 속에서 하나님과 동행한 사람이 한두 명이었는가? 수없이 많다. 그런데 에녹이 하나님과 동행하였다고 특별한 사람일까? 그렇다. 에녹이 하나님과 동행한 것이 다른 사람들과는 조금 달랐다. 그는 300년 동안이나 하나님과 동행하였다. 300년 기간 동안 일편단심이었다. 에녹이 오랜 기간 하나님과 동행한 것이 다른 사람과 달랐다.

300년 동안이나 하나님과 동행하는 믿음의 열정이 그로 하여금 하나님께 매우 특별한 사람으로 여겨졌다. 하나님이 에녹을 보고 기뻐하셨다. 하나님이 에녹을 향하여 당신을 기쁘게 하는 사람이라고 인정하셨다. 하나님은 사람과의 친밀과 교제를 매우 기뻐하셨다. 하나님은 우리에게 당신을 위해 일하는 것보다 당신과의 관계를 더 즐거워하신다. 하나님이 특별한 사람을 특별하게 다루셨다. 하나님이 기뻐하시는 방법으로 그를 다루셨다. 죽음마저도 하나님이 특별하게 다루셨다. 그리하여 죽음을 경험하지 않고 그는 하늘로 올리워졌다. 하나님이 기뻐하시므로 에녹은 하나님이 허락하시는 최고의 기쁨을 맛보았다.

에녹이 하나님과 동행하였다면 그는 개인적으로만 하나님을 만났을까? 다른 사람들과는 전혀 만남이 없었을까? 그렇지 않다. 하나님과의 관계는 다른 사람들과의 관계 발전으로 나타난다. 만약 사람들과의 관계에 문제가 있다면 먼저 하나님과의 관계를 보아야 한다. 에녹은 하나님과의 관계에서 깨달은 것을 사람들에게 말하였다. 에녹이 하나님의 뜻을 예언하였다. 에녹은 자기가 알고 있는 하나님의 기쁨을 사람들에게 전달한다. 자기만 하나님의 기쁨을 누리는 것이 아니라 모든 사람들이 함께 누려야 하기 때문이다. 하나님은 에녹처럼 이러한 예언활동을 기뻐하신다. 이것이 전능하신 하나님의 주권 아래 사는 것이다.

하늘을 바라보는가

헬라어로 사람을 "안드로포스(ανθρωφοσ)"라 한다. 이 말은 "위를 바라보는 존재"라는 뜻이다. 이방인이라 할지라도 인간의 존재가 무엇인지를 알고 있다. 이집트나 로마에서도 태양을 신으로 여겼다. 하늘에 가장 높은 것을 보고 하늘을 바라보았다. 인간은 하늘을 창조하신 하나님으로부터 지음을 받은 존재이다. 그러므로 사람이 하늘의 하나님을 바라보는 것이 당연하다. 목이 아플 정도로 바라보아야 한다. 하늘을 바라본다는 것은 곧 하늘을 지으신 하나님을 사랑하는 것이다. 마음을 다하고 뜻을 다하여, 그리고 성품을 다하여 하늘을 지으신 하나님을 사랑해야 한다. 이것이 사람의 본분이다.

하늘을 바라본다는 것은 하늘의 뜻을 우선으로 찾는 사람이다. 하나님을 바라본다는 것은 하나님을 우선으로 생각하고, 하나님의 뜻을 기억하고 행하는 사람이다. 사람이 할 일이 많아도, 사람의 일보다 하나님의 일이 우선이다. 사람으로서 욕심과 야망이 있어도 하나님의 뜻과 계획 그리고 목적이 우선이다. 하늘을 바라본다는 것은 이처럼 자기 생각보다 하나님의 생각을 앞에 놓는 것이다. 사람과의 관계에서도 자기를 우선으로 생각하는 것이 아니라 하나님의 뜻을 우선으로 생각한다. 일하는 것에 있어서도 자기의 비전을 이루려 하기 보다는 하나님의 생각과 뜻을 먼저 생각하고 그것을 이루려 한다.

하늘을 바라본다는 것은 하늘 공간에 드러나는 하나님의 신비한 손길을 찾는 것이다. 빛이 비치는 것을 보고 빛을 창조하신 하나님을 생각하며, 푸른 창공을 보며 하늘을 창조하신 하나님을 기억한다. "주께서 옷을 입음 같이 빛을 입으시며 하늘을 휘장 같이 치시며"(2절). 하늘 아래 있는 자연 현상들을 보며 하나님의 다스리심을 생각한다. "물에 자기 누각의 들보를 얹으시며 구름으로 자기 수레를 삼으시고 바람 날개로 다니시며 바람을 자기 사신으로 삼으시고 불꽃으로 자기 사역자를 삼으시며"(3~4절). 하늘을 바라보는 사람의 눈과 귀, 감각은 온통 하나님의 위대하심을 찾는 일에 집중되어 있다.

하늘을 바라본다는 것은 땅 위에 있는 사물들의 움직임 속에 있는 하나님의 다스리심을 찾는 것이다. 높이 오른 산과 깊은 골짜기, 산 위에 쌓인 눈, 골짜기로 흐르는 물을 보고 하나님의 세심한 예술적 손길을 발견하는 것이다. "땅에 기초를 놓으사 영원히 흔들리지 아니하게 하셨나이다 옷으로 덮음 같이 주께서 땅을 깊은 바다로 덮으시매 물이 산들 위로 솟아올랐으나 주께서 꾸짖으시니 물은 도망하며 주의 우렛소리로 말미암아 빨리 가며 주께서 그들을 위하여 정하여 주신 곳으로 흘러갔고 산은 오르고 골짜기는 내려갔나이다"(5~8절). 땅 위의 사물들이 하나님의 다스리심을 받는다. 하늘을 바라보는 사람은 이것을 발견한다. 하늘과 하늘 아래 모든 것에 하나님의 주권이 스며들어 있다.

주권 중심

사람은 하나님의 피조물이다. 피조물은 창조하신 분의 권위 아래 있다. 피조물은 창조하신 분의 다스리심 아래 있다. 창조주 하나님의 권위와 다스리심은 오직 하나님의 뜻대로이다. 하나님의 뜻과 권위가 곧 하나님의 주권이다. 하나님은 당신의 주권에 의해 땅을 다스리신다. 당신의 주권에 의해 열방과 나라 역사와 교회를 다스리신다. 하나님의 다스리심의 원칙 중 중요한 것이 그분의 주권이다. 모든 만물은 그분의 주권에 순종해야 한다. 그분의 주권에 순종하고 따르는 것이 동행이다. 그분과 동등한 권위를 가지는 것이 아니라 그분의 권위 아래서 즐거워하는 것이 동행이다.

하나님은 당신의 권위와 뜻대로 사람을 다스리신다. 그분의 권위는 온 땅에 충만해야 한다. 그분의 주권은 언제 어디서나 사람들의 생각 속에 각인되어져야 한다. 그분의 주권은 누구에게나 동일하게 받아들여져야 한다. 그분의 주권은 우주의 구석구석 스며들어있다. 사람들은 이것을 인식해야 한다. "내 영혼아 여호와를 송축하라 여호와 나의 하나님이여 주는 심히 위대하시며 존귀와 권위로 옷 입으셨나이다”(1절). 하나님의 주권은 제한이 없다. 사람이 그것을 제한하려 들 뿐이다. 아무리 그래도 하나님의 주권은 막힘이 없다.

하나님의 주권은 사람이 필요한 것을 채우심에서 나타난다. 하나님이 천지를 창조하시고 가장 마지막에 사람을 창조하셨다. 이는 하나님이 사람을 위해 환경을 미리 조성하셨다는 이야기이다. 하나님이 사람을 위해 양식을 준비하셨다. “그가 가축을 위한 풀과 사람을 위한 채소를 자라게 하시며 땅에서 먹을 것이 나게 하셔서 사람의 마음을 기쁘게 하는 포도주와 사람의 얼굴을 윤택하게 하는 기름과 사람의 마음을 힘있게 하는 양식을 주셨도다”(14~15절). 하나님의 주권이 있는 한 사람에게는 부족함이 없다. “그가 그의 누각에서부터 산에 물을 부어 주시니 주께서 하시는 일의 결실이 땅을 만족시켜 주는도다”(13절). 하나님은 사람에게 풍족히 주셨다.

하나님이 사람을 세상의 주인공으로 창조하셨다. 그러나 주인공이라고 하여 제 맘대로 하면 안 된다. 아무리 주인공이래도 연출자와 작가의 의도대로 따라야 한다. 연출자이며 작가가 누구인가? 주권을 가지신 하나님이시다. 하나님의 의도는 언제나 선하다. 하나님의 의도대로 하면 사람에게 안전이 있다. 심지어 들짐승마저도 하나님의 주권에 의해 풍족하며 안전한 곳에 머무는데 하물며 사람일까? “여호와께서 샘을 골짜기에서 솟아나게 하시고 산 사이에 흐르게 하사 각종 들짐승에게 마시게 하시니 들나귀들도 해갈하며 공중의 새들도 그 가에서 깃들이며 나뭇가지 사이에서 지저귀는도다”(10~12절).

하나님의 주권은 온 세상에 가득하다. 사람에게 하나님의 주권이 적용되며, 피조된 세계에서도 하나님의 주권이 적용된다. 하나님이 지으신 세계는 오묘한 질서와 조화를 이룬다. 나무가 있고 숲이 있으면, 거기 새가 있다. 산이 있으면 거기 산양과 너구리가 있다. "여호와의 나무에는 물이 흡족함이여 곧 그가 심으신 레바논 백향목들이로다 새들이 그 속에 깃들임이여 학은 잣나무로 집을 삼는도다 높은 산들은 산양을 위함이여 바위는 너구리의 피난처로다"(16~18절). 하나님은 하나만 만들지 않으셨다. 하나님은 공동체를 창조하시고, 조화와 질서를 이루게 하셨다. 창조 속에 하나님의 주권이 들어있다.

하나님은 시간의 질서를 만드셨다. 낮과 밤이 있고, 그 시간의 주인공들이 따로 있다. 낮에는 사람이 일하고, 밤에는 들짐승들이 활동한다. "여호와께서 달로 절기를 정하심이여 해는 그 지는 때를 알도다 주께서 흑암을 지어 밤이 되게 하시니 삼림의 모든 짐승이 기어나오나이다 젊은 사자들은 그들의 먹이를 쫓아 부르짖으며 그들의 먹이를 하나님께 구하다가 해가 돋으면 물러가서 그들의 굴 속에 눕고 사람은 나와서 일하며 저녁까지 수고하는도다"(19~23절). 시간을 다스리시는 분은 오직 하나님이시다. 질서를 세우신 분이 다스리는 것이 당연하다. 그 질서대로 살면 사람에게 행복이 있다. 하나님의 주권 아래 행복이 있다.

시편 기자는 아무리 생각해도 하나님이 하신 일이 너무 많아 측량할 수 없다고 고백한다. 세어도 세어도 하나님이 지으신 창조물들이 계속 나온다. 사람의 능력이 한계가 있으므로 다 알지 못할 뿐이다. "여호와여 주께서 하신 일이 어찌 그리 많은지요 주께서 지혜로 그들을 다 지으셨으니 주께서 지으신 것들이 땅에 가득하니이다 거기에는 크고 넓은 바다가 있고 그 속에는 생물 곧 크고 작은 동물들이 무수하니이다 그 곳에는 배들이 다니며 주께서 지으신 리워야단이 그 속에서 노나이다"(24~26절). 하나님의 오묘한 생각과 주권을 사람의 생각으로 판단한다는 것은 쉽지 않다. 하나님은 주권으로 사람을 지으셨고, 사람은 그 주권 아래 살기 때문이다.
하나님이 사람으로 하여금 당신의 주권을 아주 제한적으로만 깨닫게 하신다. 깨달은 것조차도 완벽하지 않을 때가 있다. 그러므로 사람은 언제나 하나님 앞에 겸손해야 한다. 그것이 주권을 아는 것이다. 사람들이 제한적으로 깨닫기 때문에 하나님이 날마다 새로운 영적 경험과 하나님의 주권적 경험을 허락하신다. 주님을 아는 맛이 마치 양식과 같다. "이것들은 다 주께서 때를 따라 먹을 것을 주시기를 바라나이다"(27절). 하나님의 주권을 깨달으면 깨달을수록 성령께서 그에게 날마다 새로움을 경험하게 하신다. "주의 영을 보내어 그들을 창조하사 지면을 새롭게 하시나이다"(30절).

주권에 의해

사람은 하나님의 주권을 알아야 한다. 하나님의 주권을 알면 그분께 순종할 것이다. 그리고 하나님이 그의 삶에 만족함을 주신다. 반면에 하나님의 주권을 모르는 사람이 있으면 하나님이 그를 외면하신다. 주권을 모르는 사람이 갈 곳을 오직 흙 밖에 없다. "주께서 주신즉 그들이 받으며 주께서 손을 펴신즉 그들이 좋은 것으로 만족하다가 주께서 낯을 숨기신즉 그들이 떨고 주께서 그들의 호흡을 거두신즉 그들은 죽어 먼지로 돌아가나이다"(28~29절). 그러니까 사람은 하나님의 주권에 의해 살게 되어 있다. 하나님의 주권이 역사하는 사람은 살아있는 사람이지만 그렇지 않은 사람은 죽은 사람이다.

하나님의 주권은 물과 땅과 산에도 나타난다. 물과 땅도 산도 하나님의 주권에 의해 움직인다. 하나님이 물을 막으시면 막힐 것이다. 하나님이 물을 붙잡으시면 그 물이 땅을 덮지 못할 것이다. "주께서 물의 경계를 정하여 넘치지 못하게 하시며 다시 돌아와 땅을 덮지 못하게 하셨나이다"(9절). 하나님이 땅을 향해 명령하시면 땅이 움직일 것이다. 땅이 산으로 변할 수도 있고, 산이 땅으로 바뀔 수도 있다. 하나님의 주권이 미치는 땅과 산에 하나님의 축복이 임할 것이다. "그가 땅을 보신즉 땅이 진동하며 산들을 만지신즉 연기가 나는도다"(32절). 우리가 늘 보는 물과 땅 그리고 산이 하나님의 주권에 의해 움직인다.

하나님은 스스로 계신 분, 스스로 일하시는 분이시다. 하나님은 스스로 영광을 받으시는 분이시다. 하나님의 주권은 하나님의 영광으로 돌아간다. 하나님의 주권은 영원할 것이다. 하나님의 주권이 행사되는 곳에 영광이 있다. 하나님의 일이 드러나는 곳에 하나님의 기뻐하심이 있다. "여호와의 영광이 영원히 계속할지며 여호와는 자신께서 행하시는 일들로 말미암아 즐거워하시리로다"(31절). 영광이 나타나는 곳에 죄가 틈을 탈 수 없다. 악인이 발을 붙일 수도 없다. 하나님의 주권은 악을 소멸한다. "죄인들을 땅에서 소멸하시며 악인들을 다시 있지 못하게 하시리로다 내 영혼아 여호와를 송축하라 할렐루야"(35절).

주권에 의해 사는 사람은 무엇을 할까? 그는 하나님을 찬양하는 삶을 산다. 주권을 생각하는 사람은 평생 하나님을 찬양하는 것으로 즐거움을 삼는다. 주권을 생각하는 사람은 삶 자체가 찬양이다. 찬양으로 하나님과 동행한다. 찬양이 인생의 목적이다. "내가 평생토록 여호와께 노래하며 내가 살아 있는 동안 내 하나님을 찬양하리로다"(33절). 하나님의 주권을 아는 사람은 하나님을 묵상한다. 묵상으로 하나님과 동행한다. 하나님은 그의 묵상을 기뻐하신다. 하나님이 기뻐하시면 사람도 함께 기쁘다. "나의 기도를 기쁘게 여기시기를 바라나니 나는 여호와로 말미암아 즐거워하리로다"(34절). 하나님의 주권에 의해 살면 이렇게 된다.

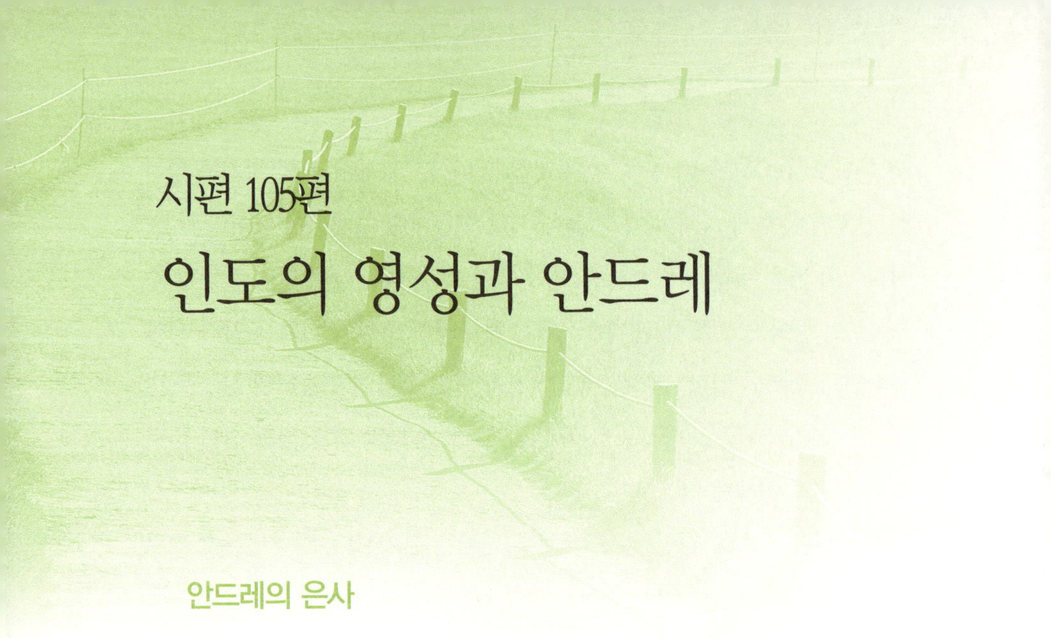

시편 105편

인도의 영성과 안드레

안드레의 은사

안드레는 베드로의 형제이다. 그러나 안드레는 베드로를 예수님께로 인도한 사람이다. 그는 요한과 함께 가장 먼저 예수님을 만났다. 안드레는 예수님이 누구신지를 단번에 알아보았다. 그리고 그는 자기 형 베드로에게 예수님을 소개하였다. 예수님이 안드레와 베드로가 고기를 잡는 곳으로 찾아오셨다. 예수님이 그들에게 사람을 낚는 어부가 될 것이라는 예언의 말씀을 주셨다. 형제는 곧바로 배와 그물을 버려두고 예수님을 따랐다. 그리고 그들은 3년 동안 예수님을 따라다녔다. 그들은 예수님의 예언대로 사람을 낚는 어부가 되어 사람을 예수님께 인도하고, 사람을 바른 길로 이끄는 인도자가 되었다.

안드레는 크게 드러나는 인물이 아니다. 그러나 안드레는 누구든지 예수님께로 데려올 수 있는 사람이다. 안드레는 예수님을 완전히 신뢰하는 사람이다. 안드레는 다른 제자들보다 예수님께로 가서 말씀드리는 데 용감했었다. 들판에 모인 사람들에게 먹을 것을 주라는 예수님의 말씀에 빌립은 먹을 것을 구하기 어렵다고 말했다. 그러나 안드레는 어린이의 도시락 하나에 담긴 보리떡 다섯 개와 물고기 두 마리를 예수님께 가져다 드렸다. 물론 그것이 많은 사람을 먹이기에는 턱없이 모자란다는 것을 안드레가 잘 알고 있다. 그래도 그는 그것마저도 예수님께 드렸다. 자기의 주관적 판단보다 예수님이 어떻게 하실지 보려고 했기 때문이다.

안드레는 적은 것이라도 예수님께 가지고 나갔다. 안드레의 행동 때문에 오천 명이 먹을 수 있었다. 안드레는 다른 사람을 인도하기에 앞서서 자기가 먼저 예수님께로 나갔다. 예수님께로 먼저 나간 사람이 다른 사람을 예수님께로 인도할 수 있다. 그는 언제든지 예수님께 나갈 수 있었다. 그래서 예수님을 만나고자 하는 사람은 안드레를 찾았다. 한 번은 헬라인들이 명절에 예루살렘으로 올라왔다가 예수님을 만나고 싶었다. 그들은 로마인들에게 예수님을 소개해 달라고 빌립을 찾았다. 빌립은 다시 안드레를 찾았다. 그래서 빌립과 안드레가 동시에 예수님을 찾아와서 헬라인들을 소개하였다. 안드레는 언제든지 누구라도 예수님께 소개하였다.

안드레는 다른 사람을 인도하는 은사를 가지고 있었다. 그는 다른 사람을 볼 때 단순한 사귐의 대상으로 보지 않았다. 안드레는 사람들을 볼 때마다 예수님께 인도하려는 생각을 가지고 있었다. 그리고 실제로 사람을 예수님께 인도하였다. 안드레가 사람을 보는 눈은 인도하기 위함이었다. 그러므로 안드레에게는 예수님께 인도할 사람만 보인다. 그런 사람에게는 인도할 사람이 더 잘 보이고, 인도할 일이 더 많이 생긴다. 적은 것이라도 예수님께 드리고 싶은 사람, 특히 사람을 예수님께 보여드리고 싶은 사람이 가장 위대한 일을 하는 사람이다. 그들은 사람을 찾기 위해 오신 예수님의 목적에 합당하게 행하는 사람이기 때문이다.

인도자가 필요하다

몽골 민족이 가장 왕성했을 때는 징기스칸과 그의 후예들이 중국을 점령했을 때였다. 그 이후로 몽골 민족은 중국에 예속되어 살다시피 하였다.

넓은 땅과 초원을 가지고 있지만 문화와 경제가 발전하지 못했다. 여러 가지 이유가 있을 테지만 가장 중요한 이유는 징기스칸과 같은 지도자, 민족을 이끌어가고 역사를 만들어가는 인도자가 없기 때문이다. 만약 인도자가 있어도 유목민 기질에 젖어들면 따르려고 하지 않았을 것이다. 민족을 이끌고 넓은 땅으로 나가는 인도자가 없다면 민족의 오그라들 것이다. 국가를 바로 세우는 것은 인도자가 있을 때 가능하다. 인도자가 없거나 인도자를 따르지 않는다면 민족의 미래가 어둡다.

민족이 고난을 받을 때 인도자가 필요하다. 이스라엘은 엄청난 고난을 당하였다. 아브라함과 이삭이 가나안에 정착할 때 고난을 당하였다. "그 때에 그들의 사람 수가 적어 그 땅의 나그네가 되었고 이 족속에게서 저 족속에게로, 이 나라에서 다른 민족에게로 떠돌아다녔도다"(12~13절). 이때는 하나님이 그들을 직접 인도하셨고, 이방 민족들로 하여금 아브라함의 후손들을 다치지 못하게 하셨다. "그러나 그는 사람이 그들을 억압하는 것을 용납하지 아니하시고 그들로 말미암아 왕들을 꾸짖어 이르시기를 나의 기름 부은 자를 손대지 말며 나의 선지자들을 해하지 말라 하셨도다"(14~15절). 인도자 중에 가장 위대한 인도자는 하나님이시다.

모든 민족에게 하나님의 인도가 필요하다. 하나님은 이스라엘 민족의 조상 아브라함과 이삭의 인생을 인도하셨다. 그리고 야곱을 인도하셨다. 하나님이 인도하시는 방법은 언약을 주시는 것이었다. 그러므로 아브라함의 하나님, 이삭의 하나님, 야곱의 하나님이시다. "그는 그의 언약 곧 천 대에 걸쳐 명령하신 말씀을 영원히 기억하셨으니 이것은 아브라함과 맺은 언약이고 이삭에게 하신 맹세이며 야곱에게 세우신 율례 곧 이스라엘에게 하신 영원한 언약이라"(8~10절). 하나님은 족장들을 가나안으로 인도하셨다. 하나님이 족장들에게 땅을 주셨다. "이르시기를 내가 가나안 땅을 네게 주어 너희에게 할당된 소유가 되게 하리라 하셨도다"(11절).

어떤 때에는 하나님이 이방 민족을 도와주실 때도 있다. 하나님은 당신의 백성 중에서 인도자를 세워 이방 민족을 도와주신다. 가장 대표적인 예가 있는데 애굽에서 총리가 된 요셉의 이야기이다. 애굽에 풍년과 흉년이 교차될 때 하나님이 요셉을 세우셨다. 요셉이 애굽을 다스리며 흉년의 때에 애굽을 위기에서 구해 내었다. "그를 그의 집의 주관자로 삼아 그의 모든 소유를 관리하게 하고 그의 뜻대로 모든 신하를 다스리며 그의 지혜로 장로들을 교훈하게 하였도다"(21~22절). 요셉은 하나님의 인도를 받는 사람이었다. 하나님의 사람이 인도한다는 것은 곧 하나님이 인도하시는 것이다. 모든 민족에게 하나님이 세우신 인도자가 필요하다.

인도자가 나오기까지

비록 하나님이 세우시는 인도자라 할지라도 인도자가 되기까지는 엄청난 고난을 겪는다. 고난을 통과한 후에 비로소 인도자가 되는 것이다. 인도자가 된 이후에는 다른 사람이나 민족을 이끌고 갈 수 있다. 요셉도 애굽에서 엄청난 고초를 겪었다. 모함을 받았고 감옥에 갇혔다. 그러나 이것은 하나님이 그를 연단하시는 것이었다. "그의 발은 차꼬를 차고 그의 몸은 쇠사슬에 매였으니 곧 여호와의 말씀이 응할 때까지라 그의 말씀이 그를 단련하였도다"(18~19절). 그러나 고난 이후에 영광이 있다. "왕이 사람을 보내어 그를 석방함이여 뭇 백성의 통치자가 그를 자유롭게 하였도다"(20절). 인도자가 되려면 반드시 고난을 통과해야 한다.

요셉이 고난을 받은 이유는 그의 가족이 고난받을 때를 예비하신 하나님의 뜻이었다. "그가 또 그 땅에 기근이 들게 하사 그들이 의지하고 있는 양식을 다 끊으셨도다 그가 한 사람을 앞서 보내셨음이여 요셉이 종으로 팔렸도다"(16~17절). 요셉이 애굽의 총리가 됨으로 야곱의 온 가족이 애굽으로 들어가 기근을 면할 수 있었다. 이스라엘이 애굽의 나그네가 되었다.

"이에 이스라엘이 애굽에 들어감이여 야곱이 함의 땅에 나그네가 되었도다"(23절). 그런데 나그네가 애굽에서 번성하였다. 하나님이 인도하시는 백성은 나그네 생활 중이라도 복을 받는다. "여호와께서 자기의 백성을 크게 번성하게 하사 그의 대적들보다 강하게 하셨으며"(24절).

위대한 인도자는 위기의 시대에 나온다. 이스라엘이 애굽에서 고초를 겪었다. 나그네들이 번성하는 것을 애굽 사람들이 그냥 보고만 있지 않았다. "또 그 대적들의 마음이 변하게 하여 그의 백성을 미워하게 하시며 그의 종들에게 교활하게 행하게 하셨도다"(25절). 이는 하나님이 이스라엘을 애굽에서 영원토록 머물게 하지 않으시려는 하나님의 계획이었다. 또한 하나님이 새로운 인도자가 필요하다는 것을 이스라엘에게 알리는 방법이었다. 새로운 인도자는 백성을 새로운 땅에 새로운 삶으로 인도한다. 새로운 삶이란 하나님이 주신 땅에서 하나님과 함께 하는 삶이다. 그러므로 새로운 인도자는 백성을 하나님께로 인도한다.

하나님은 새로운 인도자 모세와 아론을 세우셨다. 그들은 백성에게 하나님의 인도를 증거로 보였다. "그리하여 그는 그의 종 모세와 그의 택하신 아론을 보내시니 그들이 그들의 백성 중에서 여호와의 표적을 보이고 함의 땅에서 징조들을 행하였도다"(26~27절). 모세와 아론은 하나님이 이스라엘과 함께 하시고 이스라엘의 인도자가 되심을 여러 가지 증거를 보임으로써 증명하였다. 그것이 곧 애굽 땅에 내려진 열 가지 재앙이었다(28~36절). 하나님은 인도자를 위기의 때에 세우신다. 그리고 민족에게 새로운 길과 비전을 제시하신다. 하나님이 인도하시는 길과 비전이 일치됨을 기적으로 증명하시고, 인도자의 권위를 세우신다.

시편 기자는 하나님이 이스라엘을 인도하셨다는 것을 알고 있다. 하나님이 민족의 역사를 인도하셨다. 그리고 하나님이 그들의 조상을 인도하셨고, 민족에게 인도자를 주심으로 젖과 꿀이 흐르는 새 땅으로 인도하셨다. 역사 속에 있었던 하나님의 인도를 생각할 때마다 하나님을 찬양할 수밖에 없다. "여호와께 감사하고 그의 이름을 불러 아뢰며 그가 하는 일을 만민 중에 알게 할지어다"(1절). 하나님이 민족의 인도자셨다. 하나님이 민족을 인도하시기 위해 놀라운 일들을 행하셨다. "그에게 노래하며 그를 찬양하며 그의 모든 기이한 일들을 말할지어다"(2절). 하나님이 사람을 민족의 인도자로 세우시고, 직접 인도하셨다.

하나님의 인도를 체험한 민족은 하나님을 자랑하게 되어 있다. 하나님만 생각하면 즐겁고, 하나님만 생각하면 마음이 기쁘다. 시편 기자는 하나님을 자랑하는 것이 가장 기쁘다. "그의 거룩한 이름을 자랑하라 여호와를 구하는 자들은 마음이 즐거울지로다"(3절). 시편 기자는 민족이 위기를 만나도 또 개인적인 고난을 당해도 인도자를 찾으면 안심이다. 위대한 인도자 하나님은 과거에도 도우셨고, 현재도 도우시며 또 미래에도 도우실 것이다. 그러므로 시편 기자는 민족을 향하여 인도자 하나님을 구하라고 강력하게 권면한다. 하나님은 전능한 인도자이시다. "여호와와 그의 능력을 구할지어다 그의 얼굴을 항상 구할지어다"(4절).

하나님을 찾으라는 권면은 민족과 나라를 위대한 인도자 하나님께로 인도하는 것이다. 자기가 체험한 하나님은 참된 하나님, 위대한 인도자 하나님이시다. 그 하나님은 우주를 창조하시고 다스리시는 하나님이시다. 그분은 이스라엘을 제사장 나라로 삼으신 하나님이시다. 하나님이 이스라엘을 선택하시고, 보호하심으로 온 세상을 향하여 당신의 말씀과 계획 그리고 뜻을 알리신다. 그렇기 때문에 하나님은 아브라함부터 야곱에 이르기까지 이스라엘의 조상들을 도우셨다. "그의 종 아브라함의 후손 곧 택하신 야곱의 자손 너희는 그가 행하신 기적과 그의 이적과 그의 입의 판단을 기억할지어다"(5절).

하나님은 언제나 이스라엘을 중심으로 역사의 판도를 편성하셨다. 그러므로 하나님을 기억하고 그분을 섬기는 것은 하나님 편에 서는 것이다. 하나님께 인도를 받고 또 민족과 나라를 하나님께로 인도한다는 것은 그분을 믿고 의지하고 따르는 것이다. 그분이 이스라엘 민족과 세계를 향한 판단은 언제나 옳다. "그는 여호와 우리 하나님이시라 그의 판단이 온 땅에 있도다"(7절). 그분의 계획과 의지와 명령하심은 한 치의 틀림이 없다. 그러므로 여호와 하나님께 나아가고, 그분께 인도하는 것은 언제나 옳은 일이다. 그분의 인도를 받고 그분께 인도하는 것이 곧 민족과 나라를 살리는 길이다.

하나님의 인도를 받으라

모세가 이스라엘을 애굽으로부터 이끌고 나왔다. 이는 애굽에서의 종살이로부터 해방된 것이다. 단순한 해방만이 아니었다. 애굽에서 나올 때, 각종 금은 보물을 가지고 나왔다. 종살이는 가난함과 고통의 연속이었다. 민족 전체가 가난하고 힘이 약하였다. 그러나 애굽에서 나올 때는 민족 중 어느 하나라도 가난한 사람이나 약한 사람이 없었다. 하나님의 인도를 받으면 민족 전체가 부강해진다. "마침내 그들을 인도하여 은 금을 가지고 나오게 하시니 그의 지파 중에 비틀거리는 자가 하나도 없었도다"(37절). 하나님의 인도를 받으면 자유를 누리며, 소유를 얻는다. 어찌 하나님의 인도를 받지 않고 가만히 있어야만 하는가?

하나님의 인도를 받으면 어느 누구도 가로막을 사람이 없다. 하나님께로 인도하는 일에 걸림돌이 되어서는 안 된다. 하나님은 걸림돌을 반드시 제거하신다. 걸림돌이 되는 민족이나 나라 혹은 사람을 벌하신다. 이스라엘이 나올 때 애굽은 오히려 기뻐하였다. 왜냐하면 이스라엘로 인하여 엄청난 재앙을 당했기 때문이다. 애굽은 이스라엘과 하나님이 두려웠다. 이스라엘이 애굽에서 나감으로 인해 그들의 재앙이 멈추었다. 그러므로 애굽은 이스라엘이 나가는 것을 기뻐할 수밖에 없었다. "그들이 떠날 때에 애굽이 기뻐하였으니 그들이 그들을 두려워함이로다"(38절).

하나님이 인도하시면 부족함이 없다. 하나님은 기후를 지키심으로 이스라엘을 도우셨다. "여호와께서 낮에는 구름을 펴사 덮개를 삼으시고 밤에는 불로 밝히셨으며"(39절). 하나님은 이스라엘에게 먹을 것을 주셨다. 하늘에서 내려오는 만나로써 신비한 매일의 양식을 허락하셨다. "그들이 구한즉 메추라기를 가져 오시고 또 하늘의 양식으로 그들을 만족하게 하셨도다"(40절). 광야에서 물이 없어 갈증을 겪거나 쓴 물이 나와 더 목이 마를 때 하나님이 반석에서 생수가 나오게 하셨다. "반석을 여신즉 물이 흘러나와 마른 땅에 강 같이 흘렀으니"(41절). 하나님의 인도는 이처럼 신비롭다. 하나님의 인도를 받는 것이 민족에게 유익이다.

하나님은 민족을 인도하시려고 태초부터 계획을 세우셨고, 인도하심을 약속하셨다. 하나님은 민족이 위기를 겪을 때 언약을 기억하셨다. "이는 그의 거룩한 말씀과 그의 종 아브라함을 기억하셨음이로다"(42절). 하나님이 이스라엘을 애굽에서 나오게 하셨고(43절), 젖과 꿀이 흐르는 땅을 새로운 삶의 터전으로 주셨다(44절). 그 이유가 무엇일까? 하나님이 세우신 진리와 법도를 따르게 하기 위함이다. 하나님의 인도를 따르는 방법은 그분의 법을 따르는 것이다. "이는 그들이 그의 율례를 지키고 그의 율법을 따르게 하려 하심이로다 할렐루야"(45절). 한 번 인도를 받았으면 계속 인도를 받아야 한다. 하나님의 법을 지키는 것이 바로 그것이다.

시편 106편

믿음의 영성과 흠

손을 잡아주는 사람

모세가 이스라엘 백성을 애굽에서 이끌고 광야로 나왔을 때이다. 이스라엘 백성은 이미 젖과 꿀이 흐르는 땅을 약속으로 받았다. 약속된 땅으로 가기 위해서 그들은 광야를 통과해야 한다. 그러나 광야에는 엄청난 고난이 기다리고 있다. 척박한 땅이며, 물을 얻기 어렵다. 낮에는 덥고 밤에는 추워서 견디기 힘들다. 집을 짓고 냉난방을 하면 되겠지만 광야는 이스라엘의 영원한 처소가 아니기 때문에 그렇게 할 수도 없다. 방법이 있다면 광야를 빨리 빠져나가는 것뿐이다. 그러나 그렇게 할 수 없다. 왜냐하면 하나님이 이스라엘을 광야로 이끄시고 거기서 여러 가지 통과해야 할 것들을 만나게 하시기 때문이다.

광야에는 짐승들이 많다. 그러나 백성의 숫자가 많으므로 짐승들이 얼씬거리지 못할 것이다. 백성이 가는 길을 맹수가 막을 수 없다. 백성이 가는 길은 두 가지 방법으로 막힐 것이다. 하나는 백성의 마음속에 있는 불신감이며, 또 하나는 이방 민족이다.

백성이 신 광야에 이르렀을 때이다. 백성이 마실 물이 없다고 불평하였다. 백성이 모세를 향해 원망하며 돌팔매질을 하려 한다. 모세가 하나님께 이 사실을 부르짖는다. 하나님이 모세에게 반석을 치면 물이 나올 것이라고 대답하신다. 과연 모세는 하나님의 말씀대로 물을 얻었다. 그리고 이곳을 므리바라고 하였는데 하나님을 믿지 못하고 서로 싸웠다는 뜻이다. 마실 물 때문에 백성 사이에 자중지란(自中之亂)이 있었으나, 하나님이 그것을 막으셨다. 자중지란은 믿음이 없을 때 일어난다. 하나님이 막으셨다는 것은 그 백성에게 하나님을 믿는 믿음을 허락하신 것이다.

또 다른 문제는 외부로부터의 침략이다. 백성이 르비딤에 이르렀을 때이다. 아말렉 민족이 이스라엘에게 전쟁을 걸어왔다. 이스라엘은 아말렉을 물리치고, 광야를 통과해야 한다. 모세는 여호수아에게 군대를 주어 나가 싸우게 하였고, 자기는 산에 올라 군대의 싸우는 모습을 보며, 하나님께 기도를 드렸다. 하나님께 기도한다는 것은 곧 믿음을 하나님께 보여드리는 것이다. 하나님이 모세와 이스라엘의 인도자이시기 때문이다.

그런데 이상한 일이 생겼다. 기도하는 모세의 손이 올라가면 이스라엘이 이기고 손이 내려가면 이스라엘이 진다. 모세의 팔이 피곤하여 올라가기 어렵다. 이 때 아론과 훌이 모세의 양쪽에서 모세의 팔을 잡아준다. 그들도 힘이 들어 댓돌을 가져다가 앉아서 모세를 붙잡아준다. 그 덕에 모세의 팔이 내려오지 않아 이스라엘이 아말렉을 이기게 되었다. 아론과 훌은 손을 잡아주는 사람이지만 그들은 모세의 조력자이며 동시에 믿음의 사람이었다. 믿음은 언제나 돕는 사람을 만나게 된다. 그리고 지도자를 돕는 일을 한다. 훌은 모세의 손을 잡아 돕는 일로 그의 믿음을 보였다. 그리고 그는 이스라엘을 인도하시는 하나님께 믿음을 보였다.

믿음의 조력자

이스라엘이 애굽을 떠나 가나안으로 오기까지 수많은 사람들이 하나님의 명령에 따라 일하였다. 그들은 모두 하나님의 조력자들이었다. 하나님의 뜻은 이스라엘이 약속의 땅으로 들어가는 것이고, 약속의 땅에서 이스라엘이 제사장 노릇을 하는 것이었다. 이스라엘이 약속의 땅에 들어가기까지 수고한 사람들 모두 하나님의 조력자들이었다. 모세가 조력자이며, 모세 곁에 섰던 아론과 훌도 조력자였다. 모세의 후계자 여호수아도 하나님의 조력자였다. 이들은 모두 하나님이 계획하신 것, 하나님의 의도와 목적을 위해 하나님께 순종하는 믿음의 사람들이었다. 그리고 하나님의 뜻이 이루어지는 일에 헌신한 사람들이었다.

믿음의 조력자들은 저마다 각각의 역할이 있다. 모세는 하나님과 대화하며 하나님의 뜻을 받아 백성에게 전달하는 사람으로서 백성의 지도자였다. 그리고 백성의 대표자였다. 그는 백성을 대표하여 애굽의 바로 왕에게 백성의 해방을 촉구하였다. 그는 하나님의 부르심을 받았고, 자기 인생을 지키시는 하나님을 믿었다. 그리고 이스라엘을 향하여 의로운 뜻을 가지신 하나님의 의를 믿었다. 그러므로 그는 백성의 원망과 대적의 방해 앞에서도 하나님을 의지할 수 있었다. 하나님께는 믿음의 조력자들이 필요하다. 단순히 믿는 사람이 아니라 하나님의 일을 돕는 사람이 필요하다. 하나님은 믿음의 조력자들을 원하신다.

"할렐루야 여호와께 감사하라 그는 선하시며 그 인자하심이 영원함이로다 누가 능히 여호와의 권능을 다 말하며 주께서 받으실 찬양을 다 선포하랴 정의를 지키는 자들과 항상 공의를 행하는 자는 복이 있도다"(1~3절). 믿음의 조력자들은 하나님이 베푸신 은혜를 기억하고 있다. 그리고 하나님의 일이 창성하기를 기대하며 그 일에 헌신한다. 믿음의 사람이 헌신하는 것은 하나님과 하나님이 하신 일을 자랑하기 위함이다. "여호와여 주의 백성에게 베푸시는 은혜로 나를 기억하시며 주의 구원으로 나를 돌보사 내가 주의 택하신 자가 형통함을 보고 주의 나라의 기쁨을 나누어 가지게 하사 주의 유산을 자랑하게 하소서"(4~5절).

모세가 80세가 되어서도 애굽으로 들어갈 수 있었던 것, 이스라엘이 오합지졸임에도 불구하고 아말렉을 물리칠 수 있었던 것, 광야의 험난한 길을 지나 가나안에 들어갈 수 있었던 것 등 모두가 하나님의 은혜였다. 그리고 하나님이 믿음의 사람을 사용하신 결과였다. 하나님은 당신의 주권대로 일하신다. 그러나 혼자 일하지 않으신다. 반드시 믿음의 사람을 찾으신다. 그것도 믿음을 가지고 하나님을 도울 사람을 찾으신다. 믿음의 사람이 하나님의 일을 할 때 그는 믿음의 조력자요 동시에 지도자가 된다. 그리고 하나님의 영광이 그를 통해 드러나고, 하나님의 뜻이 하늘에서 이룬 것 같이 땅에서도 이루어진다.

믿음이 없다면

믿음의 사람은 하나님이 사용하시는 지도자가 된다. 반면에 믿음을 가지지 못한 사람은 하나님의 마음만 아프게 할 따름이다. 믿음을 가지지 못한 사람은 죄를 짓는다. 믿음을 가지지 못한 자체가 곧 죄이기 때문이다(요 16:9). 이스라엘은 출애굽 과정에서 수많은 죄를 지었다. 시편 기자는 이것을 기억하고 있다. "우리가 우리의 조상들처럼 범죄하여 사악을 행하며 악을 지었나이다"(6절). 이스라엘이 지은 죄가 한두 가지가 아니다. 그들은 홍해에서 하나님을 믿지 못하고 모세를 원망하였다(7절). 그러나 하나님은 천지를 지으시고 물을 한 곳으로 모아 땅과 바다를 나누신 분이시다. 그런 하나님이 홍해를 가르심으로 이스라엘을 구원하셨다(7~11절).

이스라엘이 하나님의 위대한 구원을 경험하였다. 절체절명의 순간, 목숨이 풍전등화에 있었던 순간에 하나님이 이스라엘을 구원하셨다. 하나님의 신비한 구원을 경험한 백성은 하나님을 찬양할 수밖에 없다. 믿음은 머릿속으로만 머물지 않는다. 믿음은 몸으로 체험하는 것이고, 생명의 구원을 경험하는 것이다. 죽을 고비에서 살았다면 살려주신 분을 자랑할 것이다. 하나님이 민족을 살리셨다. 민족이 하나님을 자랑하여야 한다. 그것이 하나님을 찬양하는 것이다. "이에 그들이 그의 말씀을 믿고 그를 찬양하는 노래를 불렀도다"(12절). 믿음이 없다면 체험도 하지 못한다. 그리고 하나님을 찬양하지도 못할 것이다.

믿음이 없으면 하나님의 은혜를 잊어버린다. 그들의 영혼을 스스로 메마르게 한다. 믿음이 없으면 하나님의 음성을 들으려 하지 않는다. 조급하게 생각하고, 성급하게 말하며, 불필요한 행동을 일삼는다. 이스라엘이 그랬다. "그러나 그들은 그가 행하신 일을 곧 잊어버리며 그의 가르침을 기다리지 아니하고 광야에서 욕심을 크게 내며 사막에서 하나님을 시험하였도다 그러므로 여호와께서는 그들이 요구한 것을 그들에게 주셨을지라도 그들의 영혼은 쇠약하게 하셨도다"(13~15절). 그런 사건들이 많다. 다단과 아비람이 하나님께 제사를 드리지 않고 다른 불을 드리려 했다. 하나님은 땅이 갈라지게 하여 그들을 삼키게 하셨다(16~18절).

믿음이 없으면 기다리지 않는다. 모세가 산 위에 올라 하나님과 대화하며 계명을 받을 때, 산 아래 백성은 기다리지 못했다. 아론을 재촉하여 송아지 형상을 만들게 하였고, 백성이 거기에 환호성을 지르며 절을 하였다. "그들이 호렙에서 송아지를 만들고 부어 만든 우상을 경배하여 자기 영광을 풀 먹는 소의 형상으로 바꾸었도다"(19~20절). 그들이 하나님을 버렸다. 하나님이 누구신가? 홍해 가운데서 구원하신 분이시다. "애굽에서 큰 일을 행하신 그의 구원자 하나님을 그들이 잊었나니 그는 함의 땅에서 기사와 홍해에서 놀랄 만한 일을 행하신 이시로다"(21~22절). 이처럼 하나님을 잊으면 역사를 부정하고 어리석음으로 빠진다.

믿음은 개인적인 것에 머물지 않는다. 믿음은 공동체 속에 있어야 한다. 공동체가 믿음을 가지고 하나님으로부터 복을 받아야 한다. 국가와 민족이 믿음을 가져야 한다. 국가와 민족 속에 믿음이 없으면 암울한 역사가 계속될 것이다. 역사 속에서 잠깐 이름만 가지다가 사라지는 민족이 될 것이다. 이스라엘은 험난한 역사 속에서도 전 세계에 하나님을 자랑해야 한다. 그것은 믿음을 가졌을 때 가능하다. 믿음의 지도자는 공동체가 믿음을 가지도록 힘써야 한다. 믿음의 조력자 역시 공동체가 믿음에 의해 운영되도록 힘써야 한다. 이것이 되지 않을 때 믿음의 사람은 하나님의 거룩한 생각을 가져야 한다.

모세는 공동체가 우상 숭배하는 것을 보고 분노하였다. 그 분노는 하나님의 분노였다. 모세는 백성의 죄가 중하기 때문에 하나님으로부터 책망이 있을 것이라 말한다(23~27절). 그러나 사랑하는 백성이 징계를 받는다는 것은 모세의 살을 드러내는 것처럼 아프다. 그러므로 모세는 하나님께 용서의 기도를 드린다. 믿음의 사람은 형제의 아픔이 곧 자기의 아픔이다. 믿음의 사람은 형제의 일이 곧 자기의 일이다. 그러나 믿음의 사람은 공동체가 영적으로 깨끗해지기 위해 가지를 쳐내야 함을 알고 있다. 하나님이 공동체를 영적으로 깨끗하게 하시려고 전염병이 돌게 하셨다. 악한 사람들이 질병에 걸려 죽어간다.

문제는 선한 사람도 악한 사람의 죄 때문에 질병에 걸린다는 것이다. 그대로 두면 백성 모두 전염병으로 죽을 지도 모른다. 이것은 하나님의 진노였다(28~29절). 이 때 비느하스가 나섰다. 그가 믿음의 일을 행하였다. 비느하스가 우상숭배를 주도한 사람을 창으로 찔렀다. 그제서야 전염병이 멈췄다. "그 때에 비느하스가 일어서서 중재하니 이에 재앙이 그쳤도다"(30절). 악한 일의 씨앗이 남아있는 한 공동체는 평안할 수 없다. 비느하스의 용감함이 하나님께 칭찬을 받았다. "이 일이 그의 의로 인정되었으니 대대로 영원까지로다"(31절). 믿음의 사람은 이처럼 용감할 수 있다. 그것은 하나님을 완전히 의지할 때 가능하다.

이스라엘은 믿음을 가져야 한다. 그러나 그들은 역사 중에서 믿음 없는 일을 수없이 행하였다. 므리바 물에서 하나님의 마음을 아프시게 하였다(32~33절). 우상을 섬기는 이방 민족들과 섞여 살면서 통혼하였다(34~35절). 그것이 올무가 되었고(36절), 자녀들을 우상에게 바치는 일까지 있었다(37절). 우상 숭배로 인해 땅과 공동체를 더럽혔고(38절), 하나님이 보시기에 영적 간음을 행하였다(39절). 이러한 일의 결과는 하나님의 징계였다. 결국 그들은 이방민족에게 침략을 당하며 종이 된다(40~42절). 이스라엘이 이방민족들 앞에 낮아지게 되었다(43절). 믿음을 버린 민족은 이렇게 된다. 믿음의 지도자가 나서지 못한다. 믿음의 조력자가 없으면 이렇게 된다.

믿음의 공동체

믿음은 공동체가 함께 가져야 한다. 믿음은 믿음의 지도자를 신뢰하고 그를 도울 때 더 좋아질 수 있다. 믿음의 지도자와 조력자가 하는 일이 있다. 그것은 공동체가 고난을 당할 때 하나님께 부르짖는 것이다. 지도자가 부르짖고, 조력자는 부르짖는 것을 돕는다. 지도자는 공동체를 향하여 하나님께 회개하도록 촉구하고, 조력자는 공동체를 향하여 전달할 수 있다. 그리고 공동체의 영적 분위기를 조성한다. 이스라엘이 역사 속에서 살아남을 있었던 것은 이처럼 믿음의 사람들이 나왔기 때문이다. 하나님은 믿음의 사람들이 부르짖는 것을 들으신다. "그러나 여호와께서 그들의 부르짖음을 들으실 때에 그들의 고통을 돌보시며"(44절).

하나님이 왜 공동체를 향하여 돌이키실까? 공동체의 죄가 수없이 많음에도 불구하고 돌이키시는 이유가 무엇일까? 그것은 하나님이 이스라엘에게 복을 주시겠다고 언약하셨기 때문이다. 믿음의 사람들이 먼저 하나님께 언약을 기억해 달라고 부르짖는다. 인자하신 하나님이 뜻을 돌이키심으로 백성을 향하여 복을 베푸신다. "그들을 위하여 그의 언약을 기억하시고 그 크신 인자하심을 따라 뜻을 돌이키사"(45절). 하나님의 인자하심은 포로된 백성이 자유케 되는 것이다. "그들을 사로잡은 모든 자에게서 긍휼히 여김을 받게 하셨도다"(46절). 믿음의 공동체는 이처럼 암울한 시기에도 하나님의 은혜를 받는다.

믿음의 사람은 공동체 안에서 자신의 역할을 감당한다. 지도자는 지도자로서, 조력자는 조력자로서 역할을 감당한다. 그러나 공통점이 있다. 믿음을 가져야 한다는 것이다. 민족을 구원하신 하나님, 공동체에 믿음의 목표를 주신 하나님을 향한 믿음이다. 동시에 공동체가 믿음을 가지게 하는 일을 감당해야 한다. 인간적으로 아무리 뛰어난 사람이라 할지라도 믿음이 없다면 아무 것도 아니다. 그는 공동체에 믿음을 주는 것이 아니라 공동체의 믿음을 파괴할지도 모른다. 믿음의 사람은 다른 사람과 협력한다. 아론 혼자 모세의 양 팔을 들어주지 못한다. 훌이 있었기에 모세의 양 팔이 올려지고 공동체가 승리할 수 있었다.

믿음의 사람은 자기의 헌신과 연합을 가지고 자랑하지 않는다. 그렇게 할 수 있는 것은 하나님께서 주신 은혜 때문이다. 그러므로 헌신과 연합을 가능하게 하신 하나님을 찬양한다. 하나님이 역사를 주관하시며 공동체를 형성하셨기 때문이다. "여호와 우리 하나님이여 우리를 구원하사 여러 나라로부터 모으시고 우리가 주의 거룩하신 이름을 감사하며 주의 영예를 찬양하게 하소서"(47절). 믿음을 주시고, 믿음의 사람을 주심으로 구원의 공동체를 이끄시는 하나님은 영원토록 찬양을 받으셔야 한다. "여호와 이스라엘의 하나님을 영원부터 영원까지 찬양할지어다 모든 백성아 아멘 할지어다 할렐루야"(48절).

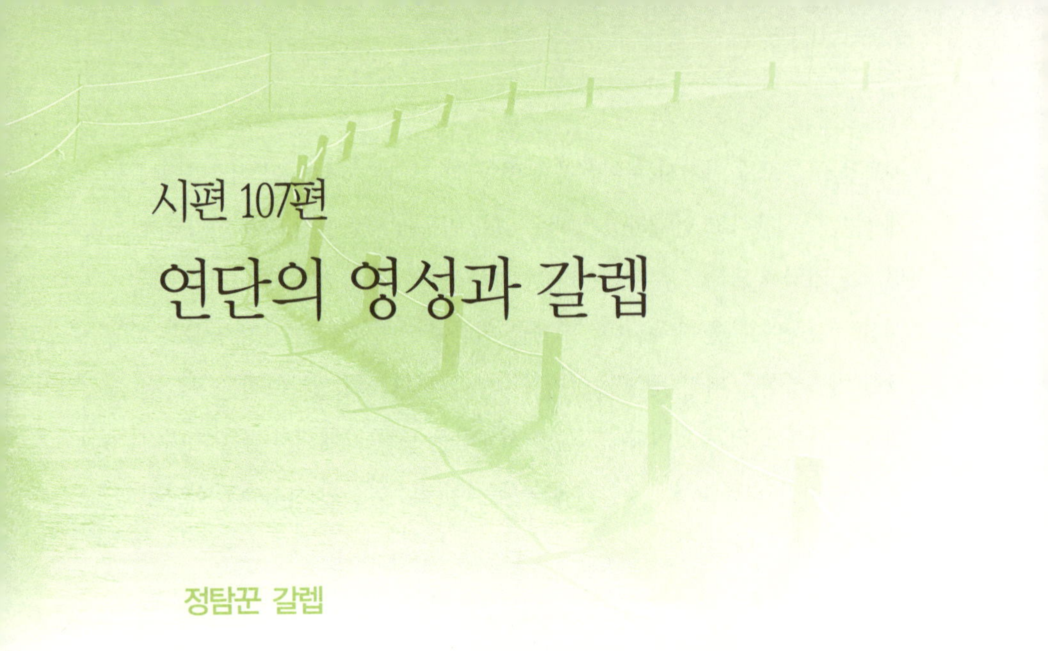

시편 107편
연단의 영성과 갈렙

정탐꾼 갈렙

이스라엘이 광야를 지나 가나안을 앞에 두고 있었다. 가나안은 하나님이 그 백성에게 들어가도록 약속하신 땅이다. 백성은 반드시 가나안에 들어가야 한다. 이것이 하나님의 명령이며 뜻이다. 가나안은 약속의 땅이다. 백성이 들어가서 평안히 거할 땅이며 축복의 땅이다. 그런데 그 땅에 원주민들이 살고 있다. 이스라엘은 원주민들과 부딪힐 수밖에 없다. 이스라엘은 원주민들을 다 몰아내든지 죽이든지 해야 한다. 이스라엘은 원주민들과 함께 살아서는 안 된다. 왜냐하면 원주민들은 모두 우상을 섬기는 사람들이다. 이스라엘이 가나안에서 우상숭배에 물들지도 모르기 때문이다. 이스라엘은 가나안을 정복해야 한다.

모세가 각 지파 중에 한 사람씩 정탐군을 선발해서 가나안으로 보냈다. 정탐꾼들은 40일 동안 지형과 지리 그리고 백성의 사는 모습, 군사력과 배치 등 가나안을 샅샅이 파악하여 돌아와야 한다. 가나안 정복은 그들이 전하는 정보에 의해 보다 쉽게 성공할 수 있다. 그런데 정탐꾼들이 돌아와서 절망적인 보고를 하였다. 가나안이 과연 젖과 꿀이 흐르는 땅이 맞기는 하다. 그러나 그 백성은 강하고, 성도 튼튼하고, 무기도 강력하여 이스라엘의 군사력으로는 도저히 점령할 수 없다며 보고한다. 가나안에는 거인들도 많이 살고 있는데, 이스라엘 사람들은 그들에 비해 메뚜기 같은 존재에 불과하다는 것이다.

이 보고를 들은 이스라엘 백성이 벌집을 쑤셔놓은 것 마냥 시끄러워졌다. 여기저기서 탄식과 울음소리가 나온다. 백성이 모세와 아론을 원망한다. 차라리 애굽에서 살 걸! 차라리 애굽으로 돌아가는 게 낫을 걸! 백성이 그동안 도우신 하나님을 잊고 원망과 불평을 늘어놓는다. 그러나 갈렙은 달랐다. 백성의 원망 앞에 갈렙이 울분을 토한다. 그 땅은 하나님이 주신 땅이며, 그 백성은 이스라엘의 밥이다. 그는 백성을 향해 하나님이 도우시면 반드시 된다고 말한다. 그러므로 하나님을 거역하지 말고 하나님을 아프게도 말자고 외친다. 그런데 백성은 갈렙의 말에 귀를 기울이지 않는다. 백성 사이에 불신이 팽배하다.

하나님이 이 백성을 어떻게 하셔야 할까? 하나님이 모세에게 백성의 죄악과 불신을 지적하셨다. 그들의 불신 때문에 가나안에 들어가지 못할 것이다. 하나님이 전염병으로 백성을 치실 것이다. 백성은 40년 동안이나 광야에서 방황하다가 죽어갈 것이다. 지금 20세 이하 된 젊은이들이 자라서 40년 후에 가나안에 들어갈 것이다. 다만 갈렙은 백성과 달리 하나님을 온전히 섬기고 있으므로 하나님이 그를 가나안으로 인도하여 땅을 차지하게 하실 것이다. 하나님은 갈렙과 여호수아 두 사람 외에 모든 백성을 광야에서 장차 내치실 것이다. 갈렙은 40년 동안 광야에서 연단을 받지만 결국 가나안에 들어갈 것이다.

고난 없이 이루는 것이 없다

이스라엘은 광야에서 수많은 고통을 겪었다. 그들은 고통 중에 하나님과 모세를 향한 원망을 많이 늘어놓았다. 자유를 찾은 것에 대해 감사해도 시원찮을 판에 힘들다고 짜증을 냈다. 사람은 현재 가진 것보다 가지지 못한 것에 대하여 속상해 한다. 백성이 자유를 가지려고 얼마나 오랜 세월을 기다렸던가! 장장 430년이 흐르지 않았던가! 이스라엘이 애굽에서 나오려고 무진 애를 썼다. 하나님께 부르짖은 적이 한두 번이 아니었다. 애굽 땅에 열 가지 재앙이 내려지도록 이스라엘이 기다렸다. 애굽 땅에 맏아들이 모두 죽을 때 이스라엘은 도망치듯이 빠져나왔다. 자유를 얻으려면 이처럼 고난을 통과해야 한다.

이스라엘이 가나안 땅에 들어가기까지 그들은 광야를 통과해야 한다. 광야라는 연단을 지나야 한다. 그래야 젖과 꿀이 흐르는 땅을 차지할 수 있다. 그러나 하나님은 광야의 생활 중에 있는 백성을 도우셨다. 물이 없을 때 반석에서 샘물이 나게 하셨다. 가나안에 도착하는 것은 목마름이 끝나는 것이었다. "그들이 광야 사막 길에서 방황하며 거주할 성읍을 찾지 못하고 주리고 목이 말라 그들의 영혼이 그들 안에서 피곤하였도다 이에 그들이 근심 중에 여호와께 부르짖으매 그들의 고통에서 건지시고 또 바른 길로 인도하사 거주할 성읍에 이르게 하셨도다"(4~7절). 그리고 하나님은 이스라엘에게 가나안 백성을 이기게 하셨고, 번성케 하셨다(2~3절).

광야의 끝은 가나안이다. 광야는 고난과 연단을 상징한다. 그리고 가나안은 평안을 상징한다. 평안을 얻으려면 어떻게 해야 하는가? 반드시 연단을 통과해야 한다. 이 연단은 하나님이 세워놓으신 과정이다. 이 연단은 하나님의 백성으로서 하나님을 의지하고 섬겨야 하는 과정이다. 힘들고 어려울 때 원망하지 않고 섬길 수 있는 사람은 연단의 의미를 아는 사람이다. 연단의 때에 감사할 줄 안다면 그 연단의 후에 평안을 얻을 수 있다. 그러나 연단의 때에 불평과 원망을 늘어놓으면 그들의 연단이 죽음을 향해 가는 길일 것이다. 사람이 왜 원망하고 불평하는가? 연단 후에 평안이 있다는 것과 광야를 지나 가나안이 있다는 것을 모르기 때문이다.

하나님은 이스라엘이 가나안에 들어가도록 허락하셨다. 하나님이 이스라엘을 도우셨다. 이것 하나만 가지고도 이스라엘은 영원토록 하나님께 감사를 드려야 한다. 백성을 위해 위대한 일을 행하신 하나님께 찬양을 드려야 한다. 연단받을 때는 배고파도, 평안할 때는 배부르다. 광야에서는 힘들었어도 가나안에서는 안정된 삶을 산다. 이것은 연단의 때에 하나님을 사모하는 사람에게 주어진다. "여호와의 인자하심과 인생에게 행하신 기적으로 말미암아 그를 찬송할지로다 그가 사모하는 영혼에게 만족을 주시며 주린 영혼에게 좋은 것으로 채워주심이로다"(8~9절). 진정한 평안을 원한다면 연단의 때에 하나님을 찾고 그분을 신뢰해야 한다.

연단의 이유

사람은 반드시 연단을 받게 되어 있다. 쇠가 용광로를 통과해야 더 강해지듯이 사람은 연단을 통해 더 강해진다. 무엇이 강해지는가? 하나님을 향한 신뢰가 강해진다. 믿음이 더 좋아진다는 말이다. 또 무엇이 강해지는가? 참을성이 강해진다. 유혹과 시험에도 좀처럼 흔들리지 않는다. 연단을 통과한 사람은 잠시 흔들렸다가도 곧 제자리로 돌아온다. 제자리로 돌아온 이후에는 더 강한 의지를 보인다. 시편 기자들이 그렇다. 연단을 받게 되는 이유가 있다. 그것은 우리가 하나님을 거역하였기 때문이다. "사람이 흑암과 사망의 그늘에 앉으며 곤고와 쇠사슬에 매임은 하나님의 말씀을 거역하며 지존자의 뜻을 멸시함이라"(10~11절).

하나님은 사람들에게 죄를 지었으므로 약해졌음을 알리고 싶으시다. 사람에게 약하다는 것을 깨닫게 하는 하나님의 방법이 연단이다. 사람이 자기의 약함을 알면 하나님을 찾는다. 그리고 하나님의 구원을 경험하고 하나님을 찬송할 것이다. "그러므로 그가 고통을 주어 그들의 마음을 겸손하게 하셨으니 그들이 엎드러져도 돕는 자가 없었도다 이에 그들이 그 환난 중에 여호와께 부르짖으매 그들의 고통에서 구원하시되 흑암과 사망의 그늘에서 인도하여 내시고 그들의 얽어 맨 줄을 끊으셨도다"(12~14절). 연단은 구원의 하나님을 찾는 기회이다. 연단은 하나님의 구원과 전능함을 경험할 수 있는 기회이다. 그러므로 연단은 누구든지 만나게 되어 있다.

하나님은 연단을 하시지만 결코 사람으로 하여금 타락을 원하지 않으신다. 하나님의 연단은 타락한 사람을 하나님께로 돌이키게 하려는 의도에서 이루어진다. 사람은 연단 중에 하나님의 인자하심과 사람에게 행하신 기적을 체험할 것이다. "여호와의 인자하심과 인생에게 행하신 기적으로 말미암아 그를 찬송할지로다"(15절). 즉 연단은 하나님을 경험하는 계기가 된다. 하나님은 인생에게 당신을 경험하게 하고 싶으시기 때문이다. 경험을 통해 믿음이 더 자란다. 사람이 위기를 당해도 하나님이 도우신다. 사람이 할 수 없는 일을 하나님이 행하신다. "그가 놋문을 깨뜨리시며 쇠빗장을 꺾으셨음이로다"(16절).

연단을 당한다는 것은 그만큼 우리가 어리석기 때문이다. 하나님이 어리석은 우리를 지혜롭게 하신다. 하나님의 지혜는 어리석은 사람을 명철하게 만든다. 지혜와 명철은 하나님을 경험함으로 하나님을 신뢰할 때 생긴다. 하나님을 경험하는 것은 부르짖음에서부터 시작된다. 하나님은 부르짖는 사람을 외면하지 않으신다. 연단을 받아도 통과하는 방법은 오직 하나님 외에 없다. "미련한 자들은 그들의 죄악의 길을 따르고 그들의 악을 범하기 때문에 고난을 받아 그들은 그들의 모든 음식물을 싫어하게 되어 사망의 문에 이르렀도다 이에 그들이 그들의 고통 때문에 여호와께 부르짖으매 그가 그들의 고통에서 그들을 구원하시되 그가 그의 말씀을 보내어 그들을 고치시고 위험한 지경에서 건지시는도다"(17~20절).

시편 기자는 다음과 같은 말을 4번이나 반복한다. "여호와의 인자하심과 인생에게 행하신 기적으로 말미암아 그를 찬송할지로다"(8, 15, 21, 31절). 시편의 기자는 이미 여호와 하나님의 인자하심과 신비한 은혜를 깊이 체험했다. 그리고 그것을 혼자만 간직하는 것이 아니라 백성에게 알리고 싶어 한다. 하나님의 인자와 신비가 백성에게 적용되었기 때문이다. 백성은 마땅히 하나님께 감사를 드려야 한다. "감사제를 드리며 노래하여 그가 행하신 일을 선포할지로다"(22절). 하나님의 신비는 여러 곳에서 볼 수 있다. 배를 움직이는 사람은 바다에서 볼 수 있다. 마찬가지로 인생의 바다를 항해하는 우리는 인생 바다에서 하나님을 경험한다.

선원들이 가장 두려워하는 것은 바다가 흔들릴 때이다. 대형 어선들, 상선들은 흔들리는 바다를 두려워하지 않을지 모른다. 그렇다고 해도 사람의 힘이 자연보다 강하지 못하다. "배들을 바다에 띄우며 큰 물에서 일을 하는 자는 여호와께서 행하신 일들과 그의 기이한 일들을 깊은 바다에서 보나니 여호와께서 명령하신즉 광풍이 일어나 바다 물결을 일으키는도다"(23~25절). 바다를 항해하는 사람들이야말로 하나님의 위대한 신비를 몸으로 자주 체험하는 사람들이다. "그들이 하늘로 솟구쳤다가 깊은 곳으로 내려가나니 그 위험 때문에 그들의 영혼이 녹는도다 그들이 이리저리 구르며 취한 자 같이 비틀거리니 그들의 모든 지각이 혼돈 속에 빠지는도다"(26~27절).

선원들이야말로 하나님을 의지해야 한다. 하나님이 바다를 다스리시기 때문이다. 인생길에서 폭풍을 만나면 하나님을 의지해야 한다. 하나님이 바다를 잠잠케 하시기 때문이다. 바다를 만드신 하나님이 바다를 고요하게 하실 수 있다. 폭풍을 헤치고 전진하는 것이 선원들의 당연한 일이지만, 그 일의 결과를 하나님이 책임지신다. 그러므로 폭풍을 헤치되 하나님을 신뢰하는 마음을 가지고 해야 한다. "이에 그들이 그들의 고통 때문에 여호와께 부르짖으매 그가 그들의 고통에서 그들을 인도하여 내시고 광풍을 고요하게 하사 물결도 잔잔하게 하시는도다"(28~29절). 연단을 헤쳐 나가는 것이 사람의 일이지만 그것을 해결하시는 하나님을 믿어야 한다.

하나님은 바다를 잠잠케 하실 수 있다. 하나님은 우리의 연단을 끝내실 수도 있다. 하나님을 향해 부르짖는 사람에게 연단을 끝내신다. 연단이 끝난 사람은 하나님을 완전히 신뢰한다. 그의 인생 중에서 하나님을 깊이 체험하였기 때문이다. 그리고 하나님 안에서 평안을 경험한다. 비록 외적으로는 폭풍이 있고, 환경적으로 연단을 받아도 그의 마음 안에 평안이 있다. 하나님이 연단을 끝내심으로 그를 안전한 곳으로 인도할 것이라는 믿음을 가지기 때문이다. 안전한 곳에 다다를 때 거기서 누리는 기쁨과 감격은 가히 환상적일 것이다. "그들이 평온함으로 말미암아 기뻐하는 중에 여호와께서 그들이 바라는 항구로 인도하시는도다"(30절).

연단을 통과하라

연단을 통과하고 보면 가장 먼저 할 수 있는 일이 무엇일까? 그것은 하나님의 인자하심과 선하심에 감격하여 하나님을 찬송하는 것이다. "여호와께 감사하라 그는 선하시며 그 인자하심이 영원함이로다"(1절). 이 찬송은 백성과 백성의 지도자들이 모인 자리에서 먼저 해야 하는 것이다. "백성의 모임에서 그를 높이며 장로들의 자리에서 그를 찬송할지로다"(32절). 개인적인 찬송뿐만 아니라 민족적인 찬송, 지도자로부터 시작되는 찬송이어야 한다. 민족이 연단을 통과할 때 지도자들의 앞자리에서 서서 가장 많은 연단을 당하였기 때문이다. 연단과 찬송이라는 것으로 인해 민족의 정체성이 더 확립되었다. 연단은 이런 특성을 가지고 있다.

연단의 과정에서 수많은 일들이 일어났다. 그것은 모두 사람이 하는 일이 아니다. 사람은 그 일을 할 수도 없다. 오직 하나님만이 그 일을 하신다. "여호와께서는 강이 변하여 광야가 되게 하시며 샘이 변하여 마른 땅이 되게 하시며 그 주민의 악으로 말미암아 옥토가 변하여 염전이 되게 하시며 또 광야가 변하여 못이 되게 하시며 마른 땅이 변하여 샘물이 되게 하시고"(33~35절). 사람은 이런 일들을 만나며 의아해 한다. 왜 자기들의 계획대로 되지 않느냐며 하나님을 향해 항변할 수 있다. 만약 그것이 연단의 과정임을 안다면 불평하지 않을 것이었다. 오히려 쉽게 순종하였을 것이다. 그러나 이해할 수 없는 상황에서 순종하는 것이 진짜 순종이다.

하나님이 왜 이런 일을 하셨을까? 그것은 순종하는 백성에게 보다 좋은 환경에서 살 수 있게 하기 위해서였다. 굶주림이라는 연단을 통과하면 평안히 살 터전이 주어진다. "주린 자들로 말미암아 거기에 살게 하사 그들이 거주할 성읍을 준비하게 하시고"(36절). 백성은 그 터전에서 농사를 짓고 목축을 할 것이다. 그 과정에서 교만하지 말아야 한다. 하나님이 또 연단하실지 모르기 때문이다. "밭에 파종하며 포도원을 재배하여 풍성한 소출을 거두게 하시며 또 복을 주사 그들이 크게 번성하게 하시고 그의 가축이 감소하지 아니하게 하실지라도 다시 압박과 재난과 우환을 통하여 그들의 수를 줄이시며 낮추시는도다"(37~39절). 그러므로 연단은 사람을 겸손하게 만든다.하나님은 교만한 사람에게 연단으로 자기의 약함을 알게 하신다. "여호와께서 고관들에게는 능욕을 쏟아 부으시고 길 없는 황야에서 유리하게 하시나"(40절). 그리고 하나님은 연단함으로 사람을 강하게 하신다. 연단을 통과한 이후에 하나님이 복을 주신다. "궁핍한 자는 그의 고통으로부터 건져 주시고 그의 가족을 양 떼 같이 지켜 주시나니"(41절). 연단 후에 되는 일을 보고 사람들의 반응이 달라진다. "정직한 자는 보고 기뻐하며 모든 사악한 자는 자기 입을 봉하리로다"(42절). 연단을 통과한 후에 비로소 사람이 더 지혜로워진다. 하나님의 지혜를 깨닫기 때문이다. "지혜 있는 자들은 이러한 일들을 지켜 보고 여호와의 인자하심을 깨달으리로다"(43절). 연단을 통과하라.

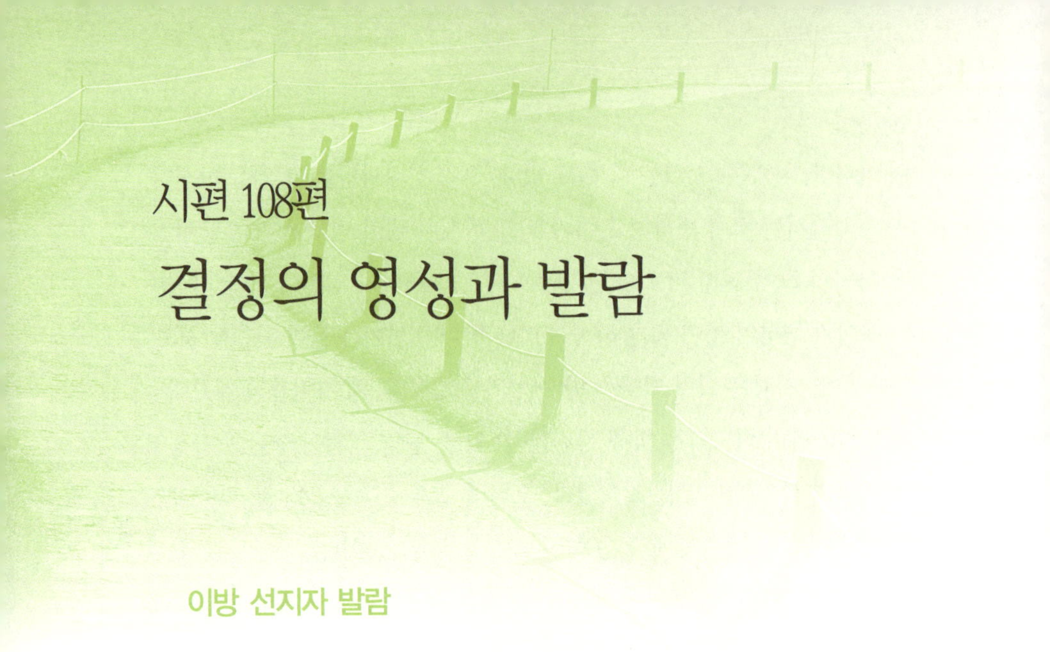

시편 108편

결정의 영성과 발람

이방 선지자 발람

이스라엘이 아모리 사람을 이기고 모압 평지에 진을 치고 있을 때였다. 원래 모압 사람들은 이스라엘 사람들이 두렵지 않았다. 이스라엘이 애굽을 나와 광야를 행진하느라 오합지졸의 모습을 보였기 때문이다. 그러나 이스라엘은 결코 오합지졸이 아니었다. 하나님이 그들을 강하게 만드셨기 때문이다. 하나님은 이스라엘을 아모리 사람들과의 전쟁에서 이기게 하셨다. 모압 사람들이 이 소문을 들었다. 이스라엘 사람들이 점점 많아지고 강해지고 있으므로 모압 사람들이 이스라엘을 매우 두려워하고 있다. 모압으로서는 이스라엘을 상대하면 질 것이 뻔하고, 영토를 뺏기고 멸망할 것이다.

모압의 왕 발락이 이스라엘을 물리칠 묘안을 찾고 있다. 그가 찾은 묘안이란 발람이라는 이방 선지자를 찾아서 그로 하여금 이스라엘을 저주하게 하는 것이다. 그래서 발락은 발람에게 부하들을 보낸다. 물론 발람이 좋아할만한 선물들을 잔뜩 실려 보낸다. 그러나 발람은 선뜻 나서지 않는다. 그가 비록 이방 선지자이기는 하지만 명색이 선지자인지라 자기가 과연 발락을 위해 이스라엘을 저주해야 하는지 말아야 하는지를 여호와께 먼저 묻겠다는 이유 때문이다. 하나님의 대답은 분명하다. 하나님이 이스라엘에게 복을 주셨으므로 발람에게 함께 가지도 말고 저주하지도 말라고 하신다.

하나님은 이스라엘의 편이다.

하나님이 발람에게 당신의 뜻을 알리셨다. 발람은 하나님의 뜻대로 결정해야 한다. 발람은 하나님의 말씀대로 모압의 장로들에게 함께 가지 않겠노라고 선언한다. 이 소식을 전해들은 모압 왕 발락이 순순히 포기하지 않는다. 이전에 보냈던 사람들보다 더 귀한 사람들을 보내 발람을 정중히 초청한다. 이번에도 역시 금은 보화를 보내어 설득한다. 발람은 애초에 결정한 대로 발락에게로 가면 안 된다. 하나님이 발람의 행동을 결정하셨다. 그리고 발람은 하나님의 말씀에 순종해야 한다. 하지만 발람이 결국 발락에게로 가고만다. 민수기는 하나님의 허락이 있었다고 말하지만 유다서에는 발람이 재물을 탐내었기 때문이라고 한다.

발람이 나귀를 타고 발락에게로 간다. 그런데 나귀가 앞으로 나가지 않는다. 발람이 나귀에게 채찍을 때리며 나무란다. 그런데 갑자기 나귀가 입을 떼고 사람 말을 한다. 지금까지 주인의 말에 불순종한 적이 없었는데 왜 때리느냐는 것이다. 그리고 갑자기 발람의 눈이 밝아져 나귀 앞에 선 하나님의 사자가 보인다. 사자가 칼을 들고 발람을 죽이려하는 것이다. 그 이유는 발람이 하는 일이 하나님 앞에 잘못되었기 때문이다. 발람은 자기 마음대로 결정하면 안 된다. 발람은 오직 하나님의 말씀대로만 순종하겠노라고 결정해야 한다. 발람은 사술을 쓰고, 궤변을 늘어놓는 결정이 아니라 하나님의 뜻을 말하고 전달해야 하는 결정을 취해야 했다.

성공하기까지

성공하는 사람들은 목표를 바르게 세운 사람들이다. 남들과는 사뭇 다른 목표를 세워 시대를 꿰뚫어보고 발전을 꾀해야 한다. 이 목표는 사람들을 위한 목표로써 하나님의 영광을 위한 것이다. 그리고 성공하는 사람은 목표를 이루기까지 해야 할 단계와 방법을 정한다. 단계와 방법은 목표를 향한 길이다. 단계와 방법은 목표를 이루는 목적을 가진다. 성공하는 사람은 사람들과 협력한다. 어떤 목표이든지 결코 혼자 이룰 수 없다. 성공하는 사람은 성공하기까지 수많은 결정의 시간을 가져야 한다. 수많은 위기를 만날 것이고 그때마다 고민하며 무엇을 어떻게 해야 할지를 결정해야 한다.

성공하는 사람은 바르게 결정하는 사람이다. 목표를 바르게 설정하고 목표를 이루기까지 단계와 방법 사이에 만나는 사람과의 협력 관계에서 바른 결정을 내린다. 크고 작은 것들을 바르게 결정한다. 사소한 것이라 할지라도 결코 소홀하거나 가볍게 처리하지 않는다. 가볍게 생각하다가 실패한 사례가 많다. 여호수아는 여리고 성을 물리친 뒤 아이 성을 가볍게 보았다. 그 결과는 아이 성에서의 참담한 패배였다. 기브온 사람들이 누더기 옷을 입고 여호수아를 찾아왔을 때 여호수아가 쉽게 받아들이고 살려주겠다고 약속하였다. 후에 기브온 사람들의 거짓이 탄로났지만 여호수아가 그들을 멸할 수 없었다.

이처럼 여호수아는 사소한 실패에도 불구하고 성공하였다. 그렇다면 사소한 실수가 성공에 결코 영향을 끼치지 않았다는 말인가? 결코 그렇지 않다. 실수를 통해 목표를 이루는 것이 늦어질 뿐이다. 실수로 인해 상처가 남는다. 아까운 목숨들이 죽고, 지도자로서 낭패와 무안을 당할 수 있다. 왜 그럴까? 결정하는 데 있어서 성급했기 때문이다. 하나님 중심으로 생각하면 결정하는 데 있어서도 실수하지 않는다. 그러나 자기의 생각이 앞서거나 감정에 의해 즉각적으로 결정하면 실수할 확률이 매우 높다. 사소한 실수들이 쌓이면 목표를 이루는 방향이 어그러진다. 방향이 잘못되었다면 목표를 이룰 수 없다. 성공이 불가능하다.

한 사람의 범죄는 공동체의 목표를 이루는 데 있어서 중대하고 치명적인 훼방이 될 수 있다. 한 사람의 잘못된 결정이 공동체의 성공을 방해할 수도 있다. 그러나 잘못 결정한 것 때문에 목표를 이루는 데 늦어졌어도 돌이킬 방법이 있다. 그것은 다시 바른 결정을 하는 것이다. 여호수아가 아이성 패배 후에 하나님께 물었던 것처럼 실수 후에는 자기를 돌이켜 보아야 한다. 협력하는 사람들에게 잘못이 있지는 않았는지, 방향이 맞는지, 섣부른 시도가 있지는 않았는지 돌이켜 보아야 한다. 하나님이 여호수아에게 아간의 범죄를 말씀하셨다. 여호수아와 공동체는 아간의 범죄를 해결한 후에야 다시 전진할 수 있었다.

마음이 흔들릴 때

성공에 있어서 가장 큰 걸림돌은 무엇일까? 이스라엘이 가나안에 들어가야 하는 목표가 있다. 이 목표는 그들 스스로 세운 것이 아니라 하나님이 허락하신 것이다. 이스라엘이 가나안에 들어가는 것이 성공이다. 이스라엘도 성공이고, 하나님도 성공이다. 하나님이 허락하신 것이니 하나님이 성공을 도와주시지 않겠는가? 그럼에도 불구하고 성공의 걸림돌이 있다. 어떤 걸림돌이 있을까? 밖으로부터 오는 걸림돌이 있고, 안에서 나오는 걸림돌이 있다. 밖으로부터 오는 걸림돌이란 환경이 열악하고 적군들의 방해가 있는 것이다. 물과 양식이 없거나 기후가 나쁜 것 그리고 아모리와 모압 사람들의 훼방이다.

하지만 더 큰 방해물은 안으로부터 나온다. 이스라엘은 환경이 열악할 때 지도자 모세를 원망하였다. 이방 민족의 방해가 있을 때, 스스로 포기하는 모습을 보였다. 가나안 사람들을 정탐한 후에는 좌절하기까지 하였다. 성공에 있어서 가장 큰 방해물은 마음이 흔들리는 것이다. 마음이 흔들린다는 것은 결정한 것에 대한 확신이 없다는 것이다. 마음이 흔들린다는 것은 결정한 것에 대한 후회를 가지고 있기 때문이다. 흔들리는 사람은 결정한 것을 번복할 수도 있다. 번복하는 만큼 성공은 멀어질 수 있다. 흔들리는 만큼 성공이 희미해질 수 있다. 가장 큰 적은 내부에 있다. 마음을 다스리는 것이 성공에 있어서 가장 어렵다.

잠언은 이렇게 말한다. "노하기를 더디하는 자는 용사보다 낫고 자기의 마음을 다스리는 자는 성을 빼앗는 자보다 나으니라"(잠 16:32). 성을 뺏으려면 가장 먼저 자기 마음부터 다스려야 한다. 가나안에 들어가려면 먼저 가나안 사람들에 대한 두려움이 없어야 한다. 여호수아와 갈렙처럼 가나안 사람들을 밥으로 여겨야 한다. 여호수아와 갈렙이 흔들리지 않는 원인이 무엇인가? 그것은 하나님을 믿는 믿음이다. 전능한 하나님이 함께 하시면 충분히 이길 수 있다는 확신이다. 그렇다. 믿음이 있어야 흔들리지 않는다. 흔들리는 사람에게는 아무 것도 기대할 수 없다. 마음을 강하게 먹은 사람만이 성공할 수 있다.

여호수아가 지도자가 되었을 때 하나님이 가장 먼저 하신 말씀을 기억하는가? "오직 강하고 극히 담대하여 나의 종 모세가 네게 명령한 그 율법을 다 지켜 행하고 우로나 좌로나 치우치지 말라 그리하면 어디로 가든지 형통하리니"(수 1:7). 하나님의 계획이 성공하려면 지도자 여호수아가 흔들리지 말아야 한다. 하나님은 그것을 알고 계신다. 그래서 이같이 말씀하신다. 만약 당신이 흔들린다면 하나님의 계획이 이루어지지 않는다. 하나님은 당신이 아닌 다른 사람을 통해 하나님의 계획을 이루실 것이다. 만약 당신을 통해 하나님의 일이 이루어지기 원한다면 흔들리지 말라.

시편 기자는 믿음이 흔들릴만한 일들을 수없이 겪었다. 실제로 흔들린 적도 많았다. 그만큼 고뇌가 많았다는 것이다. 누구든지 고뇌할 수 있다. 마음이 흔들릴 수도 있다. 약한 인간이기에 흔들린다는 것이 그다지 부끄러운 일이 아닐 수 있다. 그러나 언제까지 흔들릴 수는 없다. 마음을 정해야 한다. 결심을 굳게 하고 결정한 일을 지켜야 한다. 시편 기자는 하나님 중심으로 결정하였다. 하나님을 찬양하기로 마음을 정하였다. "하나님이여 내 마음을 정하였사오니 내가 노래하며 나의 마음을 다하여 찬양하리로다"(1절). 시편 기자의 결심이 얼마나 굳센지 새벽부터 행동한다. "비파야, 수금아, 깰지어다 내가 새벽을 깨우리로다"(2절).

시편 기자의 결심은 하나님을 향한 것이다. 그는 사람들 앞에서 하나님을 노래하기로 결정하였다. 이방인 앞에서도 하나님을 노래할 것이다. "여호와여 내가 만민 중에서 주께 감사하고 뭇 나라 중에서 주를 찬양하오리니"(3절). 시편 기자는 인생의 목표를 하나님 중심으로 세웠다. 그의 목표는 하나님의 인자하심이 드러나는 것이다. 온 세계와 우주 공간에 하나님의 위대하심이 스며들어 있는데, 사람들이 그것을 아는 것이 시편 기자의 목표이다. "주의 인자하심이 하늘보다 높으시며 주의 진실은 궁창에까지 이르나이다"(4절). 이왕 목표를 세우고 결심할 바에는 수준 낮은 것이 아니라 가장 높은 것에 맞추어야 한다.

시편 기자의 결심으로 하나님이 영광을 받으시고 하나님의 이름이 높아질 것이다. "하나님이여 주는 하늘 위에 높이 들리시며 주의 영광이 온 땅에서 높임 받으시기를 원하나이다"(5절). 그것은 하나님이 이스라엘을 향한 사랑을 베푸셨기 때문이다. 하나님은 이스라엘을 사랑하시기로 결심하신 이후 지금까지 단 한 번도 변한 적이 없다. 하나님의 결정이 번복된 적이 없다. 다만 사람들이 흔들려서 하나님의 진노를 샀을 뿐이다. 그러나 진노 중에라도 깨닫고 회개하며 약속을 기억하는 백성에게 하나님이 또 다시 인애를 베푸신다. "주께서 사랑하시는 자들을 건지시기 위하여 우리에게 응답하사 오른손으로 구원하소서"(6절).

하나님은 전능하신 분이시다. 그분은 당신이 결정한 대로 다 하실 수 있다. 하나님은 이스라엘을 인도하시기로 결정하시고 언제나 백성과 함께 하셨다. 백성이 염려와 탄식을 하는 순간에도 하나님이 함께 하셨다. 미래에 대한 불안에 떨 때 하나님이 백성을 인도하셨다. "누가 나를 이끌어 견고한 성읍으로 인도해 들이며 누가 나를 에돔으로 인도할꼬 하나님이여 주께서 우리를 버리지 아니하셨나이까 하나님이여 주께서 우리의 군대들과 함께 나아가지 아니하시나이다"(10~11절). 하나님의 도우심이 이와 같으니 그것을 경험한 사람은 하나님을 찬송하기로 마땅히 결정해야 한다. 사람의 결정은 언제나 하나님의 은혜에 응답하는 쪽이어야 한다.

하나님을 따라

하나님은 이스라엘이 머물 땅을 정하셨다. 하나님이 온 천지를 주관하신다. 하나님이 천지를 창조하셨으니 천지를 다스리고 주관하심이 당연하다. 하나님은 당신의 백성에게 땅을 나누어 주신다. "하나님이 그의 성소에서 말씀하시되 내가 기뻐하리라 내가 세겜을 나누며 숙곳 골짜기를 측량하리라"(7절). 하나님이 땅을 주시마 약속하신 그 말씀은 거룩하고 위엄이 있는 말씀이다. 결코 변하지 않을 것이다. 백성은 이것을 믿어야 한다. 믿어야 그 땅을 얻는다. 믿지 않는 것은 마음이 흔들리는 것이며, 믿음이 흔들리는 것이다. 흔들리는 믿음으로는 하나님이 약속하신 땅에 들어갈 수 없다. 땅을 차지할 수도 없다.

하나님이 당신의 백성을 소유하신다. 백성의 숫자가 많아져도, 각 지파와 족장들이 생겨나도, 분파가 갈라져도 그 백성은 여전히 하나님의 소유이다. 그 백성은 하나님과 긴밀한 관계 속에 있어야만 한다. "길르앗이 내 것이요 므낫세도 내 것이며 에브라임은 내 머리의 투구요 유다는 나의 규이며"(8절). 백성은 하나님의 소유권을 인정해야 한다. 이스라엘뿐만 아니라 이방인도 하나님의 소유이다. 그들도 하나님의 소유권을 인정해야 한다. 하나님이 이방 국가도 마음대로 다스리시기 때문이다. "모압은 내 목욕통이라 에돔에는 내 신발을 벗어 던질지며 블레셋 위에서 내가 외치리라 하셨도다"(9절).

이스라엘이 가나안에 정착할 수 있었던 것은 전능하신 하나님의 도우심 때문이다. 그러므로 이스라엘은 이방 국가를 의지하면 안 된다. 이방의 신들을 섬겨서도 안 된다. 그들은 오직 하나님만을 섬겨야 한다. 그들은 오직 하나님의 이름만이 온 우주 위에 뛰어나다는 것을 선포해야 한다. 그들은 이것을 굳게 결심해서 국가와 공동체의 비전과 목표를 하나님 찬양으로 삼아야 한다. 그들은 사람의 구원은 헛된 것이며 오직 하나님만이 구원자이심을 공동체의 정체성으로 결정하여야 한다. 하나님이 민족을 도우신다는 것을 늘 기억하고 노래해야 한다. "우리를 도와 대적을 치게 하소서 사람의 구원은 헛됨이니이다"(12절).

이스라엘의 뒤에는 전능한 하나님이 계시다. 이스라엘의 배경은 천지를 지으신 하나님이시다. 하나님은 이스라엘의 편이시다. 하나님이 스스로 그렇게 결정하셨고, 이스라엘을 영원토록 도우신다. 이스라엘은 하나님의 사랑을 받았다. 하나님의 사랑이 역사 속에서 경험되었다. 그러므로 이스라엘은 하나님을 믿고 담대하게 전진해야 한다. 원수들이 가로막아도 전진하겠노라고 담대하게 결정해야 한다. 하나님이 좋아하시는 결정과 하나님을 따르는 결정을 해야 한다. 그러면 대적이 물러갈 것이다. "우리가 하나님을 의지하고 용감히 행하리니 그는 우리의 대적들을 밟으실 자이심이로다"(13절). 결정에 따라 인생이 달라진다.

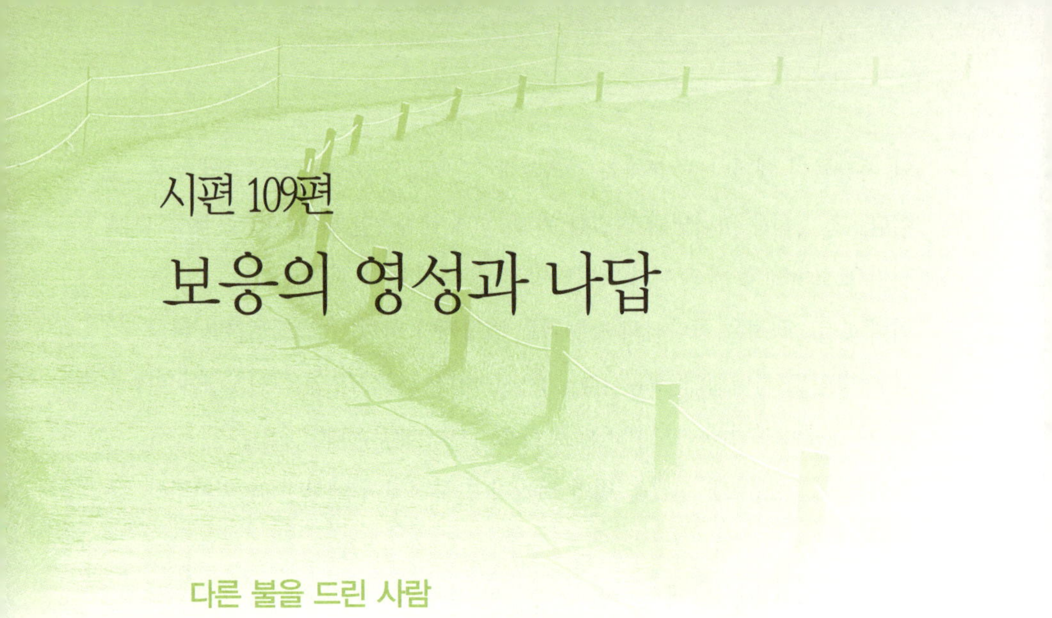

시편 109편
보응의 영성과 나답

다른 불을 드린 사람

하나님이 모세에게 말씀하셨다. 이스라엘 백성이 하나님의 뜻을 알 수 있는 채널은 모세뿐이었다. 비록 모세의 형 아론과 누이 미리암이 있었어도 하나님은 모세를 가장 가까이 하셨다. 그런데 아론의 아들들 중에는 모세의 권위를 인정하지 않는 녀석들이 있다. 나답과 아비후였다. 나답과 아비후는 다른 형제 엘르아살과 이다말과 함께 제사장 직분을 행하도록 세워졌다. 사실 그들의 믿음이 좋아서가 아니라 아버지를 잘 만난 덕분이었다. 아론을 제사장으로 세우신 하나님이 그의 아들들을 제사장으로 세웠다. 이제 그들은 형제들과 가문이 마음과 힘을 합하여 하나님께 제사를 드려서 백성에게 하나님의 뜻을 전달해야 한다.

그런데 나답과 아비후가 하나님의 뜻과 전혀 다른 일을 행하였다. 그들은 하나님 앞에 다른 불을 드렸다. 그들은 자기 생각대로 하나님께 제사를 드렸다. 그들의 제사는 하나님이 원하는 제사가 아니었다. 하나님이 원하는 것이 아닌 자기 생각대로 드렸다는 것은 자기가 하나님보다 앞선다는 것을 뜻한다. 하나님 생각보다 자기 생각을 더 중요하게 여겼다. 그리고 다른 불을 드렸다. 이것은 우상 숭배이다. 자기 생각을 하나님처럼 여기는 것이다. 다른 불을 하나님 대신 삼으려 하는 것은 분명히 우상 숭배이다. 하나님은 당신 앞에 다른 신을 두는 것을 싫어하신다. 당신의 이름을 망령되이 일컫는 것도 싫어하신다.

하나님이 나답과 아비후를 어떻게 하셨을까? 하나님이 나답과 아비후를 불로 심판하셨다. 그들이 다른 불을 드렸는데, 오히려 불이 여호와 하나님 앞에서 나와 나답과 아비후를 삼켰다. 나답과 아비후가 불을 맞고 즉사하였다. 하나님이 불에 불로 보응하셨다. 그들은 아들을 낳지 못하고 죽었다. 아들을 낳고 자손을 두는 것이 하나님의 축복인데 그들은 이런 축복을 누리지 못했다. 하나님 앞에 교만한 사람은 징계를 당한다. 그들은 하나님을 분노하시게 했다. 하나님이 나답과 아비후를 보응하신 것이다. 소돔과 고모라만 불의 심판을 당한 것이 아니다. 나답과 아비후도 불의 심판을 당하였다. 하나님이 악한 자의 행위를 갚으신다.

나답과 아비후의 직분은 엘르아살과 이다말에게 돌아갔다. 겸손하지 못하고 교만한 사람은 그의 직분을 형제들에게 빼겼다. 그들은 다른 사람보다 귀한 직분을 받았다. 다른 사람들보다 고귀한 직분을 받았다. 제사를 드리는 것은 그들의 특권이었다. 그들은 다른 사람들보다 우선적으로 직분을 받았다. 아론의 아들들이기 때문이다. 그러나 그들은 특권을 남용하였다. 그리고 그들의 우선권은 영원히 다른 사람에게 넘어갔다. 그들에게는 두 번 다시 기회가 없었다. 하나님이 그들의 생명을 거두어 가셨기 때문이다. 하나님의 보응이 여러 가지로 나타났다. 생명을 거두시고, 직분을 넘기시고, 영원토록 오명을 남긴다.

세상의 보응 원리

사람들은 원수를 갚되 당한 대로 갚아야 한다고 생각한다. 그러나 당한 만큼 갚아서 직성이 풀리겠는가? 결코 아니다. 당한 것보다 몇 배로 갚아야 직성이 풀린다. 되로 받고 말로 주는 형식이다. 사랑을 적게 받아도 많이 주어야 하거늘 우리는 상처를 적게 받아도 많이 돌려준다. 도피성을 만든 이유가 그것이다. 실수로 사람을 죽였다 할지라도 남은 가족들은 원수를 갚으려 한다. 남은 가족들에게서 피해를 당하지 않으려면 도피성에 숨어야 한다. 어느 누구라도 자기 가족이 피해를 입었다면 당연히 앙갚음을 하지 않겠는가? 고의로 범죄한 사람은 심판을 받아야 마땅하지만 실수한 사람은 그럼에도 살 길이 제시되는 것이다.

세상의 법은 실수도 범죄로 인정한다. 과실치상 혹은 과실치사라는 것이 있다. 정당방위가 아닌 바에야 실수도 범죄가 된다. 손해를 당한 사람이 갚을 수 없지만 국가가 법으로 손해를 끼친 사람을 심판한다. 국가와 법이 보응하는 것이다. 만약 당한 사람이 갚는다면 감정에 의해 더 크게 앙갚음을 할 수도 있다. 그리고 새로운 원수를 만들어낼 수도 있다. 그러나 국가와 법이 보응하면 이성을 가지고 접근할 것이다. 원칙대로 처리할 것이다. 법에 명문화된 대로 처리할 것이다. 세상에는 용서가 없다. 잘못하면 잘못한 만큼 벌을 받아야 한다. 이렇게라도 된다면 사람들이 법을 무서워하고 지키려 들 것이다.

물론 우리나라에는 법을 초월한 사람들과 기관들이 있다. 고위 공직자나 정치가들 중에는 법을 무시한 사람들이 있었다. 법에 적용을 받지 않는 사람들도 있었다. 애꿎은 사람을 데려다가 고문을 하고도 발뺌하는 수사기관도 있었다. 이런 일들이 많은 나라일수록 후진국이다. 법을 초월한 사람이 많을수록 나라는 불안하다. 나답과 아비후는 율법을 초월하기를 원했던 것 같다. 그들은 율법을 어기고도 살아남는 것은 물론이고, 잘 먹고 잘 살기를 원했다. 그러나 하나님은 당신의 권위를 훼손하는 사람을 용서하지 않으신다. 다른 법을 어겨도 하나님을 향한 법을 어기면 안 된다. 하나님이 보고 계시고 판단하신다. 하나님이 행한 대로 보응하신다.

믿음의 사람들도 자기가 하나님인 것처럼 행한다. 베드로가 예수님께 물었다. 형제가 내게 잘못하면 얼마나 갚아야 하겠습니까? 일곱 번 정도면 되겠습니까? 베드로 나름대로는 자기가 아주 자비로운 사람이라고 생각한 모양이다. 보응하는 것보다는 용서하는 것이 낫다고 생각했다. 그러나 베드로는 자기 의를 세우려 했다. 예수님이 대답하신다. 일곱 번을 일흔 번이라도 용서하라. 사람이 하나님처럼 될 수 없다. 사람은 누구나 죄인이다. 죄인이라면 다 용서해야 한다. 용서하지 못한다는 것은 자신이 죄인임을 자각하지 못하기 때문이다. 세상의 보응은 자기 의를 내세우고, 자기를 자랑하고 교만하기 위한 것이다.

하나님의 보응 원리

율법은 이에는 이, 눈에는 눈이라고 말한다. 사람들은 이것을 어떻게 해석할까? 만약 내가 다른 사람으로부터 공격을 받아서 이가 부러졌다면 나도 그 사람의 이를 부러뜨려야 한다는 것일까? 만약 내가 다른 사람들로부터 눈의 상처를 입었다면 나도 그들의 눈에 상처를 입혀야 한다는 것일까? 사람들은 대부분 이렇게 생각한다. 그러나 하나님의 뜻은 그것이 결코 아니다. 이에는 이, 눈에는 눈의 원리는 받은 대로 갚으라는 뜻이 아니다. 그것은 만약 내가 남에게 손해를 입혔다면 입힌 만큼 갚아야 한다는 것이다. 남이 손해를 본 만큼 나는 갚아야 한다. 최소한 미안한 마음으로, 그 마음을 실제로 표현해야 한다.

그러나 남에게 손해를 끼쳤다고 달랑 그것만 갚는다고 되겠는가? 너무 인정머리 없어 보이지는 않는가? 남에게 손해를 끼쳤다면 손해보다 훨씬 더 많이 갚아야 한다. 그것이 미안한 마음의 표현이다. 삭개오처럼 말이다. 삭개오는 남에게 손해를 끼친 것이 있다면 네 배로 갚겠다고 말했다. 게다가 자기 재산의 절반을 떼어서 가난한 사람에게 나누어 주겠다고 한다. 삭개오의 말이 마친 후 예수님이 삭개오의 집에 구원이 임하였다고 말씀하신다. 그리고 삭개오도 아브라함의 자손이라고 하신다. 삭개오가 예수님을 만난 기쁨에 흥분해서 그렇게 했을까? 그렇다면 당신은 예수님을 만난 흥분을 어떻게 표현하겠는가?

만약 남에게 은혜를 받았다면 우리는 어떻게 할까? 하나를 받았다면 우리도 하나를 돌려주어야 할까? 그거야말로 계산적이다. 주는 기쁨은 계산적이 되어서는 안 된다. 그것은 주는 기쁨이 아니라 억지로 하는 일이다. 작은 것을 줌으로 받는 사람의 인생에 엄청난 영향력을 끼칠 수 있다. 그리고 받는 사람이 언젠가 준 사람에게 훨씬 더 많은 것으로 갚을 수도 있다. 어린 시절 선생님으로부터 책을 선물받은 제자가 어른이 되어 선생님께 오천 권의 책을 선물하였다. 제자는 연구소를 가지고 있고, 무료로 자기 연구소에 보내오는 책을 선생님이 교장으로 계신 학교 도서관에 보냈다. 작은 것이 이렇게 많이 돌아올 줄이야 선생님은 알았겠는가?

겨자씨는 작은 것이지만 엄청난 열매를 맺는다. 새가 와서 깃들이고 노래하며 쉴 수 있는 그늘을 만든다. 옥토에 뿌려진 씨앗이 백 배의 열매를 맺는다. 하나님의 보응 원리는 일대일이 아니라 엄청난 부가가치를 가진다. 하나님은 하나 거두려고 하나를 심지 않으신다. 하나님은 수없이 많은 열매를 기대하고 심으신다. 독생자의 생명을 아낌없이 내어놓으신 하나님이 우리에게 아끼는 것이 무엇이 있는가? 구하는 대로 주실 것이다. 게다가 하나님은 우리가 작은 것을 드려도 엄청나게 갚으신다. 예수님께 드려진 보리떡 다섯 개와 물고기 두 마리가 오천 명을 먹이고도 열 두 광주리가 남았다. 하나님의 보응 원리는 무한하다.

시편 기자는 악한 사람들로부터 시달림을 당하고 있다. 거짓말과 무고한 공격이 시편 기자를 괴롭히고 있다. "그들이 악한 입과 거짓된 입을 열어 나를 치며 속이는 혀로 내게 말하며 또 미워하는 말로 나를 두르고 까닭 없이 나를 공격하였음이니이다"(2~3절). 시인이 사람을 사랑했지만 돌아오는 것은 오히려 악한 일이다. "그들이 악으로 나의 선을 갚으며 미워함으로 나의 사랑을 갚았사오니"(5절). 은혜를 베풀었지만, 보응이 악한 것으로 돌아온다면 그 마음이 어떨까? 미어지는 마음, 찢어지는 마음이야 오죽하랴! 오죽하면 하나님이 알아서 해 주시기를 호소한다. "내가 찬양하는 하나님이여 잠잠하지 마옵소서"(1절).

시편 기자가 할 수 있는 일은 하나님께 기도하는 것이다. 자기가 보응할 수 없으니 하나님이 보응해 달라고 하는 것이다. "나는 사랑하나 그들은 도리어 나를 대적하니 나는 기도할 뿐이라"(4절). 그래도 시인은 하나님이 어떻게 해 주시기를 원하는 모양이다. 악인에게는 더 악한 대적들이 생겨야 한다. "악인이 그를 다스리게 하시며 사탄이 그의 오른쪽에 서게 하소서"(6절). 악인은 기도하는 것마저도 죄가 될 것이다. "그가 심판을 받을 때에 죄인이 되어 나오게 하시며 그의 기도가 죄로 변하게 하시며"(7절). 악한 사람들은 행한 대로 받을 것이다. 그것으로 인해 자기의 악한 것을 깨닫게 된다면 얼마나 좋을까?

악인들은 소유를 빼앗길 것이다. 더 악한 사람이 악인의 소유를 뺏는다. "고리대금하는 자가 그의 소유를 다 빼앗게 하시며 그가 수고한 것을 낯선 사람이 탈취하게 하시며"(11절). 악인의 가족이 고통을 당할 것이다. "그의 자녀는 고아가 되고 그의 아내는 과부가 되며 그의 자녀들은 유리하며 구걸하고 그들의 황폐한 집을 떠나 빌어먹게 하소서"(9~10절). 자녀가 사라진다. "그에게 인애를 베풀 자가 없게 하시며 그의 고아에게 은혜를 베풀 자도 없게 하시며 그의 자손이 끊어지게 하시며 후대에 그들의 이름이 지워지게 하소서"(12~13절). 이 정도 되면 아마 열불이 나서 제 명대로 살지 못하게 될 것이다. "그의 연수를 짧게 하시며 그의 직분을 타인이 빼앗게 하시며"(8절). 악인은 부모의 죄악까지 몽땅 받아서 후대에 악명이 남거나 이름도 흔적도 없어질 것이다. "여호와는 그의 조상들의 죄악을 기억하시며 그의 어머니의 죄를 지워 버리지 마시고 그 죄악을 항상 여호와 앞에 있게 하사 그들의 기억을 땅에서 끊으소서"(14~15절). 악인은 저주를 좋아하다가 자기가 저주를 받는다. "그가 저주하기를 좋아하더니 그것이 자기에게 임하고 축복하기를 기뻐하지 아니하더니 복이 그를 멀리 떠났으며 또 저주하기를 옷 입듯 하더니 저주가 물 같이 그의 몸 속으로 들어가며 기름 같이 그의 뼈 속으로 들어갔나이다 저주가 그에게는 입는 옷 같고 항상 띠는 띠와 같게 하소서"(17~19절). 시편 기자의 마음이 단단히 맺혀 있다.

하나님 편에 서라

악인은 하나님을 경외하지 않는다. 그리고 사람을 해친다. 힘이 약한 사람일수록, 마음에 상처를 입혀 더 아프게 한다. 상처난 곳을 긁어서 더 상처를 내게 하는 것이다. "그가 인자를 베풀 일을 생각하지 아니하고 가난하고 궁핍한 자와 마음이 상한 자를 핍박하여 죽이려 하였기 때문이니이다"(16절). 이런 사람이 하나님으로부터 보응을 당한다. 하나님이 약한 사람의 편이기 때문이다. "이는 나의 대적들이 곧 내 영혼을 대적하여 악담하는 자들이 여호와께 받는 보응이니이다"(20절). 대적들은 욕을 먹고, 수치를 입을 것이다. 그들은 행한 것보다 더 받는다. "나의 대적으로 욕을 옷 입듯 하게 하시며 자기 수치를 겉옷 같이 입게 하소서"(29절).

반면에 하나님 편에 선 사람은 어떻게 되는가? 하나님 편에 섰기 때문에 비난을 당했다면 어떻게 될까? 하나님이 갚으시는 보응이 다르다. 의인은 하나님 편에 선 것 때문에 마음이 상한 일을 많이 만났다. "나는 가난하고 궁핍하여 중심이 상함이니이다"(22절). 의인은 메뚜기 처럼되었고, 육체가 수척해졌다. "나는 석양 그림자 같이 지나가고 또 메뚜기 같이 불려 가오며 금식하므로 내 무릎은 흔들리고 내 육체는 수척하오며"(23~24절). 대적들은 볼 때마다 머리를 흔들며 훼방하며 마음을 아프게 했다. "나는 또 그들의 비방거리라 그들이 나를 보면 머리를 흔드나이다"(25절). 어떻게 해야 그의 마음이 치유될까? 하나님만이 하실 수 있다. 하나님이 구원하셔야만 된다. 악한 사람은 이미 심판을 받았지만 그것으로 다 이루어진 것이 아니다.

시편 110편

축복의 영성과 멜기세덱

평화의 왕

아브라함이 조카 롯과 헤어진 후였다. 롯은 살기 좋은 땅이라고 소돔과 고모라를 선택하여 이주하였다. 그러나 살기 좋은 땅은 롯만 선택하는 것이 아니다. 롯이 보기 좋은 땅은 다른 사람이 보기에도 좋다. 그 땅에 이미 모여든 사람들이 있고, 그 땅을 차지하고 싶은 사람들도 있다. 한두 사람이라면 그 땅으로 이주하여 살면 된다. 그러나 많은 숫자가 들어와 살려면 쉬운 일이 아니다. 자연히 그 땅을 차지하기 위한 전쟁이 벌어진다. 롯이 사는 소돔 지역을 차지하려는 무리들이 침략하였다. 동시에 소돔 사람들은 그 땅을 지키기 위해 방어전을 펼친다. 롯은 둘 사이의 전쟁에 휘말리게 된다.

소돔 사람들이 전쟁에서 패배하였다. 소돔 성에 살던 롯은 자기의 재산을 침략자들에게 몽땅 약탈당하였다. 뿐만이 아니다. 롯과 그의 가족들은 포로로 붙잡혀 가게 되었다. 이제 그들에게는 자유가 없다. 그대로 살다가는 노예 생활을 하게 될 것이고, 불행한 인생을 살게 될 것이다. 못살다가 잘살게 되면 그것이 복이고 잘된 일이겠지만, 잘살다 못살게 되면 적응하기 어렵다. 롯의 불행한 처지가 삼촌 아브라함에게 들렸다. 아브라함은 즉시 롯을 구출하기 위한 작전에 돌입하였다. 아브라함이 자기 집에서 훈련하던 병사 318명을 데리고 침략자들을 추격한다. 조카를 향한 사랑의 마음에 아브라함이 앞장서 추격한다.

침략자들은 이겼다고 기세등등하게 돌아가다가 기습공격을 당했다. 아브라함의 기습 공격이 성공하여 침략자들을 물리치고 롯의 식솔들과 재산을 비롯한 소돔 성의 약탈물을 모두 빼앗아 돌아온다. 마지막 승리자는 아브라함의 몫이었다. 아브라함의 개선 행진 때 아브라함을 축하하러 마중 나온 이가 있다. 그는 살렘 왕 멜기세덱이었다. 멜기세덱이 떡과 포도주를 가지고 아브라함을 마중 나와 축복의 말을 한다. 창세기에 의하면 멜기세덱은 지극히 높으신 하나님의 제사장이다. 멜기세덱이 아브라함을 마중 나와 축복한다면 아브라함이 그만큼 귀한 사람이라는 뜻이다. 그리고 아브라함의 행동이 정당하다는 뜻이다.

멜기세덱은 하나님께 아브라함을 축복해 달라고 한다. 아브라함이 대적을 물리칠 수 있었던 것은 순전히 하나님의 은혜이다. 그러므로 아브라함은 하나님을 찬양해야 한다. 축복은 내가 주는 것이 아니다. 내가 다른 사람을 위해 하나님께 할 수 있는 최고의 행위이다. 축복의 주체는 하나님이시다. 그러므로 하나님을 찬양하는 것이 축복을 비는 사람이나 받는 사람이나 모두 해야 할 일이다. 일단 축복을 빈다는 것은 멜기세덱의 행동을 따라 하는 것이다. 축복의 말을 들은 아브라함이 멜기세덱에게 노략물 중에 십분의 일을 주었다. 그리고 아브라함은 소돔 왕에게 전쟁의 최소 경비를 제외하고 노략물을 모두 돌려주었다.

말 때문에

설날이 되면 아이들이 어른들께 세배를 드리며 복 많이 받으시라고 한다. 세배를 받는 어른들 역시 아이들에게 복 많이 받으라고 화답한다. 그리고 덕담을 더 나누는 어른들도 있다. 일단 축복을 받으라고 한다면 그것은 매우 좋은 일이다. 마음에 없는 말이라 할지라도 복을 받으라는 말을 듣고 기분 좋은 것이 사실이다. 말은 사람의 마음에 기쁨을 줄 수도 있고, 슬픔을 가져다 줄 수도 있다. 옛 속담에 '말 한마디로 천냥 빚을 갚을 수 있다'는 말이 있다. 말 한 마디로 사람의 마음을 움직일 수도 있다. 말 한마디로 사람의 인생을 좌우할 수도 있다. 말 한 마디로 역사가 움직일 수도 있다.

그러나 이 시대는 좋은 말, 선한 말, 격려와 칭찬의 말, 축복의 말보다 비난, 욕지거리, 비웃음의 말이 난무한다. 말은 마음에서 나온다. 그러니까 사람들의 마음이 악해져 있고, 말은 그 결과로 나오는 것이다. 오랜만에 만난 친구들끼리 싸우고, 칼부림까지 가는 경우는 말 때문이다. 가족들끼리도 말 한 마디 때문에 싸우고 의가 갈라지는 경우가 많다. 심지어는 말 한마디에 격분하여서 부모를 해치는 자녀들도 있다. 도대체 허공을 맴돌다 사라질 말 한마디가 무엇이길래 사람을 이토록 악하게 만들 수 있을까? 지나고 나면 아무 것도 아닌 것이 될 텐데 당장에는 그 말이 가슴에 비수가 될 수 있다.

어렸을 때부터 말하는 훈련이 제대로 되지 않으면 인간관계에서 말 때문에 실수할 수 있다. 말에 관해 부단히 훈련하지 않으면 주변에 친구가 없어진다. 말은 마음과 생각의 표현이다. 좋은 말, 선한 말은 나의 선함을 다른 사람에게 전달하는 것이다. 그러나 악한 말은 나의 악함을 다른 사람에게 뒤집어씌우는 것이다. 다른 사람이 악해지는 것은 그의 인격적인 문제도 있겠으나 나의 말에 기인할 수 있다. 이 경우 다른 사람의 악함은 전적으로 나의 책임이 된다. 악한 것을 행동으로 옮긴 사람이 법적인 책임을 져야 하겠으나, 사람을 악해지도록 동기를 부여한 사람은 도덕적이고 양심적인 책임을 져야 한다.

그러나 악한 말에 대한 책임을 아무도 지려고 하지 않는다. 이 사회는 사람을 매장하고 죽이는 데 급급하다. 악한 말을 듣고 어떻게 할 수 없으면 명예훼손으로 고소한다. 법정에 가서야 악한 말에 대해 호소한다. 말 때문에 친구사이가 갈라지고, 말 때문에 원수가 생기고, 말 때문에 부부가 이혼한다. 말 때문에 가족이 파탄지경에 이를 수 있다. 그래도 말 때문에 그렇게 되었다는 사람이 별로 없다. 스스로 입을 때려가며 후회하는 사람이 더러 있으나 자신을 깊이 반성하지 못하는 경우가 더 많다. 말 때문에 곤경을 겪고서도 개선하려는 의지가 없다. 아니 어떻게 개선해야 하는지 방법을 모르는 사람들도 있다.

축복의 사람이 되려면

역사에 선한 발자국을 남긴 사람들은 대부분 선한 말을 하는 사람이다. 아무리 악한 사람, 구제불능으로 생각되는 사람이라 할지라도 선한 사람은 그들을 비난하지 않는다. 오히려 축복하는 말을 한다. 악한 사람이라도 축복의 말을 자주 듣다보면 어느 새 마음이 누그러지고 선한 방향으로 간다. 악한 사람도 축복의 사람 앞에서 고개를 숙인다. 그러니까 사람을 다스리는 지도력은 무기를 가진 힘이나 돈으로 다 되지 않는다. 처음에는 힘과 돈으로 사람을 다스릴 수 있지만 그것은 사람을 악하게 만들 수도 있다. 궁극적으로 사람을 선하게 만들고 선한 방향으로 가게 하려면 축복의 말을 할 줄 알아야 한다.

하나님은 우리를 축복의 사람으로 이 땅에 보내셨다. 사람들이 죄에 물들어 축복의 사람으로 살지 못한다. 축복의 사람은 축복의 말을 하는 사람, 축복을 빌어주는 사람이다. 기독교인들이 바로 그런 사람들이다. 비난과 조롱보다는 축복과 격려의 말이 더 많아야 한다. 비록 격려를 받지 못할 상황에 있는 사람에게라도 격려하면 그 말이 그에게 축복이 된다. 예수님은 현장에서 간음한 여인을 향하여 정죄하지 않으셨다. 다른 사람들은 모두 저주의 말을 퍼붓지만 예수님을 축복의 말을 하고 싶으셨다. 다시는 죄를 범하지 말라는 권면이 바로 축복의 말이었다. 우리가 축복의 말을 할 줄 안다면 예수님을 닮은 것이다.

이 땅의 부모는 자녀들에게 축복의 말을 할 줄 알아야 한다. 칭찬의 말, 마음을 평안하게 하는 말, 하나님의 위대함 앞에서 겸손하게 되는 말, 자녀들이 인간관계에서 성공하도록 돕는 말을 해야 한다. 자녀들 앞에서 먼저 시범을 보여야 한다. 그래야 자녀들이 축복의 말을 듣고 축복의 사람으로 자랄 것이다. 축복의 말을 듣지 않은 사람은 축복의 사람으로 자랄 수 없다. 좋은 씨앗이 마음 밭에 뿌려져야 하고, 시원한 생수가 가슴 속에 공급되어야 한다. 자녀들에게 좋은 씨앗, 시원한 생수가 무엇인가? 바로 축복의 말이다. 축복의 말 한마디로 자녀의 미래가 밝아질 것이다. 자녀들이 희망을 가질 것이다.

축복의 말을 듣고 자란 아이들은 축복의 사람으로 자랄 것이다. 그들은 축복의 말을 사용할 줄 아는 기술을 가지고 있다. 배워서 가진 것이 아니라 경험으로 습득하였기 때문이다. 축복의 말은 받는 사람에게도 축복이지만 하는 사람에게 더 큰 축복이 있다. 축복의 말이 나갔다가 돌아올 때는 훨씬 더 많은 축복을 가지고 돌아온다. 자녀들이 복된 사람이 되게 하려면 축복의 말을 하라. 축복의 말을 사용하는 모델이 되라. 그리고 축복의 말을 사용하도록 연습을 시켜라. 축복의 말을 사용했을 때 기분이 어땠는지 또 어떤 결과가 돌아오는지를 확인해보라. 축복의 사람으로 훈련하면 하나님이 그를 반드시 축복의 사람으로 쓰신다.

시편 기자는 축복의 사람이 되고 싶다. 자신이 하나님으로부터 축복의 말을 듣는 사람이 되고 싶다. 자신이 다른 사람을 향해 축복의 말을 하고 싶다. 다른 이들에게 축복의 말을 하는 사람은 그 자신이 먼저 축복의 사람이 되어 있다는 증거이다. 축복의 내용이 사람마다 다를지는 모르나 어쨌거나 축복의 사람임에는 틀림이 없다. 하나님이 시편 기자에게 축복의 말을 하셨다. "여호와께서 내 주에게 말씀하시기를 내가 네 원수들로 네 발판이 되게 하기까지 너는 내 오른쪽에 앉아 있으라 하셨도다"(1절). 원수가 발밑에 엎드려서 고개를 들지 못하고 있는데 나는 하나님의 오른쪽에 앉아 있다고 생각해 보라. 엄청난 축복이 아닌가?

하나님이 나를 향해 오른쪽에 앉으라고 말씀하신다면 내게 어떤 은혜가 오겠는가? 하나님의 말씀을 직접 들을 수 있다. 하나님이 하시는 일을 볼 수 있다. 그리고 하나님의 뜻대로 움직이는 세상을 볼 수 있다. 하나님이 권능의 오른손으로 행하시는 것을 볼 수 있다. 원수들이 하나님 앞에 엎드렸지만 사실 내 앞에 엎드린 것이나 마찬가지다. 원수들이 나를 무서워함이 아니라 나를 오른쪽에 두신 하나님을 무서워하기 때문이다. 그러니까 내가 하나님의 오른쪽에 있다는 것 자체가 엄청난 축복이다. "여호와께서 시온에서부터 주의 권능의 규를 내보내시리니 주는 원수들 중에서 다스리소서"(2절).

축복의 사람은 복된 일이 눈에 띈다. 축복의 사람이 되고 싶으면 복된 일을 찾아야 한다. 하나님은 복된 일을 찾는 사람에게 복된 일을 찾게 하실 것이다(마 7:8). 복된 일을 찾는 사람은 남이 지나쳐 버린 것도 복된 구석이 있음을 알아본다. 건축자의 버린 돌이 머릿돌이 되는 것처럼 축복의 사람은 복된 일을 보는 안목이 있다. 축복의 사람은 젊은이들을 축복의 존재로 본다. "주의 권능의 날에 주의 백성이 거룩한 옷을 입고 즐거이 헌신하니 새벽 이슬 같은 주의 청년들이 주께 나오는도다"(3절). 축복의 사람들은 젊은이들에게서 축복의 가능성을 본다. 하나님과의 관계를 여는 젊은이들을 보고 축복이 더 확대될 것임을 안다.

축복의 사람은 하나님과의 관계가 우선이다. 축복의 사람은 하나님과 아주 특별한 관계를 맺고 있다. 축복의 사람은 하나님으로부터 축복의 말을 들었다. 이 말의 내용은 자신의 존재에 관한 것이다. 그리고 하나님과의 관계성에 관련된 것이다. 시편 기자가 축복의 말을 들었다. "여호와는 맹세하고 변하지 아니하시리라 이르시기를 너는 멜기세덱의 서열을 따라 영원한 제사장이라 하셨도다"(4절). 축복의 사람은 하나님이 사용하시는 제사장이다. 그리고 그는 축복의 계열에 있다. 자신의 근원과 존재가 축복의 사람이라는 것을 확인하는 순간이다. 그렇다면 자신의 삶과 행동 그리고 말을 축복으로 드러냄이 당연할 것이다.

마지막 승리

역사의 승리자는 누구일까? 엄청난 재력과 권력 그리고 무기를 가진 사람일까? 당장에는 그렇게 보인다. 그러나 권력을 가진 사람도 떨고 있다. 자기보다 더 강한 사람이 나타날까 혹은 자기의 강함을 약화시지는 않을까? 자신의 강함을 비웃는 사람이 나타날까 염려한다. 더 강하게 되려고 하고, 비웃는 사람을 철저히 응징하는 것은 불안감이 있다는 증거이다. 그러나 하나님은 전능하시다. 하나님은 응징할 수 있으나 먼저 참으신다. 그리고 회개할 기회와 돌이킬 기회를 주신다. 축복의 기회를 먼저 허락하신다. 축복의 기회를 놓친 사람이 어떻게 될까? "주의 오른쪽에 계신 주께서 그의 노하시는 날에 왕들을 쳐서 깨뜨리실 것이라"(5절).

아브라함이 롯을 구출하려 추격할 때 상대는 네 왕의 연합군이었다. 아브라함은 왕이 아니었다. 집에서 훈련된 병사만 있을 뿐이다. 아마도 네 왕의 연합군이 훨씬 더 숫자가 많았을 것이다. 그럼에도 아브라함이 이겼다. 여러 나라가 아브라함을 이길 수 없었다. 아브라함이 이럴진대 하나님 앞에서 대적할 나라가 없다는 것이야 당연하지 않을까? 아무리 강한 나라가 연합해도 하나님을 이길 수 없다. 아브라함이 이긴 후에 네 왕이 아브라함에게 다시 도전하지 못했다. 그러니까 최후의 승리는 아브라함에게 있었던 것이다. 작은 전쟁에서 하나님의 사람이 마지막 승리를 했다면 역사의 마지막 승자는 하나님이심을 누가 부인할까?

하나님의 승리는 축복의 사람이 승리하는 것의 동기이며 이유이다. 하나님이 역사의 마지막 승자이듯 축복의 사람이 하나님과 함께 마지막 승리의 대열에 참여한다. 축복의 사람이 되지 않으려 한다면 그 결과가 어떻게 될까? 그것은 비참한 죽음이다. 하나님으로부터 버림을 받는 것이다. 결국 저주의 사람, 멸망의 사람이 되는 것이다. 하나님은 축복의 사람으로 들어오지 않는 사람을 언제든지 멸하실 수 있다. "뭇 나라를 심판하여 시체로 가득하게 하시고 여러 나라의 머리를 쳐서 깨뜨리시며"(6절). 마지막 승리를 하려면 힘을 길러야 할까? 아니다. 하나님의 이름으로 축복하는 능력을 길러야 한다. 이는 하나님의 힘을 사용하는 능력이다.

하나님은 마지막 승리의 노래를 축복의 사람들에게 들려주신다. 축복의 사람들이 마지막 승리의 노래를 부를 것이다. "길 가의 시냇물을 마시므로 그의 머리를 드시리로다"(7절). 하나님의 마지막 때에 축복의 사람이 우뚝 서게 될 것이다. 멜기세덱이 우뚝 섰다. 멜기세덱은 영원한 대제사장인 예수님의 근원으로 소개되었다. 하나님의 제사장은 축복의 사람이다. 영원한 승리의 사람이다. 당신이 축복의 사람이 되려 한다면 당신은 제사장의 역할을 수행해야할 것이다. 당신은 하나님의 존재와 관계된 사람이다. 당신 눈에 축복된 일이 보일 것이다. 그리고 축복된 일을 수행할 것이다. 당신에게는 영원한 승리가 기다리고 있다. 구원을 베푸셔야 악인들의 생각이 잘못된 것임이 증명된다. 그리고 구원을 베푸시고 인자하신 하나님을 사람들이 알게 될 것이다. "그러나 주 여호와여 주의 이름으로 말미암아 나를 선대하소서 주의 인자하심이 선하시오니 나를 건지소서"(109편 21절). 구원의 하나님이 도우셔야 한다. "여호와 나의 하나님이여 나를 도우시며 주의 인자하심을 따라 나를 구원하소서"(109편 26절). 시편 기자는 하나님께 간절히 구원을 원한다. "이것이 주의 손이 하신 일인 줄을 그들이 알게 하소서 주 여호와께서 이를 행하셨나이다"(109편 27절).

비록 사람이 악담을 하고 저주한다 할지라도 하나님만 떠나시지 않으면 된다. 하나님만 나의 편이면 된다. 결국은 하나님 편에 선 사람이 승리할 것이다. 하나님이 악한 사람보다 강하시기 때문이다. "그들은 내게 저주하여도 주는 내게 복을 주소서 그들은 일어날 때에 수치를 당할지라도 주의 종은 즐거워하리이다"(109편 28절). 이것을 보는 시인은 입을 열어 감사할 것이다. 누가 보든지 말든지 감사의 노래를 부를 것이다. "내가 입으로 여호와께 크게 감사하며 많은 사람 중에서 찬송하리니"(109편 30절). 하나님은 판단과 보응으로 구원하시기 때문이다. "그가 궁핍한 자의 오른쪽에 서사 그의 영혼을 심판하려 하는 자들에게서 구원하실 것임이로다"(109편 31절).

시편 111편

탐구의 영성과 솔로몬

전도자 솔로몬

솔로몬이 지혜의 사람이라는 것은 세상이 다 알고 있다. 그는 왕이 된 초창기에 하나님께 지혜를 구하였다. 하나님은 솔로몬의 구하는 것을 기쁘게 보셨다. 솔로몬이 가장 중요한 것을 우선적으로 구하였으므로 하나님은 솔로몬에게 지혜뿐만 아니라 부귀와 영화도 함께 허락하셨다. 솔로몬은 당대에 지혜의 사람으로 인정을 받았다. 소문이 퍼지자 세계 곳곳에서 솔로몬의 지혜를 확인하러 왔다가 감탄하였다. 그의 지혜로움이 확인되자 이번에는 지혜를 배우러 온다. 배우러 오는 사람이 그냥 오겠는가? 각종 진귀한 선물을 가지고 온다. 선물이 있어야 제대로 배울 것이다. 솔로몬은 선물만 받아도 부자가 되었다.

솔로몬의 지혜는 당대만 아니라 역사적으로 상징이 되었다. 불신자조차도 지혜의 사람이라고 하면 솔로몬이라고 말한다. 심지어는 방송 프로그램의 제목도 지혜에 관련된 것이라면 솔로몬을 가져다 붙인다. 솔로몬의 지혜는 하나님으로부터 받은 것이다. 하나님의 지혜는 세상의 지혜 개념과는 다르다. 소극적인 의미의 지혜 개념은 세상의 돌아가는 이치를 잘 아는 것이다. 남이 아는 것보다 조금 더 알고 남이 판단하는 것과는 다른 특별한 판단을 하는 것이다. 조금 더 나아가 지혜는 앞으로 일어날 일을 미리 예견하고 판단하며 대비하는 것이다. 그러나 하나님이 주신 지혜는 하나님을 아는 지식과 하나님의 뜻대로 판단하고 행하는 것이다.

지혜는 한번 받았다고 다 되는 것이 아니다. 지혜는 받은 것을 토대로 갈고 닦아야 한다. 즉 지혜는 점점 발전하는 것이다. 솔로몬의 지혜 역시 멈추지 않았다. 시간이 가면 갈수록 지혜가 점점 충만해졌다. 얼마나 지혜가 탁월했던지 천지만물에 솔로몬이 모르는 것이 없었다. 솔로몬이 시와 잠언을 지었는데 사람들마다 거기에 감동을 한다. 이런 시와 잠언이 수천 편이 된다. 솔로몬의 지혜가 이처럼 탁월한 원인은 하나님이 주신 지혜를 꾸준히 갈고 닦는데 있었다. 이것은 하나님과의 개인적인 시간이 필요하다. 혼자 묵상하는 시간이 필요하다. 사람들과 지혜로운 대화도 필요하다. 묵상과 대화로 지혜가 더 발전한다.

솔로몬의 지혜가 탁월함은 인생의 헛됨을 말하고, 그것에 대한 대안을 분명하게 제시한다는 것이다. 인생을 노래한다고 다 지혜자가 아니다. 분명한 대안을 가지고 있으며 제시할 줄 아는 사람이 지혜자이다. 지혜자는 인생을 향한 하나님의 뜻을 지식이나 묵상으로만 아는 것이 아니라 경험으로도 안다. 솔로몬은 이러한 경험을 바탕으로 전도서를 기록하였다. 그리고 스스로를 전도자라고 소개한다. 지혜자는 곧 전도자가 되었다. 지혜는 하나님의 거룩한 뜻을 수행하는 사람의 인생관이 되었다. 동시에 다른 사람에게 가르치는 내용이 되었다. 결국 지혜는 하나님의 거룩한 뜻에 맞춘 인생관이며 가치관이다.

경험으로 얻는 지식

솔로몬의 지혜는 가히 세계적이었다. 세계에서 지혜에 관심있는 사람은 누구나 다 솔로몬을 알았다. 당대에 솔로몬을 만난다면 그것이야 말로 영광일 것이다. 당대에 솔로몬과 어떤 연관을 가진다면 그것 또한 영광일 것이다. 솔로몬과 작은 관련성이라도 맺으려하는 사람들이 수없이 많을 것이다. 이방의 임금들은 자기 딸을 솔로몬에게 보낸다. 솔로몬을 사위로 삼으려 하는 것이지만 사실은 솔로몬의 지혜와 위력이 자기를 위협하지 못하도록 장악하려는 수단이다. 솔로몬이 점점 나이가 들어가면서 정략적인 결혼을 받아들였다. 이미 솔로몬에게는 아내가 많았을 텐데 정략적인 결혼으로 인해 궁궐에 아내들로 넘쳐났을 것이다.

아무리 지혜가 있는 사람이라도 잠시 어리석어질 수 있다. 명예가 높아지거나, 돈이 많아지거나 혹은 여자가 많아지면 어리석어질 가능성이 더 많다. 솔로몬도 이 함정에 빠졌다. 함정에 빠지면 판단력이 흐려진다. 이방의 여자들이 솔로몬에게 올 때 몸만 오는 것이 아니었다. 여자들은 이방의 우상도 숨겨 들여왔다. 솔로몬은 이것을 막지 못했다. 한 번 막지 못하면 다른 일이 생겨도 막지 못한다. 이방 여자들이 몰래 우상을 섬긴다. 초창기에는 몰래 섬기다가 나중에는 드러내 놓고 섬긴다. 그러다 보니 나라가 우상 천지가 된다. 어쩌다 지혜가 있는 사람이 나라의 영적 토양을 어지럽게 만들고 말았는가?

부와 명예, 여성에게 취하여 빠지면 이미 가졌던 지혜를 사용하지 못한다. 부와 명예 그리고 여성이 자기에게 만족을 줄 줄 알았는데, 나중에 알고 보니 만족을 주지 못한다. 처음에는 만족하는 것 같은데, 나이가 들수록 만족하지 못한다. 부와 명예, 여성이 싫증나기 시작한다. 그러다 보니 인생이 허무하다는 생각이 든다. 어느 순간 허무하다는 생각이 들면 그 때 인생을 돌이켜 본다. 과연 자기의 인생에서 무엇이 잘못되었는지, 왜 허무하다는 생각이 들었는지 이유를 생각해 본다. 전도자 솔로몬이 전도서에서 헛되다고 말하는 것이 이 경우이다. 인생의 의미를 생각하기까지 시간이 걸린다.

솔로몬은 젊은 날 자기의 경험을 바탕으로 인생관과 가치관 그리고 인생의 목적이 무엇인지 확립하였다. 젊은 날에는 배움으로 지식을 얻는데, 나이가 들어서는 경험을 돌아보고 거기에 의미를 부여함으로 새로운 통찰력을 얻는다. 배우는 것도 탐구하는 행위이고, 의미 부여를 위해 생각하는 것도 탐구하는 것이다. 이 탐구를 통해 얻어진 결과가 무엇인가? 사람 스스로는 안 되는 것이 있다. 세상의 것으로도 할 수 없는 것이 있다. 솔로몬은 사람을 지으신 하나님, 세상을 지으신 하나님만이 대안임을 깨달았다(전 12:1). 이것은 남에게 배움으로 되는 것이 아니다. 솔로몬은 인생 경험을 통해 하나님만 섬겨야 한다는 가치관을 확립하였다.

탐구의 결과

태어날 때부터 가지는 것이 있고, 살면서 습득하는 것이 있다. 어느 것이 더 중요할까? 태어날 때부터 가지는 것보다 살면서 얻는 것이 더 중요하다. 좋은 환경에서 태어났어도 살면서 잃을 수 있다. 반면에 태어날 때부터 환경적으로 좋지 않았어도 살면서 좋은 환경을 만들어가는 사람이 있다. 이런 능력은 태어나면서부터 얻어지지 않는다. 부모님으로부터 생활습관을 배우고, 긍정적인 자아상을 가져야 한다. 삶과 환경을 보는 통찰력을 가짐으로 가능하다. 통찰력이라는 것이 하늘로부터 주어지는가? 지혜는 하늘로부터 주어진다. 그러나 진짜 지혜를 가진 사람은 그 지혜를 어떻게 사용할까를 세심하게 살핀다.

어떤 이는 통찰력으로 자신의 유익만 취한다. 그러나 어떤 이는 통찰력으로 인류와 공동체 그리고 환경을 위해 일한다. 어떤 이는 통찰력으로 자신을 자랑한다. 반면에 어떤 이는 통찰력으로 하나님의 위대하신 뜻을 발견하려 한다. 하나님의 위대함을 발견하려 하는 사람일수록 배움에 대한 겸손이 있다. 자신이 아는 것이 다가 아니라 하나님으로부터 계속 배워야 함을 기억한다. 그리고 하나님의 말씀에 자신을 집중한다. 자기의 관심과 삶의 방법 그리고 원칙과 결과를 하나님의 말씀에 비추어 판단하려 한다. 좋은 통찰력은 자신의 생각이 아니라 하나님의 말씀을 거울로 삼아 비추어 보는 자세를 가지는 것이다.

지혜로운 사람도 실수할 수 있다. 실수하였다 함은 급하다는 뜻이다. 지혜는 급한 것을 좋아하지 않는다. 오히려 신중함을 좋아한다. 신중함이 지혜로움에 가깝다. 자기가 좋아하는 일이든지 주변 사람이 좋아하는 일이라도 덥석 달려들지 않는 신중함은 결과에 대한 통찰력을 가질 때 얻는다. 한편 옳지 않은 것에 대해서는 과감히 거절하는 과단성(果斷性) 역시 지혜이다. 한 번 수용함으로 인해 그 후부터 계속되는 유혹을 거절할 수 없다는 결과를 예상하는 것도 통찰력이다. 통찰력을 가진 사람은 현재의 상황을 냉철하게 볼 수 있다. 동시에 어떻게 하는 것이 미래를 위해 좋은 것인지, 하나님의 뜻에 합당한지 살핀다.

어떻게 해야 통찰력을 얻는가? 통찰력이 단순히 하늘로부터 주어지는 선물에 불과한가? 결코 그렇지 않다. 통찰력은 하나님의 뜻을 탐구하는 사람에게 주어지는 하나님의 선물이다. 통찰력은 하나님의 말씀을 연구하는 사람에게 주어지는 하나님의 특별하신 은혜이다. 통찰력은 하나님의 지혜이며, 하나님의 이룰 수 있는 능력이다. 그렇다면 어찌 해야 통찰력을 얻을 수 있는지에 대한 분명한 답이 나온다. 그것은 말씀을 탐구하는 것이다. 말씀 속에 담긴 하나님의 존재와 사역 그리고 그분의 뜻을 살피고 그것에 맞추어 자신을 검증하며 순종하는 것이다. 하나님으로부터 얻는 영적 통찰력이야말로 가장 큰 지혜이다.

시편 기자는 영적 통찰력을 가지고 있다. 이 통찰력은 하나님으로부터 받은 것이다. 동시에 이 통찰력은 하나님의 은혜를 찾는 탐구와 집중력의 결과이기도 하다. 진정한 통찰력은 하나님을 찬양하고 사람들 앞에서 하나님께 감사하는 성실한 신앙의 모습에서 나오는 결과이다. "할렐루야, 내가 정직한 자들의 모임과 회중 가운데에서 전심으로 여호와께 감사하리로다"(1절). 감사하는 사람은 감사할 일이 눈에 더 잘 보인다. 하나님의 위대하심이 감사하는 사람의 눈에 보인다. 감사의 통찰력이 생긴다. 감사의 통찰력을 키우기 위해 하나님의 뜻을 더 열심히 탐구한다. "여호와께서 행하시는 일들이 크시오니 이를 즐거워하는 자들이 다 기리는도다"(2절).

하나님의 뜻을 탐구하고 그 결과로 통찰력을 가진 이후 세상을 보는 눈이 달라진다. 전에는 자기 관점으로 세상을 본다. 혹은 과학적이거나 합리적인 명분을 가진 관점으로 세상을 본다. 그러나 이제는 하나님의 관점으로 세상을 본다. 세상을 보는 이유도 달라진다. 자기의 유익을 취하기 위해 보았으나 이제는 하나님의 영광이 온 땅에 충만함을 더 잘 알기 위하여 세상을 본다. "그의 행하시는 일이 존귀하고 엄위하며 그의 의가 영원히 서 있도다"(3절). 발견하고 싶은 것은 하나님의 위대하신 계획과 그 결과이다. 그것을 발견하기 위해 밤을 세워 탐구하면 할수록 더 놀라운 일이 발견된다. 날마다 통찰력의 진보가 이루어진다.

탐구하고 통찰력을 가진 사람은 역사를 보는 눈도 달라진다. 전에는 민족의 관점, 혹은 한 국가의 관점으로 보았다. 혹은 문화의 관점으로 보거나 사상의 관점으로 보았다. 그러나 이제는 하나님의 관점으로 역사를 본다. 하나님이 역사 속에 개입하시고 위대한 구원의 일을 행하셨음을 본다. "그의 기적을 사람이 기억하게 하셨으니 여호와는 은혜로우시고 자비로우시도다"(4절). 탐구의 영성을 바르게 확립하면 역사를 탐구하는 목적과 방법이 보통 사람들과 다르다. 이런 사람은 역사 속에서 하나님의 언약을 발견한다. "여호와께서 자기를 경외하는 자들에게 양식을 주시며 그의 언약을 영원히 기억하시리로다"(5절).

과거에는 체력, 무기, 돈, 권력 등이 힘이었다. 시대가 발전하면서 지식이 힘이 된다. 진정한 힘은 하나님을 아는 지식이다. 하나님을 아는 지식은 하나님으로부터 능력을 받는 조건이 된다. "그가 그들에게 뭇 나라의 기업을 주사 그가 행하시는 일의 능력을 그들에게 알리셨도다"(6절). 하나님의 능력을 소유한 사람이 땅을 점령하고 하나님의 축복을 전달할 수 있다. 그러니까 하나님의 능력을 소유하려면 하나님의 언약과 위대하신 사랑의 구원과 언약을 더 탐구해야 한다. 탐구한 결과로 얻는 통찰력으로 탐구의 깊이와 넓이를 더해가야 한다. 탐구할수록 하나님의 위대하심이 보여질 것이고, 땅에 하나님의 능력이 충만해질 것이다.

하나님 나라의 전망

탐구하여 통찰력을 얻으면 하나님이 세상을 다스리는 방법을 깨닫는다. 그리고 하나님의 방법에 맞추기 위해 자기 의견과 생각을 조정한다. 하나님은 세상을 진실과 공의로 다스리신다. "그의 손이 하는 일은 진실과 정의이며 그의 법도는 다 확실하니"(7절). 하나님은 거짓된 세상이 진실된 세상으로 바뀌기를 원하신다. 하나님은 위선과 오류가 난무한 세상에서 공의가 세워지기를 원하신다. 하나님은 이 땅에 정의를 물 같이, 공의가 마르지 않는 강 같이 흐르기 원하신다(암 5:24). 그것도 잠깐이 아니라 영원하기를 원하신다. 하나님은 사람들에게 진실과 공의를 먼저 행하셨다. "영원무궁토록 정하신 바요 진실과 정의로 행하신 바로다"(8절).

하나님 나라는 하나님이 다스리시는 세계이다. 하나님이 세상을 창조하시고 다스리신다. 하나님의 통치 원칙은 진실과 정의이다. 하나님의 역사를 탐구하는 사람에게는 이것이 보인다. 하나님은 이 땅의 진실과 정의가 무엇인지를 보여 주셨다. 바로 하나님 자신의 계시이다. 하나님은 죄인된 사람들에게 자비와 구원을 약속하셨다. 진실과 정의는 죄를 정하는 것이 아니라 자비와 구원으로 나타난다. 자비와 구원을 베푸시는 그분이 온 우주에서 가장 뛰어나시다. "여호와께서 그의 백성을 속량하시며 그의 언약을 영원히 세우셨으니 그의 이름이 거룩하고 지존하시도다"(9절).

탐구하는 사람이 곧 지혜로운 사람이다. 책상 앞에서만 아니라 삶 속에서 하나님을 찾는 것이 탐구이다. 탐구는 경험을 포함한다. 경험으로 얻는 지식이 정확하게 기억된다. 오래 기억되고 삶을 변화시키는 지식이다. 자신의 삶의 변화를 먼저 경험하고, 다른 이의 삶의 변화 과정을 도울 수 있다. 그러한 통찰력이 하나님으로부터 주어진 믿음의 지식이며 지혜이다. 그러므로 탐구는 지혜를 얻는 방법이다. 통찰력은 지혜를 얻은 결과이다. 그 결과 하나님의 뜻이 땅에서 이루어진다. 하나님의 위대하심이 드러나고 하나님의 통치가 점점 더 넓어진다. 탐구하는 사람을 통해 그리고 통찰력을 가진 사람을 통해 나타나는 것이 하나님의 능력이다.

지혜 탐구 그리고 통찰력은 사람에게 있는 것이다. 그러나 그것은 하나님으로부터 와야 한다. 하나님이 주셔야 진정한 것이다. 그러므로 하나님을 배제하는 겉모습의 탐구로는 바른 통찰과 지혜를 얻을 수 없다. "여호와를 경외함이 지혜의 근본이라 그의 계명을 지키는 자는 다 훌륭한 지각을 가진 자이니 여호와를 찬양함이 영원히 계속되리로다"(10절). 진정한 탐구의 사람은 하나님께 감사하는 자세를 늘 유지한다. 하나님의 언약과 계명을 실천하고 경험한다. 진정한 통찰력을 가진 사람은 하나님의 위대하신 구원을 찬송한다. 그의 지혜와 지식이 사람들에게 영향력을 끼친다. 하나님의 위대하심에 의해 그들이 삶이 형성된다.

시편 112편

복의 영성과 야베스

야베스의 기도

야베스는 유다 지파의 사람이다. 성경은 야베스에 대하여 간략하게 소개하고 있다. 역대하 4장 9절과 10절에 야베스에 대한 짤막한 기록만이 나온다. 게다가 역대하 4장에서도 야베스라는 이름이 갑자기 나온다. 유다 지파의 계보를 소개하다가 갑자기 야베스라는 이름이 튀어나온다. 야베스의 아버지가 누구인지, 어머니가 누구인지 정확하게 기록되어 있지 않다. 그러니까 야베스라는 사람을 알려고 하면 할수록 신비하다는 생각만 든다. 우리가 알 수 있는 사실은 성경에서 야베스라는 인물을 소개하는 짤막한 기록에 근거할 뿐이다. 야베스가 어떤 인물이었는지를 아는 것 역시 성경의 짧은 기록에 의할 뿐이다.

야베스라는 이름은 어머니가 지어 준 이름이다. 아들을 낳았을 때 수고했기 때문이라고 한다(대상 4:9). 아마도 그의 어머니는 야베스를 낳을 때 난산이었던 것 같다. 대부분 아버지가 아들의 이름을 짓는다. 그런데 어머니가 이름을 짓는 경우도 가끔 있다. 야곱의 아들들은 대부분 어머니가 지었다. 야곱의 아내 레아와 라헬이 아들을 낳을 때마다 이름을 지었다. 심지어는 자기의 몸종이 야곱을 통해 아들을 낳을 때에도 이름을 지었다. 아들의 이름에는 모두 어머니의 환경과 심정 그리고 의중이 담겨 있다. 이처럼 야베스의 이름 속에도 어머니의 고통과 바람이 들어 있다. 그렇다면 야베스는 어머니의 영향을 많이 받았을 것이다.

성경은 야베스를 형제들 중에서 가장 존귀하고 복을 받은 사람이라고 기록한다. 그가 어떤 방법으로 존귀하고 복을 받은 사람이 되었을까? 성경은 야베스가 하나님께 기도하였다고 기록한다. "주께서 내게 복을 주시려거든 나의 지역을 넓히시고 주의 손으로 나를 도우사 나로 환난을 벗어나 내게 근심이 없게 하옵소서"(대상 4:10). 야베스는 자기의 인생을 하나님께 의뢰하는 기도를 드렸다. 자기 인생을 힘들고 불편하게 하는 것은 없어지고, 인생을 복되고 활기차게 하는 것은 더해 달라고 하나님께 부탁한다. 야베스는 지경이 넓어짐으로 자기의 영향력이 확장되기를 기도한다. 복을 받으려면 먼저 복을 생각해야 한다.

하나님이 야베스의 기도를 들으셨다. "하나님이 그가 구하는 것을 허락하셨더라"(대상 4:10) 복을 생각하고 그것을 구하는 사람은 복을 받는다. 뿐만 아니라 복에 대한 개념을 세우고 그것을 향해 달려가는 사람은 복을 받는다. 목표를 향해 달리는 사람이 목적지에 다다를 수 있다. 그러나 궁극적으로 목적지에 다다르게 하는 것은 하나님이시다. 그러므로 복이란 하나님과 관련되어져야 한다. 복된 사람은 하나님과 관련된 복이 무엇인지 개념을 세운다. 그리고 복을 주시는 하나님께 구한다. 이런 기도는 야베스처럼 구체적인 기도가 될 것이다. 야베스가 기도한 것이 하나님에 의해 이루어졌다. 하나님은 사람에게 복을 주시고자 원하신다.

복된 사람

날 때부터 복을 받은 사람이 있을 것이다. 예를 들어 명문가에서 태어난 사람이다. 명문가의 건강한 부모님에게서 태어나 부족함이 없이 자란 사람이다. 그들은 양질의 교육을 받고 어른이 되어 자기가 하고 싶은 일을 다 할 수 있다. 돈도 있고, 후원자도 있기 때문이다. 돈, 사랑, 영향력 등에서 어느 하나 부족함이 없어 보이는 사람이다. 이 세상에는 분명 이런 사람이 있다. 사람들은 이런 사람들을 향해 태어날 때부터 복을 받았다고 한다. 이런 사람들을 부럽게 생각하면서 자기 인생과 비교하여 상대적인 열등감에 사로잡히는 사람들도 있다. 하지만 복의 개념과 방법을 잘못 가지고 있다면 타인에게 부러움을 받는 사람이라도 결코 복되지 않다.

요즘 사람들은 자녀들에게 복을 물려주고 싶어 한다. 자녀들에게 최상의 교육 환경을 제공하고, 최고의 선생님이 강의하는 최고의 학원에 보내서 최고의 성적을 거두고 명문 대학에 들어가 좋은 직업을 얻길 바란다. 자녀의 교육비를 대기 위해 이사를 하고, 집을 팔아 전세를 옮기고, 어머니는 일자리를 얻는다. 어쨌든 자녀가 좋은 대학 들어가서 졸업을 하면 복을 누리며 살 것이라고 믿기 때문이다. 통계적으로도 소위 명문 대학 출신들이 사회 지도층을 이루고, 경제적으로 풍요한 삶을 살고 있다. 그러니 자녀들의 복을 위해 부모들이 못할 것이 무엇이 있겠는가? 자녀가 복된 삶을 사는 것이 부모의 최대 소원인데 말이다!

그러나 세상이 존경하는 복된 사람이 되는 것이 과연 부모의 힘으로 가능할까? 부모가 좋은 환경을 주었어도 자녀가 그것을 활용하지 못하면 소용이 없다. 벌기보다 어려운 것은 지키는 것이다. 힘들고 어려운 환경에서도 피나는 노력으로 성공을 이룬 사람도 있다. 아마도 야베스도 그다지 좋은 환경은 아니었을 것이다. 그렇다면 복된 사람이란 주어진 환경만 좋다고 해서 되는 것이 아니다. 남들보다 좋은 환경을 만나면 경쟁에서 유리한 것이 사실이다. 그러나 복된 사람이란 근본적으로 환경적이 혜택이 아니다. 복된 사람의 기준은 환경보다는 환경에 대처하는 능력에 더 비중을 둔다. 복은 외부적인 것이 아니라 내부적인 것이다.

그렇다면 부모가 자녀에게 무엇을 해 주어야 할 것인지 정해진다. 자녀들에게 환경적 요소를 채워주어야 하지만 그것보다 내적인 요소를 채워주어야 한다. 자라나는 세대들에게 정말 필요한 것은 외부적 환경을 인식하는 감각, 환경에 대처하는 능력, 곤경을 당할 때 처리하는 침착성 등이다. 그리고 일을 바르게 처리함과 동시에 판단력과 윤리의식이 필요하다. 사실 세상은 이런 성품과 의식이 경주하는 곳이다. 성공은 바른 경주를 꾸준히 할 때 주어지는 결과이다. 그러므로 복은 외적 요소보다 내적인 요소가 훨씬 더 많다. 거기에는 필수적 과정이 요구된다. 과정이 복되어야 결과가 복된다.

하나님이 주시는 복

복의 필수적 과정이 무엇일까? 도대체 내적으로 무엇을 가져야 복을 이룰 수 있을까? 야베스를 보면 복을 위한 과정을 알 수 있다. 야베스는 복을 위해 하나님을 찾았다. 즉 복의 내적 요소는 하나님을 찾는 믿음이다. 야베스는 아주 구체적으로 하나님께 기도하였다. 복의 내적 요소는 구체적으로 생각할 줄 아는 능력이다. 목표를 구체적으로 정할 줄 알고, 그 목표를 이루기까지의 구체적 과정을 가진 사람 그리고 목표를 하나님께 아뢰고 꾸준히 실천해가는 사람이 복된 사람이다. 아무리 추상적인 것과 관련되어 일하는 사람이라도 목표만큼은 구체적이다. 심리학도가 대학교수가 되겠다는 목표처럼 구체적일 수 있다.

그리고 야베스는 자신의 영향력 반경이 넓어지기를 하나님께 간구하였다. 복은 영향력의 반경을 넓힐 때 일어난다. 즉 복은 리더십의 확장이다. 영향력을 끼치는 능력이 곧 리더십이다. 리더십이 있는 사람은 이웃들에게 선한 영향력을 끼치기 때문이다. 그러니까 복된 사람은 리더십을 갖춘 사람이다. 리더십은 내적인 성품에서 나온다. 리더십은 바른 일을 바르게 처리하겠다는 원칙과 도덕성에서 나온다. 리더십은 다른 사람들보다 구체적으로 생각하고 추진하는 열정에서 나온다. 하나님은 그 생각과 열정에 복을 주신다.

여기에서 복이란 우리의 내적 요소도 포함되지만 하나님이 주시는 은혜도 포함된다. 복은 하나님과의 관계이며, 하나님이 이루어주시는 결과이다. 자신의 생각과 목표를 하나님께 아뢰고, 그것에 매진하는 사람은 복이 있다. 목표를 이루기까지는 많은 어려움이 있을 것이나, 야베스는 어려움을 이기는 능력까지도 하나님께 구한다. 환난에도 근심하지 않고 평안을 누린다는 것이 쉬운 일이 아니다. 어딘가 믿는 구석이 있어야 이렇게 된다. 야베스는 하나님을 믿었다. 그는 환난 중에 하나님이 도우실 것을 믿었다. 이런 믿음을 가져야 하나님께 도우심을 구할 수 있다. 이런 믿음을 가진 사람이 복된 사람이다.

하나님은 야베스의 구체적 기도를 들으셨다. 그리고 야베스가 구하는 모든 것을 허락하셨다. 기도 응답을 받아도 이렇게 받는 사람이 드물다. 구하는 대로 다 받았다면 하나님 마음에 얼마나 들었다는 말인가? 야베스가 복에 복을 더하여 받기 원했다면 그대로 될 것이었다. 복된 사람으로 인정받으면 사람들이 그를 귀하게 볼 것이다. 야베스가 형제들 중에서 가장 존귀한 사람, 형제보다 존귀한 사람으로 표현되었다면 그의 인생이 복되었음이 증명된다. 야베스를 그렇게 하게 한 것은 궁극적으로 하나님이었다. 성경이 이것을 증언한다. 복은 오랜 기간에 걸쳐서 하나님이 사람에게 이루도록 허락하시는 은혜이다.

시편 기자는 복되다는 것을 사람의 조건이나 환경에 두지 않는다. 사람의 조건과 환경에 두는 사람을 인본주의자라 부른다. 시편 기자는 하나님과의 관련성을 복의 조건으로 생각한다. 하나님을 알고 경배할 줄 아는 사람, 하나님의 말씀을 마음으로 듣고 즐겁게 기꺼이 순종하는 사람이 복된 사람이다. "할렐루야, 여호와를 경외하며 그의 계명을 크게 즐거워하는 자는 복이 있도다"(1절). 그러니까 시편 기자는 복을 결과로 보는 것이 아니라 과정으로 보고 있다. 복을 결과로 보는 사람들 때문에 성경이 왜곡되고, 하나님이 오해된다. 성경을 아전인수로 해석하고, 하나님을 오직 자기편만 드는 존재로 인식하는 오류를 범한다.

과정이 선하다면 결과가 반드시 선해야 한다. 과정이 복된 사람은 결과가 복되다. 과정과 결과 중에 우선적인 것은 과정이다. 바른 일을 바르게 하면 바른 결과가 온다. 하나님을 경외하는 사람에게 어떤 결과가 있을까? 첫째는 후손에게 복이 임한다. "그의 후손이 땅에서 강성함이여 정직한 자들의 후손에게 복이 있으리로다"(2절). 정직한 기성세대로 인해 그들의 후손이 복을 받는다. 순교자들이 당대에 환난에 의해 목숨을 잃었으나 그들의 후손들이 영적 지도자로 성장하는 것을 보면 과연 하나님이 후손에게 복을 주시는 것을 확신할 수 있다. 하나님을 가까이 하는 부모의 모습을 보고 자란 자녀들이 복을 받지 않는다면 누가 받겠는가?

하나님을 경외하는 사람이 받는 두 번째 복은 부유하게 된다는 것이다. "부와 재물이 그의 집에 있음이여 그의 공의가 영구히 서 있으리로다"(3절). 부자가 되어도 부당한 방법으로 되었다면 사람들로부터 조롱을 받을 것이다. 그리고 그 돈도 어느 순간 없어질 것이다. 자녀들 역시 부유함 때문에 인생을 망칠지 모른다. 그러나 의로운 방법으로 부유하게 된 사람은 칭찬을 듣는다. 성경적 세계관에 의해 살고, 하나님의 뜻과 방법으로 돈을 버는 방법을 취하기 때문이다. 이 땅에 부자들이 하나님의 방법으로 벌 줄 모른다. 하나님의 뜻대로 나눌 줄 모르는 이도 많다. 의롭게 번 사람은 나눌 줄 알며, 칭찬을 듣는다. "그가 재물을 흩어 빈궁한 자들에게 주었으니 그의 의가 영구히 있고 그의 뿔이 영광 중에 들리리로다"(9절).

하나님을 경외하는 사람이 받는 세 번째 복은 의로운 사람이라고 인정받는 것이다. 의로운 사람으로 행동하는 사람은 그대로 인정을 받는다. 처음에는 오해를 받을지 모른다. 오해로 인해 암흑을 걷는 것처럼 힘든 세월을 지낼지도 모른다. 그러나 결국에 의로운 사람이라고 인정받는다. 빛을 얻게 되는 것이다. "정직한 자들에게는 흑암 중에 빛이 일어나나니 그는 자비롭고 긍휼이 많으며 의로운 이로다"(4절). 이처럼 그들은 고난 중에 살았지만 도와줄 줄 안다. 생색내지 않고 나누는 것이 곧 복을 받았다는 증거이기 때문이다. 나누면 나눌수록 더 큰 복을 받는다. "은혜를 베풀며 꾸어 주는 자는 잘 되나니 그 일을 정의로 행하리로다"(5절).

의를 구하라

복된 사람은 하나님과 관계가 정상적인 사람이다. 복에 관한 한 하나님의 주권을 인정하는 사람이다. 자신의 생각과 가치관 그리고 목표와 행동계획을 하나님의 뜻에 의해 세우고, 하나님의 뜻에 순종하는 사람이 복을 받는다. 하나님은 이런 사람에게 복을 주시며, 의인이라고 인정하신다. 하나님을 향한 믿음을 기초로 선 사람은 환난에도 흔들리지 않는다. 복을 받았다고 해서 교만하지도 않는다. 약한 사람을 무시하지 않으며, 악인을 두려워하지 않는다. 믿음의 원칙이 있기 때문에 의인으로 인정되고 오래도록 기억된다. 아니 영원히 기억될 수도 있다. "그는 영원히 흔들리지 아니함이여 의인은 영원히 기억되리로다"(6절). 의인은 흉한 소식을 들어도 두려워하지 않는다. 그것은 인간의 삶을 하나님이 주장하고 계심을 믿기 때문이다. 아픔이 오면 그것으로 인해 하나님 앞에 겸손해진다. 자신이 해결할 수 없는 일을 만나면 하나님 앞에 더 엎드린다. 위기와 곤경에 처하면 하나님께 도움을 구한다. 하나님의 권능이 드러나기를 기대한다. 복된 사람은 오직 하나님께 자신과 인생 그리고 모든 소유를 맡긴 사람이다. "그는 흉한 소문을 두려워하지 아니함이여 여호와를 의뢰하고 그의 마음을 굳게 정하였도다"(7절). 심지가 견고한 사람, 하나님을 중심한 삶의 원칙이 분명한 사람이 복된 사람이다. 그런 사람이 하나님 중심의 리더십을 발휘할 수 있다.

조바심이 심한 사람은 좋은 일을 보기 전에 먼저 걱정부터 한다. 그런데 걱정하면 할수록 어려움이 해결되지 않는다. 오히려 일이 더 악화되고 꼬여갈 뿐이다. 걱정이 많은 사람은 복의 기회가 와도 그것을 인식하지 못한다. 걱정의 장벽이 복의 길을 막고 있기 때문이다. 하나님을 의뢰하는 사람은 걱정을 버린다. 걱정할 시간에 하나님을 찾으며, 걱정할 시간에 하나님의 뜻에 순종한다. 생각하는 것이 복되어야 복된 사람이다. 하나님은 생각에 복을 주시고, 생각대로 이루어지는 복을 보게 하신다. 그리고 대적이 사라지는 놀라운 일도 경험하게 하신다. "그의 마음이 견고하여 두려워하지 아니할 것이라 그의 대적들이 받는 보응을 마침내 보리로다"(8절).

성경은 복된 사람과 의인을 언제나 동일시한다. 소유와 복은 정비례할 수도 있고, 반비례할 수도 있다. 그러나 의와 복은 언제나 일치한다. 반면에 악과 화는 언제나 멸망한다. 악인은 반드시 화를 당하게 될 것이고, 자신들의 잘못을 깨닫지 못한 채 멸망하게 될 것이다. "악인은 이를 보고 한탄하여 이를 갈면서 소멸되리니 악인들의 욕망은 사라지리로다"(10절). 복된 사람과 악인은 반대이다. 악인과 하나님의 사이는 너무 멀다. 결코 만나지지 않는다. 복된 사람이 되고 싶은가? 그렇다면 하나님 안에서 의를 찾아라. 하나님께 인생의 모든 것을 상의하고 하나님의 뜻에 순종하라. 하나님께 성실한 사람이 하나님에 의해 복된 사람으로 인정된다.

시편 113편

낮아짐의 영성과 마리아

주의 뜻대로

천사 가브리엘이 마리아에게 나타났다. 가브리엘은 마리아에게 임신할 것이라고 예언을 했다. 게다가 마리아가 아들을 낳을 것인데, 그 아들의 이름을 예수라고 지을 것이며, 아들이 위대한 일을 하며 하나님의 아들이라고 일컬음을 받게 될 것이라는 말을 한다. 이 아들은 다윗의 왕위를 물려받을 것이며, 영원토록 왕노릇을 하게 될 것이다. 마리아가 깜짝 놀랄 수밖에 없다. 그것은 그녀가 결혼하지 않았기 때문이다. 결혼하지 않고서 임신한다는 것이 과연 가능할까? 아들의 이름과 역할까지 자세하게 들었으니 더 놀랄 일이다. 마리아가 의아하게 생각하여 가브리엘에게 질문한다. “나는 사내를 알지 못합니다.”

가브리엘은 마리아에게 나타나는 일이 성령으로 가능한 것이라고 대답한다. 마리아의 친척 엘리사벳은 나이가 많음에도 불구하고 임신하였다. 가브리엘은 하나님의 말씀이 반드시 이루어질 것이라고 강조한다. 마리아가 임신을 하고 그 아들이 위대한 일을 하게 될 것이라는 가브리엘의 예언은 하나님의 계획과 뜻에 의해 이루어진 것이다. 마리아는 자기에게 나타날 일이 곧 하나님의 뜻임을 알았다. 마리아가 대답한다. “주의 여종이오니 말씀대로 이루어지이다”(눅 1:38). 마리아는 납득할 수 없는 일이라도 하나님의 말씀에 동의하는 믿음을 가졌다. 마리아는 자기 생각이 아니라 하나님의 생각에 동의한다.

마리아는 자신을 여종이라고 표현한다. 종은 자기 뜻이나 생각보다 주인의 뜻과 생각을 우선시해야 한다. 종은 자기를 주인 앞에 낮추어야 한다. 주인 앞에 낮추면 낮은 곳으로 갈 수 있다. 마리아가 만삭이 되었을 때였다. 로마 황제가 이스라엘에 호적 명령을 내렸을 때, 마리아도 남편 요셉과 함께 고향 베들레헴을 찾았다. 고향 베들레헴에 사람이 많이 찾아들어 여관이 부족했다. 마리아가 해산할 시간이 될 때까지 숙소가 정해지지 않았다. 급기야는 마구간에라도 자리를 잡을 수밖에 없었다. 처량하기 그지없지만 그곳에서라도 해산을 할 수 밖에 없다. 마리아는 이미 자신을 하나님 앞에 낮추었기 때문에 천한 자리라 할지라도 갈 수 있었다.

마리아가 낮아졌다고 해서 영원토록 낮아졌는가? 결코 아니다. 그녀는 예수님의 위대한 일을 볼 수 있었다. 예수님의 위대함을 알아보고, 예수님이 표적을 행할 수 있도록 도왔다. 마리아는 가나의 혼인잔치에 참석하여 포도주가 떨어진 것을 보았을 때, 예수님에게 포도주가 부족한 것을 말하였다. 혼인집 하인들에게는 예수님의 말씀대로 하도록 권하였다. 마리아는 예수님의 능력을 이미 알고 있었다. 낮아진 사람은 위대함을 볼 수 있다. 낮아진 사람은 위대한 일을 경험할 수 있다. 그리고 낮아진 사람만이 위대하고 놀라운 일의 주인공이 될 수 있다. 하나님은 사람을 먼저 낮추셔서 위대한 일에 사용하신다.

낮아짐의 교육

학교에서는 입신양명이 효(孝)라고 가르친다. 효라는 가치를 이루기 위해서는 높아져야 하고, 높아진 이름을 부모님이 자랑스럽게 생각한다는 것이다. 그러다 보니 아이들이 어려서부터 자연스럽게 높아져야 한다는 생각을 가진다. 혹은 부모님이 자녀들에게 높아져야 한다고 압박감을 줄 수도 있다. 압박감만 준다고 자녀가 높아지지는 않을 것이다. 자녀가 높아지도록 물심양면의 후원이 있어야 한다. 과외 공부, 학원에 보내는 것, 수련회 보내는 것, 극기 훈련을 시키는 것, 음악과 미술, 바둑을 가르치는 등 한두 가지가 아니다. 자녀는 왜 그것을 해야 하는지도 모르고 부모가 시키는 대로 한다.

미국과 일본, 한국에서의 자녀 교육 방법이 다르다. 일본에서는 자녀들에게 남에게 피해를 주지 말라고 가르친다. 미국에서는 자녀들에게 남을 돕고 배려하라고 가르친다. 그런데 한국에서는 너만 잘하면 되고, 남과의 경쟁에서 이겨야 한다고 가르친다. 그래서 한국 사람은 일등을 좋아하고, 제일, 최고, 최초, 최상, 최단, 최장 등의 단어를 많이 사용한다. 한국 사회가 그만큼 높아지는 것을 좋아하고 자랑스러워 한다는 것을 입증한다. 높아진 사람을 자랑스러워하고, 높아진 사람과 친분관계가 있다는 것이 자랑스러운 사람들도 있다. 자기도 높아지고 싶기 때문이다. 반면 높아지고 싶은 사람을 붙들어서 속이고 자기 유익만 취하는 사람도 있다.

높아짐으로 얻는 것들이 많다. 큰 소리를 칠 수 있고, 자기 마음대로 말하거나 행동할 수도 있다. 자기에게 굽신거리는 사람이 많을 수도 있다. 욕망만을 앞세운 사람은 그런 호기를 누려보려고 높아지려 한다. 이런 사람들은 인생을 경쟁으로 생각한다. 어떤 문제든지 이기는 것과 지는 것 둘 중 하나만을 생각한다. 둘 다 이기는 것이나 둘 다 지는 것은 생각하지 못한다. 그러나 세상은 둘 다 이기는 것, 둘 다 지는 것이 존재한다. 지나친 경쟁은 둘 다 지는 것이다. 어느 정도의 양보과 타협은 둘 다 이기는 길이 될 수 있다. 낮아짐이 둘 다 이기는 길이 될 수 있다. 이런 원리는 교실이 아닌 삶에서 경험함으로 배운다.

그러므로 학교에서나 가정에서 자녀들에게 낮아짐을 가르쳐야 한다. 낮아짐으로 공생하는 것, 낮아짐으로 함께 이기는 법을 가르쳐야 한다. 낮아지는 사람과 겸손한 사람에게 칭찬이 돌아가고, 유익이 된다는 것을 가르쳐야 한다. 자녀들에게 하나님을 사랑하는 사람들의 생활 모습이 낮아져야 함을 가르쳐 그 위력과 효과를 알게 해야 한다. 물론 부모들도 먼저 낮아짐의 모습을 보여야 한다. 하나님은 교만한 사람을 물리치시고, 겸손한 사람을 가까이하시며, 은혜를 주신다(잠 3:34, 약 4:6). 그러므로 낮아짐은 하나님의 은혜와 축복을 받는 길이다. 낮아짐의 교육이야말로 자녀들에게 하나님의 축복이 임하게 하는 방법이다.

낮아짐의 모델

사도 요한은 세상에서 가장 낮아지신 분으로 예수님을 든다. "말씀이 육신이 되어 우리 가운데 거하시매"(요 1:14). 요한은 예수님이 하나님의 아들이요, 하나님과 하나임을 알고 있다(요 10:30). 그런데 그 예수님이 세상에 사람의 몸을 입고 오셨다. 즉 하나님이 사람이 되신 것이었다. 사람의 생각으로는 상상조차 할 수 없고, 도저히 이해할 수 없는 신비하고 놀라운 일이 예수님에게서 일어났다. 대부분의 이단자들이 이 문제에서 걸린다. 사람은 사람이고 하나님은 하나님이어야 한다는 것이다. 하나님이 사람이 될 수는 없다는 것이다. 하지만 딱 한 분 예수님에게 이것이 이루어졌다. 이것을 믿어야 믿음이 시작된다.

사도 요한만 예수님의 낮아지심을 말한 것이 아니다. 사도 바울도 예수님의 낮아지심을 말하였다. "그는 근본 하나님의 본체시나 하나님과 동등됨을 취할 것으로 여기지 아니하시고 오히려 자기를 비워 종의 형체를 가지사 사람들과 같이 되셨고 사람의 모양으로 나타나사 자기를 낮추시고 죽기까지 복종하셨으니 곧 십자가에 죽으심이라"(빌 2:6~8). 예수님은 종이 되셨다. 그리고 종으로서 복종하였다. 예수님은 생명을 내걸고 하나님 아버지께 복종하셨다. 낮아지지 않고서는 도저히 될 수 없는 사건이다. 낮아질 때에 갈 수 없는 곳으로 갈 수 있고, 할 수 없는 일을 할 수 있다. 낮아질 때 될 수 없는 일이 된다.

예수님의 낮아지심은 그리스도인의 공통된 믿음이다. 그분은 낮아지셨기 때문에 높아졌다. 그분은 낮아지심에 순종하였기 때문에 아버지께서 그분을 높이셨다. 이것은 위대한 역설이다. 높아지려는 사람이 높아짐은 당연하다. 그러나 높아지려는 사람이 낮아지고, 낮아지는 사람이 높아진다. 의도와 행동에 대한 결과가 반대로 나타난다. 높아지는 결과를 예상하고 그것을 얻기 위해 행동한다면 그 결과를 얻지 못한다. 결과를 얻을 수 없다 할지라도 전혀 개의치 않고 낮아질 때 높아지는 결과를 얻는다. 왜냐하면 높아지고 낮아지심을 판단하는 것이 행하는 사람에게 있는 것이 아니라 하나님께 있기 때문이다.

예수님의 낮아지심은 그리스도인이 낮아질 수 있는 것의 모델이다. 그러니까 그리스도인의 낮아짐은 예수님의 모범이 있었기 때문이다. 낮아질 때 높아지려는 의도를 가져서는 안 된다. 높아지려는 결과도 예상해서는 안 된다. 만약 그것을 예상하면 결코 낮아질 수 없다. 낮아지는 것이 의도적이라면 그 낮아짐은 진실이 아니라 가식이 된다. 하나님은 그런 낮아짐을 다 알고 계신다. 하나님이 사람의 마음과 행동을 알고 계신다. 하나님이 사람의 의도와는 다르게 행하실 수 있다. 하나님의 생각과 사람의 생각이 다르기 때문이다. 하나님은 진정으로 낮아지는 사람을 알고 계시고, 그 사람을 높여 주신다.

시편 기자는 하나님 앞에 자신을 낮춘다. 시편 기자는 하나님께 자신을 종이라고 말하며, 모든 이가 하나님 앞에 종임을 알고 있다. 종은 주인 앞에 낮아져야 한다. 의식적으로 낮아지는 것이 아니라 본질적으로 낮아지는 것이다. 주인과 동등한 자격을 가질 수도 없고, 주인과 같은 위치를 가질 수도 없다. 사람이 하나님 앞에 낮아짐이 당연하다. 이처럼 시편 기자가 자신을 하나님 앞에 낮추기 때문에 하나님께 경배하고, 찬양할 수 있다. "할렐루야, 여호와의 종들아 찬양하라 여호와의 이름을 찬양하라" (1절). 종이 주인에게 할 수 있는 가장 큰 일은 주인을 높여드리는 것이다. 주인의 이름을 드러내고 존귀하게 만드는 것이다.

인간이 하나님의 종이라는 사실은 영원 전부터 있었던 사실이다. 하나님은 사람을 창조하시고 세상을 관리하도록 위임하셨다. 사람은 하나님의 종이다. 그리고 사람은 영원토록 하나님의 종이어야 한다. 세상이 끝날 때까지 사람이 살아가는 원칙과 목적은 하나님의 뜻 안에서 이루어져야 한다. 영원 전부터 영원 끝까지 사람은 하나님의 주권 아래 있다. 하나님이 사람의 생각과 마음을 감찰하고 계신다. 그러므로 사람이 할 일은 오직 주인이신 하나님을 높이는 것이어야 한다. 영원한 주인이신 하나님께 어느 특정한 순간이 아니라 영원한 찬송과 영광이 있어야 한다. "이제부터 영원까지 여호와의 이름을 찬송할지로다"(2절).

세상 모든 것이 하나님의 말씀에 의해 창조되었다. 해, 달, 별이 창조되었고 그것들이 하나님의 뜻과 섭리에 의해 움직이고 있다. 해와 달과 별이 보이는 모든 땅과 그것들이 위치한 곳에 하나님의 다스리심이 있다. 해, 달, 별이 하나님 앞에 낮아져 있다. 하나님이 그것들을 다스리신다. 사람은 이것을 알아야 한다. 사람이 어디 있든지 그곳에 하나님이 계심을 알고, 하나님이 그곳을 다스리심을 알고 하나님을 찬양해야 한다. "해 돋는

데에서부터 해 지는 데에까지 여호와의 이름이 찬양을 받으시리로다"(3절). 이것이 하나님 앞에 자기를 낮추는 것이다. 낮아진 사람은 당연히 찬양을 해야 한다.

낮아진 사람이 높으신 분을 높이는 것이 당연하다. 하나님은 가장 높으신 분이시다. 하나님이 온 우주 위에 가장 높은 곳에 위치하신다. 장소의 측면에서만 높은 것이 아니라 개념의 측면에서도 높다. 하나님이 가장 상위의 개념이다. 하나님이 가장 우선이시다. 하나님이 모든 나라와 전 세계의 기준이며, 원칙이요 목적이시다. 그러므로 하나님의 영광도 모든 세계, 모든 권력 위에 가장 높은 곳을 차지해야 한다. "여호와는 모든 나라보다 높으시며 그의 영광은 하늘보다 높으시도다"(4절). 하나님의 위대하심을 아는 사람이 자기를 낮출 수 있으며, 하나님을 찬양하고 영광을 돌려 드린다. 찬양은 높으신 하나님을 높이는 것이다.

낮은 곳을 향하여

높으신 하나님이 여전히 높은 곳에 계실까? 그렇다고 말해야 한다. "여호와 우리 하나님과 같은 이가 누구리요 높은 곳에 앉으셨으나"(5절). 이것은 시편 기자의 믿음이다. 아니 우리들의 믿음이며, 영원토록 변하지 않는 사실이다. 하지만 하나님이 높은 곳에만 계실까? 그렇지 않다. 높은 데 계신 하나님이 낮은 곳을 보고 계신다. 어떤 경우에는 낮은 곳으로 오기까지 하신다. "스스로 낮추사 천지를 살피시고"(6절). 하나님이 낮은 곳으로 오심은 우리가 전혀 예상할 수 없었던 놀라운 일이다. 하나님의 생각은 우리의 생각과 다르다. 이 정도 되면 하나님의 생각과 뜻을 모르는 우리가 하나님을 더 깊이 묵상해야 할 이유가 생긴다.

하나님이 낮은 곳으로 오시는 이유가 있다. 하나님의 일하심이 목적이 없거나 무의미한 일이 어디 있겠는가? 높으신 하나님이 높은 것에만 관심을 두는 것이 아니라 낮은 일에도 관심을 두신다. 높으신 하나님이 가난한 사람, 어려운 사람, 어두침침하고 더러운 곳에 있는 사람들을 살피기 위해 오신다. "가난한 자를 먼지 더미에서 일으키시며 궁핍한 자를 거름 더미에서 들어 세워"(7절). 사람은 높은 곳에 관심을 두고 그것을 좋아한다. 그런데 하나님은 낮은 곳에 관심을 가지셨다. 하나님이 이스라엘에게 고아와 과부를 돌보라고 하셨다. 추수 때가 되면 가난한 사람을 위해 이삭을 남겨 놓으라 하셨다. 낮은 사람들이 하나님의 관심이었다.

하나님은 낮은 곳에 오시고 낮은 사람을 찾으신다. 왜냐하면 낮은 사람을 높이기 위해서이다. 낮은 사람들에게 하나님의 사랑을 깨닫게 하고 하나님의 높으심을 알게 하기 위함이다. 하나님의 높으심을 아는 사람이 하나님을 높이고 찬양하게 될 것이다. 하나님은 이런 사람들을 높이실 것이다. 하나님은 낮은 사람을 높이기 위해 높은 곳에서 낮은 곳을 향해 오신다. "지도자들 곧 그의 백성의 지도자들과 함께 세우시며"(8절). 사람이 높아지는 것은 자기의 능력과 노력으로 되지 않는다. 하나님의 뜻대로 행해야 한다. 하나님의 허락하심이 있을 때에만 높아질 수 있다. 높아짐에 관한 한 전적으로 하나님의 허락사항이다.

하나님이 사람에게 높아짐을 허락하면 자기 자리를 찾아갈 수 있다. 하나님이 높아짐을 허락하셨을 때 사람에게는 즐거움이 생긴다. 하나님이 높아짐을 허락하면 사람에게 당연히 되어야 할 일이 이루어진다. "또 임신하지 못하던 여자를 집에 살게 하사 자녀들을 즐겁게 하는 어머니가 되게 하시는도다 할렐루야"(9절). 어떤 일이든 하나님의 섭리와 허락이 없이 될 수 없다. 하나님의 허락에 의해 높아진다면 높아짐에 대한 모든 영광을 하나님께 돌릴 수 있다. 그러므로 "할렐루야"를 찬양할 수 있다. 찬양은 낮아진 사람만이 할 수 있는 특권이다. 하나님은 이 사람들을 높일 것이다. 하나님이 보고 계시며 알고 계시기 때문이다.

시편 114편

정복의 영성과 요하난

다시 애굽으로

남 왕국 유다에 위기가 닥쳤다. 바벨론 왕 느부갓네살의 침략으로 유다가 망하기 일보직전이다. 그동안 느부갓네살이 유다를 침공하여 막대한 피해를 입혔다. 이번은 아마 마지막이 될 것이다. 성전이 무너지고, 백성은 뿔뿔이 흩어질 것이다. 수백년동안 지속된 나라가 사라질 위기이다. 하나님이 세우신 나라가 사라지고, 하나님의 거룩한 백성이 남의 나라에서 노예생활을 해야 한다. 왕으로부터 모든 백성이 벌벌 떨고 있다. 게중에 의식이 있는 사람은 위기를 극복하고 나라를 살릴 방법을 간구한다. 그 방법 중에 하나는 하나님의 선지자 예레미야를 찾는 것이다. 예레미야가 그동안 하나님의 말씀을 백성에게 전했기 때문이다.

요하난이라는 젊은이가 있었다. 겉으로는 나라를 위하는 척 하지만 사실은 매우 정치적인 모사꾼이었다. 그래도 그는 유다의 젊은이로서 나라를 걱정하고 있다. 그가 군대장관과 함께 예레미야에게 도움을 청하러 찾아왔다. 예레미야에게 하나님께 기도해달라는 것이다. 이 나라를 하나님이 세우셨으니 하나님이 도우셔야 한다는 것이다. 예레미야가 하나님의 뜻을 받아 요하난과 함께 한 사람들에게 바벨론을 두려워하지 말라고 용기를 준다. 사실 예레미야에게 오기 전 백성은 애굽으로 피난하려고 합의했었다.

그런데 예레미야는 만약 애굽으로 피난한다면 바벨론 군대가 따라가서 애굽을 초토화시킬 것이라고 예언한다.

그런데 백성이 예레미야의 말을 듣지 않는다. 요하난도 예레미야의 말을 듣지 않는 일에 앞장선다. 예레미야가 유다 백성을 바벨론 사람들의 포로로 잡혀가게 할 것이라고 그들은 생각했다. 다시 말해 예레미야에게 거짓말을 하지 말라는 것이다. 언제는 하나님께 기도해 달라고 부탁하고서는 이제 와서 자기들의 계획과 맞지 않는다고 예레미야를 거짓말쟁이로 몰아세운다. 그들은 애굽으로 가려는 계획을 실행하였다. 요하난을 비롯한 군대장관들은 예레미야와 바룩을 붙잡아 애굽 땅으로 도망하여 다바네스라는 곳에 다다른다. 도망하는 사람들이 그래도 유다의 지도자들이었으니 망명길이라고 표현하는 것이 적당할지 모른다.

하나님은 다바네스에서 예레미야에게 말씀하신다. 하나님이 바벨론 왕 느부갓네살을 애굽으로 불러오셔서 애굽 신전을 불태울 것이다. 왜 애굽까지 공격을 받는가? 하나님의 말씀을 듣지 않는 유다 백성이 그 땅으로 숨어들어왔기 때문이다. 유다 백성이 우상을 숭배하고, 하나님을 외면하였는데 그들을 받아들인 애굽 땅까지 하나님의 진노를 받는다. 유다의 정치지도자들이 몰지각하고 고집이 세어서 애굽까지 피해를 주고 있다. 요하난도 예외가 아니다. 위기가 닥칠수록 겸손해져야 하는데, 오히려 교만한 행태를 계속하고 있으니 그들이 가는 곳마다 재앙을 만날 것이다. 하나님의 이 말씀이 반드시 이루어질 것이다.

정복자와 피정복자

정복자들이 있으면 정복을 당하는 사람들이 있다. 정복당하는 사람들 중에는 정복자들과 타협을 하고 정복자를 돕는 사람들이 있다. 반면에 정복자들을 맞서서 싸우는 이들도 있다. 자기 보신주의에 빠진 사람, 일신의 안위와 영달을 좋아하는 사람들이라면 정복자들과 타협할 것이다. 반면에 공동체를 먼저 생각하는 사람, 국가의 정체성을 생각하는 사람들은 맞서 싸울 것이다. 그러나 일단 정복자들의 힘이 더 세다. 맞서 싸운다는 것은 엄청난 고통을 수반하는 것이다. 맞서 싸우는 이들은 자기를 희생해야 한다. 가정과 가족을 희생해야 한다. 개인적인 즐거움도 포기해야 한다. 오직 국가의 재건만을 생각하고 매진해야 한다.

정복자들과 맞서 싸우는 방법도 여러 가지가 있다. 드러내놓고 정복자들을 비난하고, 정복자들을 상대로 싸울만한 조직을 만드는 경우가 있다. 정복자들을 상대로 피를 흘리며 싸우는 경우도 있다. 나라를 다시 얻으려면 희생을 각오해야 한다. 자기 목숨마저도 희생하여 정복자들을 물리치는 것이다. 그러나 피정복자들이 정복자들을 상대로 싸운다는 것에는 한계가 있다. 힘의 한계가 있고 조직과 돈, 장비의 한계가 있다. 이 경우 다른 나라의 도움을 받을 수도 있다. 혹은 도움을 주는 나라로 피신하여 그곳에서 나라의 회복을 위해 싸울 수 있다. 현대 역사 중에 자기 나라의 독립을 위해 외국으로 피신하여 싸우는 이들이 많다.

한편 정복자들과 타협하는 척 하면서 백성의 의식을 깨우는 사람들이 있다. 교육기관을 세우고 미래의 지도자들에게 민족의식을 가르친다. 백성에게는 정복자들의 지배를 받는 것보다 우리끼리 자유를 누리며 사는 것이 더 좋은 일이라고 계몽한다. 정복자들의 명령에 따라 움직이는 것 같지만 사실은 다른 생각을 가지고 자기 민족을 위해 일하는 것이다. 현실주의자들은 과연 교육과 계몽으로 나라를 찾는 일이 가능하겠느냐고 반문할 수 있다. 혹은 정복자들과 타협하는 매국노라고 비난할 수도 있다. 하지만 나라를 다시 찾기 위한 방법이 꼭 한 가지만 있으란 법이 없다. 다양한 방법이 서로 조화를 이루어야 한다.

망명생활을 하는 사람들은 조국의 아픈 현실을 전 세계에 호소할 수 있다. 세계의 다른 나라들로부터 지지를 받을 수도 있다. 국내에 남아 활동하는 사람들은 망명자들에게 자금을 대줄 수 있다. 망명자들은 세계의 지지 여론을 국내로 보낼 수 있다. 국내에 있는 사람들은 망명자들의 활약상을 국민에게 알릴 수 있다. 그것 역시 쉬운 일이 아니다. 정복자들의 눈치를 보고, 핍박을 각오해야 하기 때문이다. 그러나 국가를 다시 세우기 위해, 정복자들의 야심과 탄압을 잠재우고 주권을 회복하기 위해 싸워야 한다. 싸우는 방법과 모양이 다르다 할지라도 싸운다는 개념은 똑같다. 주권과 자유는 생명을 걸만큼 가치가 있기 때문이다.

장단기 정복

봉건시대에는 많은 토지를 가진 사람이나 힘이 센 사람이 지배자가 되었다. 국민을 하나로 결집시켜 막강한 군사력을 갖추는 지도자가 세계의 정복자가 되었다. 일단은 넓은 영토, 기름진 땅에서 나오는 식량, 군사력을 뒷받침할만한 인구 등의 인프라를 갖춘 나라가 강한 나라가 되어 세계의 정복을 이룰 수 있었다. 하지만 그것으로는 나라를 잠깐 일으켜 세울 수 있을 뿐이다. 국민을 잘 살게 하고, 인류를 위한 가치를 세운 나라, 국민의 의식을 높이는 윤리의식을 가진 정복자는 나라를 오래 유지할 수 있다. 정복 자체만을 목적으로 하는 지도자와 국가는 오래가지 못한다. 단기간에 끝나고 그 나라의 이름은 역사의 기록에만 남을 것이다.

구약성경의 앗수르가 그랬다. 그들은 아주 포악하여 피정복지의 남자들을 무자비하게 죽였다. 앗수르 본토의 남성들을 피정복지에 이주시켜 피정복지 여성들과 결혼하게 하였다. 피정복지의 국가 정체성을 말살하고 말았다. 이런 정책을 쓰면 앗수르가 영원할 것 같았다. 그러나 아무리 강해도 더 강한 자가 나온다. 그리고 앗수르보다 더 강한 나라 바벨론이 등장하였을 때 그들은 역사의 뒤안길로 사라지고 말았다. 앗수르는 그 포악함 때문에 하나님의 심판을 받았다. 하나님이 선지자 스바냐를 통해 앗수르를 사막과 황무지로 만들겠다고 하셨다(습 2:13). 앗수르가 멸망한 뒤 수도 니느웨 위로 모래가 쌓여 수천년 동안 사막이 되어 버려 그들의 흔적조차 찾을 수 없었다. 오죽하면 역사가들이 앗수르를 전설의 나라로 생각할 정도였다.

상대적으로 로마는 그렇지 않았다. 로마는 정벌에 나서서 먼저 군사력으로 정복한다. 그러나 피정복지의 사람들이 이전의 삶을 유지하도록 한다. 교육, 제도, 가족 관계, 문화, 종교 모두 존중한다. 다만 외교와 국방에 관하여는 로마가 쥐고 있으며, 피정복지에 조공을 요구한다. 기본적인 것 몇 가지만 로마와 타협을 하면 피정복지 사람들이 불편함 없이 살아갈 수 있다. 예수님 당시 로마와 유대 나라가 이런 관계였다. 총독 빌라도는 치안을 담당하고 분봉 왕 헤롯은 유다의 내정을 안정시키면 되었다. 이 정도 되면 정복을 당했다고 해서 불편함이 별로 없다. 자연히 맞서 싸우는 사람들도 별로 나타나지 않는다.

로마가 천 년 이상을 유지할 수 있었던 것도 이런 유화정책이 있었기 때문이다. 물론 포악한 왕이 나타나면 피정복지를 억압할 수 있다. 그러나 대부분 유화정책을 쓰며 로마의 글과 법 그리고 문화를 피정복지에 심으려 하였다. 로마의 정신이 있다는 것이 세계에 알려지게 되었다. 자연히 로마가 오랜 기간 동안 세계를 다스리는 나라와 문화를 꽃피운 나라가 된다. 로마를 대적하거나 버리고 도망하는 사람보다는 로마를 동경하고 로마에 와서 공부하려는 사람이 더 많아졌다. 로마의 정신이 세계를 지배하는 정신이 되고 만 것이다. 처음에는 군사력으로 세계를 정복했지만 후에는 정신으로 세계를 정복하였다. 이런 정복이 오래 간다.

시편 기자는 이스라엘의 출애굽 과정에서 하나님의 도우심이 있었음을 찬양한다. 이스라엘은 방랑자들이나 마찬가지였다. 야곱과 그의 자손들은 식량난을 피해 애굽으로 왔지만 그들의 고향 가나안으로 다시 돌아가야 할 사람들이다. 400년이 지난 후 야곱의 후손들은 애굽에서 소수민족의 서러움을 받고 있다. 애굽 사람들의 건설 현장에 강제 동원되어 고된 노동을 하고 있다. 억압과 종살이의 서러움은 말로 표현하기 힘들다. 야곱의 후손들이 자유를 찾는 방법은 단 한 가지, 고향으로 돌아가는 것뿐이다. 그런데 고향으로 돌아가기 어렵다. 애굽이 도와주지 않고, 고향에는 이미 가나안 원주민들이 터전을 잡고 있기 때문이다.

야곱의 후손들은 이스라엘의 자체적인 힘으로 애굽을 나올 수 없다. 이때 하나님이 도와주셔야 한다. 이스라엘이 하나님께 부르짖었다. 하나님은 이스라엘의 부르짖음을 들으셨고, 백성을 애굽에서 인도하였다. "이스라엘이 애굽에서 나오며 야곱의 집안이 언어가 다른 민족에게서 나올 때에"(1절). 하나님이 원하시는 것은 이스라엘이 애굽을 정복하는 것이 아니라 가나안을 정복하는 것이다. 왜 하나님이 크고 넓은 땅, 기름진 땅, 많은 인구의 애굽을 제쳐두고 하필이면 척박하고 좁은 땅, 외세의 침략이 많은 가나안 땅을 정복하라고 하셨을까? 그것은 하나님만이 아실 일이다. 그러나 그것은 결과적으로 보면 이스라엘의 세계화를 위해서였다.

하나님은 이스라엘을 제사장 나라로 선택하셨다. 이스라엘을 통해 하나님의 다스리심이 전 세계에 퍼지기 원하셨다. 그러므로 하나님이 이스라엘을 작은 땅이지만 세계의 요지에 자리를 잡게 하셨다. 작은 땅이지만 그 땅에서 하나님이 이스라엘과 함께 하신다. "유다는 여호와의 성소가 되고 이스라엘은 그의 영토가 되었도다"(2절). 하나님은 이스라엘에게 그 땅을 정복하게 하시려고 신비한 능력으로 도움을 주신다. 이스라엘이 가는 길을 하나님이 인도하시고 지키신다. 모세 시대에는 홍해 바다가 갈라졌고, 여호수아 시대에는 요단강이 얕아졌다. "바다가 보고 도망하며 요단은 물러갔으니"(3절). 시편 기자는 바다가 갈라지고, 강이 얕아지는 사건을 기억한다. 기억하면 할수록 놀라운 사건이다. 시편 기자는 마치 지금 그 사건을 보고 있는 것 같은 놀라움을 표시한다. "바다야 네가 도망함은 어찌함이며 요단아 네가 물러감은 어찌함인가"(5절). 하나님은 이스라엘의 전진을 위해서 가로막는 장애물들을 제거하셔야 했다. 이스라엘이 건널 수 없는 것을 하나님이 건너게 하셔야 했다. 사람이 할 수 없는 일을 하나님의 도우심으로 하게 될 때 사람들이 하나님의 신비한 능력에 놀라 하나님을 경외할 것이다. 도우시는 하나님을 기억하고 믿고 의지하여 영원토록 하나님의 편에 서며, 하나님의 크신 이름을 세계에 드러낼 것이다.

하나님의 정복

이스라엘이 들어가야 할 가나안에는 거인들이 살고 있었다. 가나안을 정탐한 사람들 중에는 거인들을 보고 기가 질렸다. 그리고 도저히 정복할 수 없을 거라며 손사래를 쳤다. 백성 중 대부분이 그 보고를 믿고 절망했다. 여호수아와 갈렙이 나서서 그들이 이스라엘의 밥이니 정복하자고 해도 소용이 없다. 오히려 여호수아와 갈렙을 돌로 치려했다. 한편 가나안에는 산지(山地)가 있다. 산세가 높고 험악하여 정복하기 어렵다. 이스라엘은 산지를 정복해야만 가나안 정복을 마칠 수 있었다. 하지만 하나님 앞에서는 높은 산이라도 허리를 숙일 것이다. "산들은 숫양들 같이 뛰놀며 작은 산들은 어린 양들 같이 뛰었도다"(4절).

산지들이 정복되었다. 납달리 지파, 에브라임 지파, 유다 지파가 각각 산지를 정복하였다. 후에 다윗은 여부스 산지를 정복하고 산지의 성을 예루살렘 성으로 이름을 바꾸었다. 이스라엘은 그 성을 시온산성 혹은 시온성이라 부른다. 백성은 그곳에서 하나님을 만나며 하나님이 정복하게 하신 것에 감사를 드린다. 산지를 정복하기 위해 원주민들을 몰아내어야 한다. 거인들을 축출하고, 여부스 산지의 사람들도 몰아내었다. 시편 기자의 눈에는 산들이 뛰는 것처럼 보인다. 산들이 뛰어 이스라엘을 받아들이고, 하나님의 뜻이 이루어지는 것을 보았기 때문이다. "너희 산들아 숫양들같이 뛰놀며 작은 산들아 어린 양들 같이 뛰놂은 어찌함인가"(6절).

시편 기자는 아무리 척박한 땅이라도 하나님이 함께 하시면 복을 받은 땅임을 믿는다. 이삭이 살던 곳에는 우물이 별로 없었다. 그런데 이삭이 가는 곳마다 우물을 파서 물을 얻었다. 이삭이 이주한 곳에는 농사도 잘 되지 않는다. 그런데 이삭이 농사를 지을 때 한 해에 백 배의 수확을 얻었다. 땅도 하나님 앞에서는 떨고 있다. 그 땅이 하나님의 복을 드러내어야 한다. 그 땅의 주인은 하나님이시다. 땅은 종으로서 하나님의 명령에 순종해야 한다. 하나님이 명령하시면 땅은 이스라엘을 받아들여야 한다. "땅이여 너는 주 앞 곧 야곱의 하나님 앞에서 떨지어다"(7절). 하나님의 사람들이 땅을 정복해야 한다. 하나님이 그렇게 되게 하신다.

이스라엘이 광야를 지나는 동안 물 때문에 괴로운 적이 있었다. 마라에서는 물이 썩어서 먹을 수 없었다. 르비딤에서는 물이 없어서 고통을 당했다. 백성이 모세를 원망하였다. 내버려 두다가는 백성이 모세를 해칠지도 모른다. 그렇게 되면 이스라엘은 하나님의 계획을 어기는 것이다. 마라에서는 하나님이 모세에게 한 나무를 물에 던지게 하셨다. 과연 물이 달게 되어 백성이 마실 수 있었다. 르비딤에서는 하나님이 모세에게 반석을 쳐서 물을 얻으라고 말씀하셨다. 모세가 말씀대로 순종하자 물이 터졌다. "그가 반석을 쳐서 못물이 되게 하시며 차돌로 샘물이 되게 하셨도다"(8절). 하나님은 땅의 정복을 위해 물도 다스리신다.

시편 115편

섬김의 영성과 엘르아살

아론의 아들 엘르아살

제사장 아론에게는 네 아들이 있었다. 나답, 아비후, 엘르아살 그리고 이다말이다. 나답과 아비후는 아버지 아론, 삼촌 모세 그리고 70인의 장로들과 함께 하나님을 경험한 적이 있었다. 그들이 경험한 하나님의 발 아래에는 청옥이 편 듯하고, 하늘같이 청명하였다(출 24:10). 사실 하나님을 직접적으로 보았다면 하나님에 의해 죽임을 당할 것이다. 그러나 하나님은 그들을 살려 두었다. 그들은 하나님을 보고 먹고 마셨다(출 24:11). 이 과정에서 아론의 셋째와 넷째 아들은 빠져 있었다. 그들은 애초부터 제사장의 역할을 수행하는 형님들에게 밀려 있었다. 이스라엘의 관습은 첫째가 우선이고 그 다음은 둘째이기 때문이다.

그런데 아론의 집안에 문제가 생겼다. 지도자와 부모 그리고 백성 심지어는 하나님의 기대를 한 몸에 받고 있는 아들들이 어리석은 짓을 하게 되었다. 나답과 아비후가 여호와 하나님 앞에 다른 불을 드리고 말았다. 나답과 아비후는 하나님이 원하시지 않는 다른 불을 가져다가 하나님께 드렸다. 하나님이 원하시지 않는 것을 자기들 마음대로 행한 것이다. 그러자 여호와 하나님 앞에서 불이 나와 나답과 아비후를 삼켰다. 두 형제가 불에 타 죽고 말았다. 하나님이 두 사람의 범죄를 좌시하지 않고 즉시 심판하셨다. 하나님의 권위를 훼손하는 사람은 이렇게 된다는 것이 온 백성에게 보여졌다.

하나님이 모세와 아론에게 말씀하신다. "나를 가까이 하는 자 중에서 내 거룩함을 나타내겠고 온 백성 앞에서 내 영광을 나타내리라"(레 10:3). 모세는 죽은 나답과 아비후의 사촌들을 불러 그들의 시체를 치우라고 명한다. 그리고 나답과 아비후의 동생인 엘르아살과 이다말을 불러 형들의 죽음을 슬퍼하지 말라고 명한다. 슬퍼할 사람은 동생들이 아니라 백성이기 때문이다. 그리고 이제 엘르아살과 이다말이 하나님을 향한 제사장 직분을 수행해야 하므로 회막 안에 머물러 하나님의 진노를 피하라고 이른다. 모세는 엘르아살과 이다말에게 거룩한 음식을 먹는 장소를 가르침으로 제사장의 자존감을 가지게 한다.

엘르아살은 형들이 죽었으므로 사실상 첫째 아들이 되었다. 게다가 형들은 자손을 낳지 못하고 죽었으므로 엘르아살이 아버지 아론의 뒤를 이어야 했다(민 20:26). 엘르아살을 레위인의 대표이자 아론의 아들로써 백성의 대표 제사장이 되어야 했다(민 3:32). 그의 가문도 영원토록 제사장 역할을 할 것이다. 엘르아살의 아들 비느하스가 제사장의 뒤를 잇게 될 것이다. 비느하스는 하나님을 향한 열심이 아주 특별하여 우상을 섬기고 모압 여인들과 음행하는 사람들을 창으로 찔러 죽였다. 이 일이 하나님 마음에 들었다. 하나님은 비느하스를 엘르아살의 뒤를 이어 제사장이 되게 하고 영원한 제사장 가문이 되게 하셨다(민 25:13).

섬기는 사람의 자세

나답과 아비후는 하나님을 잘 섬길만한 필요충분조건을 갖추었다. 제사장 가문에서 큰 아들로 태어났다. 어려서부터 모세와 아론 그리고 70인의 장로들과 함께 생활하였다. 게다가 하나님을 경험하기까지 했다. 가문도 후원도 경험도 있었다. 소위 말하면 엘리트로서 무난한 성공의 길을 걸을 수 있었다. 그러나 아무리 필요충분조건을 갖추었다고 해도 본인의 마음과 의지와 행동이 그의 인생을 결정한다. 마음, 의지, 행동이 순수하게 본인의 뜻대로만 되어야 하는 것일까? 그렇지 않다. 누가 그들에게 조건과 배경을 주셨는가? 바로 하나님이시다. 그렇다면 하나님을 섬기는 마음, 의지, 행동이 있어야 한다.

나답과 아비후는 하나님을 섬기는 일에서 실패하였다. 그들은 하나님이 원하시는 것보다 자기들이 원하는 것을 하나님 앞에서 행하였다. 즉 하나님보다 자기들이 앞선 것이다. 그들은 하나님을 섬기는 것이 아니라 자기들의 뜻을 하나님께 관철시키려 하였다. 다른 불을 하나님께 드리는 것은 우상숭배이다. 동시에 자기들의 뜻을 하나님께 관철시키려는 성급한 짓을 범했다. 이러한 우상숭배는 마음속에 교만이 내제되어 있기 때문에 생기는 결과이다. 하나님을 섬기는 사람은 자기의 마음과 의지보다 하나님의 마음과 생각을 먼저 알아야 한다. 우선적인 것이 무엇인지 생각할 수 있어야 한다. 이것이 곧 겸손이다.

엘르아살과 이다말은 어떻게 했는가? 그들은 형들이 죽었다는 사실에 통곡할 수밖에 없다. 하지만 통곡하는 것을 하나님이 기쁘게 보시지 않을 때 어떻게 해야 하는가? 모세는 엘르아살과 이다말에게 형들 때문에 통곡하지 말라고 했다. 심지어 형들의 장례식마저도 참석하지 말라고 했다. 형들의 장례식을 주관해야 한 동생들이 참석조차 못한다는 것이 우리 생각에는 말도 안 된다. 그러나 장례를 치러줄 사람들은 따로 있다. 사촌과 백성이 장례를 치를 것이다. 엘르아살과 이다말은 이제 거룩한 반열에 서야 한다. 그러므로 부정한 자리에 가면 안 된다. 그들은 인정과 관습보다 하나님의 말씀을 먼저 듣고 순종해야 한다.

섬기는 사람에게는 순종과 겸손이 필요하다. 순종은 관습과 인정보다 더 냉혹하다. 관습과 인정이 앞서면 순종하지 못할 수 있다. 진정으로 하나님을 섬기려는 사람은 순종이 무엇인지, 순종을 위해 무엇을 포기하고 희생해야 하는지를 알아야 한다. 그리고 포기하는 결단을 보여야 한다. 이것이 순종이다. 섬기는 사람은 겸손해야 한다. 겸손 역시 엄청난 희생을 요구한다. 자신을 희생하며 자신의 즐거움과 생각을 포기하고 오직 하나님을 중심으로 생각하고 행동해야 한다. 겸손과 순종이 없다면 결코 섬길 수 있다. 사람을 섬기지 못하는 것은 물론이요, 하나님마저도 섬기지 못할 것이다.

섬김의 결과

나답과 아비후는 하나님이 내시는 불에 맞아 죽었다. 그들은 하나님으로부터 불공격을 받아 죽었다. 소돔과 고모라가 불공격을 받아 죽었고, 나답과 아비후가 불공격을 받아 죽었다. 그들은 아버지보다 먼저 죽었다. 그리고 자식이 없이 죽었다. 결혼을 했는지 아니었는지에 대한 정확한 기록이 없으나, 아이가 없었다는 것은 분명하다(대상 24:2). 하나님이 그들의 후예조차도 이 땅에 남지 않게 하셨다. 나답과 아비후의 아내가 있었다면 어떻게 되었을까? 이스라엘의 계대 결혼 풍습에 의하면 엘르아살이 책임져야 했을 것이다. 그러나 성경 어디에도 엘르아살이 책임진 부분이 없다. 그렇다면 나답과 아비후는 결혼하지 않았을 것이다.

나답과 아비후는 그들이 가진 특권을 잃었다. 그들의 교만과 불순종 때문이었다. 아무리 배경이 좋고, 좋은 조건에 있는 사람이라도 교만과 불순종으로 점철된 사람은 반드시 실패한다. 나답과 아비후의 특권은 엘르아살과 이다말에게로 넘겨졌다. 동생들이 형들의 특권을 물려받았다. 동생들이 형들의 모습을 보았다. 이제 그들은 어떻게 해야 할까? 다시는 형들의 전철을 밟지 않아야 한다. 동생들은 하나님이 원하시는 제사만을 드려야 한다. 하나님을 하나님의 방법대로 바르게 섬겨야 한다. 하나님의 생각이 그들의 제사와 삶, 생각과 마음을 지배해야 한다. 바르게 섬기면 없던 특권도 얻을 수 있다.

엘르아살은 이스라엘의 영원한 제사장 가문을 이루었다. 아론이 죽은 후 엘르아살이 제사장의 역할을 하며 모세를 도왔다. 엘르아살의 아들 비느하스는 백성의 불의를 엄단하는 군기반장의 역할을 하였다. 엘르아살은 아버지의 뒤를 이어 하나님을 섬기고, 또 아들에게 섬김의 직책을 물려준다. 비록 형들을 잃는 아픔이 있지만 대를 이어 하나님을 섬긴다. 엘르아살의 제사장 직분이 영원하였다. 하나님을 섬기는 사람은 천 대까지 복을 받는다(출 20:6). 이것은 하나님의 영원한 언약이다. 이 언약은 반드시 지켜진다. 그러므로 하나님을 바르게 섬기는 사람은 자손들까지 복을 받는다. 자손들에게 복된 유전자가 물려지는 것이다.

당신의 자녀에게 축복의 유전자를 물려주고 싶지 않은가? 그렇다면 하나님을 섬겨라. 그것도 하나님의 방법대로 하나님을 바르게 섬겨라. 자기를 낮추어 겸손히 섬겨라. 내 주장과 생각보다 하나님의 뜻에 우선하여 순종하며 섬겨라. 사교육비를 엄청나게 들여가며 자녀를 키우지만 그것은 축복의 유전자를 물려주는 것이 아니다. 세상의 가치관에 의한 세속적인 유전자만 키울지도 모른다. 하나님을 섬기는 것은 바른 일이다. 바른 일을 바르게 해야 한다. 하나님을 섬기는 일은 바른 일이다. 바르게 섬긴다면 하나님이 그를 세상에 필요한 사람으로 세상의 지도자로 세울 것이다. 축복의 유전자를 나누는 사람이 되게 할 것이다.

나답과 아비후가 다른 불을 하나님께 드리는 이유가 무엇일까? 그것을 통해 자기들의 영광을 얻어 보자는 속셈이다. 하나님을 자기 영광을 위해 이용하는 것이다. 이것은 교만이다. 그리고 하나님이 가장 싫어하는 것이다. 하나님은 오직 하나님의 이름만이 가장 영광이 되길 원하신다. 시편 기자는 이러한 하나님의 뜻을 정확히 알고 있다. "여호와여 영광을 우리에게 돌리지 마옵소서 우리에게 돌리지 마옵소서 오직 주는 인자하시고 진실하시므로 주의 이름에만 영광을 돌리소서"(1절). 사람의 영광이 목표나 목적이 아니다. 하나님의 영광이 목표와 목적이어야 한다. 그래야 사람이 하나님의 영광을 바르고 깊이 경험할 것이다.

다른 불을 드리는 사람은 자기를 우상으로 만드는 사람이다. 자기를 우상으로 내세우는 것이 껄끄럽다면 다른 형상을 우상으로 만들 것이다. 형상을 하나님이라 말하면서 진짜 하나님은 없다고 큰소리칠 것이다. 시편 기자는 이것을 안타깝게 여긴다. 오직 하나님만이 영광을 받으셔야 우상을 섬기는 사람들의 목소리가 들리지 않을 것이다. "어찌하여 뭇 나라가 그들의 하나님이 이제 어디 있느냐 말하게 하리이까"(2절). 시편 기자는 오직 하나님만 섬긴다. 그는 하나님의 모든 뜻이 이루어진다는 것을 안다. 하나님만이 세상의 주권을 가지셨다. "오직 우리 하나님은 하늘에 계셔서 원하시는 모든 것을 행하셨나이다"(3절).

세상에 대한 주권을 자기가 행사하려는 사람들이 있다. 그들은 악한 영의 유혹을 받고 있으며 그것을 따르는 사람들이다. 그리고 그들이 내세우는 우상은 그들의 야욕을 위해 그럴 듯하게 만들어내는 것에 불과하다. "그들의 우상들은 은과 금이요 사람이 손으로 만든 것이라"(4절). 그들의 우상은 어떤 감각도 없다. 무생물에 불과하다. "입이 있어도 말하지 못하며 눈이 있어도 보지 못하며 귀가 있어도 듣지 못하며 코가 있어도 냄새 맡지 못하며 손이 있어도 만지지 못하며 발이 있어도 걷지 못하며 목구멍이 있어도 작은 소리조차 내지 못하느니라"(5~7절). 사람의 악한 꾀가 무생물을 생물처럼 만들고, 피조물을 하나님으로 만들고 말았다. 통탄할 일이다.

이런 우상을 섬기는 사람은 어떤 사람들일까? 그들의 영적인 감각 역시 무감각이다. 우상이나 다를 바 없는 사람들이다. "우상들을 만드는 자들과 그것을 의지하는 자들이 다 그와 같으리로다"(8절). 이런 사람들은 하나님의 음성을 듣지 못한다. 땅과 하늘에 편만한 하나님의 은총을 느끼지 못한다. 그들이 보고 듣고 느끼는 것이 있다 해도 그것은 매우 제한적인 것, 세속적인 것, 육체적인 것, 마귀적인 것뿐이다. 하나님을 느낄 수 없으니 그들은 영적 장애인들이다. 사람들은 섬기는 것과 똑같아진다. 하나님을 섬기면 하나님의 형상을 회복할 것이다. 우상을 섬기면 우상처럼 무생물이 되고 말 것이다. 섬기는 것에 따라 인생이 달라진다.

오직 하나님만 섬겨라

이스라엘은 오직 하나님만 섬겨야 하는 전통을 가지고 있다. 여호수아가 말년에 신앙적 결단을 다시 한 번 확실하게 보이고 백성에게도 섬김을 촉구하였다. "너희 섬길 자를 오늘 택하라 오직 나와 내 집은 여호와를 섬기겠노라"(수 24:15). 한 때 이스라엘에는 이 전통이 무너졌다. 그러나 시편 기자는 이 전통이 부활하는 것은 물론이요, 영원토록 있어져야 함을 강조한다. "이스라엘아 여호와를 의지하라 그는 너희 도움이시요 너희 방패시로다"(9절). 특히 제사장 가문일수록 하나님을 더 섬겨야 한다. 그것이 그들의 의무이다. "아론의 집이여 여호와를 의지하라 그는 너희의 도움이시요 너희의 방패시로다"(10절).

제사장 가문의 의무와 행함은 백성의 모델이 될 것이다. 나답과 아비후가 벌을 받았던 것도 그들의 소행이 백성에게 파급될 것을 방지하기 위한 하나님의 계획이 있었기 때문일 것이다. 제사장이 바르면 백성이 바르게 될 것이다. 실제로 이스라엘은 제사장의 타락 때문에 백성이 타락한 전력이 있다. 시편 기자는 여러 번 하나님을 섬길 것을 강조한다. 왜냐하면 하나님은 도움이시요, 방패이기 때문이다. 세 번째 강조하는 소리를 들어보자. "여호와를 경외하는 자들아 너희는 여호와를 의지하여라 그는 너희의 도움이시요 너희의 방패시로다"(11절). 이스라엘의 어법에 반복은 강조를 의미한다. 세 번째 반복했다는 것은 최상급의 강조를 의미한다.

시편 기자는 강조로써 결코 잊지 말 것을 촉구한다. 도움이요, 방패이신 하나님은 복을 주시는 분이시다. 하나님은 이스라엘 민족에게 복을 주시는 하나님이시며, 제사장 가문에도 복을 주시는 하나님이시다. "여호와께서 우리를 생각하사 복을 주시되 이스라엘 집에도 복을 주시고 아론의 집에도 복을 주시며"(12절). 하나님을 섬기는 사람은 어느 누구든지 복을 받는다. "높은 사람이나 낮은 사람을 막론하고 여호와를 경외하는 자들에게 복을 주시리로다"(13절). 하나님을 섬기면 번창하고 복을 받도록 예정되어 있다. "여호와께서 너희를 곧 너희와 너희의 자손을 더욱 번창하게 하시기를 원하노라 너희는 천지를 지으신 여호와께 복을 받는 자로다"(14~15절).

하나님이 땅과 하늘을 창조하시고, 사람에게 관리하도록 맡기셨다. "하늘은 여호와의 하늘이라도 땅은 사람에게 주셨도다"(16절). 관리를 맡은 사람은 하나님의 뜻대로 관리해야 한다. 그것이 곧 하나님을 섬기는 것이다. 하나님을 섬기는 사람이 살아있는 사람이다. 하나님을 모르고 죽은 사람들은 영원한 저주에 빠질 것이다. "죽은 자들은 여호와를 찬양하지 못하나니 적막한 데로 내려가는 자들은 아무도 찬양하지 못하리로다"(17절). 그러나 시편 기자는 희망과 축복으로 가득차 있다. 그와 백성이 하나님을 섬기며, 하나님의 곁에 있기 때문이다. "우리는 이제부터 영원까지 여호와를 송축하리로다 할렐루야"(18절).

시편 116편
서원의 영성과 입다

서원했으면 갚으라

길르앗 사람 입다는 정통성에 의심을 받던 사람이다. 그는 사생아나 다름이 없다. 그는 어머니가 누구인지 아버지가 누구인지 알고 있으나 형제들로부터 가족으로 받아들여지지 않는다. 어머니가 다르다는 이유 때문이다. 따돌림을 당하는 입다가 어땠을까? 아마도 힘을 키워서 자기를 업신여기는 가족들에게 복수를 하겠다고 다짐했을지도 모른다. 그래서 젊은 시절 힘을 키우고, 친구들을 모아 어른들을 속 썩이는 일을 하고 다닌다. 어른들이 걱정하거나 비난하는 줄 알면서도 일부러 그러고 다닌다. 형제와 가족이 욕하기 때문에 복수심에 그렇게 할 수 있다. 마음에 상처가 남으면 누구나 그렇게 하지 않으리라는 보장이 없다.

그런데 동족들이 입다에게 사정할 일이 생겼다. 암몬 사람들이 이스라엘을 침략하였는데, 싸움을 지휘할 사람이 없었다. 이스라엘 사람들이 입다에게 군대의 사령관이 되어 달라고 부탁한다. 입다는 옛적 일을 생각하여 냉정히 거절하고 싶다. 옛적 일을 기억하고 이스라엘 사람들에게 망신을 준다. 그렇지만 동족들이니 어떻게 하는가? 피는 물보다 진하니 도와줄 수밖에 없다. 입다는 이스라엘 사람들에게 약속을 받아낸다. "내가 암몬 사람들과 싸워 이기면 여러분들이 나를 지도자로 인정할 수 있습니까?"(삿

11:9) 이스라엘 사람들이 하나님을 증인으로 삼아 그렇게 하겠다고 맹세한다. 이제 입다는 이스라엘을 위해 싸운다.

입다는 암몬 왕에게 사신을 보내 침략 이유를 묻는다. 암몬 왕은 이스라엘이 땅을 빼앗았기 때문이라고 대답한다. 하지만 입다는 출애굽 시절의 사건을 들어 이스라엘의 점령이 합당하다고 역설한다. 이것을 볼 때 입다는 한낮 불량배 정도가 아니다. 이스라엘의 지도자가 될만한 학식과 역사의식 그리고 지혜를 가졌다. 지도자는 지도자로서의 자질을 갖추어야 한다. 입다가 암몬과의 전쟁에 나서면서 하나님께 서원을 한다. "만약 내가 암몬을 이기고 돌아오면 누구든지 내 집 앞에서 가장 먼저 나를 환영하는 사람을 하나님께 번제로 드리겠습니다."(삿 11:31). 하나님이 약속보다 이스라엘을 향한 계획 때문에 입다를 이기게 하셨다.

그런데 문제가 생겼다. 입다가 개선행진을 하고 돌아오는 데 그의 무남독녀 딸이 입다를 환영하는 것이 아닌가? 딸이 소고를 들고 춤을 추며 입다를 환영한다. 큰 일이 났다. 하나님께 약속을 했는데, 서원한 것을 반드시 갚아야 하는데, 그 대상이 딸이다. 딸을 죽게 해야 한다니 입다가 옷을 찢으며 통곡을 한다. 그러나 입다의 서원을 딸이 알고 먼저 자원하여 번제의 제물이 되겠다고 한다. 다만 딸이 친구들과 함께 죽음을 슬퍼한 후에 죽겠다고 한다. 입다가 허락하였다. 딸의 통곡기간이 지난 후 입다가 하나님께 서원한 것을 행하였다. 누구든지 하나님과의 약속은 반드시 지켜야 한다. 서원을 갚아야 한다.

약속과 신뢰

약속은 신뢰의 기준이다. 약속을 한다는 것은 일단 신뢰하겠다는 표시이다. 약속을 지키면 신뢰의 상승작용이 일어난다. 또 다른 약속으로 나아갈 수 있다. 또 다른 약속은 더 신뢰하겠다는 표시이며 더 큰 일을 행하겠다는 표시이다. 그러나 약속이 깨지면 신뢰도 깨진다. 처음에는 약속이 지켜지지 않아도 그러려니 하지만 몇 차례 약속을 지키지 않으면 신뢰에 금이 가고 급기야 신뢰 자체가 깨질 수 있다. 부모라 할지라도 자녀와의 약속을 지키지 않으면 자녀에게 신뢰를 얻지 못한다. 사람 사이에 신뢰는 약속을 얼마나 잘 지키느냐로 확인할 수 있다. 약속을 지키지 못하면 실없는 사람이라고 낙인찍힐 것이다.

작금의 정치가들이 약속을 잘 지키지 않는다. 그들이 선거에 나서며 약속한다. 그것은 공적인 약속 곧 공약(公約)이다. 그러나 선거에 당선되고 나면 언제 그랬냐는 듯이 잊어버리고 만다. 약속은 허공에 뜨고 만다. 그래서 지켜지지 않을 약속 곧 공약(空約)이 되고 만다. 정치를 하겠다는 사람은 지도자가 되겠다는 사람이다. 지도자들의 신뢰 수준이 이 정도라면 국민들이 무엇을 본받겠는가? 애당초 지키지 못할 약속이라면 안 하는 편이 나으련만 당선되기 위해서 온갖 수단을 다 동원하려니 거짓 약속이라도 하는 것이다. 그래도 다음 선거 때가 되면 못 지키는 이유를 그럴 듯하게 대고 약속을 지켰노라고 호언한다.

어떤 사람들은 하나님 앞에 한 약속을 지키지 않는다. 다급할 때는 하나님을 찾아 울부짖다가 문제가 풀리고 나면 언제 그랬느냐는 듯이 잃어버린다. 아플 때는 하나님께 건강을 찾으면 충성하겠노라고 다짐했어도 정작 건강을 찾으면 놀러 다니기 바쁘다. 망할 지경에는 하나님께 이 문제만 해결되면 선교를 위해 드리겠다고 약속하고서 정작 해결된 뒤에는 자기 집부터 짓기에 바쁘다. 사람이란 본질적으로 화장실 갈 때 마음과 나올 때 마음이 다른가 보다. 하나님은 사람에게 무던히도 속으셨다. 아마 우리 같으면 절대로 믿지 않을 거라고 하겠지만 하나님은 여전히 우리 약속을 믿으시니 하나님의 마음을 그 누가 알랴!

그러나 하나님은 우리가 신뢰할만한 수준에 있는지를 알고 계신다. 하나님은 우리가 하나님과의 약속을 성실히 지키는지 알고 계신다. 하나님은 약속을 성실히 지키는 사람을 기뻐하신다. 약속을 지키려면 손해를 보는 것도 있다. 내게 귀한 것을 희생할 수도 있다. 그러나 약속이 소중하기에 지켜야 한다. 지키는 사람이 하나님에 의해 쓰임을 받는 사람이다. 작은 약속을 지키는 사람에게 큰 일이 맡겨질 것이다. 그가 신뢰할만한 사람이기 때문이다. 이런 사람이 지도자가 될 것이다. 이런 사람의 지도력이 영향력을 발휘할 것이다. 하나님은 약속을 성실히 지키는 사람을 좋아하신다. 그가 하나님께 쓰임을 받을 수 있다.

하나님의 약속을 믿는 사람

하나님은 우리를 구원하시려는 계획을 이루시고자 독생자의 목숨마저도 내어 놓으셨다. 마음의 계획을 이루시는 하나님이시니 약속한 것을 어찌 지키시지 않으시겠는가? "하나님은 사람이 아니시니 거짓말을 하지 않으시고 인생이 아니시니 후회가 없으시도다 어찌 그 말씀하신 바를 행하지 않으시며 하신 말씀을 실행하지 않으시랴"(민 23:19). 우리가 하나님을 향한 약속을 지킬 수 있음은 그분이 약속을 반드시 지키시는 전능하신 분이시기 때문이다. 전능자와의 약속을 어긴다면 어디 가서 능력을 구할 것이며, 누구로부터 능력을 부여받을 것인가? 하나님과의 약속은 언제 어디서나 반드시 기억해야 한다. 그것이 복된 길이기 때문이다.

야곱이 형을 분노를 피해 외삼촌의 집으로 피신을 하던 길이었다. 그가 벧엘에서 꿈을 꾸었다. 하나님이 그와 함께 하신다는 것을 알았다. 꿈에서 깨어난 야곱은 제단을 쌓고 하나님께 약속했다. 무사히 돌아오게 된다면 여기서 십일조를 드리겠다는 것이다. 그러나 20년 후 야곱이 부자가 되어 돌아올 때 벧엘부터 가지 않았다. 세겜으로 가서 딸 때문에 치욕을 당한 후에야 비로소 벧엘로 왔다. 약속을 지키지 않는다면 하나님이 그 약속을 생각나게 하실 것이다. 그 과정에서 엄청난 수치를 당할 수 있고, 손해를 볼 수 있다. 그러니까 하나님과의 약속을 지키는 것이 안전하게 사는 길이며 잘 사는 길이다.

야곱이 하나님께 약속하던 때가 언제였는가? 아쉬울 때였다. 이처럼 우리는 아쉬울 때 하나님을 찾는다. 그러나 하나님은 아쉬워서 우리를 찾으시지 않는다. 하나님은 우리가 필요하지만 하나님의 위대한 계획을 이루기 위해서 찾으신다. 하나님이 부족해서 우리를 찾으시는 것이 아니라, 우리를 사용하시는 것이 즐거워서 우리를 찾으신다. 하나님이 우리를 통해 이루시고자 하는 일이 있어서 먼저 약속하신다. 그 약속을 믿고 하나님을 믿으라고 말이다. 하나님이 약속을 주시는 이유는 그 약속을 믿고 하나님이 인도하시는 길로 가게 하기 위함이다. 하나님을 변함없이 신뢰하고 흔들리지 말라는 이유 때문이다.

약속을 믿는 사람은 언제나 하나님과 함께 할 수 있다. 위험한 길에서 하나님을 찾고 의지한다. 편안한 길에서는 하나님을 찬송하고 감사한다. 일을 앞에 두고 하나님께 먼저 묻는다. 내 결정을 하기에 앞서서 하나님이 무엇을 원하시는지 기억한다. 하나님의 약속을 믿는 사람은 사람과의 대화보다 하나님과 먼저 대화한다. 하나님의 약속을 믿는 사람은 우선성에 있어서 차이가 난다. 하나님의 생각과 뜻이 우선이다. 하나님께 아뢰는 것이 우선이다. 하나님의 지혜와 능력을 찾는 것이 우선이다. 이런 사람이 하나님의 응답을 받는다. 가장 먼저 응답을 받고 가장 먼저 행하는 사람이 된다. 영적인 일에 있어서 선구자가 된다.

시편 기자는 하나님께 굳게 약속한다. 자기의 인생을 건 약속이며 믿음을 건 약속이다. 이렇게 약속할 수 있는 이유는 하나님으로부터 엄청난 은혜를 받았기 때문이다. "내게 주신 모든 은혜를 내가 여호와께 무엇으로 보답할까"(12절). 받은 은혜를 보답할 길이 없어서 구원의 믿음을 세워 사람들이 보는 앞에서 자신의 약속을 지키겠노라고 약속한다. "내가 구원의 잔을 들고 여호와의 이름을 부르며 여호와의 모든 백성 앞에서 나는 나의 서원을 여호와께 갚으리로다"(13~14절). 혼자 약속한 것이 아니라 백성을 증인으로 세웠다. 증인은 약속을 지키는지 아닌지에 대해 판단할 수 있다. 증인이 있다면 약속을 더 잘 지킬 수 있을 것이다.

이미 시편 기자는 하나님께 기도하고 행하겠다는 서원을 하였다. 하나님이 시편 기자의 간구를 들으셨다. 간구를 들으시는 하나님을 체험하였으므로 하나님을 사랑할 수밖에 없다. "여호와께서 내 음성과 내 간구를 들으시므로 내가 그를 사랑하는도다"(1절). 하나님이 나를 향해 귀를 기울이시므로 평생 하나님께 간구하겠다는 마음을 품었다. "그의 귀를 내게 기울이셨으므로 내가 평생에 기도하리로다"(2절). 하나님은 나를 구원하셨다. "주께서 내 영혼을 사망에서, 내 눈을 눈물에서, 내 발을 넘어짐에서 건지셨나이다"(8절). 구원받고 보니 사는 날 동안 하나님 앞에서 살 것이다. "내가 생명이 있는 땅에서 여호와 앞에 행하리로다"(9절).

하나님께 서원하고 갚으려는 시인은 자신이 하나님 앞에 어떤 존재인지를 잘 알고 있다. 그는 하나님의 종이다. 그는 하나님께 붙들린 사람이다. 하나님은 그를 붙드시기 위해서 죄의 결박과 과거의 아픔의 결박을 푸셨다. "여호와여 나는 진실로 주의 종이요 주의 여종의 아들 곧 주의 종이라 주께서 나의 결박을 푸셨나이다"(16절). 그는 하나님께 붙들린 것이 곧 자유이다. 하나님 앞에서 마음껏 노래할 수 있고, 행동할 수 있기 때문이다.

그러므로 그는 하나님께 감사할 수 있다. "내가 주께 감사제를 드리고 여호와의 이름을 부르리이다"(17절). 그는 하나님께 감사제를 드리고 여호와의 이름을 부르는 것을 서원한다.

시인의 서원은 개인적인 마음의 다짐으로 끝나지 않는다. 그의 서원은 하나님 앞에서 한 것이다. 하나님과의 약속이다. 하나님이 시인의 서원을 기억하고 계신다. 하나님이 시인의 마음을 알고 계신다. 그리고 하나님이 시인으로 하여금 서원을 갚도록 환경을 조성하실 것이다. 시인은 모든 백성 앞에서 자신의 서원을 갚아야 한다. "내가 여호와께 서원한 것을 그의 모든 백성이 보는 앞에서 내가 지키리로다"(18절). 시인은 하나님 앞에 서서 자신의 서원을 갚아야 한다. 하나님을 만나는 장소는 곧 예루살렘, 하나님의 전이다. 그곳은 서원을 갚아야 할 곳이다. "예루살렘아, 네 한가운데에서 곧 여호와의 성전 뜰에서 지키리로다 할렐루야"(19절).

은혜로 사는 길

시인이 이렇게 서원할 수 있는 것은 하나님의 은혜를 받았기 때문이다. 그는 죽음의 위협, 고통과 환난 그리고 슬픔을 당했었다. "사망의 줄이 나를 두르고 스올의 고통이 내게 이르므로 내가 환난과 슬픔을 만났을 때에"(3절). 이러한 위기 중에서 시인은 하나님께 도움을 청하였다. "내가 여호와의 이름으로 기도하기를 여호와여 주께 구하오니 내 영혼을 건지소서 하였도다"(4절). 그리고 하나님의 신비한 도우심이 있었다. 시인은 그것을 체험했다. 체험하고 보니 시인은 은혜의 하나님, 자비로운 하나님임을 깨달았다. 시인은 경험으로 믿음의 지식을 얻었다. "여호와는 은혜로우시며 의로우시며 우리 하나님은 긍휼이 많으시도다"(5절).

죽음의 위협, 고통과 환난 그리고 슬픔을 당할 때 시인은 스스로 어리석은 사람이라고 생각했다. '지혜롭고 똑똑했다면 이 정도의 어려움을 당하지 않을 텐데!' 어리석은 사람이기에 하나님 앞에 구하였다. 하나님은 이것을 지혜롭게 보셨다. 하나님 앞에 자신의 어리석음을 드러내는 사람을 지혜롭게 보신다. 그리고 하나님이 시인을 곤경에서 구원하셨다. 시인은 또 다시 하나님의 새로운 면을 알게 되었다. "여호와께서는 순진한 자를 지키시나니 내가 어려울 때에 나를 구원하셨도다"(6절). 시인은 스스로 하나님 때문에 평안함을 말한다. "내 영혼아 네 평안함으로 돌아갈지어다 여호와께서 너를 후대하심이로다"(7절).

하나님을 아는 지식은 교실에서 책을 읽는 것으로 되지 않는다. 하나님 앞에 기도하며 응답받는 은혜의 체험이 있어야 한다. 시인은 자신이 하나님의 은혜를 받은 것을 백성에게 담대히 말한다. 백성 앞에서 서원을 이행하겠다고 큰소리를 치는 것도 그가 체험한 은혜가 있기 때문이다. "내가 크게 고통을 당하였다고 말할 때에도 나는 믿었도다"(10절). 사람이 어려움을 당하는 것은 거짓말을 진짜로 믿기 때문이다. 하나님은 진실하시지만 사람은 거짓말쟁이다. "내가 놀라서 이르기를 모든 사람이 거짓말쟁이라 하였도다"(11절). 사람은 믿을 수 없다. 오직 믿어야 할 분은 약속을 지키시는 하나님뿐이시다.

시인은 하나님 안에서 평안을 체험한다. 그는 하나님과 함께 하는 기쁨을 알고 있다. 그는 영원토록 하나님의 축복을 누리며 살고 싶다. 이대로 죽는다 해도 결코 후회나 아쉬움이 없다. 하나님은 믿음의 사람이 이 땅에서 사는 것을 귀하게 보신다. 그리고 삶을 마치는 것도 귀하게 보신다. "그의 경건한 자들의 죽음은 여호와께서 보시기에 귀중한 것이로다"(15절). 은혜를 받아 서원을 지키는 사람은 죽음 앞에서도 결코 두렵지 않다. 하나님이 그의 영혼을 귀하게 받아들이실 줄로 믿기 때문이다. 은혜를 받아 누리고, 서원을 지킬 줄 아는 사람은 그의 인생 자체가 복이다. 삶과 죽음을 통해 하나님께 영광이며, 사람에게 귀감이 되기 때문이다.

시편 117편
영원의 영성과 나단

영원한 언약

다윗은 하나님의 성전을 짓고 싶었다. 자기는 궁궐에 살지만 하나님의 궤는 장막에 있기 때문이다. 다윗이 먼저 선지자 나단을 찾아 의논한다. 나단은 다윗에게 그 생각이 선하니 왕이 하고 싶은 대로 하라고 조언한다. 선지자 나단도 다윗에게 적극적으로 동조한다. 주변의 대적들이 다윗에 의해 제압당하였고, 나단도 동의하였으니 이제 성전을 짓는 일만 남았다. 하지만 하나님이 다윗의 의견을 즉시 수락하지 않으신다. 하나님이 선지자 나단을 불러 말씀하신다. 하나님은 지금 성전을 짓는 일보다 더 급한 일을 가지고 계신다. 그것은 다윗에게 언약을 주심으로 다윗으로 하여금 더 하나님을 신뢰하게 하는 일이다.

하나님은 이스라엘을 애굽에서 이끌어 내셨다. 그때부터 하나님은 장막에 거하셨다. 하나님은 이스라엘 백성이 어디로 가든지 함께 하셨다. 그리고 하나님은 백향목 집을 지어 달라고 명하신 적이 한 번도 없었다. 다만 하나님이 다윗의 마음을 받으셨다. 다윗이 하나님의 성전을 짓고 싶은 마음을 하나님이 가상하게 여기신다. 하나님은 행동 이전에 마음을 보신다. 마음이 있으면 행동도 따라오기 때문이다. 그러나 행동을 할 때에는 많은 수고와 노력이 뒤따른다. 하나님의 성전을 짓기까지 다윗과 백성의 수고가 엄청날 것이다. 하나님은 다윗의 마음을 먼저 받으심으로 수고와 노력이 비축될 때까지 기다려주신다.

그렇다고 하나님이 다윗의 마음을 모른 채 그냥 지나가지 않으신다. 하나님이 다윗의 마음을 받으셨다는 것을 나단 선지자를 통해 알려 주신다. 나단 선지자가 하나님의 말씀을 들었다. 나단은 다윗에게 전달하는 하나님의 언약을 들었다. 그리고 나단 선지자가 하나님으로부터 들은 말씀을 다윗에게 전달한다. 그것은 하나님이 다윗의 이름을 존귀하게 만들어 주신다는 내용이다. 다윗의 나라가 평안하고 옛적 사사시대처럼 풍파를 겪지 않아도 될 것이다. 앞으로는 이웃 나라들이 이스라엘을 괴롭히지 못할 것이다. 이제 다윗의 집과 이스라엘에는 평화가 찾아올 것이다. 하나님이 다윗을 위하여 집을 세워주실 것이다.

그리고 하나님은 나단을 통해 다윗의 왕위가 영원할 것이라는 언약의 말씀을 주신다. 다윗의 왕위가 영원토록 견고하게 될 것이다. 다윗의 가문과 왕위가 영원토록 보전될 것이다. 우리는 이것을 다윗 언약이라 부른다. 하나님은 다윗의 왕위가 영원토록 그의 자녀들에게 계승될 것인지 다윗의 마음을 보고 판단하셨다. 마음이 하나님 앞에 바르면 하나님이 그 마음의 대가를 지불해 주신다. 그것은 영원한 축복의 언약이다. 나라가 갈라졌어도 남쪽 유다는 다윗의 후손들이 왕위를 이어갔다. 그리고 이 축복은 예수님을 통해 완성되어졌다. 다윗 가문에서 영원한 왕 예수 그리스도가 탄생하셨기 때문이다.

우리가 가진 시간

우리가 사는 인생이 얼마나 길까? 아이들이 생각할 때는 까마득히 먼 것 같다. 그러나 노인들이 스스로의 인생을 돌아볼 때에는 엄청나게 빨리 지나왔다고 생각한다. 시간을 똑같은 속도로 움직이고 있지만 그것을 느끼는 감정은 차이가 난다. 하나님의 사람 모세는 인생이 칠십이요, 강건하면 팔십이라도 그 연수의 자랑은 수고와 슬픔 뿐이며 신속히 가서 마치 날아가는 것 같다고 고백한다(시 90:10). 모세의 말을 해석하자면 오래 살수록 고통의 시간이 더 많다. 오래 살수록 더 땀을 흘렸고 더 많은 슬픔의 시간을 가졌을 것이다. 아마 우리 어른들이 늙으면 빨리 죽어야 한다고 탄식하는 것이 이런 연유일지 모른다.

우리가 산다고 한들 그 시간을 다 보람있는 시간으로 사용할까? 결코 그렇지 못한 것 같다. 슬픈 시간, 고민의 시간, 잡담하는 시간, 흉보고 헐뜯는 시간 등등 지나고 보면 하릴없이 시간만 보냈다고 생각하는 일이 엄청나다. 우리의 시간은 한정되어 있는데 게으름을 피우고 빈둥빈둥 보내는 시간이 많다. 공부를 한다거나 운동을 하거나 혹은 열심히 일을 하거나 그것도 아니라면 누구를 위해 도움의 말을 주거나 봉사활동을 한다면 좋은데 말이다. 사람들은 자기 유익을 위해 시간을 사용하려 한다. 무엇이 진정한 유익이 되겠는가? 목적을 바르게 가지고 시간을 사용하는 것이다. 생산성을 가진 일에 시간을 사용하는 것이다.

당장에는 게으름을 피우는 것이 더 편하다. 남을 헐뜯는 것이 더 즐겁다. 남을 헐뜯는 것은 마치 설탕과 같아서 혀를 달콤하게 만든다. 그러나 그 시간은 아무런 유익이 없다. 오히려 그 시간은 자기를 썩게 만드는 시간이다. 다른 사람들의 마음을 애타게 만들고, 마음에 상처를 남기는 일이다. 내 말과 행동에 상처를 받은 사람이 자기의 시간을 건설적으로 사용하겠는가? 결코 그렇지 않다. 그도 복수하기 위해서 혹은 상처를 치유하기 위해 애타는 시간을 보낼 것이다. 내가 시간을 잘못 사용하면 다른 사람의 시간도 잘못 사용하도록 빼앗는 결과를 낳는다. 사람들의 시간이 나쁜 일에 상호작용을 한다면 그것이야말로 비극이다.

우리에게 시간이 무한정 주어진 것이 아님을 누구든지 알고 있다. 그래서 시간을 잘 사용해 보겠다고 수없이 다짐한다. 아무리 그래도 깜빡 잊는 것이 우리의 특성이다. 시간을 잊어버리게 하는 일들이 일어난다. 목표를 상실하게 하거나 흐릿하게 한다. 혹은 잘못된 목표를 정하게 하는 경우도 있다. 우유부단하여 목표가 흔들리는 경우도 있다. 바른 목표를 세웠더라도 그 목표를 이루는 에너지가 부족할 수 있다. 주변 사람들로부터 지지를 얻지 못하는 경우, 시간을 잘 관리하는 습관이 되지 않은 경우, 효율적으로 일하는 습관을 들이지 못한 경우 등 시간이 허비되는 경우가 허다하다. 하나님의 귀한 선물이 낭비되는 것이 안타깝다.

영원의 축복

우리가 가진 시간이 한정되었고, 그것마저도 낭비되는 경우가 많은 것에 비해 하나님의 시간은 어떨까? 하나님의 시간은 우리와 다르다. 하나님은 영원을 말씀하신다. 그것은 하나님이 영원하신 분이기 때문이다. 하나님은 영원 전부터 계셨다. 그리고 영원까지 계실 것이다. 하나님은 스스로 계신 분이다(출 3:14~15). 하나님은 창세 이전부터 계신 분이다. 하나님은 태초 이전부터 존재하신 분이시다. 그리고 하나님은 세상 끝날 이후에도 존재하신다. 우리의 단편적인 생각으로는 하나님의 시간과 영원성을 다 헤아릴 수 없다. 그래도 감사한 것은 하나님의 영원성을 생각할 수 있는 지혜를 주셨다는 것이다.

하나님이 사랑하는 사람들에게 어떤 축복을 주실까? 그것은 영원을 생각하게 하는 축복이다. 하나님의 영원에 참여하는 축복이다. 제한된 시간을 사는 사람들에게 하나님의 영원에 참여한다는 것이 얼마나 놀라운 축복인가! 하나님을 모르는 사람들은 하나님의 영원성을 생각하지 않는다. 자기들이 영원할 것이라고 착각한다. 그러나 그것은 말 그대로 착각일 뿐이다. 그 착각은 여지없이 깨질 날이 올 것이다. 착각이 깨지는 날 엄청난 후회와 회한이 밀려들 것이다. 헛된 일, 가치 없는 일 그리고 쓸모없는 일과 열매없는 일에 자신의 노력과 에너지 땀과 피를 쏟았다는 허탈감이 밀려들 것이다. 영원을 모르면 이런 일이 생긴다.

하나님은 당신의 사랑하는 사람들과 백성에게 영원이라는 복을 주신다. 지금 복을 받고 그것이 지속되는 것이 하나님이 주시는 복의 방법이다. 하나님이 다윗에게 복을 주셨다. 왕으로 세우셨고 나라를 안정시키게 하셨다. 하나님은 다윗에게 특별한 리더십을 복으로 주셨다. 다윗으로 인하여 백성이 평안하게 살게 되었다. 다윗에게 더 하나님을 신뢰할 수 있고 신뢰의 방법을 표현할 수 있는 시대를 하나님이 허락하셨다. 그러나 하나님은 다윗 한 시대로 만족하지 않으신다. 다윗의 자손들에게까지 하나님을 신뢰하도록 하고 싶으시다. 하나님은 짧은 시간만으로 만족하지 않으신다. 하나님은 긴 시간을 보고 계신다.

하나님이 다윗에게 영원한 약속을 주셨다. 하나님이 영원이라는 단어를 사용하신 것이다. 그러므로 하나님의 시간은 영원이다. 하나님의 약속은 영원하다. 시대가 가도 하나님의 약속이 변하지 않는다. 잠깐동안 하나님의 약속이 사라진 것처럼 보일 수는 있다. 그러나 하나님은 당신의 약속을 영원히 기억하신다. 그리고 영원토록 지키신다. 하나님으로부터 영원이라는 단어를 선물로 받은 것 자체가 엄청난 복이다. 우리가 영원한 하나님을 안다는 것이 복이다. 하나님이 우리에게 영원한 왕이요, 제사장인 예수 그리스도를 주셨다는 것이 우리에게 복이다. 하나님이 우리를 하나님의 시간 속으로 들어오게 하심이 축복이다.

시편 기자는 영원한 하나님을 알고 있다. 하나님으로부터 영원한 축복을 받았다는 것도 알고 있다. 그와 그의 민족이 영원한 하나님으로부터 영원한 언약을 받고 있다는 것을 기억하고 있다. 그들의 삶이 영원한 언약에 의해 이루어져 가고 있음을 느끼고 있다. 하나님이 그들과 함께 하시고 그들의 삶에 간섭하고 계심을 알고 있다. 하나님이 그들의 조상을 애굽에서 이끌어 내시고 젖과 꿀이 흐르는 가나안 땅으로 인도하셨다. 그리고 그 땅을 후손들에게 허락하셨다. 후손들이 그 땅을 영원토록 다스릴 것이라고 약속하셨다. 지금도 하나님은 이스라엘을 불꽃같은 눈동자로 지켜보고 계신다. 이스라엘은 하나님의 눈 안에 있다.

하나님은 이스라엘을 통해 온 세상을 하나님의 뜻대로 인도하기를 원하신다. 하나님은 이스라엘을 제사장 나라로 삼으셨다(출 19:6). 이스라엘은 다른 나라들에게 하나님의 존재와 뜻을 전해야 하는 사명을 가졌다. 이 사명은 영원한 하나님이 이스라엘에게 주신 영원한 사명이다. 이스라엘은 세계 모든 나라들에게 하나님을 찬양할 이유를 알려 주어야 한다. 그들이 먼저 하나님을 찬양하며 그것을 다른 국가들에게 권해야 한다. "너희 모든 나라들아 여호와를 찬양하며"(1절). 하나님이 이스라엘과 나라들을 다스린다. 다스림을 받는 사람들은 다스리시는 하나님을 찬양해야 한다. 그것이 곧 그들이 지켜야 할 의무이다.

이스라엘이나 다른 나라 모든 백성은 하나님의 이름을 높여야 한다. 하나님이 그것을 원하신다. "너희 모든 백성들아 그를 찬송할지어다"(1절). 하나님의 이름을 높일 일이 얼마든지 있다. 그들이 살아갈 환경을 조성하신 것을 보고 하나님의 이름을 높일 수 있다. 땅과 바다와 산과 들과 골짜기가 그들에게 있다는 것이 하나님에 의해 주어진 복이다. 계절이 있고, 비가 오며 햇볕이 난다는 것이 그들에게 주어진 하나님의 자원이며 복이다.

게다가 하나님은 그런 자원을 거저 주셨다는 것이 복이다. 그리고 하나님이 사람에게 그 자원들을 사용할 수 있도록 허락하신 것이 복이다. 어찌 하나님의 이름을 칭송하지 않겠는가!

이스라엘은 세계 모든 나라 중에서도 특별한 나라이다. 세계가 모두 하나님의 소유이지만 하나님이 이스라엘을 특별한 소유로 삼으셨다. 하나님이 이스라엘을 지명하여 부르셨다. 그리고 하나님의 뜻을 세계에 펼치게 하시려고 이스라엘을 연단시키셨다. 연단 과정 중에 하나님은 이스라엘을 향한 인자하심을 보이셨다. 하나님이 진실로 그 백성을 사랑하고 계심을 알려 주셨다. 하나님은 그 백성은 영원히 사랑하신다. "우리에게 향하신 여호와의 인자하심이 크시고 여호와의 진실하심이 영원함이로다 할렐루야"(2절). 이것이 하나님을 찬송해야 할 이유이며, 하나님의 이름을 칭송해야 할 동기이다. 우리에게는 이런 복된 의무가 있다.

영원을 향해

하나님은 사람에게 하나님의 영원에 참여할 특권을 허락하셨다. 그것은 하나님과 교제할 수 있는 축복이다. 하나님과 대화할 수 있고, 하나님의 뜻을 통찰할 수 있는 지혜와 명철이 우리에게 주어졌다. 다른 피조물들과는 다른 아주 특별한 권리이며 축복이다. 먼저 이스라엘에게 주어졌고, 그 특권이 믿는 이들에게 주어졌다. 영원을 찾는 축복이 있었으나 사람들이 그 방법을 잘 모를 수 있다. 혹은 안다고 하더라도 가끔씩 잊는 경우도 있다. 하나님은 사람을 영원 속에 품고 싶으시다. 그래서 영원한 일과 가치 그리고 장소와 목표를 세부적으로 알려 주신다. 그것을 바르게 알고 행하기만 하면 우리는 영원에 속한 사람으로 살 것이다.

영원한 일이란 하나님이 좋아하시는 일, 곧 사람을 하나님께로 인도하는 일이다. 하나님께로 인도된 사람이 하나님의 뜻을 따라 하나님의 사람으로 세워지는 일이다. 이 일은 세상 끝날까지 지속되어져야 한다. 영원한 가치는 하나님이 사람과 세상을 다스리는 것이다. 모든 사람과 모든 나라가 하나님의 다스리심 속에 있어야 한다. 자기의 이기심과 욕망보다는 하나님의 기준을 알아야 한다. 그것은 하나님이 기뻐하실만한 것이어야 한다. 자기의 일을 통해 하나님이 얼마나 기뻐하실 지를 스스로 질문해 보라. 그것에 만족할만한 답변이 나오는가? 하나님의 이름이 이웃에게 어떻게 전달될지 생각해보라. 구체적인 답이 있는가?

하나님이 영원의 장소를 우리에게 허락하셨다. 그것은 하나님의 다스리심이 통하는 곳, 천국이다. 하나님은 천국의 모형으로 우리에게 교회와 가정을 주셨다. 교회와 가정은 주님이 다시 오시는 날까지 아름다운 모양으로 있어야 한다. 겉모습이 아닌 그 안에 사랑과 안식이 있어야 한다. 그야말로 지친 몸과 마음을 쉴 수 있는 보금자리여야 하고, 새로운 힘을 충전할 수 있는 에너지의 공급소가 되어야 한다. 교회와 가정이야말로 영원한 장소이다. 그곳이 하나님의 가치와 기준에 의해 다스려져야 한다. 사람의 법도보다, 하나님의 생각이 우선이어야 한다. 하나님의 인자하심과 진실하심이 드러나야 한다.

당신에게 영원한 목표가 있는가? 지금 당신이 이루고 싶은 목표는 무엇인가? 몇 년 후 당신이 이루고 싶은 목표는 무엇인가? 그것이 당신의 영원한 목표와 어떤 연관성이 있는가? 당신은 아직 목표를 가지지 못하였는가? 하나님의 영원성에 부합하는 목표가 없다면 빨리 찾아라. 성경 속에서 찾아라. 기도하면서 하나님의 음성을 들어라. 하나님은 당신에게 구체적이고 적합한 일을 계획하고 계신다. 그것을 행함으로 하나님께 영광을 돌릴 수 있으며 사람들과 교회에 기여할 수 있다. 하나님은 당신에게 영원함을 선물로 주신다. 하나님은 영원하신 하나님이시다. 하나님의 형상인 사람도 그 영원함에 동참해야 하는 것이 당연하다.

시편 118편
역전의 영성과 사마리아 여인

대낮에 예수님을 만나다

예수님이 사마리아 땅으로 들어가셨다. 정오 즈음에 마침 우물가를 지나다 한 여인을 발견하고는 여인에게 물을 좀 달라고 부탁하였다. 사마리아 땅에서 정오가 되었다면 모두 낮잠을 즐기는 시간이다. 여인도 역시 낮잠을 자야 할 텐데 웬일인지 물을 길러 나왔다. 아마도 정오에 물을 길러 올 수밖에 없는 어떤 이유가 있었을 것이다. 여인이 예수님의 말을 듣고 의아하게 생각하였다. 왜냐하면 유대인이 사마리아 땅으로 들어온 것이 이상하고, 게다가 여인인 자기에게 물까지 달라고 하니 말이다. 사실 유대인은 사마리아 땅에 출입하려 하지 않았다. 그들은 사마리아 사람들의 피가 더럽다며 상종조차도 하지 않으려 하였다.

여인이 예수님께 묻는다. "당신은 유대인으로서 어찌하여 사마리아 여인인 나에게 물을 달라고 합니까?" 하지만 예수님은 직접적 대답을 피하신다. 오히려 사마리아 여인에게 더 궁금하도록 대답하신다. "네가 만일 하나님의 선물과 또 네게 물을 달라고 하는 이가 누구인줄 알았다면 그가 네게 생수를 주었을 것이다." 여인이 더 이상했다. 여기는 우물이 깊고 게다가 물을 길어 올릴 그릇도 없는데 어떻게 생수를 줄 수 있다는 말인가? 이 사람이 야곱보다 더 크다는 말인가? 사마리아 여인이 의아하게 생각해서 다시 질문한다. "당신이 야곱보다 더 큽니까?" 여인은 자기 앞에 서 있는 분의 행동과 말이 하도 이상하여 진의를 알고 싶다.

이때 예수님이 대답하신다. "이 물을 먹는 자마다 다시 목마르려니와 내가 주는 물을 먹는 자는 영원히 목마르지 아니하리니 나의 주는 물은 그 속에서 영생하도록 솟아나는 샘물이 되리라." 여인은 잽싸게 말을 받아 말한다. "그 물을 나에게도 좀 주십시오." 그런데 예수님이 여인에게 가서 남편을 데려오라고 말한다. 여인은 어쩔 줄 몰라 하면서 남편이 없다고 말한다. 사실 여인은 그동안 여러 번 결혼을 했으니 남편이 없는 것이 당연하다. 예수님이 여인의 상황을 정확히 알고 있다. 여인이 예수님의 통찰력을 보고는 그 자리에서 "선지자"라고 고백한다. 선지자이기에 처음 만났음에도 자기 사정을 정확히 알고 있을 것이다.

여인이 예수님께 예배의 장소를 묻는다. 예수님은 예배의 장소보다는 예배의 정신을 더 강조하신다. "예배하는 자는 신령과 진정으로 예배할지니라." 여인이 이번에는 예수님을 그리스도 곧 메시아로 고백한다. 그리고는 사마리아 땅으로 들어가서 그리스도를 만났으니 와서 보라고 떠들며 다닌다. 사마리아 사람들이 예수님을 만나러 왔다. 예수님께 자기들 집에서 머물기를 요청한다. 그리고 여인에게 말한다. "우리가 믿는 것은 네 말을 들은 것이 아니라 우리가 보고 듣고 경험하였기 때문이다." 하지만 여인이 먼저 예수님을 만났고 사람들에게 소개하였다. 이름 없이 손가락질 받는 여인이지만 가장 먼저 예수님을 만났다.

새옹지마

중국의 고사성어에 새옹지마(塞翁之馬)라는 말이 있다. 회남자(淮南子)의 인간훈(人間訓)을 보면, 새상(塞上:중국 북쪽 국경) 근방에 한 노인이 살고 있었는데 하루는 그가 기르는 말이 아무런 까닭도 없이 오랑캐들이 사는 국경 너머로 도망갔다. 마을 사람들이 위로하고 걱정하자 노인은 "이게 무슨 복이 될지 모르지요." 하고 조금도 실망하지 않았다. 몇 달 후 뜻밖에도 도망갔던 말이 오랑캐의 좋은 말을 한 필 끌고 돌아오자 마을 사람들이 축하해 주었다. 그러자 그 노인이 "거기에 무슨 화가 묻어 올지 모르지요." 하고 조금도 기뻐하지 않았다. 걱정이 생기면 기쁠 일을 기대하고, 좋은 일이 생기면 자만하지 않는 것이다.

그런데 집에 좋은 말이 더 생기자 전부터 말타기를 좋아하던 노인의 아들이 그 말을 타고 달리다가 말에서 떨어져 다리가 부러졌다. 마을 사람들이 하반신 장애인이 된 아들에 대하여 위로하자 노인이 "훗날에 그게 혹시 복이 될 지 누가 알겠소." 하고 크게 상심하지 않았다. 1년이 지난 후 오랑캐들이 쳐들어 왔다. 건장한 마을 젊은이들이 싸움터에 나가 모두 전사하였는데 노인의 아들만은 장애로 군대에 나가지 않아 무사할 수 있었다. 그렇다. 지금의 불행이 나중에는 행운이 될 수도 있고, 지금의 행운이 후에 불행의 씨앗이 될 수 있다. 그러니 지금의 불행에 좌절하지 않아야 하고, 지금의 행운에 자만하지 않아야 한다.

사업이 부도나고, 경제적으로 매우 궁핍하게 되면 그것 때문에 좌절할 수 있다. 어떤 사람은 좌절을 이기지 못해 자살하는 사람도 있다. 혹은 다시 일어서려는 희망을 포기할 수도 있다. 그리고 인생을 될 대로 되라는 식으로 아무렇게나 살 수도 있다. 이런 사람은 미래에 대한 희망보다 과거의 멋지게 살던 일만 생각한다. 앞으로 다가올 미래에 대한 기대보다 잃어버린 것만 더 아까워한다. 미래에 대한 기대가 있어도 어려움이 닥치면 이기기 어려운데, 잃어버린 것만 생각하며 스스로 인생을 포기하듯이 산다면 어려움이 닥치면 도저히 이겨낼 수 없다. 그에게는 이겨낼 만한 에너지가 없기 때문이다.

어려움을 이겨내는 에너지는 긍정적인 생각과 희망이다. 지금의 어려움이 지나간 후에 아름다운 날이 올 것이라는 희망을 가진 사람은 어려움을 극복하는 방법을 찾는다. 자기 안에 방법을 준비하고 때를 기다린다. 이런 사람에게 기회가 찾아온다. 그는 기회를 놓치지 않는다. 그는 고난을 통해 배운 것이 있다. 희망을 가짐으로 배운 것이 있다. 지금이 인생의 끝이 아니라는 것이다. 반드시 기쁜 날이 올 것이라고 생각한다. 그리고 교만하지 않는다. 어려움을 당하는 사람을 생각하며 겸손을 생각한다. 어려운 사람을 도우려 한다. 자신의 경험을 살려 어려운 사람을 위로하고 격려한다. 다른 사람을 기쁘게 하는 일을 행한다.

인생역전

한동안 미디어에서 인생역전을 광고했다. 로또 복권에 당첨되면 인생이 역전된다는 것이다. 실제로 복권에 당첨되어 인생역전을 맛본 사람도 소수 있다. 그러나 아주 소수일 뿐이고 대부분의 사람은 대박의 꿈만 꾸다가 본전도 건지지 못한다. 게다가 어떤 사람들은 당첨의 횡재를 했으나 오히려 가정이 깨지고, 자기를 주체하지 못해서 타락하는 경우도 있다. 이런 사람에게 복권 당첨은 인생역전이 아니라 인생타락의 원인이 된다. 역전이란 한번 뒤집은 것이 계속되어야 진짜이다. 그러나 뒤집어진 것이 또 다시 원위치되거나 그보다 못한 지경으로 빠져든다면 역전이 아니라 역풍을 만나는 것이라 하겠다.

어려움이 있어도 죄를 짓지 않고 성실히 사는 사람은 인생역전의 가능성이 많다. 그러나 죄를 짓고 사는 사람이라면 어떨까? 그들에게도 인생역전이 있을까? 우리 생각에는 죄인에게 인생역전이 있으면 안 된다. 하지만 하나님의 생각은 어떨까? 하나님 생각이 우리와 다르다면 우리는 과연 어떻게 이해해야 할까? 사마리아 여인은 죄가 많은 여인이었다. 여인은 사람들로부터 손가락질을 받았다. 그런데 이 여인이 어느 날 인생역전을 이룬 것이다. 사마리아 사람들 중에 가장 먼저 예수님을 만난 것이다. 그리고 예수님을 그리스도로 인정하고 사람들에게 가서 외쳤다. 여인의 인생역전을 어떻게 이해해야 할까?

예수님은 우리와 다른 것이 너무 많다. 예수님이 생각하는 역전은 죄인이 의인이 되는 것이다. 죄인이야말로 가장 먼저 예수님을 만나 인생역전을 이루어야 할 대상이다. 그래서 예수님이 말씀하셨다. "나는 의인을 부르러 온 것이 아니라 죄인을 부르러 왔다." 또 말씀하신다. "나중 된 자로서 먼저 되고 먼저 된 자로서 나중 되리라."(마 20:16) 만약 의인이라면 인생역전이라는 말이 적용되지 않을 것이다. 죄인이기 때문에 적용된다. 그렇다면 예수님이야말로 인생을 역전시키시는 분이 아닌가? 돈이 인생을 역전시키지 않는다. 돈은 지금 편하게 할지 몰라도 영원토록 살게 하지 못한다. 그러나 예수님은 영원히 살게 하신다.

당신의 인생은 어떤가? 당신은 지금 의인인가? 죄인인가? 죄인이라면 어떤 죄를 지었는가? 의인이라면 왜 의인이라고 생각하는가? 과거에는 의인이었는가? 죄인이었는가? 예수님은 나의 죄 혹은 의와 어떤 상관이 있을까? 이런 질문에 답을 하다 보면 예수님 때문에 나의 인생이 역전된 것을 알 것이다. 원래 죄인이었던 내가 예수님을 만남으로 의인이 되었기 때문이다. 사마리아 여인과 같은 과정을 나도 겪었다. 그렇다면 나야말로 인생역전을 경험한 사람이 아니겠는가! 다른 사람의 인생이 역전되었다고 부러워할 것 없다. 오히려 축하해줘라. 그리고 당신의 인생이 역전되었다는 사실에 하나님께 감사하고 사람들에게 간증하라.

시편 기자는 하나님께 감사하고 있다. "여호와께 감사하라 그는 선하시며 그의 인자하심이 영원함이로다"(1절). 그 이유가 무엇일까? 그것은 하나님이 인자하시기 때문이다(2~4절). 이스라엘과 아론의 자손들 그리고 여호와를 경외하는 모든 사람들이 하나님의 영원한 인자하심을 말해야 한다. 하나님이 어떻게 인자하심을 드러내셨을까? 그것은 고통 중에 있는 사람의 하소연을 외면하지 않고 들어주셨기 때문이다. "내가 고통 중에 여호와께 부르짖었더니 여호와께서 응답하시고 나를 넓은 곳에 세우셨도다"(5절). 시인이 외진 곳, 폐쇄된 공간에 붙잡혀 있었지만 하나님의 인자하심 때문에 넓은 곳, 시야가 탁 트인 곳으로 나오게 되었다.

시인은 지금 인생역전을 경험하고 있다. 그것은 하나님이 자신을 돕기 때문이다. 시인은 하나님이 자기편이라는 사실을 기억하고 있다. 그러므로 두려움이 없다. 누구도 자기를 해치지 못할 것이다. "여호와는 내 편이시라 내가 두려워하지 아니하리니 사람이 내게 어찌할까"(6절). 인생역전은 스스로 이루는 것이 아니라 하나님의 도우심 때문에 이뤄지는 것이다. "여호와께서 내 편이 되사 나를 돕는 자들 중에 계시니 그러므로 나를 미워하는 자들에게 보응하시는 것을 내가 보리로다"(7절). 그러므로 하나님을 신뢰할 수밖에 없다. 사람이나 권력자보다 하나님을 신뢰해야 한다(8~9절). 그것이 인생을 역전시킬 수 있는 유일한 길이다.

인생역전의 도움이신 하나님은 시인을 원수의 위협에서 구하신다. 원수가 시인을 에워싸고 있어도 하나님이 원수를 시인으로부터 떼어내신다(10~11절). 시인은 하나님의 도우심 때문에 역전이 일어나고 있음을 깨닫는다. 하나님의 이름이 역전의 에너지이다(12절). 사람이 넘어뜨리려 하여도 넘어지지 않음은 하나님이 도우시기 때문이다. "너는 나를 밀쳐 넘어뜨리려 하였으나 여호와께서는 나를 도우셨도다"(13절). 시인은 죽음의 위기를 당하였어도 하나님이 그를 죽음에까지는 몰고 가지 않으셨다. "내가 죽지 않고 살아서 여호와께서 하시는 일을 선포하리로다 여호와께서 나를 심히 경책하셨어도 죽음에는 넘기지 아니하셨도다"(17~18절).

이제 시인은 하나님이 행하시는 인생역전의 맛을 알고 있다. 자기가 그런 경험을 하였다. "건축자가 버린 돌이 집 모퉁이의 머릿돌이 되었나니"(22절). 이 구절은 예수님께도 적용되었다. 다시 말해 예수님이야 말로 인생역전을 맛보신 분이다. 구유에 태어나신 분, 십자가에 못 박히신 분이 구원자가 되셨다. 아버지가 이처럼 행하셨다. 역전을 맛보신 예수님은 사람들의 역전에 도움을 주신다. 아버지 하나님의 능력을 사용하여서 말이다. 이처럼 역전은 하나님만이 행하실 수 있다. 사람이 생각하기에 신비스러울 따름이다. "이는 여호와께서 행하신 것이요 우리 눈에 기이한 바로다"(23절). 바로 당신의 인생이 이처럼 놀라운 일의 대상이다.

역전에 감사하라

시인은 자신의 인생이 역전되었다는 사실에 감격한다. 하나님의 능력 때문이다. 그러므로 그는 감격하여 여호와 하나님을 찬양한다. "여호와는 나의 능력과 찬송이시요 또 나의 구원이 되셨도다"(14절). 죄인처럼 살았으나 의인이 된 사람에게는 들리는 소리마다 기쁨의 근원이 된다. "의인들의 장막에는 기쁜 소리, 구원의 소리가 있음이여 여호와의 오른손이 권능을 베푸시며"(15절). 역전은 하나님의 권능이 나타남으로 되어지는 결과이다. "여호와의 오른손이 높이 들렸으며 여호와의 오른손이 권능을 베푸시는도다"(16절). 하나님이 사람의 일에 간섭하신다. 하나님의 간섭은 모두 그리고 작은 부분까지라도 사람에게 은혜와 유익이 된다.

이제 인생의 역전을 맛보는 사람은 하나님 앞에 당당히 설 수 있다. 죄인이라면 하나님 앞에 설 수 없다. 그러나 죄를 용서받은 사람, 하나님이 당신 편이라며 끌어안아 주시는 사람은 하나님 앞에 담대하게 선다. 책망과 꾸중의 두려움이 없다. 오직 하나님을 만나는 기쁨이 있을 뿐이다. 그러므로 문을 향해서도 열리라며 명령한다. "내게 의의 문들을 열지어다 내가 그리로 들어가서 여호와께 감사하리로다 이는 여호와의 문이라 의인들이 그리로 들어가리로다"(19~20절). 문을 열고 들어가며 이렇게 외칠 것이다. "주께서 내게 응답하시고 나의 구원이 되셨으니 내가 주께 감사하리이다"(21절). 당신도 이처럼 외칠 수 있는가?

하나님이 역전을 이루어 준 사람은 사는 날이 즐겁다. 매일 하나님을 만나고 하나님과 함께 즐거워하기 때문이다. 아침에 눈을 뜨면 그 날을 하나님이 주신 줄 알고 있다. 하루를 지내고 밤에 잠을 잘 때 하나님이 하루를 지켜주신 것에 감사한다. "이 날은 여호와께서 정하신 것이라 이 날에 우리가 즐거워하고 기뻐하리로다"(24절). 매일 매일이 하나님과 동행하는 시간이다. 하나님이 매일을 형통하게 하신다. 이제 시인은 하나님께 호산나를 부른다. "여호와여 구하옵나니 이제 구원하소서 여호와여 우리가 구하옵나니 이제 형통하게 하소서"(25절). 하나님이 역전시키신 인생의 앞길은 형통이다. 그 형통이 바로 당신의 것이다.

시인은 그의 인생에서 하나님을 깊이 경험하였다. 하나님의 능력을 경험하였고, 하나님의 도우심을 체험하였다. 이제 하나님의 은혜를 말하는 사람, 하나님의 능력을 전달하는 사람을 보기만 해도 즐겁다. 어서 문을 열어 환영한다. "여호와의 이름으로 오는 자가 복이 있음이여 우리가 여호와의 집에서 너희를 축복하였도다"(26절). 하나님께 희생의 제사를 드리며 기뻐한다. "여호와는 하나님이시라 그가 우리에게 빛을 비추셨으니 밧줄로 절기 제물을 제단 뿔에 맬지어다"(27절). 역전을 경험한 사람은 언제나 하나님께 감사한다. 그리고 하나님을 높인다. 하나님은 영원토록 선하시고 인자하시기 때문이다(28~29절).

시편 119편
말씀의 영성과 에스라

학사 에스라

에스라는 포로 시대 말기 이스라엘의 영적 지도자였다. 그는 율법을 많이 공부한 사람으로서 당대의 사람들에게 율법을 가르치기로 결심하였다. 그의 비전은 이스라엘이 하나님의 백성으로 살아가는 것이며, 목표는 이스라엘이 고향으로 돌아가는 것이다. 그는 이 목표와 비전을 이루기 위해 자기의 사명으로 율법과 규례를 가르치는 것으로 정했다. 그는 이미 목표와 비전을 이루기 위한 사명을 가지고 준비하였다. 그것이 율법을 연구하고 준행하는 것이었다. 에스라의 비전과 목표 그리고 사명은 이스라엘을 갱신시키는 영적 에너지를 가져왔다. 에스라의 열정 때문에 이스라엘의 영성이 갱신되고, 새로운 나라를 세우게 되었다.

에스라는 시대의 필요를 읽는 눈을 가졌다. 이스라엘이 외국에서 고생하다가 하나님이 약속대로 70년이 되어 돌아올 때였다. 에스라는 이때 백성들에게 가장 필요한 것이 무엇인 줄 알았다. 그리고 에스라는 열정을 가졌다. 열정이란 옳은 일을 끝까지 행하게 하는 내적인 에너지이다. 에스라는 불의와 타협하지 않았다. 이스라엘 남자들이 이방 여인들과 혼인하는 것을 보고 분노하였다. 그리고 이방 여인들을 모두 고향으로 돌려보내도록 하였다. 에스라는 이스라엘 남성들의 모습을 보고 백성을 대신하여 먼저 회개하였다. 이런 열정과 회개는 에스라의 마음속에 율법이라는 가치가 분명하게 자리 잡고 있었기 때문에 가능했다.

에스라가 고향으로 돌아와서 가장 먼저 한 일은 백성에게 말씀을 가르치는 일이었다. 에스라는 백성 앞에 서서 율법을 낭독하고 그 뜻을 해석하여 백성을 깨닫게 하였다. 백성이 율법을 들으면서 눈물을 흘렸다. 그는 느헤미야와 함께 초막절 성회를 열었다. 초막절 7일 기간 동안 백성이 날마다 율법을 낭독하는 일에 참여하였다. 그리고 이스라엘 자손들이 자기들과 조상들의 죄를 깨달았다. 온 백성이 모두 베옷을 입고 티끌을 뒤집어쓰며 회개하였다. 과거를 돌이켜 보며 하나님의 도우심을 기억하고, 그 도우심에 응답하지 못하고 거역한 죄에 대한 회개였다. 말씀을 바로 들으면 회개의 역사가 일어난다.

동시에 이스라엘 백성은 하나님이 여기까지 도우신 긍휼에 대해 감사했다. 비록 70년 동안의 포로생활이었지만 지금 돌아와서 말씀을 듣고 하나님을 경배할 수 있는 자유에 대한 감사였다. 이러한 회개와 감사의 최전방에 말씀의 사람 에스라가 있었다. 그의 비전과 목표, 사명과 열정, 회개할 줄 아는 겸손 그리고 시대를 읽는 통찰이 이스라엘의 역사와 영성을 갱신시켰다. 이러한 모든 것을 갖출 수 있었던 자원은 하나님과의 관계와 말씀속에 있었다. 말씀이 리더십을 갖추게 한다. 말씀 중심의 리더십이 국가와 민족 그리고 역사를 변화시키고 발전시킬 수 있다.

하나님의 계시

성경은 하나님이 주신 말씀이다. 하나님이 우리에게 하나님의 뜻을 알려 주셨다. 감추어졌던 하나님의 뜻이 여러 경로와 여러 방법에 의해 사람들에게 알려졌다. 꿈으로도 우림으로 혹은 둠밈으로 말씀하기도 하셨고,

천사들이 나타나기도 하였다. 하나님은 족장들과 예언자들을 통해 말씀하셨다. 심지어는 당나귀를 통해 말씀하신 적도 있었다. 사람들이 깨닫지 못하면 자연현상을 통해 하나님이 무엇을 원하시는지를 알리기도 하셨다. 하나님은 결코 잠잠히 계시지 않는다. 잠시 기다리시는 적은 있어도 반드시 말씀하신다. 왜 말씀하실까? 사람들이 하나님의 뜻을 깨닫고 순종하며 살아야 하기 때문이다.

하나님이 여러 가지 방법으로 말씀하셨지만 일관되게 말씀하신 것이 있다. 그것은 하나님이 사람들과 긴밀한 관계를 맺고 싶어 하신다는 것이다. 사람들이 하나님을 경험하고, 하나님을 신뢰하고 살게 하려는 것이다. 이것 때문에 하나님은 일관되게 말씀하신다. 시편 기자는 하나님의 말씀을 여러 가지로 표현하였다. 말씀, 법도, 법, 규례, 율례, 계명, 증거, 율법, 진리의 말씀 등으로 표현하였다. 하나님의 계시가 그만큼 사람들의 마음에 다양하게 와 닿는다. 언제 어디서 어떤 방법으로 하나님을 만나든지 하나님으로부터 말씀이 사람들에게 들려진다.

하나님의 말씀에는 하나님의 생각과 뜻이 담겨있다. 말씀에는 사람을 향한 위대한 사랑과 인자하심이 담겨 있다. "여호와여 주의 말씀대로 주의 인자하심과 주의 구원을 내게 임하게 하소서"(41절). 말씀에는 사람이 살 길이 제시되어 있다. 말씀에는 사람의 본분이 기록되어 있다. 말씀 속에는 사람이 영원히 살 길이 제시되어 있다. "주의 말씀은 내 발에 등이요 내 길에 빛이니이다"(105절). 사람은 곁길로 나갈 수 있다. 본의 아니게 속을 수도 있다. 사람에게는 바른 가치와 진리가 필요하다. 그것은 사람으로부터 나오면 안 된다. 하나님으로부터 나와야 한다. 하나님으로부터 나오는 것이 하나님의 계시이다.

하나님의 말씀은 위로부터 내려온 하나님의 지식이다. 그 말씀은 영원토록 존재할 것이다. "여호와여 주의 말씀은 영원히 하늘에 굳게 섰사오며"(89절). 사람으로부터 나온 것은 잠시 동안 바람을 일으키다 사라진다.

곧 사라질 것이 사람을 바르게 인도할 수 없다. 사람을 바르게 영원한 길로 인도하려면 영원한 성격을 가져야 한다. 영원한 하나님으로부터 나온 것만이 영원하다. 계시를 아는 사람은 영원한 가치를 추구하는 사람이며, 하늘의 하나님을 바라보는 사람이다. 그 안에는 말씀을 사랑하는 마음이 깊이 담겨있다. "여호와여 내가 주의 구원을 바라며 주의 계명을 행하였나이다"(166절).

말씀의 사람들

에스라는 말씀을 마음에 새겼다. 다윗도 말씀을 마음에 새겼다. 마리아도 말씀을 가슴에 담아두었다. 말씀의 사람은 생각의 기준이 말씀이며, 삶의 태도가 말씀이다. 결정의 근거가 말씀이며, 행동의 틀이 말씀이다. 말씀대로 생각하고 말하고 행동하는 것이 사람의 본문임을 알고 있다. "주께서 명령하사 주의 법도를 잘 지키게 하셨나이다"(4절). 하나님이 말씀을 지키는 사람을 지키신다. "내가 주의 교훈들을 지켰사오니 비방과 멸시를 내게서 떠나게 하소서"(22절). 하나님이 사람을 보는 방법은 말씀을 얼마나 듣고 마음에 두고 순종하느냐이다. "내가 주의 법도들을 작은 소리로 읊조리며 주의 길들에 주의하며"(15절).

말씀은 사람을 깨끗하게 한다. 말씀은 사람으로 하여금 방종하지 않게 한다. 특별히 젊은이들이 말씀을 따라야 한다. 말씀은 젊은이들의 삶을 인도하는 길이기 때문이다. "청년이 무엇으로 그의 행실을 깨끗하게 하리이까 주의 말씀만 지킬 따름이니이다"(9절). 말씀은 선하다. 말씀이 사람의 마음에 선을 말하며 악한 마음을 향하여 경고한다. 그러므로 말씀은 사람으로 하여금 죄를 짓지 않게 한다. "내가 주께 범죄하지 아니하려 하여 주의 말씀을 내 마음에 두었나이다 "(11절). 말씀을 마음에 두는 사람은 욕심을 이길 수 있다. "내 마음을 주의 증거들에게 향하게 하시고 탐욕으로 향하지 말게 하소서"(36절).

말씀대로 살려면 수치와 모욕을 당할 수 있다. 이방인이나 죄인들이 말씀의 사람을 향해 오해와 질시 그리고 모략으로 부끄러움을 주려 한다. 그러나 말씀의 사람은 이것을 당연시하여 당당하게 대응한다. 하나님이 계시다는 것을 알기 때문이다. 그러므로 말씀의 사람은 말씀을 주신 하나님을 의지한다. 하나님께 사정을 아뢰며 도움을 청한다. "내가 두려워하는 비방을 내게서 떠나게 하소서 주의 규례들은 선하심이니이다"(39절). 누가 무어라고 해도 하나님 때문에 흔들리지 않을 것이다. 하나님이 말씀의 사람을 세워주실 것이다. "또 왕들 앞에서 주의 교훈들을 말할 때에 수치를 당하지 아니하겠사오며"(46절).

말씀의 사람은 말씀 자체가 복이라는 것을 알고 있다. 말씀을 귀로 듣는 것이 복이요, 마음에 두는 것이 복이다. 말씀을 행하는 것도 복이다. "여호와의 증거들을 지키고 전심으로 여호와를 구하는 자는 복이 있도다"(2절). 말씀은 돈보다 더 소중하다. 돈은 사람을 타락하게 만들 수 있지만 하나님의 말씀은 사람을 진리의 길로 인도하기 때문이다. "내가 모든 재물을 즐거워함 같이 주의 증거들의 도를 즐거워하였나이다"(14절). 말씀은 세상의 모든 소유보다 더 값지다. 어느 것으로도 감히 말씀의 가치에 비교할 수 없다. "주의 입의 법이 내게는 천천 금은보다 좋으니이다"(72절). 그러므로 말씀을 가진 사람, 말씀을 새긴 사람이 복된 사람이다.

하나님은 말씀으로 사람을 가르치신다. "찬송을 받으실 주 여호와여 주의 율례들을 내게 가르치소서"(12절). 하나님의 말씀이 사람의 마음에 와 닿았다. 그 말씀은 사람의 인생을 바로 잡는다. 하나님 앞에 바르게 서게 하고 담대하게 서게 하는 반석이다. 하나님이 가르쳐 주신 말씀은 반드시 끝까지 지켜야 한다. "여호와여 주의 율례들의 도를 내게 가르치소서 내가 끝까지 지키리이다"(33절). 말씀을 지키는 사람은 하나님의 인자함을 따르는 사람이다. 말씀을 통해 하나님의 인자하심을 깊이 그리고 넓게 체험하였기 때문이다 "여호와여 주의 인자하심이 땅에 충만하였사오니 주의 율례들로 나를 가르치소서"(64절).

말씀은 사람을 의롭게 한다. 말씀이 의의 기준이기 때문이다. "내가 정의와 공의를 행하였사오니 나를 박해하는 자들에게 나를 넘기지 마옵소서"(121절). 의로운 말씀은 의로운 분으로부터 온다. 의로운 말씀을 주신다는 것은 말씀을 주신 분이 의롭기 때문에 가능하다. "여호와여 주는 의로우시고 주의 판단은 옳으니이다"(137절). 그분의 명령은 의롭다. 세상의 어떤 의도 주님의 말씀과 비교할 수 없다. 세상의 의는 상대적으로 조금 더 옳다고 평가할 수 있으나 하나님의 말씀은 절대적으로 의롭다. "주의 증거들은 영원히 의로우시니 나로 하여금 깨닫게 하사 살게 하소서"(144절). 말씀의 사람은 의로움을 깨닫는다. 그들은 의의 근원과 가치가 말씀인 줄 안다.

주의 말씀은 진리이다. "여호와여 주께서 가까이 계시오니 주의 모든 계명들은 진리니이다"(151절). 말씀은 진리의 시각을 가지게 한다. 말씀을 듣고 받으면 헛된 것에 눈을 돌리지 않는다. "내 눈을 돌이켜 허탄한 것을 보지 말게 하시고 주의 길에서 나를 살아나게 하소서"(37절). 말씀을 진리로 들은 사람은 입으로 진리를 말한다. 입을 열면 언제나 진리만을 말한다. 말하는 것을 들으면 그 속에 무엇이 있는 줄 안다. 진리를 말한다면 그 속에 진리가 있음이 분명하다. “진리의 말씀이 내 입에서 조금도 떠나지 말게 하소서 내가 주의 규례를 바랐음이니이다”(43절). 시인은 진리만을 늘 말하고 싶다. 말씀이 들려졌다는 것은 말씀하신 분과 아주 특별한 관계에 있다는 것이다. 말씀하신 분이 말씀을 듣는 사람을 높여준다. “주의 종을 후대하여 살게 하소서 그리하시면 주의 말씀을 지키리이다”(17절). 하나님이 말씀을 듣는 사람을 높여 준다. “여호와여 주의 말씀대로 주의 종을 선대하셨나이다”(65절). 하나님이 말씀을 듣는 사람을 마음에 두신다. 말씀하신 분이 말씀을 듣는 사람의 자원이다. 말씀하신 분이 듣는 사람을 돕기 때문이다. “여호와는 나의 분깃이시니 나는 주의 말씀을 지키리라 하였나이다”(57절). 하나님이 자산이 되어주신다니 얼마나 놀라운 일인가? 그분으로부터 들은 말씀이 자원이라니 놀라운 축복이다.

말씀의 나라

말씀을 듣고 행하는 사람이 복을 받은 사람이다. “행위가 온전하여 여호와의 율법을 따라 행하는 자들은 복이 있음이여”(1절). 말씀은 마음에 기쁨이 된다. 마음에 기쁨이 있는 사람이야 말로 복된 사람이다. 하나님의 말씀은 듣는 사람의 마음에 기쁨을 주어 말씀을 복되게 한다. “주의 증거들은 나의 즐거움이요 나의 충고자니이다”(24절). 말씀을 듣고 새기는 것이 꿀을 맛보는 것보다 더 달콤한 일이다. “주의 말씀의 맛이 내게 어찌 그리 단지요 내 입에 꿀보다 더 다니이다”(103절). 이처럼 영원한 즐거움을 가진 사람이야말로 복된 사람이다. 갈 길을 몰라 방황하거나, 무엇을 할지 몰라 헤매는 사람에 비하면 말씀을 들었다는 것이야말로 행복이다.

말씀의 맛을 본 사람은 그 맛을 잊지 못한다. 말씀의 맛을 더 보고 싶어 한다. 말씀을 듣고 싶어 피곤할 지경이다. “내 눈이 주의 구원과 주의 의로운 말씀을 사모하기에 피곤하니이다"(123절). 말씀을 들으면 새 힘이 솟아야 하는데, 그 말씀을 들으려고 신경을 집중하다 보니 오히려 피곤함을 느낄 정도이다. 그는 말씀을 세상 어느 것보다 사랑하고 있다. "그러므로 내가 주의 계명들을 금 곧 순금보다 더 사랑하나이다"(127절). 말씀을 듣는 사람은 갈수록 그 말씀을 사모하게 된다. 말씀을 듣지 못하면 마치 갈증이 난 사람처럼 괴롭다. "내가 주의 계명들을 사모하므로 내가 입을 열고 헐떡였나이다"(131절). 그 입에는 말씀이 약이다.

오죽하면 말씀을 들으려고 새벽이 되기 전 밤에 잠에서 깬다. "내가 주께 부르짖었사오니 나를 구원하소서 내가 주의 증거들을 지키리이다 내가 날이 밝기 전에 부르짖으며 주의 말씀을 바랐사오며"(146~147절). 말씀을 듣고 묵상하는 것이 어찌나 좋은지 하루 종일 들어도 전혀 거부감이 없다. "내가 주의 법을 어찌 그리 사랑하는지요 내가 그것을 종일 작은 소리로 읊조리나이다"(97절). 그 말씀이 사람을 살리는 힘이다. 말씀으로 인해 사람이 새 힘을 얻는다. "주께서 나를 변호하시고 나를 구하사 주의 말씀대로 나를 살리소서"(154절). "여호와여 주의 긍휼이 많으오니 주의 규례들에 따라 나를 살리소서"(156절).

말씀을 듣는 사람은 말씀으로 인해 평안을 느낀다. "주의 법을 사랑하는 자에게는 큰 평안이 있으니 그들에게 장애물이 없으리이다"(165절). 비록 핍박을 받아도 말씀을 사모하여 자신을 하나님 앞에 바르게 한다. "고관들이 거짓으로 나를 핍박하오나 나의 마음은 주의 말씀만 경외하나이다"(161절). 길을 잃은 양처럼 방황하는 심령이지만 말씀은 그를 붙잡는 힘을 가지고 있다. "잃은 양 같이 내가 방황하오니 주의 종을 찾으소서 내가 주의 계명들을 잊지 아니함이니이다"(176절). 말씀으로 살아난 사람은 하나님을 찬양함으로 말씀의 사람임을 증명한다. "내 영혼을 살게 하소서 그리하시면 주를 찬송하리이다 주의 규례들이 나를 돕게 하소서"(175절).

시편 120편

화평의 영성과 이스보셋

사울의 아들

블레셋과의 전쟁에서 사울 왕과 그의 아들 요나단이 죽었다. 그러나 왕이 죽고 전쟁에서 패했지만 이스라엘이 멸망한 것은 아니다. 아직까지 사울 왕이 다스리던 이스라엘이 명맥을 유지하고 있다. 사울 왕의 아들 이스보셋이 사울의 뒤를 이어 왕이 되었다. 만신창이가 된 나라, 왕권이 허약해진 나라의 왕위에 올랐다. 그도 왕의 자리에 올랐으니 왕권을 강화하고, 나라를 부흥시켜야 한다. 그러나 이스보셋에게는 그를 도와줄만한 사람들이 없었다. 사울 왕의 심복이었던 장군 아브넬이 권력을 점점 더 강화하고 왕을 무시하기 시작한다. 심지어 아브넬이 사울 왕의 여인을 자기 여인으로 취하는 일까지 저지른다.

이스보셋은 이 일을 알고 분통을 터트린다. 아브넬을 향하여 왜 불의한 일을 하느냐고 따진다. 그런데 아브넬이 적반하장(賊反荷杖)식으로 나온다. 아브넬은 자기가 사울의 집을 향하여 그동안 세운 공이 얼마며, 사울의 가족들을 돌본 적이 얼마나 많은데, 그 공은 모르고 여인의 허물을 자기에게 뒤집어씌운다고 자신을 유다의 개 정도로 여기는 것 아니냐며 호통을 친다. 강한 권력을 가졌으니 왕 앞에서 호통을 칠만도 하다. 이스보셋이 아브넬의 호통 앞에 두려움을 느꼈다. 더 이상 말하지 못한다. 행여 더 말하였다가는 불똥이 튈지도 모른다. 왕보다 장군이 더 강한 권력을 가졌으니 왕보다 장군이 더 큰소리를 친다.

아브넬은 이스보셋을 제쳐놓고 다윗과 연합하기를 원하였다. 그러나 아브넬의 마음대로 되지 않는다. 다윗이 아브넬과 화해하기를 원하였지만 다윗의 심복 요압이 아브넬이 방심한 틈을 타서 아브넬을 해치고 만다. 요압이 자기 동생 아사헬을 아브넬에게 잃은 것에 대한 앙갚음이었다. 아브넬이 죽었다는 소식을 듣자 다윗이 슬퍼한다. 자신은 평화를 원하지만 요압의 힘이 너무 막강하여 제어하기 어렵게 되었다는 것을 한탄한다. 아마 이런 한탄은 아부넬을 제어하지 못한 이스보셋에게도 있었을 것이다. 그리고 아브넬의 죽음 소식을 듣고는 이스보셋의 나라 이스라엘도 슬퍼한다. 백성이 살아갈 의욕을 잃었다.

아브넬이 죽었다고 하여 이스보셋의 왕권이 회복되거나 강하게 된 것은 아니었다. 오히려 이스보셋의 약함과 무능함을 알고 이스보셋을 제거하려는 음모가 있었다. 이스보셋의 군장 두 사람이 이스보셋이 낮잠을 자는 틈을 타서 밀을 가지러 오는 척하며 들어온다. 그리고는 이스보셋의 배를 찌르고 도망한다. 다시 돌아와서는 이스보셋의 머리를 베고 밤새도록 달려 다윗 왕에게 이스보셋의 머리를 바친다. 이렇게 공을 세우면 다윗이 그들을 높여줄 것으로 생각하였을 것이다. 그러나 다윗은 두 군장을 악인으로 규정하고 처단한다. 왜 두 군장을 악인으로 규정했을까? 평화를 깨치는 일, 왕을 해치는 일을 하였기 때문이다.

냉전시대

현대 역사 중에 냉전시대라는 것이 있었다. 민주주의의 보루라 자처하는 미국과, 공산주의의 맹주라 자처하는 소련 사이의 군비경쟁이 치열한 시대였다. 소련은 동유럽을 침략한 후 세력을 넓히기 위해 군비를 더 확충해야 했다. 미국 역시 소련의 세력을 효과적으로 차단하기 위해 군사력을 키워야 했다. 미국과 소련은 대화 없이 서로를 경계하며 한동안 전략적으로 군사력을 강화하는 일에 신경을 썼다. 상대방의 정보를 파악하기에 분주했고, 상대보다 자신들의 기술과 군사력이 우월하다는 것을 증명해야 했다. 그래서 두 나라는 핵 개발, 우주 개발 등을 경쟁적으로 하며 다른 나라들을 자기 영역으로 끌어들이기에 바빴다.

미국은 북대서양조약기구와 힘을 합하고, 소련은 바르샤바조약기구를 출범시켜서 서로를 견제하기에 바빴다. 두 나라 사이에는 치열한 정보전쟁과 경쟁이 지속되었고 한 치의 양보도 없었다. 두 나라가 일촉즉발의 위기까지 간 적도 있었다. 쿠바를 사이에 두고 미국과 소련이 군사대치를 한 적이 있었다. 소련이 쿠바에 핵미사일을 설치한다는 사실을 인지하고서 미국의 케네디는 시설의 해체를 강력히 요구하는 위험을 감행하였다. 이 때 세계는 3차 대전이 일어나는 것이 아닌가 하여 두려움에 떨었다. 그러나 미국이 쿠바를 침공하지 않는다는 조건으로 소련이 양보했다. 이후 두 나라 사이에 대화가 트여 냉전시대가 끝나는가 싶었다.

그러나 신냉전시대가 왔다. 소련이 아프가니스탄을 침공하자, 미국은 중동의 원유 확보를 위해 소련은 경계하고 다시 군비확충에 돌입하였다. 레이건 대통령은 소련견제를 주장하고 강경책을 내세웠다. 엘살바도르 등에 대한 군사력 지원도 있었다. 카터 대통령 시대에는 소련을 견제하기 위해 미국이 소련에 수출하던 곡물을 중단하고, 소련을 압박하였다. 이로써 미국과 소련 사이에는 냉전시대만큼 악화되었다. 이 당시 두 나라의 정책은 상대방을 어떻게든 이기는 것이었다. 민주주의와 평화를 사랑한다는 미국마저도 평화를 지키기 위해서는 힘이 필요하며, 그 힘을 유지하기 위해 군사력을 강화시켜야 한다는 식이었다.

그러나 역사는 힘이 강하다고 하여 마지막 승리자가 될 수 없다는 것을 증명했다. 소련이 붕괴되고 공산주의가 막을 내리기 시작한 것이다. 동유럽의 공산주의 국가들이 점차 민족주의로 바뀌고 질서가 재편되었다. 미국은 여전히 강한 군사력을 가지고 있으나 공산주의라는 적을 잃어버렸다. 이제 미국은 새로운 적이 등장하였다. 그것은 테러라는 적이다. 미국은 테러를 응징하기 위해 또 다시 최첨단의 군사력을 가져야 했다. 하지만 아무리 미국이 강하여도 미국을 향한 적대행위는 계속될 것이다. 미국이 평화를 사랑한다고 선언해도 미국을 향한 도전은 계속될 것이다. 그것은 군사력이 결코 평화를 유지할 수 없다는 것을 증명한다.

역사의 교훈

이스라엘은 엄청난 침략을 당하였다. 침략하는 민족 중에는 패배자들을 향해 포악하게 행하는 사람들도 있었고, 유연하게 대하는 나라들도 있었다. 포악하게 대하는 나라를 대표적으로 꼽으라면 앗수르이다. 앗수르는 전쟁에 패배한 나라와 민족을 내버려두지 않았다. B.C 622년 앗수르가 북왕국 이스라엘을 멸망시킨 후에 폈던 정책은 나라를 완전히 말살시키는 정책이었다. 이스라엘의 남성들을 모두 붙잡아 앗수르로 이주시키고 대신 앗수르의 남성들을 이스라엘로 이주시켰다. 여기서 이스라엘은 혈통이 끊어지고 사마리아라는 새로운 혼혈 민족이 생겨난다. 이로써 북왕국 이스라엘을 유지하던 10지파가 끊어지고 만다.

중간기 시대에 이스라엘을 점령한 수리아 역시 마찬가지였다. 이스라엘의 신앙을 인정하지 않고 제사장에게 돼지머리에 절하도록 강요하는 일이 있었다. 제사장 맛다디아가 관리를 죽이고 도망하였다. 제사장을 따르는 무리들이 일어나 수리아에 맹렬히 저항하였다. 이스라엘이 수리아로부터 잠깐 독립하였다. 그러나 이스라엘은 곧 로마의 지배에 들어가고 만다. 앗수르와 수리아의 공통점이 무엇인가? 그들은 혈통적으로 같은 사람들이고 아주 호전적이며 무자비한 사람들이었다. 그러나 그들의 무자비함이 오히려 그들의 수명을 단축하고 말았다. 짧은 나라의 역사 속에 악명을 남긴 것이다.

그러나 비록 침략전쟁을 펼쳤다 할지라도 비교적 오랫동안 나라를 세운 경우가 있다. 바벨론의 경우는 침략지의 종교를 인정하였다. 강한 군사력을 가졌지만 침략지의 백성에게 유화정책을 폈다. 앗수르처럼 남성들과 지식인들을 포로로 잡아갔으나 이스라엘의 자치권을 인정할 수 있었다. 바벨론이 앗수르보다 조금 더 나라를 유지할 수 있었던 것은 그들에게 약간의 평화를 주었기 때문이다. 바벨론의 뒤를 이은 페르시아는 포로로 잡혀 온 사람들에게 고향으로 돌아가도 좋다는 명령을 내렸다. 이름하여 고레스 칙령이다. 페르시아의 이와 같은 정책이 주변 나라들과 공존하며 페르시아를 바벨론보다 더 오랫동안 지속하게 하였다.

페르시아가 헬라에 무너지고 헬라는 다시 로마에 무너졌다. 로마는 유럽 세계를 통일하다시피 하였다. 로마는 전쟁에서 승리한 후 민족의 종교와 문화, 그리고 언어를 인정하였다. 로마에 저항하지 않고 조공을 내기만 한다면 자치적으로 살도록 하였다. 이스라엘에게도 그랬다. 분봉 왕 헤롯이 세워진 것도 그런 경우였다. 로마는 천 년 이상 지속되었다. 이렇게 오랫동안 할 수 있었던 이유가 무엇일까? 그것은 화평하게 지내는 것이 오래 간다는 것을 알았기 때문이다. 역사는 갈등과 분열은 자기에게 손해이며 화평하게 지내는 것이 자기를 오랫동안 유지할 수 있다는 것을 증명한다. 그러므로 역사를 통해 배워야 한다.

어느 시대, 어느 나라 사람이든지 고통을 겪는다. 강한 나라 안에서 고통을 겪는 사람이 있고, 나라와 민족 전체가 고통을 겪는 경우도 있다. 고통은 약한 몸에 통증이 오기 때문에 당할 수 있다. 하지만 대부분의 고통은 외부에서 온다. 약한 사람과 나라를 업신여기고 빼앗으려는 포악한 무리들이 있다. 그들은 대부분 강한 것, 힘을 앞세워 약한 존재들을 괴롭힌다. 민족이 약하기 때문에 고통을 당할 수 있다. 어쨌든 약한 사람은 다른 존재들보다 먼저 고통을 당한다. 약한 나라들은 고통을 당하지 않으려고 방어 대책을 세운다. 약한 사람들끼리 힘을 합하여 강함을 만들어낼 수도 있다. 이것이 약한 사람의 방어책이다.

그러나 시편 기자는 고통의 때에 하나님을 찾았다. 가장 강한 분, 세상에서 가장 강한 힘을 가지신 분을 찾았다. 왜냐하면 강한 분이 자기에게 고통을 가져다주는 존재를 제압하고 평화를 주실 수 있기 때문이다. 그러므로 시편 기자는 가장 강한 여호와 하나님께 부르짖는다. 여호와 하나님이 들으시고 그를 압박과 고통에서 구해주실 것이다. "내가 환난 중에 여호와께 부르짖었더니 내게 응답하셨도다"(1절). 약한 나라는 자기들끼리 연합하여 힘을 강하게 할 수 있다. 그리고 더 강한 나라에 원조를 요청할 수도 있다. 하지만 신앙인은 가장 먼저 하나님께 구한다. 하나님만이 고통을 근본적으로 해결해 주실 분이기 때문이다.

시편 기자는 평화를 사랑한다. 그는 이웃과 평화롭게 살고 싶다. 하지만 그의 주변 사람들은 그와 화평하게 지내는 것을 원하지 않는다. "나는 화평을 원할지라도 내가 말할 때에 그들은 싸우려 하는도다"(7절). 시편 기자와 주변 사람들은 함께 있어도 생각이 다르다. 그야말로 동상이몽(同床異夢)이다. 시편 기자는 이것도 모르고 이웃과 평화하기만을 원한다. 함께 사는 즐거움을 원하였지만 실제로는 일촉즉발의 위기에 사는 것과도 같았다.

시편 기자는 불안한 삶을 오랫동안 지속하였다. "내가 화평을 미워하는 자들과 함께 오래 거주하였도다"(6절). 미운 사람과 함께 지내는 것도 고역이고, 고통스러운 일이다.

전쟁을 좋아하는 사람은 전쟁할만한 이유를 만들어낸다. 그것은 혀를 사용하는 것이다. 사람을 향하여 나쁜 말을 하고, 없는 것도 있는 것처럼 만들어낸다. 진실을 거짓으로 포장하며, 거짓이 있거든 진실처럼 꾸며댄다. 정말 힘든 것은 뻔한 거짓말도 들어주어야 하는 것이다. 시편 기자는 이것을 하나님께 아뢴다. "여호와여 거짓된 입술과 속이는 혀에서 내 생명을 건져 주소서"(2절). 왜 거짓된 혀가 나를 향해 날아들까? 그것은 나의 환경을 보고 나를 미워하기 때문이다. 내가 부자로 살면 그것이 싫어서 시기하고, 내가 가난하면 그것을 무시한다. "메섹에 머물며 게달의 장막 중에 머무는 것이 내게 화로다"(5절).

평화를 원하여

나의 상황이 나를 도와주지 못한다. 내가 아무리 노력해도 나에게 평화가 없다. 그러므로 하나님을 의지할 수밖에 없다. 이제부터는 사람의 말을 다 믿지 않을 것이다. 혀를 잘못쓰는 사람의 말에 귀를 기울이지 않을 것이며 믿지도 않을 것이다. 시편 기자는 혀를 잘못 사용하는 사람이 어떻게 될 것인지 알고 있다. "너 속이는 혀여 무엇을 네게 주며 무엇을 네게 더할꼬"(3절). 혀를 잘못 사용하고 평화를 해치는 사람에게 돌아갈 것은 그들의 혀에 대한 보복일 뿐이다. "장사의 날카로운 화살과 로뎀 나무 숯불이리로다"(4절). 그들의 혀가 더 이상 움직이지 못하게 되는 것이다. 그들의 말에 대한 하나님의 보복이다.

입술로 평화를 원하지만 마음으로는 평화가 깨지기를 원하는 사람들이 많다. 갈등을 즐기는 사람과 싸움을 좋아하는 사람들이 있다. 정당한 스포츠 경기도 이겨야만 직성이 풀리고, 어떤 일이든지 경쟁을 해야 하는 사람이 있다. 이들은 내기를 하면 즐거워하지만 내기를 하지 않으면 흥미를 잃는다. 이기면 즐거워하고 지는 사람을 무시하지만, 자기가 지는 날에는 화를 내고 반드시 상대를 꺾어놓으려고 한다. 이런 사람이 공동체 안에 있으면 공동체가 조용할 날이 없다. 미꾸라지 한 사람이 흙탕물을 만들어내는 것처럼 공동체가 매일 시끌시끌하게 된다.

싸움을 좋아하는 사람은 싸울 명분을 만들어낸다. 상대의 작은 약점을 보아도 그것을 그냥 넘기지 않는다. 반드시 들춰내고 창피를 주려고 한다. 그리고 자기가 본 것이 사실이고 진실인양 여기 저기 떠들고 다닌다. 상대방이 알도록 말하고 다녀서 시비를 걸기만을 기다린다. 시비를 걸면 그 때를 이용하여 상대를 제압하려고 하는 것이다. 그러고도 자신은 착한 사람이며, 평화를 사랑하는 사람인데, 저쪽에서 먼저 시비를 걸어온다고 주장한다. 시비가 붙었다면 자기에게 어떤 원인이 있었는지를 알아야 한다. 자기의 맹점을 볼 수 없다면 결코 평화가 올 수 없다. 평화는 나를 내려놓을 때 시작된다.

시편 121편

지킴의 영성과 목자들

양을 지키는 목자들

캄캄한 밤에 양을 치는 목자들이 있다. 아무리 더운 날씨라도 캄캄한 밤에는 춥다. 게다가 이스라엘은 밤과 낮의 기온차가 심하다. 낮에는 더위가 살을 태우지만, 밤에는 추위가 엄습한다. 사람은 누구나 추위가 느껴지면 그 추위를 이겨내는 방법을 생각한다. 불을 피우든지, 서로 몸을 감싸거나 함께 웅크려야 한다. 목자들은 웅크리고만 있을 수 없다. 양을 지켜야 하기 때문이다. 웅크리고 있으면 주변에 일어나는 것을 감지하기 어렵다. 맹수가 양을 약탈할 때 고스란히 빼앗길지도 모른다. 목자는 양을 지키는 것이 우선이다. 목자들은 밤중이든지 추위가 오든지 혹은 추위를 이기려고 웅크리든지 언제나 양을 먼저 생각해야 한다.

목자의 감각은 언제나 양의 상태를 살피는 데 집중되어야 한다. 목자의 능력은 양을 어떻게 지키며, 양의 안위를 어떻게 보호하느냐에 있다. 목자는 양의 소리만 들어도 양의 상태를 안다. 목자는 양 무리 안에서 부스럭거리는 소리만 들려도 양에게 어떤 일이 일어났는지 재빠르게 살핀다. 목자들의 눈에 보이지는 않아도 양을 훔치려는 짐승들이 호시탐탐 양을 노리고 있다. 목자의 귀에는 짐승들의 울음소리가 들린다. 그 울음소리의 거리를 들으며 목자들은 경계를 죄었다 놓았다를 반복한다. 그러므로 목자는 마음을 놓고 잠을 잘 수 없다. 잠시라도 방심하지 않고 밤을 지샌다. 매일 이런 일이 반복된다.

밤중에 양을 지키는 목자들에게 갑자기 큰 빛이 비취며 하늘로부터 소리가 들렸다. 목자들이 놀랐다. 자기들이 감당할 수 없고, 수습할 수 없는 빛과 소리이기 때문이다. 그러나 이 상황은 목자들이 위험에 빠뜨리는 것이 아니었다. 오히려 목자들에게 기쁨을 주는 일이었다. 천사가 나타나며 큰 빛과 소리가 있었다. 천사들이 이스라엘을 위하여 다윗의 동네에 구주가 나셨다고 말한다. 목자들이 이 소리를 듣고 얼떨떨해 한다. 로마의 식민지가 된 나라이다 보니 그동안 바라던 일이지만 막상 듣고 보니 쉽게 믿을 수 없는 일이기 때문이다. 그러나 분명히 믿을 시간이 온다. 목자들이 구주로 나신 아기를 만나게 될 것이기 때문이다.

이 소리가 들린 후 하늘에서 천군천사들의 노래 소리가 들린다. 그들이 하나님을 찬송하며 하나님께 영광을 돌리고 있다. "지극히 높은 곳에서는 하나님께 영광이요 땅에서는 하나님이 기뻐하신 사람들 중에 평화로다 하니라"(눅 2:14). 목자들은 이 소리를 분명히 들었다. 천사가 떠난 후 목자들이 함께 구주가 태어난 곳으로 향한다. 목자들은 천사로부터 들었던 경험을 새로 태어난 아기의 부모에게 말한다. 그들은 구주로 나신 아기를 만난 그 자리에서도 하나님께 영광을 돌린다. 목자들은 양을 지키는 일을 하고 있다가 가장 먼저 구주 탄생의 소리를 들었다. 그들은 양을 지키는 일을 하다가 자기들을 지켜줄 구주를 가장 먼저 만났다.

목자와 양 이야기

이스라엘은 농사짓는 사람들과 목축을 하는 사람들이 공존한다. 그러므로 성경에는 농사를 짓는 이야기가 있고, 목축을 하는 이야기도 있다. 우리

문화에는 낯설지만 목축 이야기는 많은 의미를 제공한다. 목축 이야기의 주인공은 목자와 양이다. 목자와 양의 관계는 하나님과 사람 관계에 모티브를 제공한다. 성경은 하나님과 사람을 목자와 양의 은유로 표현한다. 요한복음 15장은 예수님과 사람을 목자와 양의 은유로 표현한다. 사람들은 이상적인 목자의 생각과 습관을 알고 있다. 하나님 혹은 예수님을 더 알려할 때 이상적인 목자의 모습을 떠올리면 된다. 하나님은 사람들이 이해할 수 있도록 당신을 계시하신다.

목자와 양의 비유는 사람들 사이에서도 나타난다. 공동체에는 이끄는 지도자와 구성원들이 있다. 목자는 공동체에는 이끄는 지도자의 상징이고, 양은 공동체의 구성원들을 상징한다. 즉 공동체에는 구성원을 사랑하고 그들을 바른 방향으로 이끄는 지도자가 있어야 한다. 공동체의 지도자는 구성원들을 보호하고 지키는 일을 해야 한다. 지도자는 구성원들이 볼 수 없는 것을 보는 사람이다. 지도자는 구성원들이 알지 못하는 것을 아는 사람이다. 지도자는 구성원들에게 동기를 부여하고, 구성원들이 힘을 합하여 미래를 향해 발걸음을 옮기도록 목적과 이유를 불어넣는 사람이다. 지도자는 목자의 심정을 가져야 한다.

그러나 지도자가 되려는 사람들이 목자의 심정을 가지지 않고, 남들보다 자기가 더 높아지려는 마음을 가지고 있다면 그 공동체가 어떻게 될까? 배우는 이유, 노력하는 이유, 성공하려는 이유에는 모두 다른 사람보다 높아지려는 마음이 내재되어 있다. 공동체의 지도자가 구성원들을 딛고 높아지려고 한다면, 지도자는 구성원들을 탄압하게 되어 있다. 이런 지도자는 구성원들의 아픔과 애환을 귀로 듣지 않는다. 구성원들의 기쁨과 즐거움에 참여하려 하지 않는다. 오히려 구성원들의 기쁨을 자기 것으로 뺏으려 한다. 봉건시대에 이런 일들이 많았다. 이런 사고방식이 지금도 존재한다면 이 사회가 어떻게 될까?

민족의 아픔, 역사의 아픔, 공동체의 갈등과 분열의 이유는 공동체 안에 목자의 심정이 없기 때문이다. 지도자들은 구성원을 통해 자기 이익을 얻으려 한다. 지도자들이 구성원들을 바른 방향으로 이끌지 못한다. 현대 사회에서는 구성원들이 너무 똑똑하여 지도자들의 생각과 행동을 감시한다. 그런데 구성원들조차도 지도자에게 목자의 심정을 가지기를 기대할 뿐, 자신이 목자의 심정을 가져야 함을 깨닫지 못한다면 서로 아전인수(我田引水)격이 아닐까? 보편적인 진리는 누구에게나 똑같이 적용되어야 한다. 어느 시대, 어느 공동체이든지 선한 목자의 심정을 가진다면 지도자와 구성원들이 행복할 것이다.

어떻게 지킬 것인가

목자들이 양을 어떤 방법으로 지킬까? 여러 가지 방법이 있을 것이다. 약탈자들을 물리칠 수 있는 강한 무기를 지녀야 한다. 강한 무기를 사용하는 방법도 습득해야 한다. 그래도 약탈자들이 쳐들어온 뒤에 대비하면 일부 양의 희생이 따를 것이다. 목자들은 약탈자들이 쳐들어오기 이전에 경계하고 있어야 한다. 약탈자들이 오는 것을 미리 대비해야 한다. 양이 있는 곳에 울타리를 칠 수 있다. 혹은 양의 주변에 횃불을 켜서 약탈자들에게 겁을 줄 수도 있다. 횃불을 켜면 약탈자들이 쳐들어온다 해도 재빠르게 감지할 수 있다. 약탈자들에게 공격당한 뒤 대비하는 것보다는 경계를 잘 서는 것이 훨씬 더 효과적이다.

경험이 많은 목자들은 소리만 들어도 약탈 짐승들이 어디쯤 있는지를 알고 있다. 그리고 양을 대피시키거나 다른 목자들에게 경계를 늦추지 말도록 신호를 보낸다. 좋은 지도자는 앞으로 일어날 상황을 예상한다. 그리고 그 상황에 맞추어 대비한다. 그야말로 유비무환(有備無患)이다. 경험이 많고 노련한 지도자는 분위기만 보아도 어떤 일이 일어날 것인지를 예상한다. 이 시대가 혼란의 길로 가는 것은 경험이 많은 지도자가 부족하기 때문이다. 혹은 급격하게 변화하는 사회를 이끌 경험과 지식 그리고 통찰력을 가진 지도자가 부족하기 때문이다. 지도자가 없으니 사회를 좀먹는 일이 있어도 감지할 시스템이 부족하게 된다.

목자가 피곤하고 지쳤을 때가 약탈 짐승들에게는 양을 훔칠 절호의 기회이다. 아무리 체력이 강한 목자라도 며칠동안 잠도 자지 않고 양을 지킬 수는 없는 노릇이다. 그러므로 양을 효과적으로 지키려면 둘 이상의 목자들이 힘을 합하여 서로 보완해 주어야 한다. 한 사람이 잠을 잘 때면 다른 한 사람이 경계를 서야 한다. 좋은 지도자는 자기가 피곤할 때 다른 사람들이 그 일을 하도록 대체할 수 있다. 그리고 서로 만족할 수 있도록 일의 한계를 분명히 한다. 좋은 지도자는 효율성을 생각한다. 효율성을 가지기 위해서는 서로 신뢰해야 한다. 신뢰할 수 있도록 일을 분담하고 함께 동의하며 자기의 역할을 감당한다.

이로써 적절한 시스템이 생긴다. 좋은 지도자는 환경과 상황에 맞는 시스템을 만들어 낸다. 그러나 시스템 자체가 최고는 아니다. 미련한 지도자는 기존의 시스템만 활용하려고 한다. 그러나 지혜로운 지도자는 시스템에 변화를 주며 일한다. 시스템은 상황에 따라 바뀔 수 있기 때문이다. 지혜로운 지도자는 시스템의 목적이 무엇인 줄 안다. 시스템은 효과적으로 일하게 하며 공동체에 유익을 가져다주고, 구성원들이 서로를 신뢰하며, 만족하게 하는 것이다. 목자가 양을 혼자 지키는 것보다 시스템을 갖추어 지키는 것이 더 효과적이다. 효과적인 시스템을 세우면 목자의 수가 적어도 더 많은 양들을 보호할 수 있다.

시인은 자신을 양이라고 생각한다. 그는 일찍이 여호와 하나님을 목자라고 표현한 적이 있다(시 23:1). 하나님은 목자시고 자기는 그분이 기르시는 양이다. 자기는 하나님의 지키심과 돌보심 그리고 도우심이 없다면 한시도 살기 힘든 존재이다. 오직 자기가 사는 길은 목자 되시는 하나님의 도우심을 받아야만 한다. 양이 되는 시인은 오직 목자만 바라봐야 한다. 자기를 도울 목자가 어디 있는지 둘러봐야 한다. "내가 산을 향하여 눈을 들리라 나의 도움이 어디서 올까"(1절). 둘러보다 마침내 자기를 도울 분을 찾았다. 그분은 여호와 하나님이시다. "나의 도움은 천지를 지으신 여호와에게서로다"(2절).

시인이 알고 있는 목자는 완벽한 목자이시다. 양을 지키는 목자가 실수할 수도 있고, 혹은 맹수들의 재빠른 습격에 당할 수도 있지만 이 목자는 전혀 실수가 없으신 분이다. 그분은 맹수의 습격에 완전한 대비를 하고 계시며, 양을 돌보는 시스템을 완벽하게 갖추신 분이시다. 이 목자가 보호하기만 한다면 양은 안전에 대하여 걱정할 필요가 없다. "여호와께서 너를 실족하지 아니하게 하시며 너를 지키시는 이가 졸지 아니하시리로다"(3절). 이 목자는 시인뿐만이 아니라 시인이 소속된 나라와 민족까지 사랑한다. 목자 한 사람이 지킬 수 있는 양의 숫자는 한계가 있지만 여호와 목자는 나라와 민족을 지키신다.

여호와 목자는 능력의 한계가 없다. 그분은 무한한 능력을 가지고 계신 분이며, 전능하신 분이시다. 여호와 목자는 피곤함이 없으시다. 그분은 체력의 한계도 없으시다. 그분은 사람과 같지 않기 때문이다. 시인은 이것을 알고 있다. "이스라엘을 지키시는 이는 졸지도 아니하시고 주무시지도 아니하시리로다"(4절). 그분은 시간을 창조하신 분이시다. 다른 모든 피조물들은 시간에 의해 제약을 받는다. 그러나 여호와 목자는 시간을 지키시는 분이시다. 그분은 낮과 밤을 제정하신 분이요, 낮과 밤의 표식을 정하신 분이시다. 그러므로 여호와 목자를 사람의 연약함에 비교할 수 없다. 그분은 졸지도 주무시지도 않는다.

그런데 이처럼 전능하신 목자가 나를 기억하고 있다고 생각해 보라. 얼마나 감격적이겠는가? 그분이 나에게 특별한 관심을 가지고 있다고 생각해 보라. 얼마나 황송한 일이겠는가? 그분이 나를 떠나지 않고 지켜보고 계시다고 생각해 보라. 어떤 위험한 상황이 닥친다 해도 안심이 되지 않겠는가? "여호와는 너를 지키시는 이시라 여호와께서 네 오른쪽에서 네 그늘이 되시나니"(5절). 그분이 나의 오른편에서 나를 지키신다고 생각해보라. 그분이 왼팔로 나를 안으시고 오른 팔로 나에게 필요한 것을 가져다주신다. 그분의 오른팔로 나를 공격하는 무리를 물리친다면 나는 언제나 안전하고, 안심하지 않겠는가!

여호와 목자

주님의 오른편에 있다는 것은 내가 바르게 생각하는 것이요, 나의 방향이 옳다는 것이다. 여호와 목자가 내 오른편에 계신다 함은 나와 올바른 관계를 맺고 있다는 것이다. 여호와 목자를 나의 가장 우선으로 모신다는 의미이다. 여호와 목자를 최우선으로 모시고 있으니 그분이 양이 되는 사람을 지키는 것이 당연하지 않겠는가! 그분이 지으신 모든 만물과 환경이 양을 돌보는 데 사용될 것이다. 그분이 지으신 시간의 표시인 해와 달도 양을 건들지 못할 것이다. "낮의 해가 너를 상하게 하지 아니하며 밤의 달도 너를 해치지 아니하리로다"(6절). 그것은 목자의 지시에 의해 양을 돕는 것에 사용된다.

목자가 지키고 있다는 것을 아는 양은 안심이 된다. 불안에 떨지 않아도 된다. 급격하게 변화하는 시대에 사람들이 불안할 수 있다. 그러나 급격한 변화에 적응하는 지혜를 주시는 분이 곁에 계시면 안심할 수 있다. 시대가 변하면 안팎을 드나드는 것조차도 불안할 수 있다. 울타리 밖에 어떤 일이 일어나는지를 알지 못하기 때문이다. 드나드는 것조차도 여호와 목자에게 지켜달라고 부탁해야 한다. 여호와 목자는 한두 번 지키는 것에 끝나지 않는다. 그분은 양을 영원토록 지킨다. "여호와께서 너의 출입을 지금부터 영원까지 지키시리로다"(8절). 여호와 목자가 양을 향하여 관심을 가지면 그 관심의 끈이 영원토록 끊어지지 않는다.

양은 맹수들로부터 공격받을 위험이 많은 동물이다. 그만큼 약한 동물이다. 양이 원해서 공격을 받겠는가? 결코 아니다. 양은 공격받는 것이 싫다. 그러나 약하기 때문에 공격을 받는다. 양은 목자에게 젖과 털을 제공하고 건강한 새끼를 낳아야 한다. 그러나 양이 공격을 받을 때는 그런 일을 할 수 없다. 양의 역할이 축소되는 것이다. 환난은 이처럼 역할을 축소시킨다. 목자가 양을 지켜야 하는 것은 양의 역할을 잘 감당할 수 있도록 하기 위함이다. 목자가 지켜주기만 하면 양은 환난을 당하지 않는다. "여호와께서 너를 지켜 모든 환난을 면하게 하시며"(7절). 그러므로 양에게는 반드시 목자가 필요하다.

불안한 상황에서는 마음에 근심이 생길 수 있다. 정신적으로 우울한 상태에 빠질 수도 있다. 하나님이 지키신다는 것을 믿지 못한다면 영혼이 공황상태에 빠질 수 있다. 여호와 목자는 몸을 지키시고 영혼을 지키신다. "또 네 영혼을 지키시리로다"(7절). 여호와 목자가 지키는 것은 몸에 국한되지 않는다. 여호와 목자는 양의 몸을 지키고, 마음을 지키며, 정신을 지키고 영혼을 지키신다. 여호와 목자는 전인을 지키신다. 아무리 강한 사람이라도 전인 건강을 이루기 어렵다. 전인 건강을 이루는 방법은 여호와 목자의 도우심과 지킴을 받아야 한다. 여호와 목자만이 그분이 기르시는 사람 곧 양을 가장 건강하고 편하게 할 수 있다.

마하트마 간디는 무저항 비폭력주의자였다. 그는 테러의 위협 앞에서도 힘을 키우지 않았고, 맞서 싸우지 않았다. 마틴 루터 킹 목사도 흑인들을 위해 싸웠으나 힘을 사용하지 않았다. 오히려 백인들의 양심에 호소하고 흑인들의 자주적 발전을 주장하였다. 국제관계에서 힘을 키우지 않는 것은 매우 위험한 일이다. 그러나 힘이 완전한 평화를 줄 수 없다는 것도 진실이다. 대안은 예수님밖에 없다. 완전한 평화는 예수님의 중재가 있어야 한다. 예수님이 말씀하셨다. "화평하게 하는 자는 복이 있나니 그들이 하나님의 아들이라 일컬음을 받을 것임이요"(마 5:9). 화평은 예수님으로부터 시작되고, 예수님을 모신 나를 통해 전파된다.

시편 122편
예루살렘의 영성과 여호사밧

중심지 예루살렘

예루살렘은 이스라엘 사람들의 삶의 중심지였다. 정치적으로 수도였고, 영적으로는 하나님의 성전이 있는 곳이었다. 백성의 몸이 예루살렘에 있다는 것은 곧 하나님을 만나는 것이었다. 원래 예루살렘은 산 위에 지어진 여부스 사람들의 성이었다. 그래서 여부스 성이라 불렸다. 그러나 다윗이 여부스 사람들의 성을 점령하였다. 그리고 이 성의 이름이 바뀌었다. 산성이라 불리거나, 다윗 성, 시온성, 시온산성 등 여러 가지 이름으로 불렸다. 그곳은 이스라엘 역사와 함께 백성의 애환이 녹아있는 곳이자 마음의 고향이었다.

이스라엘이 남북 왕조로 나뉘어지고, 남왕국 왕들은 예루살렘을 중심으로 다스렸다. 북왕국 왕들이 대부분 우상에 빠진 것에 비하면 남왕국 유다의 왕들은 하나님 앞에 정직한 왕들도 더러 있었다. 유다의 제 7대 왕 여호사밧도 왕위에 오른 후 하나님 앞에서 정직하게 행하였다. 그는 즉위 3년 만에 방백들과 선지자 그리고 제사장들을 시켜서 백성에게 율법책을 가르치도록 하였다(대하 17:7~9). 하나님이 여호사밧을 축복함으로 남왕국 유다는 주변 나라들보다 더 강한 나라가 되었고, 재정과 정치적인 면에서 안정을 찾았다. 남왕국 유다의 군사력도 날로 증가하였다. 주변 나라들이 겁을 내어 감히 넘볼 수 없었다.

그러나 여호사밧은 부귀와 영화가 극에 다다르자 북왕국 이스라엘의 아합 왕과 사돈관계를 맺었다(대하 18:1). 그리고 북왕국과 연합하여 길르앗 라못을 치려고 하였다. 강한 군사력을 믿었기 때문이다. 이것이 여호사밧에게 실수였다. 이 전쟁에서 아합이 죽고, 여호사밧은 패전하여 예루살렘으로 돌아왔다. 여호사밧은 선지자들로부터 호된 책망을 들었다. 아합과 통혼하고 전쟁을 일으킨 것이 교만이었기 때문이다. 그러나 그동안 하나님 앞에 정직한 것 때문에 당장 왕위에서 쫓겨나지는 않을 것이다. 이것은 하나님이 다윗에게 언약하신 것을 잊지 않으시고, 다윗의 후손들에게 왕위를 유지할 수 있도록 축복하시는 것이었다.

이후 모압과 암몬 사람들이 연합하여 남왕국을 침략한다는 소문이 들렸다. 전쟁에 참패하여 군사력이 약하게 된 이후였다. 여호사밧이 먼저 하나님 앞에 엎드려 간구하였다. 그리고 예루살렘 사람들 앞에 서서 하나님의 전능하심을 찬양하였다(대하 20:3~9). 왕이 먼저 하나님 앞에 엎드리자 제사장과 레위인을 비롯한 예루살렘 사람들과 유다 온 백성이 함께 하나님 앞에 엎드렸다(대하 20:18~19). 이후 암몬과 유다는 자기들끼리 세일 백성과 전쟁을 한 후 내분이 일어나 서로 죽이는 일을 하였다. 그 덕에 예루살렘이 안전하게 되었다. 왕과 백성이 예루살렘에서 승리를 축하하며 하나님의 전에 나아가 찬양하였다(대하 20:28).

중심지

어느 나라, 어느 지역이든지 중심지가 있다. 정치적 중심지라면 수도로서 정치가들이 많이 모이는 곳이다. 경제적 중심지라면 상거래가 많고 돈이 많이 도는 곳이다. 예술가들이 많이 모이고, 창작 활동이 활발한 문화적 중심지도 있다. 예술도 장르에 따라 음악, 미술, 건축, 문학 등 다양하게 나뉜다. 어떤 도시는 교육의 중심지로 이름이 나 있다. 어떤 도시는 패션, 어떤 도시는 산업 등 각 도시마다 특성이 있고, 이 도시들은 각기 그 특성의 중심지가 되고 싶어 한다. 어떤 중심지에 사는냐에 따라 사람들의 정체성이 달라진다. 사는 도시에 따라 사람들의 가치관과 사고 체계 그리고 사는 방법이 다를 수 있다.

무엇을 배우고 느끼려면 해당 능력이 모여있는 곳을 가야 한다. 문화를 배우는 곳, 스포츠를 배우는 곳, 기술을 배우는 곳 등 배우려는 목적에 따라 가야할 곳이 있다. 왜 그곳으로 가야하는가? 그곳에 역사가 있기 때문이다. 그곳에 능력을 가진 사람들이 더 많기 때문이다. 그곳에 노하우가 쌓여 있고, 그곳으로 필요한 정보가 모이기 때문이다. 그곳에 있으면 더 빨리, 더 수월하게 배울 수 있다. 아무리 정보화시대라 하여 인터넷을 통해 배울 수 있다지만, 사람과 사람이 만나서 배우려면 사람이 있는 곳을 찾아야 한다. 그러므로 중심지를 찾아가고 그 속으로 들어가야만 배울 수 있다.

역사를 좌지우지했던 중심지들도 있다. 강한 카리스마를 지닌 지도자들이 지역과 세계를 통치하던 정치적 중심지들이다. 시대가 발전하고 다양화되면서 특화된 도시들이 있지만, 고대시대에는 수도나 중심지가 정치와 경제 그리고 문화를 독점하다시피 하였다. 정치가들은 저마다 도시를 건설하였다. 도시 건설로 자기 업적을 자랑하고 이름을 남기고 싶었기 때문이다. 도시를 건설하며 산업을 일으키거나 백성의 마음을 달래기도 하고, 정치적 갱신을 꾀하기도 하였다. 이 때문에 백성을 압제하여 정치 생명을 잃은 통치자들이 있는가하면 백성을 달래고 성공하여 역사적 중심지로 발전시킨 경우도 있었다.

도시를 구성하는 건축물들을 보면서 불가사의라고 일컫는 경우가 많다. 현대적인 장비와 기술로도 쉽지 않은 건축물들을 당시의 인력과 기술로 지었다는 것이 지금도 이해하기 어렵다. 게다가 건축 과정이나 기술이 남아있지 않아 신비스럽기까지 하다. 역사의 뒤안길에 사라진 도시도 있고, 당대에 문화를 오랜 시간 찬란한 문화를 자랑했거나, 대륙마다 이천 년 이상 이름을 유지하는 도시들이 상당수 있다. 이 도시들에는 고대 유적들이 많아 지금도 당시의 숨결을 느낄 수 있고, 수많은 관광객이 찾아온다. 얼마나 찾아오는지 죽은 조상들이 산 후손들을 먹여 살린다는 말이 있을 정도이다.

이스라엘의 중심지

이스라엘의 중심지는 두말할 나위 없이 예루살렘이다. 예루살렘은 아마도 성경에서 가장 많이 거론되는 도시일 것이다. 이스라엘 백성은 이 도시에 대한 애착이 강하다. 이곳에서 그들의 조상들이 살았다. 하나님이 그 땅을 백성에게 주셨고, 다윗은 그 땅에서 하나님으로부터 언약을 받았다. 그리고 그곳에 하나님의 성전이 지어졌다. 성전에서 하나님을 만났고, 도시의 흥망성쇠가 성전과 함께 하였다. 도시가 망하면 성전도 함께 파괴되었다. 도시가 건설되면 성전도 함께 건설되었다. 도시와 성전은 늘 생사고락을 함께 하였다. 도시는 성전의 장소를 제공했고 성전은 도시가 존재해야 하는 이유를 제공하였다.

도시가 흥하거나 망하는 것은 성전을 어떻게 대하느냐에 따라 달렸다. 성전에서 하나님을 섬기면 도시가 흥했다. 성전을 소외시키고 산당을 건축하였거나 혹은 성전에서 이방신을 찾았다거나, 성전에서 하나님을 찾기보다 상거래하는 일에 힘썼다면 도시가 쇠락하였다. 하나님은 도시를 살리기 위해 성전을 존속시켰다. 도시가 활발한 것은 도시 안에 신앙의 활발함이 있었기 때문이다. 예수님 당시 사람들이 성전을 소홀히 하였다. 겉으로는 순례를 위해 찾아오지만 사실은 물건을 파는 곳으로 변해 버렸다. 예수님은 이를 보시고 만민이 기도하는 집을 강도들의 소굴로 만들었다고 분노하셨다(사 56:7, 마 21:13).

예수님이 이 말씀을 하신 후 얼마되지 않아 예루살렘 성전이 파괴될 것을 예언하셨다. "너희가 이 모든 것을 보지 못하느냐 내가 진실로 너희에게 이르노니 돌 하나도 돌 위에 남지 않고 다 무너뜨려지리라"(마 24:2). 성전의 파괴는 곧 예루살렘 성이 무너질 때 함께 일어날 것이다. 실제로 A.D 70년 로마의 디도 장군에 의해 예루살렘 성이 점령되었다. 당시 로마 군사들은 성전의 돌 사이에 금이 있다는 소문을 듣고 돌마다 뒤져냈다. 정말 예수님의 예언대로 돌 하나도 돌 위에 남지 않았다. 이후 이스라엘 백성은 이천년 이상 세계를 방랑하는 사람이 되었다. 그들은 흩어진 유대인이 되어 예루살렘을 사모하는 사람들로 살았다.

예루살렘을 사모하는 것은 이스라엘의 전통이었다. 그것은 마음의 고향, 영적인 고향이었기 때문이다. B.C 522년 남왕국 유다가 바벨론에 의해 함락된 뒤 성과 성전이 파괴되었다. 수많은 사람이 포로로 잡혀갔다. 그러나 그들은 성전을 사모하는 마음을 가졌다. 다니엘은 성전을 향하여 하루에 세 번씩 기도하였다. 선지자들은 백성이 고향으로 돌아올 것을 예언하였다. 실제로 고레스의 칙령이 있은 후 백성은 예루살렘에 돌아왔다. 느헤미야의 주도로 예루살렘 성을 건축하고, 스룹바벨의 주도로 성전이 재건되었다. 이후 명절이 되면 사람들이 예루살렘 성과 성전을 찾았다. 그곳에서 하나님께 예배드리는 역사적 전통을 지켰다.

시편 기자에게 예루살렘에 있다는 것은 행복의 조건이었다. 그것은 하나님과 함께 하는 것이었고 하나님의 집을 마음대로 찾을 수 있었기 때문이다. 시편 기자에게 하나님의 집에 가는 것은 기쁨이었고 인생의 보람이며, 낙이었다. 시편 기자는 다른 사람들과 함께 성전에 가고 싶다. 그는 사람들로부터 성전에 올라가자는 말을 듣고 싶다. 실제로 그 말을 들었을 때 얼마나 기쁜지 모른다. "사람이 내게 말하기를 여호와의 집에 올라가자 할 때에 내가 기뻐하였도다"(1절). 성전은 혼자 가는 곳이 아니다. 성전은 여러 명이 함께 가야하는 곳이다. 하나님께 예배드리는 것은 사람이 모일수록 더 기쁘고 즐겁다.

성전은 예루살렘이라는 도시 안에 있다. 성전에 들어가려면 예루살렘을 먼저 밟아야 한다. 성전과 함께 하는 사람은 예루살렘 도시를 사랑하게 된다. 예루살렘 땅을 밟고 지나다니는 것이 자랑스럽다. "예루살렘아 우리 발이 네 성문 안에 섰도다"(2절). 시편 기자는 혼자 성문을 드나들지 않는다. 여러 사람이 함께 성문을 드나든다. 함께 예배하러 올라가는 것이 즐겁다. 성을 드나들 때마다 이 성이 얼마나 아름다운지 모른다. "예루살렘아 너는 잘 짜여진 성읍과 같이 건설되었도다"(3절). 성을 사랑하는 마음, 성전을 사랑하는 마음이 있으면 성을 보는 눈도 달라진다. 성과 함께 하는 느낌도 감격적이다.

하나님의 백성은 예루살렘 성과 성전을 마음의 고향과 영적 고향으로 삼고 있다. 그곳에서 하나님을 만나고 은혜를 입었다. 하나님의 말씀을 듣고, 축복을 확인하였다. 백성은 절기가 되면 예루살렘에 모여든다. 이것이 풍습이 되었고 관례가 되었다. 그러나 더 중요한 것은 성을 드나들며 언제나 감사하고 기쁘다는 것이다. 모든 백성이 다 성전에 찾아와 하나님께 감사의 노래를 부른다. "지파들 곧 여호와의 지파들이 여호와의 이름에 감사하려고 이스라엘의 전례

대로 그리로 올라가는도다"(4절). 백성과 예루살렘 성 그리고 성전이 함께 동고동락했다. 이런 성에 들어간다는 것은 언제나 감격적일 수밖에 없다. 예루살렘 성에 들어간다는 것은 하나님 앞에 자기를 보이러 가는 것이다. 성전에 들어가는 것은 하나님 앞에 자기를 보이고 하나님을 경험하는 것이다. 자신의 죄를 하나님께 아뢰고 용서를 받으러 성전에 들어간다. 과거보다 더 나은 미래의 축복을 받으러 성전에 들어간다. 하나님은 성전에 들어오는 백성을 축복하신다. 그것은 하나님께서 다윗에게 축복하셨던 언약을 지금 이 백성에게도 유지시키는 것이다. "거기 판단의 보좌를 두셨으니 곧 다윗의 집의 보좌로다"(5절). 하나님은 이 보좌에 앉으셔서 백성을 맞아주신다. 하나님은 당신 앞에 와서 절하는 백성에게 복을 주신다. 유다의 역사 속에는 이런 경우가 수없이 많다.

복을 받는 곳

문화의 중심지에 가야 문화를 배울 수 있고, 정보의 중심지에 가야 정보를 얻을 수 있듯이 영적 중심지에 가야 영성을 바르게 세울 수 있다. 영적 중심지에 가야 그곳에서 하나님의 놀라운 경륜을 발견할 수 있다. 영적 중심지에서 하나님을 만나 뵈어야 복된 자신을 확인할 수 있다. 만민이 기도하는 집으로 가야 만민의 평안을 위해 기도할 수 있다. 예루살렘 성전으로 간 사람이 예루살렘의 평강을 하나님께 구할 수 있다. 하나님이 그 기도를 들으시고 예루살렘 사람들에게 평강을 주신다. "예루살렘을 위하여 평안을 구하라 예루살렘을 사랑하는 자는 형통하리로다"(6절). 하나님이 예루살렘을 향한 실권을 쥐고 계신다.

하나님이 다스리시는 예루살렘에 평강과 형통의 축복이 있다. 여호사밧이 하나님 앞에 정직하게 행할 때 하나님은 그에게 평강과 형통을 주셨다.

하나님 앞에 정직한 사람을 하나님이 축복으로 다스리셨다. 그러므로 예루살렘은 하나님의 땅이며 하나님의 성이다. 하나님의 땅, 하나님의 성에 들어가는 사람에게 평강과 형통의 축복이 있다. 하나님이 성을 평안하게 하시고 궁중을 형통하게 하신다. "네 성 안에는 평안이 있고 네 궁중에는 형통함이 있을지어다"(7절). 하나님이 모압과 암몬으로부터 성을 지키셨다. 왕의 가족을 보호하셨던 것은 그냥 된 것이 아니라 하나님의 축복의 섭리가 있었기 때문이다.

평강과 형통의 복은 혼자 받으면 안 된다. 혼자 평강하고 혼자 형통한다는 것은 도대체 있을 수 없다. 친구없이 결코 혼자 평강해지지 않는다. 가족이 불행해지면 본인도 불행해진다. 가족이 아프면 본인의 마음도 아프다. 그러므로 하나님으로부터 평강과 형통의 복을 받은 사람은 반드시 형제와 이웃 그리고 친구들에게도 평강과 형통의 방법을 말해줘야 한다. 함께 복을 받아야 진짜 복이다. 시편 기자는 친구들에게 복을 선언한다. 자기 안에 평강이 있으면 다른 사람에게 평강을 말하고, 먼저 복을 받은 사람이 다른 사람에게 복을 말한다. "내가 내 형제와 친구를 위하여 이제 말하리니 네 가운데에 평안이 있을지어다"(8절).

형제와 이웃에게 복을 말하도록 동기를 부여받는 곳이 하나님의 집이다. 그러므로 하나님의 집을 우선으로 여기고 보존하여야 그 복이 계속된다. 하나님의 집이 평강과 형통 그리고 축복의 샘이며 근원지이다. 시편 기자는 샘이 마르면 안 된다는 것을 잘 알고 있다. 형제와 이웃이 복을 받으면 하나님의 집에도 유익이 된다. 시편 기자는 하나님의 집의 번성과 명성을 위해 친구들의 평강과 축복을 하나님께 기원한다. "여호와 우리 하나님의 집을 위하여 내가 너를 위하여 복을 구하리로다"(9절). 평강을 누리는 사람이 예루살렘을 기쁨으로 드나들 것이다. 형통한 사람은 성전에서 하나님을 만나려고 예루살렘 거리를 활보할 것이다. 예루살렘에 자유와 평강, 형통과 축복이 있을 것이기 때문이다.

시편 123편

열정의 영성과 다니엘

하루 세 번 기도하다

다니엘은 바벨론에서 포로생활을 하는 유대의 젊은이이다. 그는 유대 출신 친구들과 함께 느부갓네살의 왕궁에서 생활하였다. 그러나 그는 뜻을 정하여 왕의 음식을 먹지 않고 채식을 하였다. 그럼에도 그는 바벨론의 젊은이들보다 더 살결이 좋았고 건강하였다. 게다가 바벨론의 젊은이들보다 지혜와 총명이 뛰어났다. 심지어 바벨론에서 뛰어나다고 인정받는 학자들보다 지혜와 총명이 열 배 이상 되었다. 하나님이 다니엘에게 복을 주시는데 이상과 몽조를 깨달아 알게까지 하셨다. 그가 이처럼 지혜를 가질 수 있었던 것은 하나님으로부터 지혜를 받았기 때문이다. 다니엘이 가진 지혜의 원천은 하나님이었다.

이 정도 뛰어난 사람이 제자리에 머물러 있지 않을 것이다. 반드시 알아보는 사람이 있을 것이고, 능력을 사용할 곳이 있을 것이다. 뛰어난 사람은 나라가 바뀐다 할지라도 여전히 일할 자리가 있다. 느부갓네살 왕이 죽고 그의 아들 벨사살 왕이 바벨론을 다스렸다. 다니엘은 벨사살 왕 때에도 탁월함을 인정받았다(단 5:12). 벨사살이 하나님 앞에 범죄함으로 하나님이 그와 그의 나라를 심판하셨다. 바벨론이 메대 나라에 의해 멸망당하고 다리오 왕이 권좌에 올랐다. 다리오는 관리들을 선발하여 각 지역을 다스리게 하였다. 그 중에서 세 명을 총리로 임명하여 관리들 위에 두었는데 다니엘이 그 중 한 명이었다.

하지만 높은 자리에 올라갈수록 견제가 심해진다. 다니엘 역시 주변 사람들보로터 견제를 당하였다. 왕은 다니엘을 더욱 신뢰하여 세 명의 총리 중에서 으뜸으로 삼으려 하였다. 자연히 다른 총리와 관리들이 다니엘을 모함하려고 틈을 살피고 있지만 전혀 발견할 수 없었다. 단 하나 흠을 잡자면 그가 하루 세 번씩 예루살렘을 향해 창문을 열고 하나님께 기도한다는 것이었다. 그러자 관리들이 한 가지 술수를 내었다. 그것은 왕 이외에 다른 사람이나 신에게 절하는 사람이 있으면 사자굴에 던져 넣자고 왕에게 제안하는 것이었다. 다리오 왕은 자기를 높이는 계획에 선뜻 동조하고 어인을 찍어 전국에 반포하였다.

그러나 다니엘은 이 사실을 알고도 하던 일을 중단하지 않았다. "다니엘이 이 조서에 왕의 도장이 찍힌 것을 알고도 자기 집에 돌아가서는 윗방에 올라가 예루살렘으로 향한 창문을 열고 전에 하던 대로 하루 세 번씩 무릎을 꿇고 기도하며 그의 하나님께 감사하였더라"(단 6:10). 다니엘은 하나님을 향한 결심이 결코 변하지 않았다. 그의 미래에 생명을 위협하는 일이 온다 할지라도, 혹은 그의 지위와 명예 삶의 모든 것을 빼긴다 하여도 결코 변심하지 않았다. 이는 생명과 명예, 지위보다 하나님께 기도하는 일이 우선이었기 때문이다. 다니엘은 자기의 생명과 지위 그리고 명예가 하나님으로부터 온 것임을 알고 있었다.

다니엘의 승리

다니엘이 목숨을 걸고 기도한다면 반드시 목숨을 잃을 어려움이 닥칠 것이다. 다니엘을 모함하려는 사람이 드디어 증거를 잡았다. 그들이 쏜살 같이 다리오 왕에게 달려가서 다니엘의 행위를 고자질한다. 다니엘이 왕의 명령을 지키지 않는 것을 보니 왕을 무시하는 것 같다고 왕의 자존심까지 건드린다. 왕이 깜짝 놀랐다. 관리들의 의도가 자기를 높이려는 줄 알았는데 사실은 다니엘을 제거하려는 계획이었던 것이다. 왕은 다니엘을 살리고 싶어서 사자굴에 던지라는 명령을 쉽게 내리지 못한다. 그러나 이미 다니엘을 제거하기로 계획한 사람들이 집요하게 왕을 물고 늘어진다. 왕이 명령대로 행해야 권위가 선다는 것이었다.

다리오 왕은 빠져나갈 명분이 없었다. 어쩔 수 없이 다니엘을 사자굴에 던지라고 명령을 내린다. 왕은 자기의 살을 도려내는 아픔을 느꼈다. 왕이 다니엘에게 위로의 말을 건넨다. "네가 항상 섬기는 너의 하나님이 너를 구원하시리라 하니라"(단 6:16). 간신배들은 왕의 명령이 내려지자마자 득달같이 다니엘을 사자굴에 던져버린다. 그리고 큰 돌로 굴의 입구를 막아버린다. 아무도 다니엘을 구하지 못하게 하고 다니엘 역시 도망하지 못하게 하려는 것이다. 그날 밤 다리오 왕이 뜬 눈으로 밤을 새웠다. 음악이 들리는 것을 중단시키고, 음식을 입에 대지 않았다. 다니엘이 자기 곁에서 사라진다는 것이 못내 아쉬웠기 때문이다.

밤이 새자마자 다리오 왕이 사자굴이 있는 곳으로 달려갔다. 왕이 다니엘을 부른다. 사실 왕은 다니엘이 대답할 것이라 예상하지 못한다. 그저 다니엘에 대한 슬픔과 아쉬움 그리고 회한 때문에 다니엘을 부르는 것이다. 다니엘이 믿는 하나님이 정말 살아계시다면 다니엘이 사자굴 속에서도 구원받아야 하지 않느냐며 슬픈 목소리를 낸다. 그런데 전혀 예상치도 못한 일이 벌어졌다. 사자굴에서 다니엘의 음성이 들리는 것이다. 다니엘은 하나님이 천사를 보내어 자기를 보호하셨다고 말한다. 그리고 자기는 왕에게 결코 해를 끼친 적이나 죄가 없다고 말한다. 다니엘이 사자굴에서 나온 것을 보니 그의 몸에 전혀 상처가 없다.

다리오 왕은 다니엘이 믿는 하나님이 정말 살아계심을 눈으로 확인하였다. 다니엘이 사자굴에서 살아난 것을 보니 그에게 죄가 없다는 것도 증명되었다. 이제는 다니엘을 모함한 사람들의 차례이다. 왕이 다니엘을 참소한 사람들을 그들의 가족까지 끌어오게 하여 사자굴에 던졌다. 참소한 사람들이 사자굴 바닥에 닿기도 전에 사자들이 달려들어 그들의 몸을 찢는데 뼈조차 남기지 않고 으스러뜨리고 말았다. 다리오 왕이 온 나라에 하나님의 능력을 선포하였고, 다니엘을 높여주었다. 다니엘이 페르시아의 고레스 왕 때까지 형통하였다. 다니엘이 마지막 승자가 되었다. 무엇이 그로 하여금 마지막 승자가 되게 하였을까?

열정의 사람

열정이라고 하면 보통 어떤 일에 남다른 열심이 있는 것을 말한다. 남보다 열심인 사람이 더 좋은 결과를 거두고 성공하는 것이 사실이다. 그러나 열정은 열심과는 다른 의미를 가졌다. 열정이란 평생에 걸쳐 자기를 움직이게 하는 힘이다. 열정은 에너지를 공급하는 내면의 원인이다. 열정은 사람을 불붙게 하고 삶에 있어서 가장 큰 에너지와 성취를 가져다줄 수 있는 것이다. 열정은 분명한 목적의식을 가지고 목적을 향해 달려가게 하는 추진력이다. 열정을 가진 사람일수록 더 강한 내면의 힘을 발휘한다. 열정은 어떤 일을 평생에 걸쳐 중단하지 않고 꾸준히 그리고 즐겁게 하는 동기이며 이유이다.

다니엘이 생명의 위협을 받으면서까지 기도를 중단하지 않은 것은 하나님을 향한 열정이 있었기 때문이다. 다니엘은 하나님과 대화하는 것을 기뻐하는 기도의 열정을 가지고 있었고, 예루살렘이 회복되어야 한다는 하나님의 약속에 관한 열정을 가지고 있었다. 그러므로 다니엘의 열정은 사람의 열정이 아니라 하나님의 열정을 받은 것이다. 사실 영어로 열정

(Passion)은 “하나님 안에”라는 의미를 가지고 있다. 열정은 사람이 목적을 정하고 가지는 것 같으나 사실은 하나님으로부터 오는 것이다. 하나님으로부터 오는 힘이 있기 때문에 사람의 위협에 굴복하지 않는다. 열정의 사람은 그의 삶에서 하나님의 승리를 증명한다.

열정은 사람들을 감동시키며 승리를 이끌어낸다. 열정은 전염성을 가진다. 다니엘이 사자굴에서 멀쩡하게 나온 이후 다리오 왕이 다니엘의 믿음을 인정하였다. 동시에 다니엘의 하나님 곧 여호와 하나님을 섬기라고 명령을 내렸다. 다니엘의 열정이 왕을 감동시켜 결국은 온 나라의 백성에게 전파되었다. 열정은 반드시 멋진 결과를 낳는다. 그것은 열정의 뒤에 하나님이 계시기 때문이다. 하나님이 열정의 사람을 도와주시기 때문이다. 즉 하나님은 열정의 사람 편이시다. 사람만을 위한 것은 결코 열정이라 말할 수 없다. 그것은 자기를 향한 집념이다. 하나님을 향한 열심만이 열정이라 할 수 있다.

초대 교회 사람들은 열정을 가지고 있었다. 그들은 핍박 중에서도 지하 무덤에 모여 기도하고 말씀을 배웠다. 이 모임은 죽음을 각오하고 모인 것이었다. 그런데 이 모임이 점점 더 커지기 시작한다. 열정에 감동된 사람들이 모여들기 시작한다. 사자에게 물려 죽으면서도 그리스도를 배반하지 않는 사람들이 로마인들의 눈에 띄였다. 몇몇 지각이 있는 사람들이 그 열정에 감동되었다. 로마 상류층의 여인들이 이 열정에 동의하기 시작하였다. 결국은 콘스탄틴 황제의 어머니까지 예수님을 영접하게 되었고 그 영향으로 A.D 313년 밀란 칙령에 의해 기독교인에게 자유가 선포되었다. 이러한 결과는 곧 성령의 역사에 의한 열정 때문이었다.

시편 120편부터 134편까지는 "성전에 올라가는 시"라는 표제가 붙어 있다. 이 시도 예외가 아니다. 성전에 올라가면서 시를 짓고 노래를 불렀다는 것은 성전에 올라가는 사람에게 그만큼 성전을 향한 열정이 있었다는 증거이다. 얼마나 성전에 올라가는 것이 즐거웠으면 시를 짓고 노래를 불렀을까? 당신은 교회에 예배를 드리러 가면서 시를 적고 찬송을 부르는가? 시적 능력이 없고 노래 실력이 없어서 못한다고 핑계를 댈 수도 있다. 그렇다면 콧노래라도 부르는가? 이 정도 되면 교회에 가는 것이 즐거운 사람이다. 그는 교회에 대한 열정을 가진 사람이다. 열정은 힘이 나게 하고 즐겁게 하기 때문이다.

시편 기자는 성전에 올라가면 하나님을 생각한다. 성전에 올라가서 만날 하나님을 기억하며 그 하나님을 먼저 바라본다. 그의 시각은 하나님께 고정되어 있다. 하나님이 그의 목적지이며 목표이다. "하늘에 계시는 주여 내가 눈을 들어 주께 향하나이다"(1절). 시편 기자는 하나님을 향한 열정과 성전을 향한 열정을 가지고 있다. 그 열정은 자기만의 것이 아니라 민족의 것이다. 당대에만 가지는 것이 아니라 후대에까지 물려주어야 하는 것이다. 그 열정이 살아있으면 민족이 살게 되고, 그 열정이 죽으면 민족이 수난을 당한다. 그러므로 민족의 영광과 흥망은 하나님과 성전을 향한 열정에 달려 있다.

하나님을 향한 열정을 가진 사람은 하나님의 사랑에 목말라 한다. 성전에 올라갈 때 하나님께 무엇을 받을 것인지를 기대한다. 시인은 하나님께 기대하는 것이 있다. "상전의 손을 바라보는 종들의 눈 같이, 여주인의 손을 바라보는 여종의 눈 같이 우리의 눈이 여호와 우리 하나님을 바라보며 우리에게 은혜 베풀어 주시기를 기다리나이다"(2절). 하나님으로부터 말씀이 들려지지 않으면 시인은 아무 것도 할 수 없다. 그러므로 그는 하나님의 말씀을 듣기 위하여 정신을 집중하여 기도를 드린다. 하나님의 말씀을 깨닫기 위해 하나님 앞에 겸손을 유지한다. 아무리 똑똑한 사람이라도 하나님으로부터 말씀이 주어지지 않는다면 그의 인생에 즐거움이 없을 것이다. 시편 기자는 하나님께 긍휼을 기대한다. 왜 긍휼을 기대하는가? 그것은 그가 멸시를 받고 있기 때문이다. 성전에 올라가면 자기는 즐거운데 그것을 몰라주는 사람이 있다. 성전에 올라가는 것이 하나도 즐겁지 않게 보는 사람들, 하나님을 향한 열정보다는 자기를 향한 탐욕을 가지고 사는 사람들은 성전에 올라가는 사람을 고운 눈으로 보려고 하지 않는다. 그렇다고 시인이 그들의 말에 일일이 대꾸할 수 없다. 그는 잠잠할 뿐이다. 결국 하나님이 시인을 알아주셔야 한다. "여호와여 우리에게 은혜를 베푸시고 또 은혜를 베푸소서 심한 멸시가 우리에게 넘치나이다"(3절). 하나님이 긍휼히 여기실 때 열정을 유지할 수 있기 때문이다.

열정과 장애물

열정은 하나님으로부터 온다. 그러므로 사람들은 그 열정을 다 이해할 수 없다. 하나님으로부터 말씀을 듣지 않은 사람, 하나님의 위대한 뜻과 계획을 이해하지 못하는 사람들은 열정이 없을뿐더러 열정을 가진 사람을 이해하지도 못한다. 이런 사람들은 열정을 가진 사람들을 비웃고 비난한다. 열정을 가진 사람들의 마음에 아픔과 상처를 가져다준다. "안일한 자의 조소와 교만한 자의 멸시가 우리 영혼에 넘치나이다"(4절). 무엇 때문에 그토록 고생하며 사느냐는 둥, 세상을 좀 더 편하게 살면 어떠하냐는 둥 하며 열정에 대하여 평가절하한다. 이런 말을 자주 들으면 열정을 가진 사람도 낙망하여 열정이 식어지게 된다.

열정의 사람에게도 장애물이 있다. 열정을 사라지게 하는 장애물, 결코 뛰어넘을 수 없다고 부추기는 절망의 장애물, 핍박과 위협, 비웃음과 비난이 점점 심해지고 결과가 빨리 나타나지 않아 과연 자기의 열정이 맞는지 의심하게 되는 장애물 등 여러 가지들이 나타난다. 장애물은 열정을 포기하게 만들고 중단하게 한다. 모든 사람들이 이런 함정에 빠진다. 그러나 몇몇 사람들은 장애물을 딛고 넘어간다. 열정이 진실한지 강력한지를 판단하는 것은 장애물이 있을 때 넘어갈 수 있느냐는 것이다. 어떤 사람은 장애물을 만나면 포기하지만 어떤 사람은 그것을 극복한다. 그렇다면 당신은 어떤 사람이 되고 싶은가?

하나님의 일을 하는 것에도 장애물이 생긴다. 하나님의 신실한 사람으로 사는 일에도 장애물이 생긴다. 성전에 올라가는 일에도 장애물이 생긴다. 선한 일에 장애물이 생긴다는 것을 사람들이 이해하지 못한다.그래서 장애물을 만나느니 아예 선한 일 자체를 포기하는 사람도 있다. 그러나 장애물 없다면 그 일은 선한 일도 가치와 보람을 가진 일도 아니다. 장애물이 높고 강할수록 장애물 뒤에 더 아름다운 일이 기다리고 있다. 장애물을 뛰어 넘으려면 열정의 결과에 대한 희망을 가져야 한다. 그 희망은 하나님으로부터 오는 것이다. 하나님이 희망이시고 또 하나님이 결과를 책임지신다는 믿음이 필요하다.

이스라엘 백성은 가나안에 들어가기까지 수많은 장애물을 만났다. 백성은 그 때마다 절망하였어도 모세는 절망하지 않았다. 왜냐하면 모세에게는 젖과 꿀이 흐르는 땅에 들어갈 것이라는 소망이 있었기 때문이다. 그것 때문에 모세는 백성을 애굽에서 이끌고 나오며 광야 생활을 인도하는 열정을 보였다. 다니엘도 포로 생활이라는 장애물이 있었지만 하나님의 지혜와 계시 그리고 형통을 경험하였다. 이들에게는 모두 하나님을 향한 열정이 있었다. 어떤 장애물을 만나도 하나님부터 먼저 만나는 열정을 가지고 있었다. 그들의 열정이 승리의 원동력이었다. 열정은 인생의 마라톤에서 우승하게 하는 지치지 않는 에너지이다.

시편 124편

구출의 영성과 누가

바울의 로마행

바울이 예루살렘에서 재판을 받았다. 이유는 예수 그리스도의 복음을 전하다가 유대인에게 미움을 받았기 때문이다. 유대인이 바울을 법정에 세웠다. 헤롯 아그립바가 바울을 심문하고, 총독 벨릭스와 후임 총독 베스도가 바울을 심문하였다. 그들은 서로 바울을 심문한답시고 놀리고 비웃었다. 그러나 바울에게서 죄를 찾을 수 없었다. 그들은 바울을 석방해야 했다. 그런데 석방할 수 없는 상황이 되었다. 그것은 바울이 로마의 가이사 황제에게 탄원을 하였기 때문이다. 로마 시민권을 가진 바울이 로마 황제에게 탄원하였으면 가이사에게 보내어 재판을 받게 하여야 한다. 급기야 바울을 로마로 호송하게 되었다.

바울은 죄인이 되어 로마까지 압송을 당한다. 바울을 비롯한 다른 죄인들을 배에 태워 바닷길을 거쳐 로마까지 가게 된다. 배 안에는 선원들과 감시하는 로마 군인들과 백부장 그리고 바울의 친구이자 동역자인 누가가 타고 있다. 바울은 이 항해가 순탄치 않을 것을 알고 있다. 그래서 백부장에게 쉬었다가 갈 것을 제안한다. 백부장은 바울의 말보다 선주와 선원들의 말을 듣고 배를 띄우라 명령한다. 처음에는 순한 남풍이 불어 선원들의 말이 옳은 것 같았지만, 조금 후에 육지에서 바다를 향해 부는 유라굴로라는 광풍이 배를 흔들어 바다쪽으로 밀어낸다. 노련한 선원들이 노를 저어도 배를 제어할 수 없다.

선원들은 배를 제어하려고 배 안에 있는 짐들을 모두 바다에 버린다. 게 중에는 값비싼 것들도 있겠지만 물건보다는 목숨을 건져야 하니 할 수 없는 노릇이다. 배 안에 있는 사람 모두가 목숨을 잃을까 전전긍긍이다. 그러나 바울은 태평하다. 그는 이미 광풍을 예견했었다. 이제는 광풍 중에도 죽지 않고 살아날 것을 예견하고 있다. 그는 하나님으로부터 배가 안전하게 될 것이며, 배에 탄 사람들 모두에게 영향력을 끼칠 수 있게 될 것이라는 말씀을 들었다. 과연 배가 흔들리다가 한 섬에 걸렸다. 그 섬은 멜리데라는 섬이다. 뱃사공들이 도망하려고 하지만 바울은 그것을 알고 백부장에게 알려 사공들로 하여금 배를 지키도록 한다.

광풍으로 배가 깨지고 해적선마냥 흉물스럽게 된 배가 섬에 다다르게 되자 바울이 배 안의 사람들을 위로하며 음식을 먹으라고 권면한다. 배 안의 사람들에게 머리카락 하나라도 다치지 않을 것이라고 위로한다. 배가 섬에 다다르자 이번에는 군인들이 죄수들을 죽이려 한다. 죄수들이 탈출을 하면 자기들에게 책임전가가 될까 두려워하기 때문이다. 만약 죄수들이 군인들에 의해 죽게 되면 필시 바울도 똑같이 당하게 될 것이다. 이 때 백부장이 나서서 군인들을 말린다. 바울은 광풍의 위험에서 벗어나고 또 군인들의 살해 위험에서도 벗어났다. 바울의 동역자 누가는 바울과 함께 배를 타고 가면서 이 과정을 모두 보았고 또 기록하였다.

바다가 무섭다

지진 해일 일명 쓰나미라는 것이 남아시아를 강타하여 몇몇 나라들을 초토화시켰다. 엄청난 해일의 위력 앞에 사람들의 힘은 아무 것도 아니다.

바닷물이 빠질 때 신기한 현상을 구경하러 나가던 사람들은 밀려드는 해일에 의해 휩쓸려 나갔다. 그들은 실종되어 시신조차도 찾을 수 없다. 밀려드는 파도를 피해 죽을 힘을 다해 뛰는 사람들이 파도에 의해 휩쓸렸다. 파도에 휩쓸리지 않으려고 나무를 붙잡는 사람, 기둥을 붙잡고 버티는 사람 등 그야말로 죽을힘을 다하여 살려고 하였다. 어떤 사람들은 파도를 피해 산과 건물 꼭대기로 도망가기도 했다. 그들 중에도 죽거나 다친 사람이 셀 수 없이 많다.

파도가 잠잠해지자 해일의 피해가 여기저기서 눈덩이처럼 불어난다. 산 사람보다 죽은 사람이 더 많고, 다친 사람도 수없이 많으니 시신을 수습하기도 부상자들을 치료하기도 어렵다. 갑자기 밀려드는 부상자들과 시신들 때문에 병원들은 수용능력이 초과되었다. 시신들이 한 군데로 모여지는 것은 그나마 다행이고, 길바닥이나 무너진 건물들 혹은 웅덩이에 시신들이 방치된 채 떠다니고 있었다. 빨리 수습하고 정돈하려고 하지만 인력이 모자라고, 장비가 부족하다. 워낙 강력한 해일의 위력 앞에 놀란 사람들은 수습하려는 생각보다 넋이 나간 채로 바라만 보고 있다. 가족을 잃은 사람들은 울부짖고, 실종자 가족들은 시신이나마 찾으려 안간 힘을 쓴다.

엄청난 해일의 위력 앞에 그동안 사람들이 세운 건물과 마을이 휩쓸려 갔다. 달리던 열차가 해일에 밀려 탈선을 하고, 사람들이 튕겨 나오기도 했다. 자동차가 해일에 밀려 건물 꼭대기에 혹은 산 중턱이나 골짜기에 박혀 있다. 해일이 휩쓸고 간 자리 어디를 둘러보아도 멀쩡한 곳이 없다. 이제 시신이 썩고 물은 오염이 되고 건물이 폐허가 되었다. 사람들이 갈 곳이 없어졌고 잠잘 곳이 없어졌다. 먹을 물도 부족하다. 의약품이나 생필품이 턱없이 부족하다. 부상자를 치료하기에 역부족이고, 건강한 사람들도 전염병의 위험성에 노출되어 있다. 각국의 지원이 발표되고 있으나 그나마 생색내기인 경우도 있다.

시원한 바람이 불고 아름다운 경치를 보이던 바다, 사람들에게 추억을 만들어주는 바다가 비극의 현장이 되었다. 사람들에게 쉼터가 되고, 관광업이나 어업을 하는 사람들에게는 생업의 터전이었던 바다가 이제는 괴로움과 아픔의 현장이 되었다. 역사의 한 페이지에 사상 최악의 지진 해일이라는 것과 최대의 인명과 피해라는 기록을 남길 것이다. 자연의 힘이 이토록 엄청나다. 사람은 감히 맞설 수 없고, 도저히 이길 수 없는 위력이다. 성난 파도 앞에서는 사람의 대책은 피해를 최소화하는 정도일 뿐 자연의 힘 자체를 막을 수 없다. 자연은 사람이 생산하는 에너지보다 훨씬 더 엄청난 위력을 가진다.

재난의 뒷이야기

그러나 이 과정에서 사람을 감동시키는 사건들이 있다. 자기 목숨을 아끼지 않고 다른 사람들을 구출한 것이다. 가족을 구하려고 파도에 뛰어든 가장이 가족을 구출한 뒤에 정작 자기는 파도에 휩쓸려 실종되었다. 관광 안내원도 관광객들을 안전하게 피신시킨 뒤에 한 사람이라도 더 구하려고 바다로 뛰어들었다가 파도에 떠밀려 실종된 경우도 있다. 나를 희생하여 다른 사람을 살리려는 희생정신과 위험에도 구조하려는 담대함이 사람들의 귀감이 되고, 다른 이를 위해 희생한 사람의 정신에 가슴이 뭉클해진다. 이런 희생자들이 있기에 살아난 사람들도 있다. 구출된 사람들은 누군가의 희생과 도움이 있기 때문이다.

혹은 구사일생으로 살아 돌아오는 사건도 있다. 네 살 난 아이는 기차에서 떨어진 후 혼자 시신들 틈에서 헤매다 살아나기도 했다. 건물 폐허 더미에서 며칠간 굶주림과 추위를 맞서 싸우다 구출되기도 했으며, 파도에 떠밀려 갈 때 나뭇조각 하나를 붙잡았는데 그것에 의지하여 망망대해를 떠돌다가 구출된 사람도 있다. 이처럼 초인적인 힘과 의지력을 발휘한 이야기들이 심심찮게 들린다. 자연의 힘 앞에 한없이 나약한 인간들인데 생명을 유지하는 끈질김은 놀랍기만 하다. 폐허 더미 위에서 가족과 친지를 잃은 슬픔을 가진 사람들도 이런 감동의 사건 앞에 혹 자기 가족이 살아있지 않을까 하는 한 가닥 희망을 가진다.

재난이 있으면 필연적으로 슬픔이 따라온다. 가족과 재산을 잃은 슬픔, 희망을 포기해야 하는 슬픔, 절망으로 한숨짓는 사람들이 생겨난다. 눈물로 끼니를 때우는 사람, 눈물을 흘리다 지쳐서 탈진하는 사람, 더 이상 눈물이 나오지 않는 사람도 있다. 게다가 죽은 가족들을 생각하면 회한과 아픔이 밀려든다. 얼마나 당황했을까? 얼마나 아프고 힘들었을까? 살려고 얼마나 발버둥을 쳤을까? 그렇게 열심히 살려고 하더니 이제 살만하더니 왜 갑자기 이런 일을 당할까? 하늘도 무심하시지! 하지만 하늘을 원망한들 이미 벌어진 재난을 되돌릴 수 없다. 시간을 되돌릴 수만 있다면 얼마나 좋을까?

그러나 재난의 뒤에 위로도 찾아온다. 슬픔을 당한 사람들을 돕기 위해 여기저기서 달려오는 사람들이 있다. 자기들의 생업이 있을 터인데, 그것을 뒤로 하고 어려운 사람들을 돕는다. 남의 일인데도 내 일처럼 일하고 땀을 흘리는 사람들, 잠도 안자고 밥도 먹지 않고 구조 작업에 열중하는 사람들, 어디 더 할 일이 없을까 찾는 사람들이 있다. 한편 몸은 갈 수 없어 직접 도울 수는 없어도 물질로 돕는 사람들도 있다. 그들 역시 남의 아픔을 나의 아픔처럼 느끼고 있다. 이런 일들이 재난의 아픔을 위로하고, 슬픔을 당한 사람들에게 새로운 희망을 안겨 준다. 이런 훈훈한 뒷이야기는 오직 사람들에게만 있는 일이다.

다윗은 하나님의 성전을 사모하는 사람이다. 그의 마음 한 가운데는 성전이 있다. 그의 몸이 어디에 있든지 언제나 성전에 있는 것과 같은 착각을 가진다. 이 정도의 마음이라면 실제로 성전에 갈 때는 얼마나 마음이 흥분될까? 다윗은 이 흥분 중에 하나님이 그들의 과거 역사에 얼마나 관여하셨는지 기억한다. 하나님의 관여와 도움이 아니었다면 민족의 역사가 없었을 터이고, 지금의 이스라엘이 존재하지 않을 것이다. 하나님은 다윗의 일에도 관여하시고 도와주셨다. 하나님의 도우심이 아니었다면 지금의 다윗이 존재하지 않을 것이다. 과거를 돌아보면 돌아볼수록 하나님이 그 자리에 함께 계셨다는 것을 확실히 알수 있다.

만약 하나님이 그 자리에 함께 계시지 않았다면 어떻게 되었을까? "이스라엘은 이제 말하기를 여호와께서 우리 편에 계시지 아니하셨더라면 우리가 어떻게 하였으랴"(1절). 역사의 흐름을 되돌리려고 방해하는 사람들이 있었다. 그들의 훼방과 핍박 때문에 어려움을 당한 적도 있었다. 그때는 그것이 쓰라리고 괴로웠다. 하지만 지금 와서 생각해보니 바로 그 때 하나님이 그들과 함께 계셨다. "사람들이 우리를 치러 일어날 때에 여호와께서 우리 편에 계시지 아니하셨더면"(2절). 이런 가정은 사실 생각하기조차 싫은 고통의 과정에서 얻은 경험과 교훈에서 나온다. 하나님이 그 자리에 함께 계시고 도우셨다는 강한 믿음에서 이런 가정이 나오게 된다.

위기는 여러 방향에서 온다. 사람이 핍박과 괴로움을 당할 때 자연이라도 도우면 좋으련만 자연조차도 앞길을 막아선다. 애굽에서 나온 이스라엘 백성이 바로 이런 경우였다. 그들을 놓친 애굽의 바로 왕은 아깝고 분해 견딜 수 없었다. 그래서 군대를 모아 이스라엘을 뒤쫓는다. 이스라엘 백성은 빨리 도망가야 한다. 그러나 그 앞에 바다가 가로막혀 이스라엘의 길을 막고 있다. 바다는 이스라엘을 모두 삼킬 것처럼 성을 내고 있다. "그 때에 그들의 노여움이 우리에게 맹렬하여 우리를 산채로 삼켰을 것이며"(3절). 앞으로 나갈 수도 없고, 뒤로 후퇴할 수도 없다. 더군다나 그 자리에 머물러 있을 수도 없다.
배가 있다면 바다로 나갈 수 있을 것이다. 그러나 그들은 아무 것도 준비된 것이 없다. 이스라엘이 벌벌 떨고 있다. 모세를 원망하는 데 하나님까지 원망하고 있다. 백성의 영혼이 극도의 불안감에 떨고 있다. "그 때에 물이 우리를 휩쓸며 시내가 우리 영혼을 삼켰을 것이며 그 때에 넘치는 물이 우리 영혼을 삼켰을 것이라 할 것이로다"(4~5절). 그러나 우리는 그 결과를 알고 있다. 하나님이 모세에게 지팡이로 바다를 가리키게 하시고 모세가 하나님의 말씀에 순종하자 바다가 갈라지고 그 사이로 백성이 지나갔다. "우리를 내주어 그들의 이에 씹히지 아니하게 하신 여호와를 찬송할지로다"(6절). 하나님이 이스라엘 백성을 구출하셨다.

하나님은 우리 편이시다

하나님이 함께 하신다는 것은 이론이나 개념이 아니다. 그것은 말이나 학문적 논리로 연구의 대상으로 삼는 것보다 더 근본적인 속성을 가지고 있다. 하나님이 함께 계심은 경험이다. 하나님이 함께 계심은 실제로 일어난 사건이며, 역사의 한 페이지를 장식하고 있다. 이 경험은 백성의 정신을 지배하고 있다. 어려운 일이 생겨나면 그 때 하나님이 함께 하셨다는 것을 되새기고, 바로 그 시간에 하나님을 의지하게 된다. 하나님의 도우심은 살아있는 경험이며 살아가는 데 있어서 용기가 된다. 지금도 하나님이 우리와 함께 계신다는 믿음은 슬픔의 때에 좌절하지 않고 희망을 가질 수 있는 근거가 된다.

이스라엘이 위기를 벗어난 과정은 그야말로 엄청난 드라마이다. 위기,

갈등, 해결의 실마리와 절정 그리고 종결 과정은 말 그대로 드라마 스토리를 구성한다. 스토리 속에서 찾을 수 있는 것이 무엇인가? 바로 하나님의 구출 사건이다. 사람이 위기를 막을 수 있을 것 같으나 결코 막을 수 없다. 만약 위기를 막을 수만 있다면 그 뒤에는 아무런 교훈을 얻을 수 없다. 사람은 위기를 막을 수 없지만 해결할 수도 없다. 위기를 주시는 분도 하나님이시고 해결하시는 분도 하나님이시다. 그 과정에서 하나님은 당신의 일을 하신다. 사람과 자연을 사용하여 하나님이 사람들에게 관여하셔서 위대한 구출의 능력을 보여주신다.

뒤에서 먼지를 내며 달려오는 애굽 군사들이나 앞에 놓여진 홍해 바다는 사람이 도저히 해결할 수 없는 위기이다. 위기를 당한 사람들이 할 수 있는 일이란 고작해야 울부짖고, 발버둥치는 정도이다. 마치 사냥군이 쳐 놓은 덫에 걸려 발버둥치는 새의 모양이다. 아무리 새가 발버둥치지만 새는 자유를 얻을 수 없다. 올무가 점점 더 조여져서 새는 꼼짝을 못한다. 그런데 웬일인지 올무가 끊어졌다. 이제 새는 몸을 움직일 수 있게 되었고, 올무에서 빠져나갈 수 있었다. 이스라엘이 위기에서 벗어난 것이 마치 이와 같다. "우리의 영혼이 사냥꾼의 올무에서 벗어난 새 같이 되었나니 올무가 끊어지므로 우리가 벗어났도다"(7절).

새가 구출될 수 있었던 것은 새의 발버둥보다는 다른 곳에서 이유를 찾아야 한다. 발버둥을 치는 것이야 본능적으로 당연하지만 올무가 풀어지는 것은 전적으로 행운이다. 그 행운의 이면에 하나님이 계시다. 하나님이 이스라엘의 구출 뒤에 계신다. 하나님이 위기의 순간에 함께 계셨고, 그들을 구출하셨다. "우리의 도움은 천지를 지으신 여호와의 이름에 있도다"(8절). 위기를 만나 울부짖는 것은 본능이다. 그러나 응답은 하나님께 있다. 하나님이 울부짖음을 들으시고 그 응답으로 구출의 은혜를 베푸신다. 구출되고 보니 다친 곳이 하나도 없다. 구출된 후에 그들은 하나님의 놀라운 은혜가 있었음을 깨닫게 된다.

시편 125편

호위의 영성과 이사야

하나님의 호위를 말한 선지자

이사야는 남왕국 유다에서 예언한 선지자이다. 그는 오랫동안 예언활동을 하였는데, 무려 4대에 걸쳐 왕(웃시야, 요담, 아하스, 히스기야)의 통치를 경험하였다(사 1:1). 이사야가 예언을 하던 시대는 남 왕국 유다가 외국의 침략에 의해 상당한 위기를 겪던 시대였다. 이미 앗수르는 북왕국 이스라엘을 멸망시켰다. 앗수르의 침략에서 용케도 견뎌냈던 유다였지만 주변의 강대국들의 위협이 끊이지 않았다. 앗수르를 제압한 바벨론은 앗수르보다 더 강력한 군대와 힘을 앞세워 유다를 점령하려 한다. 게다가 유다는 종교적으로나 사회적으로 안정되어 있지 못하고 내부적인 힘이 약화되어 침략을 방어할 힘도 가지지 못했다.

힘이 약한 나라는 침략에 대응하려면 방법을 찾아야 한다. 침략자들에게 비위를 맞추는 척 하면서 시간을 벌고, 힘을 기른 후에는 침략자들과 맞서야 한다. 혹은 다른 나라의 힘을 빌려서 침략자들이 들어오지 못하도록 해야 한다. 남왕국 유다가 바벨론의 침략에 대응하는 방법이 무엇이었을까? 그것은 애굽의 힘을 의지하는 것이었다. 이에 이사야 선지자가 분개한다. 사실 유다의 힘은 하나님에 의해 키워져야 한다. 유다가 하나님을 의지하고 하나님이 주시는 힘을 받아야 한다. 하나님은 전능하시므로 전능하신 하나님을 의지할 때 유다는 강한 힘을 가질 수 있고 바벨론의 침략을 물리칠 수 있을 것이다.

그러나 유다가 애굽을 의지하고 있다. 애굽은 이와 발톱이 빠진 늙은 호랑이에 불과하여 결코 유다를 구할 수 없다. 이사야는 이 사실을 잘 알고 있다. 그는 왕과 관리들 그리고 백성에게 하나님이 그들을 도와주실 것을 예언한다. "새가 날개 치며 그 새끼를 보호함 같이 나 만군의 여호와가 예루살렘을 보호할 것이라 그것을 호위하며 건지며 뛰어넘어 구원하리라 하셨느니라"(사 31:5). 애굽이 유다를 돕는 것이 아니라 하나님이 유다를 도우신다. 하나님이 유다를 호위하실 것이다. 이사야는 여러 번 하나님이 그 백성을 호위하실 것을 예언한다. 백성이 포로로 잡혀간 이후 돌아올 때 하나님이 그들을 호위하실 것이다(사 52:12).

남왕국 유다는 앞으로 수많은 고초를 겪게 될 것이다. 그들은 나라를 잃고 방랑하게 있을 것이다. 자기들의 고향이 짓밟힐 것이고, 가족이 뿔뿔이 흩어질 것이다. 그리고 그들의 영적 고향인 성전이 파괴될 것이다. 이런 상황이지만 하나님은 그들의 회복을 허락하실 것이다. 유다 백성이 회복될 때 하나님이 그들을 도우실 것이다. 하나님이 그 백성을 도우시는 것이 곧 그들에게 영광이다. 하나님은 이 영광을 백성에게 나누고 싶어 하신다. 이사야는 백성에게 영광이 임할 것을 예언한다. "그리하면 네 빛이 새벽 같이 비칠 것이며 네 치유가 급속할 것이며 네 공의가 네 앞에 행하고 여호와의 영광이 네 뒤에 호위하리니"(사 58:8).

경호원

1992년에 「보디가드(The Bodyguard)」라는 영화가 상영된 적이 있었다. 미모의 인기 가수 레이첼에게 어느 날 뜻하지 않은 협박이 날아든다. "너무나 좋아하기 때문에 죽이겠다"는 광적인 팬의 편지였다. 불안해진 레이첼은 자신의 신변을 경호할 보디가드로 대통령 경호 출신인 베테랑 프랭크를 고용한다. 이 스토리가 후에는 가수와 보디가드 사이의 사랑으로 연결되고, 보디가드는 가수를 보호하기 위해 자기의 목숨까지 내어 놓는다. 가수는 노래하는 데 천부적인 재주가 있고, 많은 사람들로부터 박수를 받는다. 그러나 가수는 스스로를 지킬 힘이 없다. 자기를 지키기 위해서는 돈으로 경호원을 고용해야 한다.

대중에게 존경과 관심 혹은 사랑을 한 몸에 받고 있지만 그렇다고 대중에게 쉽사리 다가갈 수 없는 사람들이 많다. 대중들 속에는 자기를 미워하고 해치려는 사람이 숨어있을지 모른다. 그렇지 않다고 해도 대중들과 어울리다 보면 자기 시간을 뺏기거나, 몸을 다칠 수도 있다. 그들은 자신의 몸을 지키기 위해 경호원을 고용하거나 혹은 연관된 기관으로부터 경호 서비스를 받기도 한다. 연예인이나 스포츠 스타 혹은 정치인 그리고 첨단 기술을 가진 사람 등 경호를 받아야 한 사람들이 많다. 이런 사람은 혼자서 자기 몸을 지키기 어렵다. 호신술을 익혔다 해도 역부족일 수 있다. 누군가 곁에서 지켜주어야 한다.

주목을 받는 사람일수록 경호원이 더 많다. 경호원이 많아질수록 조직적으로 경호해야 한다. 또 경호의 시스템이 갖추어야 한다. 어설픈 경호는 경호 대상자를 위험에 처하게 할지도 모르기 때문이다. 경호원 역시 부단히 실력을 갖추어야 한다. 경호 시스템을 개발하고, 위험한 상황에 대비하여 훈련해야 한다. 경호 대상자는 자기 마음대로가 아니라 경호원들의 경호 시스템에 따라 움직여야 한다. 그래야 자기의 안전을 경호원들이 지키기에 쉽기 때문이다. 대부분 경호를 받아야 할 사람들은 나름대로 중요한 위치에 있는 사람들이다. 그로 인해 대중들이 즐거움을 얻는 사람들이므로 보호받아야 할 가치가 있는 사람들이다.

하지만 어떤 사람들은 보호받아야 할 가치가 없는 경우도 있다. 포악한 독선주의자와 독재 군주들도 있다. 그들은 빨리 사라지는 것이 대중에게 이익이다. 그러나 그들은 한 번 잡은 권력을 놓으려 하지 않는다. 불의한 방법으로 권력을 잡았다고 생각하면 불의한 방법으로 권력을 유지한다. 이들은 돈과 권력으로 자기에게 충성하는 사람들을 길러낸다. 그들에게 자기의 몸을 맡긴다. 두려워서 외출하지도 못하며 철통같은 경비가 있는 곳으로 숨어 지낸다. 아마 경호원들도 사명감보다는 어쩔 수 없이 충성하는 척할지도 모른다. 괴팍한 독선주의자를 경호하는 것이 대중에게 손가락질을 받는 것임을 자기도 인식할 것이다.

하나님의 호위

사람들의 사고방식은 경호를 하는 사람은 몸으로 충성하는 사람이고, 경호를 받는 사람은 중요한 위치에 있다고 생각한다. 거의 맞는 말이다. 지식이나 재주가 없다 해도 날쌘 몸과 눈치를 가진 사람이 경호원이 될 것이다. 경호원은 경호 대상자의 안전이 최우선이다. 자기 목숨이 위협을 받는 상황에서도 경호 대상자의 신변을 안전하게 지켜줘야 한다. 그러니까 경호원은 고용된 사람이고, 경호를 받는 사람은 고용하는 사람이다. 경호원과 경호받는 사람 사이에 상하관계가 형성되고, 경호원과 경호 대상자 사이에 신분의 차이가 난다. 경호원은 경호 대상자의 명령에 따라야 한다.

그러나 반대의 경우가 있다면 사람들이 어떻게 이해할까? 만약 전능한 분, 강하고 존귀하신 분, 만왕의 왕으로 추앙을 받는 분이 약하고 천한 존재, 쓰레기 더미에나 버려져야 할 존재를 보호해준다면 사람들이 어떻게 생각할까? 어떤 이는 그런 경우는 말도 안 된다고 할 테고, 어떤 이는 뭐 그럴 수도 있을 거라고 반응할 것이다. 말도 안 된다고 생각하는 사람은 세상을 단순하게 보든지 혹은 자기 생각으로만 앞을 내다 보는 경우이다. 그럴 수도 있다고 대답하는 사람은 그나마 세상을 조금 더 다양하게 보려는 의지를 가진 사람이다. 그러나 구체적인 경우를 들어보라면 쉽게 대답하지 못할 것이다. 경험하지 못하였기 때문이다.

아버지는 나이 어린 아들에 비해 강하다. 아버지는 어린 아들을 보호해야 한다. 그것은 아버지의 의무이다. 의무 이전에 아버지와 아들의 관계이기 때문이다. 아버지나 아들이나 똑같이 귀하다. 그러나 아버지는 자기 목숨을 내놓아서 아들을 보호한다. 사람들은 이것을 아주 당연한 듯이 생각한다. 반대로 아들이 장성한 후 나이든 아버지를 목숨을 바쳐 보호했다고 치자. 사람들이 효자라며 칭송이 자자할 것이고, 오랜 세월을 두고 효의 모델로 떠받들 것이다. 사실 아들은 아버지의 사랑을 갚기에 매우 부족하다. 아버지는 아들의 전담이며 최고 경호원이다. 그러나 아들은 아버지의 경호원 노릇을 잘 못한다.

남왕국 유다 백성이 바벨론으로부터 침략 위기를 당하고 있다. 유다는 애굽에 자기들을 보호해 달라고 요청한다. 유다는 애굽에 지불할 것이 별로 없다. 만약 애굽이 유다를 지킨다면 유다에 남은 것마저 다 내어놓을 판이다. 그러나 이사야는 여호와 하나님이 유다를 지킬 것이라고 예언한다. 백성의 존경과 섬김을 받아야 할 만왕의 왕께서 백성을 보호하는 것이다. 보호하되 곁에서 지켜준다. 백성이 언제 어디서 무엇을 하든지 하나님은 가장 가까운 곳에서 그들을 지키신다. 하나님이 백성을 호위하시는 것이다. 이거야말로 사람들의 상식을 뒤엎는 일이다. 하나님이 백성을 호위하면 백성으로서는 한없는 영광일 것이다.

경호 대상자가 아무리 명령권자이고, 힘과 권력을 소유하였다 해도 경호원들을 의지해야 한다. 그가 잠자는 동안 경호원들이 그의 목숨을 지킨다. 그가 식사하는 동안 경호원들이 주위를 살핀다. 경호 대상자가 안심할 때 그의 생활이 안정을 찾을 수 있다. 만약 경호 대상자가 불안해한다면 그는 불안 심리를 주변 사람들에게 나타낼 것이다. 바르게 명령을 하고 자기 신분이 더 높아지기를 원한다면 마음의 불안부터 없애야 한다. 경호하는 사람들을 신뢰하고 그들과의 끈끈한 유대관계를 가져야 한다. 경호원도 의무감보다는 대상자를 깊이 신뢰하고 사랑하는 마음으로 경호할 때 목숨까지도 내어 놓을 수 있다.

유다 백성은 그들의 불안 심리를 드러낸다. 애굽에 도와달라고 부탁할까? 바벨론에 항복할까? 이도 저도 아니면 죽기로 작정하고 싸워야 하는가? 여러 가지를 놓고 갈팡질팡한다. 이때 그들은 자신들을 호위하시는 하나님을 기억하고 의지해야 한다. 그러면 그들의 할 일이 명확하게 정해질 것이다. 흔들리지 않고 자기들이 할 일을 수행할 것이다. "여호와를 의뢰하는 자는 시온 산이 흔들리지 아니하고 영원히 있음 같도다"(1절). 하나님은 흔들리지 않는 반석이시다. 시편 기자는 하나님만이 유일한 반석이라고 외친다(시 18:31). 반석이신 하나님을 의지하는 사람은 분명한 주관이 있다. 그 주관 때문에 곤경을 겪을지라도 흔들리지 않을 것이다.

자기를 믿는 사람은 흔들리게 되어 있다. 자기를 믿는 믿음이 언젠가는 깨어지기 때문이다. 한 없이 약한 존재, 쓸모 없는 존재, 외부의 힘에 아무 것도 대응할 수 없이 어리석은 존재임이 깨닫는 순간 그 흔들림이 심각하여 도저히 돌이킬 수 없을 정도가 된다. 그러나 하나님을 의지하는 사람은 믿음이 깨어지지 않는다. 하나님은 사람의 믿음을 결코 저버리지 않으실 것이다. 하나님은 이전부터 지금까지 백성을 지키셨다. 시편 기자는 하나님의 호위와 도우심을 예루살렘의 지형에 비교하여 표현한다. "산들이 예루살렘을 두름과 같이 여호와께서 그의 백성을 지금부터 영원까지 두르시리로다"(2절).

경호를 받는 이유는 해치려는 사람의 공격을 방어하기 위함이다. 하나님이 백성을 호위하시는 이유가 무엇인가? 단순히 백성을 보호하시기 위함인가? 하나님은 그것보다 더 높은 뜻을 가지고 계신다. 하나님이 백성을 지키시는 이유는 당신의 의로움을 드러내기 위함이다. 악한 사람의 손길과 계략이 의인들을 결코 이길 수 없다는 것을 증명하시기 위함이다. "악인의 규가 의인들의 땅에서는 그 권세를 누리지 못하리니 이는 의인들로 하여금 죄악에 손을 대지 아니하게 함이로다"(3절). 하나님은 백성을 의로운 존재로 여기시며 그들을 의로 호위하신다. 비록 백성이 악을 행하였지만 하나님은 백성과 맺은 언약을 지키시고 의로움을 보이신다.

주의 호위를 받으라

전능하신 하나님이 백성의 편에 섰다면 백성은 아무 염려가 없어야 한다. 그러나 백성에게 염려가 많다. 그것은 백성이 아직 하나님을 의지하지 못했다는 증거이다. 하나님의 보호와 도우심을 믿지 못한다는 증거이다. 하나님은 오랜 세월동안 그들을 지키는 것을 보여 주셨다. 애굽에서 나올 때 지키셨고, 광야에서 행진하는 40년 동안 지키셨다. 백성이 젖과 꿀이 흐르는 가나안 땅에 들어가기까지 하나님이 지키셨다. 하나님이 함께 하실 때 백성은 연전연승을 거두었다. 가나안 원주민을 점령할 때마다 하나님이 그들과 함께 하시고 도우신다는 것을 백성이 깊이 체험하였다.

가나안 땅에서 왕국이 세워지기까지 하나님이 그 백성을 도우셨다. 백성 중에는 하나님 앞에서 악을 행하고 우상을 섬기며 이방인과 통혼하는 사람들이 있었다. "나와 내 집은 오직 여호와만 섬기겠노라"(수 24:15)는 여호수아의 선언이 이미 백성의 머리에서 잊혀진지 오래 되었다. 하나님이 백성에게 진노하심으로 백성이 이방인의 압제에 들어가게 하셨다. 백성의 고통이 이루 말할 수 없었다. 그들은 고통의 때가 되어서야 비로소 하나님을 찾았다. 하나님은 백성의 부르짖음을 들으시고 사사를 보내심으로 백성을 도우셨다. 하나님은 언제나 백성의 편이셨다. 하나님이 그들을 지키고 싶어 견디지 못하신다.

이 정도 되면 그들이 하나님을 의지해야 했다. 그러나 백성은 역사에서 교훈을 얻지 못한다. 왕정 시대가 되었을 때도 백성이 하나님을 배신한다. 교훈을 받아 백성을 다르셔야 할 왕이 먼저 타락한다. 교훈을 찾아 백성을 가르쳐야 할 제사장들과 선지자들이 타락에 앞장선다. 이 정도 되면 백성도 따라 할 것이다. 윗물이 말아야 아랫물도 맑을 것이다. 하나님은 이 백성이 깨달아 하나님의 호위를 받기 원하신다. 백성에게 위기가 오는 것은 바로 하나님의 계획이 있기 때문이다. 백성은 하나님의 호위를 믿고 그 호위 속에 들어가야 한다. 하나님의 호위 속에서 안심하고 평화를 체험해야 한다.

하나님은 당신의 팔에 안기는 백성을 사랑하신다. 하나님은 당신에게 의지하는 사람을 위기에서 구하신다. 이사야 선지자가 이것을 알았다. 그리고 시편 기자도 이것을 알았다. 위대한 신앙의 사람들이 모두 이것을 알고 마음에 깊이 새기며 그대로 살았다. 아는 것으로 끝나지 않고 그대로 사는 것이 중요하다. 그대로 사는 것이 무엇인가? 곧 하나님의 호위 안으로 들어가는 것이다. 이것이 하나님이 보시기에 의로운 것이며, 하나님의 은혜를 받는 것이다. 하나님의 호위 안에 있는 사람은 하나님께 선을 마음껏 행하시도록 기회를 주는 사람이다. "여호와여 선한 자들과 마음이 정직한 자들에게 선대하소서"(4절).

시편 126편

추수의 영성과 나오미

흉년 때

나오미는 기쁨이라는 이름의 뜻을 가진 여인이다. 그는 결혼을 하여 아들 두 명을 낳았다. 그런데 베들레헴에 흉년이 들었다. 흉년 때라면 당연히 먹을 것이 부족하다. 먹을 것이 부족하다면 그만큼 가난하다는 것이고 가족들의 삶이 힘들다. 부부 간에도 가난 때문에 다툴 수 있다. 흉년에는 한두 집만 가난한 것이 아니고, 지방 전체 혹은 나라 전체가 가난에 빠진다. 그러다 보니 남을 생각할 여유가 없다. 광에서 인심난다고 내 호주머니가 비어 있으면 아무래도 인심이 사납기 마련이다. 한두 사람이 아니고 나라 전체의 인심이 흉흉하다. 흉년이 여러 해 지속되면 인심은 더욱 나빠지고 범죄율도 높아질 것이다.

농경 시대에는 농사가 생명을 유지하는 유일한 방법이다. 농사가 되어야 곡식이 생기고, 농사가 되어야 가축을 먹일 것도 생긴다. 가축만 키우는 초원지대라 해도 비와 햇빛이 부족하면 흉년이 된다. 촌락을 이루며 사는 곳에는 더 많은 양식이 필요하다. 하지만 양식이 부족하다면 어떻게 해야 하는가? 가장 우선적으로 떠오르는 대안은 양식이 풍부한 다른 곳을 찾아 이주하는 것이다. 나오미의 가족도 이 방법을 채택하여 모압으로 이주하였다. 좀 더 잘 살아보려고 타향살이를 시작한 것이다. 하지만 사람의 뜻대로 되지 않을 때가 있다.

나오미는 모압에서 남편의 죽음을 보았고, 또 그곳에서 결혼한 두 아들의 죽음을 겪었다. 행복을 위해 새로운 출발을 했더라도 오히려 더 불행하게 될 수 있다. 나오미와 이방인 며느리 둘 이렇게 미망인 셋이 남아있다. 이제 모압에서는 더 이상 살 수 없다. 살 방법도 없다. 그런데 소문을 들으니 베들레헴에 다시 풍년이 찾아왔다는 것이다. 나오미는 베들레헴으로 돌아갈 것을 결심하였다. 첫째 며느리는 친정으로 돌아갔고, 둘째 며느리 룻과 함께 베들레헴으로 돌아왔다. 이 길은 눈물을 흘리며 돌아오는 길이다. 돌아온 다음부터 며느리 룻이 추수하는 곳에 나가 이삭을 줍기 시작한다. 불행을 딛고 일을 찾아 나섰다. 일하는 도중에 간간히 자신의 불행에 대한 한숨도 나올 것이나, 한숨을 이기고 룻은 일을 한다.

하지만 추수하는 곳에 갔을 때 자기도 추수할 수 있다. 룻은 자기가 씨를 뿌리지 않았어도 추수하는 곳으로 갔다. 그리고 허리 숙여 이삭을 주웠다. 나오미 역시 룻을 격려하며 룻을 도운 사람에게 감사한다. 그 결과 나오미는 추수밭의 주인 보아스와 결혼할 수 있었고, 오벳이라는 아들까지 얻게 되었다. 룻에게서 아들을 얻은 나오미가 그 아기를 안고서 기쁨을 찾았다. 비로소 그의 이름처럼 된 것이다. 오벳이라는 이름은 나오미가 아들을 낳았다는 뜻이다. 나오미는 눈물을 흘리며 돌아온 베들레헴에서 곡식뿐만이 아닌 새로운 사람을 얻었다. 그 사람이 왕과 메시아를 탄생시킬 가문을 잇는 약속의 사람이 되었다.

예수님의 가르침

예수님은 비유 중에서 농사의 원리를 자주 말씀하셨다. 예수님은 마가복음 4장의 씨를 뿌리는 비유를 통해서 하나님 나라의 원리를 말씀하셨다.

농부가 씨를 뿌리는 데 어떤 씨는 길가에 떨어지고, 어떤 씨는 흙이 얇은 돌밭에 떨어졌다. 어떤 씨는 가시밭에 떨어지고, 어떤 씨는 옥토에 떨어졌다. 요즘 같으면 밭을 갈고 밭고랑 사이에 씨를 조금씩 놓는 직파의 방법을 사용하지만, 옛날에는 씨를 흩어 뿌리는 흩뿌리기 방법을 사용하였다. 그러니 씨가 여러 곳에 떨어질 것이다. 바람에 날려 여러 곳으로 떨어질 수 있다. 씨가 떨어질 곳이야 옥토이지만 흩뿌리기를 하니 옥토 주변의 여러 곳으로 씨가 떨어진다.

씨가 여러 곳의 밭으로 떨어졌다면 그 결과도 달라질 것이다. 길가에 떨어진 씨는 새가 와서 먹어버렸다. 씨가 아니라 새의 먹이가 된 것이다. 돌밭에 떨어진 씨는 돌 사이에 있는 흙에 뿌리를 내리기는 하였으나 흙이 얕아 햇볕에 금방 마르게 되었다. 한편 가시밭에 떨어진 씨는 가시 사이로 뿌리를 내리고 어느 정도 자랄 수 있었다. 그러나 자라는데 한계가 있다. 더 자라라면 공간이 있어야 하는데 가시가 그 공간을 막고 있기 때문이다. 그 결과 가시밭에 떨어진 씨는 열매를 맺을 수 없었다. 마지막으로 옥토에 떨어진 씨앗은 30배에서 100배 이상의 열매를 맺을 수 있었다. 열매를 맺을 만한 여러 조건이 만족하기 때문이다.

예수님은 이 비유에서 씨앗은 하나님의 말씀으로, 밭은 사람의 마음으로 말씀하셨다. 길가에 떨어진 씨앗을 먹는 새는 마귀에 비유하였고, 흙이 얕은 돌밭은 환난과 핍박을 견디지 못하는 믿음이다. 가시밭은 믿음이 있다고 생각하지만 실제로는 믿음보다는 세상의 염려와 돈의 욕심에 사로잡혀 있는 거짓된 믿음이다. 즉 진실된 믿음이 자라지 못하게 하는 믿음의 장애물이다. 한편 옥토는 말씀을 듣고 깨달으며 그 말씀대로 행하는 믿음을 가리킨다. 이 믿음에는 30배, 60배, 100배의 열매가 거두어진다. 사람마다 믿음의 차이가 있는 것처럼 보인다. 그러나 차이가 있다면 말씀을 듣고 열매를 맺느냐 맺지 못하느냐의 차이이다.

이 외에도 예수님은 농사의 원리를 말씀하신 적이 있다. 땅에 뿌려진 씨앗은 싹이 나고, 이삭이 된다. 이삭은 그 후에 충실한 곡식이 되어 비로소 낫으로 추수할 수 있다. 이런 모든 과정을 농부가 뿌리고 관리할 뿐이지만 직접 과정을 볼 수 없다. 자고 일어날 때마다 씨앗에서 충실한 곡식까지의 과정이 이루어진다. 이처럼 하나님 나라도 우리 눈으로 다 볼 수 없으나 하나님의 계획에 의해 점진적으로 이루어진다(막 4:26~29). 예수님은 겨자씨 비유에서 작은 겨자씨가 커다란 나무가 되는 것을 말씀하셨다. 앞의 씨 뿌리는 비유까지 포함한다면 마가복음 4장은 농사의 원리를 비유삼아 하나님 나라를 가르치는 장이라고 말할 수 있다.

농사의 원리

우리나라는 고대로부터 농경 사회였었다. 농자천하지대본(農者天下之大本)이라는 말처럼 농사를 산업의 근간으로 삼았다. 그리고 사농공상(士農工商)이라 하여 농사짓는 사람을 선비 다음으로 인정하였다. 그러나 어느새가 산업 사회, 정보화 사회로 들어서면서 농촌이 피폐해지기 시작하였고, 지금까지 농촌의 드리어진 어두운 그림자가 걷히지 않고 있다. 젊은이들에게는 농사가 힘만 많이 들뿐 별로 돈을 벌 수 없는 일로 인식되고, 정부의 경제부처에는 농업을 경쟁력이 부족한 산업으로 인식하고 있다. 땅이 적은 나라가 땅이 큰 나라에 비해 농업 경쟁력이 밀리는 것이야 당연하다. 어떻게든 우리 농업이 안정되어야 할 것이다.

비록 현재의 자원으로 볼 때 농업의 경쟁력이 밀리기는 하지만 얼마든지 경쟁력을 높이는 방법도 찾을 수 있을 것이다. 그것은 생산품의 품질과 영양가를 높이거나 2차 가공식품으로 재생산할 수도 있다. 그러나 보다 높은 경쟁력은 농사의 원리를 인생의 지표로 삼아야 한다는 것이다. 농사의 원리는 때와 노력, 적절한 자원과 그 자원을 이용하는 지혜를 가져다준다.

그리고 농사를 짓는 과정에서 하나님의 은혜를 간구하게 된다. 농사는 거짓말을 하지 않는다. 일확천금과 같은 허황된 꿈이나 로또를 조장하지 않는다. 농사의 원리는 언제나 정직하고 성실하며 겸손해야 결실을 거둔다는 것을 보여 준다.

농사는 때와 노력이 필요하다. 씨를 뿌릴 때와 가꿀 때가 있다. 그리고 추수할 때가 있다. 그 때마다 필요한 노동력이 투입되어야 한다. 기계로 노동력을 대신할 수는 있으나 그것 역시 기계가 노동력의 수십 배 혹은 수백 배를 제공하는 것이다. 그러니까 농사는 때를 맞추어야 하고, 노동력의 효율성을 맞추어야 한다. 한편 농사는 씨와 땅이 있어야 한다. 씨도 좋아야 하고 땅도 좋아야 한다. 씨와 땅은 농사를 위한 자원이다. 자원이 좋을 때 좋은 열매를 거둘 것을 기대하게 된다. 즉 좋은 것에서 좋은 것을 얻을 수 있다. 나쁜 것에서 좋은 것을 기대할 수 없다. 이것은 농사의 정직성을 의미한다.

한편 농사는 사람의 기술이나 자원만 가지고는 되지 않는다. 때마다 필요한 기후와 햇볕 등 적절한 자연 환경이 따라 주어야 한다. 아무리 사람의 기술이 좋고, 자원이 좋아도 기후가 따라 주지 않는다면 아무 소용이 없다. 설사 사람이 좋지 않는 기후를 이용하여 새로운 농사 기술을 개발하였다고 하여도 기후가 갑자기 바뀌면 그동안의 모든 노력이 물거품이 된다. 이처럼 농사는 사람에게만 달려있는 것이 아니라 자연에게도 달려 있다. 농사는 자연을 다스리는 하나님을 생각하고 그 앞에 겸손해야 한다. 농사는 겸손의 원리를 가르친다. 사람의 노력이 있지만 그 노력을 효율적으로 거두게 하시는 하나님 앞에 겸손해야 한다.

시편 기자는 흉년의 때에 사는 것 같았다. 이방 나라들이 침략하고 그에 따라 백성이 고난을 겪는 모습이 마치 흉년을 방불케 한다. 농사가 되지 않는 흉년보다 마음과 정신이 황폐된 흉년이다. 그러나 시편 기자는 흉년을 이기는 방법을 알고 있다. 그것은 이방인을 능히 다스릴 수 있는 하나님께 소망을 두는 것이다. 비록 지금 흉년이지만 그 상황을 허락하신 하나님이 어떤 계획을 가지고 계시다는 것을 기대하며 그 계획이 이루어지기를 바라는 것이다. 불행이 꿈같으나 소망 역시 꿈같은 상황이다. 그러나 꿈은 현실로 나타날 수 있다. "여호와께서 시온의 포로를 돌려 보내실 때에 우리는 꿈꾸는 것 같았도다"(1절).

하나님이 이스라엘을 도우신다. 시편 기자는 이것을 알고 있다. 하나님이 이방인에게 괴롭힘을 당하는 이스라엘을 보호하시고 건져내신다. 하나님이 이스라엘을 구원하신다. 하나님이 이스라엘을 구원하시고 보호하시는 것이 시편 기자를 비롯한 이스라엘 백성에게 피부로 느껴진다. 그들은 하나님의 도우심 때문에 웃음을 되찾았다. 구원하신 하나님을 찬양하였다. 심지어는 이방 나라들도 이스라엘을 도우시는 하나님을 알게 되었다. "그 때에 우리 입에는 웃음이 가득하고 우리 혀에는 찬양이 찼었도다 그 때에 뭇 나라 가운데에서 말하기를 여호와께서 그들을 위하여 큰 일을 행하셨다 하였도다"(2절). 마치 흉년을 극복하고 풍년 때 축제같은 느낌이다.

농부의 관심은 농사의 모든 과정에 있다. 농부의 생각은 씨앗에 있고, 씨앗을 관리하고 파종하는 것, 싹이 자라서 추수할 때까지 충분히 돌보는 것 그리고 추수하는 데 있다. 농부는 때에 따라 일해야 하는 것을 안다. 그들은 결과로 결실을 거둘 수 있다. 하나님은 농부의 관심처럼 이스라엘을 향한 관심을 가지신다. 농부가 심혈을 기울여 농사를 짓는 것처럼 하나님이 이스라엘을 농사짓고 계신다. 이것이 이스라엘이 기뻐할 하나님의 위대한 일이다. "여호와께서 우리를 위하여 큰 일을 행하셨으니 우리는 기쁘도다"(3절). 하나님이 포로된 백성조차도 거두기 원하신다. "여호와여 우리의 포로를 남방 시내들 같이 돌려 보내소서"(4절)
추수를 기대하는 농부는 힘들고 어려워도 그것을 극복하고 일을 한다. 몸이 아플 수도 있고, 마음 아픈 불상사를 겪을 수도 있어도 그는 일을 한다. 일하는 시기를 놓치면 그 해 농사를 망치기 때문이다. 눈물을 흘릴만한 상황이 생겨도 눈물을 거두고 일해야 한다. 혹은 일하는 것 자체가 고달파서 눈물을 흘릴만해도 그것을 이겨내어야 한다. 그 결과로 얻는 것이 추수의 기쁨이다. "눈물을 흘리며 씨를 뿌리는 자는 기쁨으로 거두리로다 울며 씨를 뿌리러 나가는 자는 반드시 기쁨으로 그 곡식 단을 가지고 돌아오리로다"(5~6절). 농사는 정직, 성실, 겸손에 눈물이라는 비료가 더해 져야 한다.

추수의 원리

하나님의 관심은 사람이다. 하나님은 사람을 결실로 거두기 원하신다. 하나님이 사람의 풍년을 원하신다. 믿음의 사람이 많아지는 풍년, 영적 지도자들이 배출되는 풍년을 원하신다. 이러한 하나님의 소망이 농사의 원리를 통해 드러난다. 정직하고 성실하며 겸손한 사람이 하나님이 거두시고자 하는 사람들이다. 하나님은 눈물을 갖춘 사람을 원하신다. 감성이 있는 사람 그리고 동시에 의지력도 가진 사람을 하나님이 원하신다. 감정에 의해서 일을 처리하는 것이 아니라 감정과 의지를 적절히 조화시키는 사람을 찾고 계신다. 하나님은 이런 사람이 풍년의 때를 만날 수 있는 적당한 사람이라고 여기고 계신다.

나오미가 눈물의 상황에서 오벳을 얻었다. 그 와중에 룻의 성실함과 정직 그리고 겸손도 있었다. 그리고 보아스의 자상함과 나오미의 기업을 이어야 하겠다는 사명감도 있었다. 하지만 나오미의 가정에 궁극적인 축복이 올 수 있었던 것은 눈물을 머금고 베들레헴으로 돌아온 것부터 시작되었다. 즉 축복의 자리로 가야하고, 축복의 자리에 걸맞는 축복된 행동이 있어야 한다. 하나님이 주시는 추수의 축복은 하나님이 원하시는 자리로 가는 것이고, 그 자리에 맞는 축복된 행동을 하는 것이다. 거기에서 하나님이 예비하시는 사람을 만날 수 있고, 하나님이 계획하신 환경을 접할 수 있다. 당신을 위한 축복의 자리는 어디인가?

만약 그 자리가 축복의 자리가 아니라면 어떻게 하는가? 그렇다면 그 자리를 축복의 자리로 만들 수 있는가? 하나님의 뜻이 그것이라면 그 땅을 축복의 자리로 만들어야 한다.

100여 년 전 하와이 농장에 팔려간 우리 조상들이 있었다. 그들은 애니깽(Henequen)이라고 불렸다. 그들은 채찍에 맞아가며 농장에서 악착같이 일했다. 돈을 차츰 모아 자유의 몸이 되었고, 그곳을 벗어나 미국 본토에 정착해가며 삶을 개척하였다. 아메리칸 드림을 찾아 나선 길은 결코 탄탄대로만이 아니었다. 수많은 고난과 굴곡을 겪어야 했다. 그들은 자기들의 삶을 축복의 삶으로 만든 이후 아메리칸 드림을 실현하였다.

애니깽의 역사는 이스라엘의 역사와 비슷하다. 이스라엘 민족 역시 그런 고초를 겪었다. 그러나 그들은 그들의 삶을 축복의 삶으로 바꾸었다. 아니 하나님이 그들의 인생을 추수하시도록 하나님께 자기들의 인생을 맡겼다. 하나님께 맡기는 과정에서 수많은 눈물을 흘렸다. 그러나 그들은 눈물골짜기를 지나면서도 결코 희망을 놓지 않았고, 희망을 이루기 위한 전진을 멈추지 않았다. 이 과정에서 눈물의 결과가 나타난다. 그 눈물이 모두 추수의 기쁨, 결실의 기쁨으로 돌아왔다. 하나님이 하나님의 사람과 하나님의 백성 그리고 하나님의 약속을 이룰 지도자들을 추수하신다.

시편 127편

양육의 영성과 디도

동역자 디도

바울에게는 여러 동역자들이 있었다. 초기에 바나바는 바울을 사도들에게 소개하고, 사역을 이끌며 도와준 사람이다. 바나바와 헤어진 이후에는 대부분 바울에게서 영향을 받은 사람들이 바울을 도왔다. 그들 중에는 바울과 함께 제2차 선교여행에 나선 실라가 있고, 바울의 주치의 누가를 비롯하여, 바울의 편지를 대서한 더디오도 있었다(롬 16:22). 바울과 함께 장막을 만들며 고린도를 복음화 시킨 아굴라와 브리스길라 부부도 있다. 그 중에 특별히 바울이 애정을 쏟은 제자 겸 동역자가 있다. 그들은 디모데와 디도이다. 디모데는 유대인 어머니에게서 태어난 사람이고, 디도는 헬라인 부모에게서 태어났다. 둘은 혈통이 달랐다.

바울은 디모데에게 할례를 시행하였으나 디도에게는 할례를 시행하지 않았다(갈 2:3). 바울은 할례 의식을 억지로 하려 하지 않았다. 바울은 디도에게 들려 고린도에 편지를 보냈다. 그러면서 디도를 이렇게 소개한다. "디도로 말하면 나의 동료요 너희를 위한 나의 동역자요 우리 형제들로 말하면 여러 교회의 사자들이요 그리스도의 영광이니라"(고후 8:23). 그러나 디도가 바울의 동역자라 할지라도 바울에게는 아들과 같은 존재였다(딛 1:4). 디도는 바울로부터 영적 영육을 배우며 자랐다. 바울이 디도를 목회자로 양육하였다. 바울에게서 양육을 받은 디도는 자연스럽게 바울의 목회를 배우게 되었다.

바울이 전도여행을 하다가 그레데 섬을 지나게 되었다. 그곳 사람들은 성품이 매우 포악하고 거칠며 위선적인 사람들이 많았다. 말은 그럴 듯하지만 마음은 그렇지 않았고, 행동 역시 불신자와 똑같은 경우가 많았다. 오죽하면 그레데인 사이에 거짓말쟁이, 욕심쟁이, 게으름뱅이라는 속담이 있을 정도였다(딛 1:12). 바울은 디도를 그레데에 남겨두어 그레데 교회를 바로 잡고 정직하고 바른 장로들을 세우도록 하였다. 그러기 위해서는 디도부터 먼저 정직하고 바른 목회자여야 했다. 디도는 이 일을 훌륭하게 수행하였다. 디도는 강직한 성품에 용기와 결단력 그리고 바른 판단력을 가지고 책임을 완수하는 사명감을 가졌기 때문이다.

바울은 디도에게 목회를 위한 편지를 보냈는데 그것이 목회서신이라 불리는 디도서이다. 편지의 내용 중에는 노인에게는 절제와 경건으로 젊은이를 가르치고 교훈하며, 젊은이들에게는 권면과 근신을 가르치도록 하였다. 디도는 자신이 바울에게서 양육을 받았고, 또 성도들을 양육하라고 부탁받았다. 바르게 양육받은 사람이 성장하여 바른 일을 할 수 있다. 말씀과 성령으로 양육받은 사람이 성장하여 성령의 능력을 드러낸다. 바울과 디도 그리고 교회와 성도들과의 관계에서 그 증거를 찾을 수 있다. 양육의 성공은 양육의 내용이 무엇이며 양육의 대상자가 누구인가에 따라 결정된다.

자녀 양육

새 학기가 되었다. 새롭게 입학한 학생들, 한 학년 진급한 학생들에게 새롭게 시작하는 학년에 대한 기대와 설렘 그리고 두려움이 공존한다. 새롭게 만날 선생님과 친구들에 대한 호기심과 경계심을 함께 가지고 있다.

게다가 부모님들도 자녀들에 대한 관심이 더 많아진다. 아무래도 새 학기가 시작되었기 때문에 자녀들에게 공부와 시간 관리 등을 더 강조해야 하겠다는 생각을 가질 것이다. 그리고 성적이 올라야 한다는 말 역시 빼놓지 않을 것이다. 사실 우리 부모님들에게 있어서 자녀의 성적만큼 중요한 것이 없다. 일단 자녀의 성적이 오르고 상위권을 유지하면 부모의 어깨가 으쓱해지고 목소리에 힘이 생긴다.

한 기관에서 학생들의 객관식 성적을 조사했는데, 부모의 소득과 성적이 정비례한단다. 부모가 부자이면 자녀들의 객관식 성적이 오르고, 부모가 가난하면 자녀의 객관식 성적이 낮다는 통계가 나왔다. 반면에 주관식 성적은 부모의 소득과 관련이 없고 학생 자신의 능력과 상관이 있다는 통계가 나왔다. 이것이 무엇을 의미하는 것일까? 통계를 다 믿을 수는 없으나 통계를 분석하면 나름대로 의미를 찾을 수는 있다. 굳이 의미를 찾자면 부잣집 아이들은 학원에 열심히 보내 객관식을 잘 선택하는 방법을 배우다 생각하는 능력을 키우는 시간이 적어진다. 그 결과 객관식 성적은 올라도 주관식은 그렇지 못한 것이다.

성적이 좋다는 것은 물론 기뻐할 일이고 자랑할만한 일이다. 성적이 좋으면 일정 이상의 성공을 예상할 수 있다. 그러니 부모는 학원에 열심히 보내 성적을 올리려 든다. 하지만 결국 학원업계만 호황을 누리게 할 뿐 한쪽으로 치우친 자녀들의 성장만을 초래하게 된다. 수면을 취할 여유가 없어지고 운동 부족으로 체격은 커져도 체력은 약화되는 현상을 가져온다. 성적을 잘 받기 위해 객관식 문제를 정확히 찍는 눈치는 빨라져도 주관식 문제를 풀어가는 해결 능력과 사고력이 떨어진다. 아이들이 자라서 문제 해결 능력이 없이 눈치만 살피고 이리 저리 빠져나갈 궁리와 잔재주만 부리지는 않을까 사뭇 걱정이다.

성적 하나만으로는 진정한 행복과 성공이 보장된다고 할 수 없다. 성적과 비례하여 학생들의 삶에도 균형이 있어야 한다. 그 균형이 부모의 사고방식에서 나온다. 그 균형은 부모의 양육방식으로 연결된다. 아이를 훌륭하게 키우고 싶은 욕심이야 어느 부모에게든지 있으나 내 아이와 더불어 다른 아이들이 함께 성장하고 자라야 하는 거시적인 사고방식을 가져야 한다. 교육은 경쟁이 아니라 서로 이해하고 돕고 사는 것을 배워야 하는 과정이다. 자녀에게 너그러움과 용납을 강조하고 그것을 실천하도록 확인하는 과정을 가진 부모가 얼마나 있는가? 겨우 봉사활동 점수를 채우기에 바쁘지는 않는가?

자존감 교육

무엇이 바른 양육인가? 그저 먹이고 입히고 공부하기 좋은 환경을 제공하고 비싼 학원 혹은 가정교사를 동원하여 성적을 올리도록 배려하는 것이 양육인가? 진짜 양육은 돌봄이 연속적으로 일어나게 하는 과정이어야 한다. 부모가 자녀를 돌보듯이 자녀 역시 누군가를 돌볼 줄 아는 인격과 정신을 갖춘 사람으로 성장해야 한다. 그러나 우리 사회에는 한 치 앞만 보는 사람들이 많다. 지나친 경쟁심을 유도하고, 경쟁에서 이겨야만 살아남는다고 자녀에게 압박하는 부모들이 많다. 경쟁에서 지기라도 하면 면박을 주고 자녀들의 마음에 상처를 남기는 경우도 있다. 성적 때문에 자살하는 아이들이 왜 나올까를 생각해 보라.

경쟁심만 가지고 자란 아이는 성인이 되어서도 경쟁을 한다. 그들에게는 동료가 없다. 동료는 언어로만 존재하고 마음속에는 경쟁관계에 있는 사람, 반드시 넘어뜨리고 딛고 일어서야 하는 사람으로만 존재한다. 라이벌이라지만 건강한 관계를 생각하지 않는다. 그래서 상대를 넘어뜨리고 이기기 위해 수단방법을 다 동원한다. 이긴다 하더라도 누군가 상처를 받는 사람이 있다. 그러나 영원히 이긴 상태로 존재하지 않는다. 경쟁에서 누군가에게 패할 수 있다. 그러면 그들은 패배의 아픔에 짓눌려 견디지 못한다. 절망을 이기다 못해 자신의 삶을 스스로 포기하고 자살을 선택하는 사람들도 있다. 왜 이럴까? 이 사회의 교육 분위기 영향이 아닐까!

자녀들에게 자존감을 확립시키는 양육이 있어야 한다. 자존감의 확립은 자만심과는 다르다. 자존감은 자신이 세상에서 유일하지만 소중한 존재임을 인식하는 것이다. 동시에 다른 사람도 자신만큼 소중한 존재임을 인색해야 한다. 서로 소중한 존재임을 인식한다면 서로 존중할 줄 알고 서로를 도울 줄 안다. 여기서 건강한 관계가 형성되는 것이다. 자존감을 가진 사람은 어떤 목표를 놓고 서로 경쟁할 수 있지만 결코 적이 되지 않는다. 영원한 동반자가 되는 것이다. 자존감을 가진 사람은 자신의 일과 환경을 사랑할 줄 안다. 그리고 자신의 경쟁자라도 용납할 줄 안다. 자존감의 바탕 위에서 연합과 시너지 효과를 낼 수 있다.

아이들에게 바른 자존감이 있다면 범죄가 줄어들 것이다. 학교 폭력과 왕따현상 등이 사라질 것이다. 가정에서도 부부간의 효과적인 대화를 해 갈등의 소지가 줄어들 것이다. 사회 역시 건강하고 바른 모습을 보일 것이다. 은밀한 장소에서도 자신의 자존감을 지키는 바른 행동이 있을 것이다. 자존감을 바르게 가진 아이들이 이 사회를 이끌어갈 것이다. 사회를 통합하며 약한 사람을 이끌어 올리는 건강하고 존경받는 지도자가 될 것이다. 그것이 어디에서 시작되는가? 바로 부모의 자존감으로부터 시작된다. 이 자존감을 어떻게 확립하는가? 비록 자랄 때 부모로부터 인정이나 칭찬을 받지 못했다 할지라도 하나님을 만나면 된다.

시편 기자는 성전에 올라가며 하나님을 노래한다. 시편 기자는 자신의 집과 가정 그리고 자녀들을 세우고 보호하시는 분이 하나님임을 알고 있다. 자신의 나라와 사람들이 거주하는 성이 하나님의 보호 아래 있다는 것도 알고 있다. 집을 세우는 것, 나라와 민족을 세우는 것이 사람에게 달려있지 않고 하나님께 달려 있다는 것이다. "여호와께서 집을 세우지 아니하시면 세우는 자의 수고가 헛되며 여호와께서 성을 지키지 아니하시면 파수꾼의 깨어 있음이 헛되도다"(1절). 하나님이 허락하시지 않으면 사람의 노력도 헛되다. 하나님이 도와주실 때 사람의 노력이 결과로 나타난다. 사람은 하나님의 도움을 받아야 하는 존재이다.

집과 성은 기본적으로 건축 자재와 기술 그리고 노동력으로 세워지는 것처럼 보인다. 그러나 그것은 외형적인 세움에 불과하다. 내면적인 세움은 전혀 다르다. 내면적인 세움은 가정의 평화이다. 집이 휴식할 수 있는 분위기, 편하게 잠들 수 있는 안락함, 내일을 위해 재충전할 수 있는 에너지 충전소가 되어야 한다. 그것이 아니라면 밤낮없이 뛰어다니며 일하고 집에 들어와서 기름진 음식을 먹는다고 해도 즐거움이 없다. 집의 기능이 단순히 음식을 먹는 장소로 끝나지 않기 때문이다. "너희가 일찍이 일어나고 늦게 누우며 수고의 떡을 먹음이 헛되도다 그러므로 여호와께서 그의 사랑하시는 자에게는 잠을 주시는도다"(2절).

가정이 세워지는 것은 자녀가 바르게 양육될 때 비로소 가능하다. 부부가 가정의 중심이라면 자녀 역시 가정의 구성원이다. 하나님은 자녀를 가정의 축복으로 주셨고, 바른 양육의 특권과 축복으로 주셨다. "보라 자식들은 여호와의 기업이요 태의 열매는 그의 상급이로다"(3절). 그런데 자녀들이 축복이기 보다는 짐으로 다가왔다. 과거에는 먹을 것이 없어서 짐이었고, 지금은 남보다 더 좋은 성적을 올리기 위해 온갖 수단을 동원해 주어야 할 짐이다. 중국에서는 남보다 더 좋은 것을 먹이고 입히고 제공해 주며 황제처럼 떠받들어야 하는 존재가 되었다. 그래서 중국 아이들이 소황제(小皇帝)라고 불린다.

하지만 황제처럼 떠받든다고 하여서 가정이 세워지는 것이 아니다. 아이가 부모의 바른 가치에 의한 자랑이 되어야 한다. 이럴 때 아이들은 부모의 자산이 된다. "젊은 자의 자식은 장사의 수중의 화살 같으니"(4절). 하나님 앞에서 아이를 말할 때 부모가 인정과 칭찬을 받을 수 있어야 한다. 이 정도 되면 이웃과 후손들이 그의 자녀 양육을 기억하고 본받으려 할 것이다. 어느 누구도 그의 자녀 양육에 관해 시비를 걸지 않는다. 그에게는 아무리 자녀가 많아도 걱정이 없다. 돈이 아닌 가치로 자녀를 양육하기 때문이다. "이것이 그의 화살통에 가득한 자는 복되도다 그들이 성문에서 그들의 원수와 담판할 때에 수치를 당하지 아니하리로다"(5절).

가정을 확장시켜라

일본에서는 대학을 졸업한 자녀들이 어느 정도의 직장 생활을 한 이후 고향으로 돌아가 가업을 이어받는다. 자기가 아니면 부모의 전통과 기술이 끊어진다는 생각하기 때문이다. 이런 경우 부모에게는 자녀가 공부를 많이 하고, 좋은 대학을 나온 것이 자랑이 아니다. 자녀가 부모를 자신을 가치 있게 여겨주고 부모의 삶에 대한 자긍심이 있다는 것이 부모의 자랑이다. 가업을 잇는다는 것은 대를 이어 기술과 전통 그리고 가정의 문화를 물려주는 것이다. 사실 물려줄 전통과 문화가 있는 가정은 이 땅에 존재할만한 가치를 이미 보여준 것이다. 안타까운 것은 이 나라에 그런 정신을 가진 가정들이 매우 부족하다는 것이다.

왜 그럴까? 그것은 이 나라의 가정에 바른 양육 문화가 부족하기 때문이다. 자녀들이 부모의 직업을 가질 수 있다는 것이 양육 문화일까? 부모가 선생님이면 자녀들이 선생님이 되고, 부모가 의사이면 자녀들이 의사가 되고, 부모가 변호사이면 자녀들이 변호사가 되며 부모가 장사를 하면 자녀들이 장사를 한다. 이것이 가정의 전통을 이어받는 것일까? 직업을 이어받는 것은 삶의 방식과 사고방식을 물려받는 것이다. 하지만 더 중요한 것은 전통과 문화 그리고 가치관이 물려져야 한다. 이것이 가정마다 양육과정으로 각인되어 있어야 한다. 더 나아가 가정의 소중하고 아름다운 전통들이 사회로 확장되어야 한다.

사람들은 좋은 것보다 나쁜 것들을 받아들이는 습성이 있다. 그것은 죄의 습성을 가지고 태어났으며 죄의 습성대로 살기 때문이다. 그러나 죄의 습성이 가정을 지배하게 할 수 없다. 의로운 가치관과 신앙의 가치들이 가정을 지배하여야 한다. 그것이 나의 가정뿐만 아니라 다른 가정에도 확산되어야 한다. 나의 가정이 가진 신앙적 가치관을 다른 가정도 가져야 한다는 사명감이 있어야 한다. 나의 가정에서 성공한 양육과정이 다른 가정들에게도 소개할 수 있어야 한다. 그것이 어느 교육기관이나 단체에서 할 일이 아니라 이 나라 문화 속에 스며 있어야 한다. 공부 잘하는 방법보다는 바르게 양육하는 가치관이 공유되어야 한다.

만약 교회가 이런 역할을 담당한다면 어떨까? 교회는 이미 가치관과 문화 그리고 양육의 경험이 있다. 교회가 교회에 속한 가정들을 세웠다면 그 결과와 경험을 지역사회나 불신자들과 나누어야 하지 않을까? 모델이 될 만한 가정을 정하고 개방하며 양육의 모습들이 실제로 보여지고 경험되게 한다면 어떨까? 쉽지는 않겠지만 그렇다고 불가능한 일도 아니다. 양육이란 단순히 돌봄과 키움이 아니라 가치관의 확장이며 하나님 앞에 자랑이어야 하기 때문이다. 이런 과정에서 디도와 같은 지도자들이 교회가 사회에 세워질 것이다. 디도와 같은 지도자들이 더 많이 나오기를 바라는 마음으로 새 학기를 출발하자.

시편 128편

다복의 영성과 므두셀라

가장 오래 산 사람

창세기 5장에는 아담부터 노아까지의 계보가 나온다. 여기에는 아담의 후손들이 열거되는 데 그들의 공통점은 모두 오래 살았다는 것이다. 에녹 한 사람만 다른 사람들에 비해 짧게 살았지만 그는 하나님이 산 채로 데려가신 사람이므로 다른 사람들에 비해 특별한 축복을 받았다. 그래도 에녹의 삶은 창세기 11장 이후의 사람들에 비해 오래 산 편이었다. 성경에 기록된 사람들 중에 가장 오래 산 사람은 므두셀라이다. 므두셀라는 에녹의 아들이며, 969세를 살았다. 므두셀라는 지금 같으면 상상도 할 수 없을 정도로 오래 살았다. 그의 아버지와는 차원이 다를 수 있지만, 아버지보다 세 배를 더 살았다.

성경은 므두셀라에 관하여 아주 짧게 기록한다. "므두셀라는 백팔십칠 세에 라멕을 낳았고 라멕을 낳은 후 칠백팔십이 년을 지내며 자녀를 낳았으며 그는 구백육십구 세를 살고 죽었더라"(창 5:25~27). 므두셀라는 이후 이름이 많이 거론되지 않는다. 구약에서는 역대기에 족보를 거론할 때 한 번, 신약에서도 누가복음에 족보를 거론할 때 단 한 번 언급되었을 뿐이다. 그러나 우리는 므두셀라가 다복한 삶을 살았다고 예상할 수 있다. 성경의 기록으로 추론하기 때문이다. 창세기 5장의 사람들에게 공통된 모습 하나는 몇 살 때 누구를 낳았고 그 이후 계속 자녀를 낳다가 몇 살을 향수하고 죽었다는 것이다.

그러나 므두셀라에게는 다른 사람과는 차별성이 있다. 그것은 그의 아버지로부터 받은 특별한 경험이다. 그는 아버지 에녹이 하나님과 동행하는 모습을 보고 자랐을 것이다. 게다가 아버지의 영향을 강하게 받았을 것이다. 그의 아버지 에녹은 사람들에게 주님의 강림을 예언하였었다(유 1:14). 므두셀라 역시 아버지의 말을 들었을 것이다. 므두셀라는 그의 아버지 에녹이 하나님의 기뻐하시는 사람임을 알았을 것이다(히 11:5). 그는 아버지가 하나님과 동행하는 것을 보며 아버지의 곁에서 하나님과 동행하는 것을 배웠을 것이며 동시에 하나님이 기뻐하시는 사람의 삶을 보고 자라며, 그 환경을 유지하려고 했을 것이다.

비록 사회가 다양하지만 아버지로부터 받는 영향력은 결코 줄어들지 않는 것처럼 므두셀라 역시 아버지 에녹으로부터 영향을 받았을 것이다. 동시에 아버지의 삶을 자기 삶에 적용하려고 했을 것이다. 아들은 아버지를 닮도록 되어 있다. 유전자적으로도 닮을뿐더러 무의식중에 아버지를 닮는다. 이러한 므두셀라에게 내려진 하나님의 축복은 다복이었다. 그에게 가정의 행복과 자녀의 축복이 임했다. 그의 후손 중에 세상을 밝게 하는 사람들이 나왔다. 노아, 아브라함, 다윗 등이 세상을 밝게 하였다. 그 후손에서 메시아 예수 그리스도가 나왔다. 다복한 가정의 축복은 세상을 밝게 하는 사람이 후손 중에 나오는 것이다.

초고령 사회

한국 사회에 급속히 고령화가 진행되고 있다. 학자들의 예견에 의하면 한국은 2020년에 고령사회로 진입하고 2026년과 2032년 사이에는 초고령 사회로 진입하게 될 것이란다. 초고령 사회라 함은 인구 중 20% 이상이 노인 인구라는 것이다. 우리나라는 그것보다 더하여 약 30% 이상이 노인 인구로 채워질 것이라는 전망이다. 젊은이 두 명이 노인 한 명을 봉양해야 한다는 것이다. 단순하게 생각하면 젊은이 두 명이 노인 한 명을 봉양하게 된다. 그러나 이것은 경제활동 인구가 줄어들고, 젊은이들의 경제활동이 위축되며 그에 따라 국민총생산이 현격하게 저하되어 이 나라가 경제적으로 가난한 나라가 된다는 점이다.

1970년대 산아정책이 시행되었다. 둘만 낳자고 하더니 하나만 낳아 잘 키우자는 캠페인도 있었다. 예비군이나 민방위 훈련장에서는 정관수술을 유도하는 광고도 있었다. 그 당시 태어난 사람들이 지금 성인이 되어 경제활동을 하는 인구가 되었다. 이제 결혼을 해야 하고, 자녀를 낳아야 한다. 그런데 문제가 하나 더 생겼다. 경제적으로 더 잘 살아보고, 자기 성취에 대한 욕구 때문에 젊은이들이 결혼을 뒤로 미루는 것이다. 결혼을 해도 자녀를 낳는 시기를 늦추고, 어떤 경우에는 아예 자녀를 낳지 않는다. 이런 풍조는 아이들의 비율이 줄고, 노인의 비율이 점점 더 많아지는 초고령화 사회를 초래한다.

지금도 노인 문제가 심각한 사회문제로 대두되고 있다. 여기 저기에서 노인들이 자식들에게 폐를 끼칠 수 없다며 자살하는 일이 생겨난다. 아마 초고령화 사회 때는 자살하는 노인들이 훨씬 더 많아질 것이다. 국가가 노인들을 돌본다지만 인력과 재정의 한계가 있을 것이다. 이미 국민연금의 고갈이 예상되고 있다. 실버산업이 발달하겠지만 그 산업이 국민총생산이나 경제발전에 별다른 영향을 끼치지 못할 것이다. 오히려 실버산업이 자원봉사자의 활동이 아니면 유지할 수 없는 계륵(鷄肋)이 될 지도 모른다. 무엇 때문에 이렇게 되었는가? 앞을 못 보는 정부의 정책에, 자기만을 위하는 젊은이들의 짧은 식견들 때문이다.

초고령화 사회에는 사회 전체가 어르신들을 책임져야 한다는 인식이 팽배할 것이다. 자녀들은 부모에 대한 책임감이 떨어질 것이 분명하다. 부모를 제대로 봉양하지 못하는 자녀들에게 죄책감조차 사라질 것이다. 전통적인 효라는 개념이 옛 시대의 유물처럼 대우받을지 모른다. 몇 세대가 함께 살며 다복한 가정을 이룬다는 것은 아주 보기 어렵게 될 것이다. 이미 도시는 그렇게 되고 있으며, 농촌에서조차도 몇 대가 걸쳐 살면서 행복한 모습을 보이는 경우를 쉽게 찾을 수 없이 되었다. 노인들에게 자기 삶을 자기가 책임져야 하고 그렇게 되지 못하면 자살을 선택할 수밖에 없는 암울한 현실이 다가오고 있다.

다복한 가정

어르신들 중에는 자녀를 여럿 두신 분들이 많다. 이런 어르신은 당신의 생일이 곧 잔칫날이다. 객지에 나가있는 자녀들이 모두 찾아와 생일상을 차려주기 때문이다. 생일상을 물린 후에는 자녀들이 제각기 집으로 돌아갈 것이 분명하지만 그래도 생일상을 받는 순간만큼은 어르신들에게 즐거운 시간이다. 왜냐하면 그날만큼은 다복함을 느끼기 때문이다. 생일상을 받기까지 자녀들이 준비하며 떠드는 소리, 음식이 익혀지는 소리, 따라온 손자 손녀들이 울거나 뛰어다니는 소리 등 왁자지껄한 소음이지만 어르신들에게는 그것이 즐거운 소리이다. 얼마 만에 들어보는 소리이며 또 얼마가 지나야 들을 수 있는 소리일까!

그나마 자녀들 모두 한결같이 삶을 제대로 꾸리고 건강하며, 경제적으로 어느 정도 여유가 있다면 이런 행복을 맛볼 수 있을 것이다. 그러나 자녀 중 하나가 형편없이 가난하거나, 건강하지 못한 경우 혹은 범죄자가 되어 생일상에 참여하지 못한다면 생일상 자리도 결코 다복한 자리가 되지 못할 것이다. 다른 자녀들이 있어도 어르들에게는 결격사유를 가진 자녀한 사람에 대한 애틋하고 슬픈 마음이 들기 때문이다. 게다가 어르신의 건강이 심각하게 좋지 않거나, 치매로 좌우가 제대로 분별되지 못한다면 자녀들에게는 그것이 짐이 되어 다복함을 상상할 수 없게 될 것이다.

다복한 가정은 어르신들이나 자녀들 모두 꿈꾸는 일이다. 다복한 가정이란 외형적으로 보기에 어르신들과 자녀들이 건강, 경제적 여유, 화목함 등에서 걱정이 없는 상태여야 한다. 사실 이러한 경향보다 더 다복함은 가정 안에 있다. 어르신들은 자녀들로부터 어른의 권위를 인정받고 존경받으며, 자녀들은 어르신들로부터 칭찬과 격려를 받는다. 어르신들은 자녀를 자랑스럽게 생각하고, 자녀들 역시 어르신들에 대한 긍지를 가져야 한다. 어르신들과 자녀들 사이에 자연스런 대화가 오고가며 대화 중에 서로에 대한 깊은 신뢰가 확인되어 대화하면 할수록 즐겁고 기뻐야 한다. 다복한 가정의 사람들 얼굴에는 웃음꽃이 가득할 것이다.

산업화 사회, 다양한 사회, 첨단 사회가 되면서 이런 다복함이 사라지고 있다. 어르신들의 생각은 낡은 사고방식으로 치부되고, 젊은이들의 생각은 너무 진보적으로 낙인 찍혀 대화가 되지 않는 경우가 많다. 부모와 자녀 사이의 정치적 성향이 달라서 명절이나 부모의 생신날 정치 문제로 가정 안에 다툼이 생길 수도 있다. 자녀들은 부모를 짐스러워하고, 부모는 자녀에 대한 서운함을 가지고 있다. 다복한 가정을 꿈꾸면서도 왜 그렇게 되지 않을까? 혹시 자기생각대로 다복함을 만들려는 욕심이 앞서지는 않는가? 아니면 다복함을 만드는 방법을 모르거나 알면서도 실천하는 연습이 되지 않아서 그렇지는 않은가?

시편 기자는 다복한 가정을 꿈꾸고 있다. 그는 성전에 올라가는 노래를 지으며, 성전에 올라가는 사람마다 다복한 가정을 이루고 사는 사람이라고 자신만만해하고 있다. 왜냐하면 성전에 올라가는 사람은 다복한 가정을 이룰만한 축복의 조건을 갖춘 사람이기 때문이다. 그 축복의 조건이란 하나님의 뜻대로 생각하며 사는 것이다. 가정조차도 자신의 뜻대로 운영하는 것이 아니라 하나님의 뜻대로 운영한다. "여호와를 경외하며 그의 길을 걷는 자마다 복이 있도다"(1절). 그러니까 다복의 기준은 일차적으로 하나님이시다. 하나님을 존경하고 두려워할 줄 아는 사람은 다복함을 이룰 수 있다. 가정을 하나님이 다스리기 때문이다.

다복한 가정에서는 수고한 만큼 소득을 얻는다. 어떤 사람은 수고해도 그만큼 얻지 못한다. 경제적으로 궁핍하면 다복함이 깨진다. 가정에서 한숨소리가 나오기 때문이다. 어떤 사람은 수고한 것이 별로 없는데 일확천금을 얻는다. 그것이 행운이라고 생각하겠지만 사실은 돈 때문에 부모와 자녀가 불화하고 형제와 자매가 불화한다. 만나면 싸우고 심지어 형제를 해치는 사건까지 발생한다. 다복한 가정은 돈 때문에 심각한 걱정을 하지 않고 또 싸우지도 않는 가정이다. 그런 가정은 수고한 만큼 얻을 때 이루어진다. "네가 네 손이 수고한 대로 먹을 것이라 네가 복되고 형통하리로다"(2절). 경제적 문제도 하나님의 손안에 있다.

다복한 가정은 부부관계에서도 다복함을 드러낸다. 아내가 가정을 지키고 자녀를 바르게 가르친다. 아내가 남편을 내조하되, 남편에게 분노를 가지게 하지 않는다. 남편에게 기쁜 생각, 기쁜 마음을 가질 수 있도록 배려한다. 남편의 약점을 말하는 것이 아니라 장점을 말하며 남편을 격려한다. 다복한 가정은 가족이 한 상에 모여 식사한다. 식사 시간이 즐겁다. 자녀들이 즐겁고 바르게 말하며, 부모들이 자녀들의 말을 기쁘게 받아준다.

"네 집 안방에 있는 네 아내는 결실한 포도나무 같으며 네 식탁에 둘러 앉은 자식들은 어린 감람나무 같으리로다"(3절). 다복한 가정은 집안에 화목함이 흐른다. 가족들의 얼굴에 웃음이 가득하다.

시편 기자는 이러한 다복함이 하나님의 축복임을 강조한다. 하나님을 경외하는 사람만이 얻을 수 있다는 것이다. "여호와를 경외하는 자는 이같이 복을 얻으리로다"(4절). 왜 시편 기자가 이토록 신앙과 다복함의 연관성을 강조할까? 그것은 하나님을 경외하는 사람의 마음이 다른 사람에게도 선하게 작용하고 있다는 것을 알기 때문이다. 사람이 하나님의 형상임을 안다면 가족 역시 하나님의 형상이다. 하나님의 형상들은 서로 간에 사랑할 수밖에 없다. 하나님이 사랑의 마음을 주시기 때문이다. 하나님이 마음을 다스려 주시고, 사랑하도록 인도하시며 또 가정을 다스려 주신다. 그러므로 다복한 가정의 근원은 하나님이시다.

다복의 계승

때때로 다복한 가정이 깨지는 경우가 있다. 무엇인가 예상하지 못한 일들이 생겨날 때이다. 가족 중 한 사람이 병들거나, 경제적으로 피폐해짐으로 인해 다른 가족들의 걱정거리가 될 수 있다. 다복함에 안주하려다 자녀의 교육을 그르치고, 자녀에 대해 방심할 수도 있다. 자녀가 부모의 바람대로 따라주지 못한다. 자녀가 세속에 물들고, 세상의 상식과 방법만을 따르다가 가정불화를 겪을 수 있다. 혹은 자녀의 결혼 이후 다복함이 깨질 수도 있다. 며느리가 시부모에게 원망을 가지고, 시부모가 며느리에 대해 경계심을 가진다면 다복함이 깨진다. 다복함은 한 세대에 그치는 것이 아니라 다음 세대로 이어져야 한다.

'부자는 삼대를 못 간다' 는 말이 있다. 그것은 부자로 살더라도 자녀들에 대한 교육이 잘못될 수도 있다는 것이다. 지금의 거대 재벌 기업은 자녀들의 교육을 아주 철저하게 시키고 경영계승을 위해 훈련까지 시켜 기업을 물려받게 하지만, 어지간한 재물로 부를 세습하기란 쉽지 않다. 그러나 자녀의 행복은 기업과 재물을 물려준다고 되지 않는다. 다복함의 정신이 물려져야 한다. 다복함의 조건 중에 돈이 포함되어 있기는 하지만, 돈 자체가 다복함의 모든 조건이 되지 않기 때문이다. 다복함은 돈 보다 더 귀한 가치를 가질 때 가능해진다. 어떻게 돈을 벌고, 어떻게 보람있게 사용하느냐가 가정 안에 있을 때 다복이 가능하다.

다복은 가정과 구성원이 있어야 할 곳에 있을 때 계승된다. 가정이 있어야 할 자리가 어디인가? 그것은 하나님을 만나는 자리이다. 성전에 올라가는 시인이 다복함을 노래한 것처럼 하나님을 만나러 가는 가족의 모습 속에 다복함이 보인다. 온 가족이 함께 성경을 들고 교회로 가는 모습에서 다복함을 볼 수 있다면 그거야말로 하나님의 축복과 영광을 드러내는 일이 아닌가? 하나님이 교회를 통해 주시는 다복함의 축복을 평생에 대대손손이 누릴 수 있다면 우리는 반드시 다복의 조건을 선택해야 한다. "여호와께서 시온에서 네게 복을 주실지어다 너는 평생에 예루살렘의 번영을 보며"(5절).

이스라엘이 끈끈한 생명력을 유지한 이유가 무엇일까? 그것은 국가가 사라져도 하나님과 함께 하는 다복만큼은 계승하였기 때문이다. 살아서 손자 손녀를 보는 다복을 누리고, 다복이 자녀들에게 계승되었다. "네 자식의 자식을 볼지어다 이스라엘에게 평강이 있을지로다"(6절). 그들은 외국 땅에서 나그네와 방랑자가 되어도 결코 하나님을 만남으로 얻는 가정의 다복을 놓치지 않았다. 남의 나라에 가서 눈치보며 살아도 예루살렘을 동경하는 마음을 가지고, 예루살렘으로 돌아가려는 목표를 가졌다. 그것은 하나님의 축복을 확인하기 위함이다. 이 과정에서 그들은 가정의 다복이라는 축복을 얻고, 곧 다복이 하나님의 축복임을 굳게 믿는다.

시편 129편

이김의 영성과 여호사밧

전쟁은 하나님께 속한 것이니

여호사밧은 남왕국 유다의 일곱 번째 왕이다. 그는 즉위하여 아버지 아사를 본받아 하나님이 보시기에 정직하게 행하였다. 산당을 폐하고 아세라 목상들을 폐기하였다. 그리고 군사력을 길러 성을 방비하며 북왕국의 침공에 대비하였다. 하나님이 여호사밧에게 복을 주심으로 나라가 점정 더 강성해졌다. 여호사밧이 군대를 동원하여 주변 나라들을 정벌하였다. 나라들이 여호사밧을 두려워하여 조공을 가져다 바쳤다. 여호사밧의 통치 당시 유다는 군대, 재정, 외교, 내치 등등 부강한 나라였다. 이처럼 부강한 나라가 되는 이면에는 하나님의 축복이 있다. 나라의 안위는 지도자가 하나님과 어떤 관계를 맺느냐에 따라 달려있다.

그런데 여호사밧이 자만하였다. 북왕국의 왕 아합과 사돈관계를 맺은 것이다. 아합이 누구인가? 우상숭배와 극악함에 관한 한 타의 추종을 불허하는 인물이다. 게다가 여호사밧은 북왕국과 동맹을 맺어 길르앗 라못을 치려고 한다. 남북왕국의 군사력으로 보아 이 전쟁은 분명히 이길 것 같다. 그러나 하나님이 이 전쟁을 허락하지 않으신다. 여호사밧과 아합은 선지자 미가야의 반대에도 불구하고 전쟁을 강행한다. 결과는 참패였다. 이 전쟁으로 인해 남왕국의 민심이 흉흉해지고, 여호사밧의 영적 권위와 지도력이 훼손되었다. 자만심과 아집이 가득하고 눈과 귀를 막고 고집을 부리면 이처럼 이미 가졌던 것도 잃어버린다.

남왕국의 힘이 약해진 틈을 타 모압과 암몬이 연합군을 결성하여 남왕국을 침공하였다. 이전 같으면 두 나라가 힘을 합한다 해도 유다가 쉽게 제압할 수 있었을 것이다. 그러나 전쟁에서 참패한 남왕국이 대응하기 쉽지 않다. 여호사밧의 마음에 두려움이 생겼다. 어떻게 해야 하는가? 동맹을 맺었던 북왕국도 힘이 약해졌으니 원조를 청할 수 없다. 북왕국에 원조를 요청하는 것이 하나님의 뜻도 아니다. 여호사밧이 할 수 있는 일이란 딱 한 가지 하나님 앞에 무릎을 꿇는 일이다. 모든 백성이 여호사밧의 기도를 따라 한 마음으로 나라의 안위를 위해 기도한다. 왕과 백성이 풍전등화와 같은 나라의 운명을 하나님께 맡겼다.

하나님이 선지자를 통해 응답하신다. 전쟁이 왕과 백성에게 속한 것이 아니라 하나님께 속했다는 것이다. 왕이 이 말을 믿었다. 백성에게 하나님이 행하시는 일을 보자고 강하게 권한다. 왕과 백성은 하나님의 말씀이 이루어질 것을 믿고 제사장들을 앞세워 찬송할 뿐이다. 모압과 암몬이 세일산 사람들을 포섭해 남왕국을 향해 침공해 온다. 그러나 그들 앞에 하나님이 숨겨두신 복병이 일어나 모압과 암몬을 쳐서 물리친다. 조금 후에 보니 모압과 암몬이 세일산 사람들을 죽이고 그 후에는 모압과 암몬 사람들이 서로 싸우고 있다. 남왕국은 손가락 하나도 까딱하지 않고 대승을 거두었다. 과연 전쟁은 하나님께 속하였다.

생존경쟁의 사회

요즘 시대는 경쟁 사회이다. 국가 간에 경쟁이 치열하고, 기업 간에 경쟁이 상상을 뛰어넘는다. 개인간의 경쟁도 엄청난 스트레스로 다가온다.

치열한 경쟁에서 살아남으려면 실력이 있어야 한다. 그래서 영어, 컴퓨터, 신기술 등등 실력을 쌓기 위해 엄청난 투자를 한다. 한편 실력이 있다 하더라도 신속하고 정확한 판단력이 수시로 요구된다. 한 번 실수하면 그 실수 때문에 그동안 쌓았던 공적을 모두 잃을 수도 있다. 경쟁 자체가 스트레스가 되고, 또 실패에 대한 두려움이 스트레스가 될 수 있다. 이 스트레스가 몸과 마음에 병을 가져올 수도 있고, 병을 고치기 위한 개인적 비용과 사회적 비용이 만만치 않게 들어간다.

경쟁은 사회를 발전시키는 요소가 된다. 경쟁에서 이기기 위해 실력을 쌓고, 노력을 하고 기술을 개발한다. 남보다 앞서 가기 위해 동분서주한다. 그러다 보면 자기도 모르는 사이에 엄청난 진보를 이룬 것을 발견하게 된다. 한편 경쟁은 개인을 억압하는 요소가 될 수도 있다. 경쟁에서 이기기 위해 남을 눌러야 하고, 그 과정에서 비윤리적 방법을 사용할 수도 있다. 이것이 범죄로 나타나 사회적인 수치를 당할 수도 있다. 한편 정직하게 경쟁한다고 하다가 밀려나면 그것 때문에 사람들의 차가운 시선을 받을 수도 있다. 경쟁 사회는 사람들을 향해 이중적인 잣대를 들이대고 있다. 그 잣대의 대상이 바로 자신임을 알아야 한다.

게임이론이라는 것이 있다. 인간의 삶이 운동 경기나 게임과도 같다는 것이다. 경쟁 사회에서의 경쟁을 마치 게임하듯이 즐기라는 것이다. 게임을 이기기 위해 전략을 사용하듯이 경쟁에도 전략을 사용할 수 있다. 게임의 룰이 있듯이 경쟁에도 룰을 정한다면 경쟁하는 것이 재미있을 것이고, 아마 훨씬 더 쉬울 것이다. 게임처럼 경쟁한다면 스트레스를 보다 덜 받게 될 것이다. 그리고 스트레스에서 오는 중압감이나 질병을 극복할 수 있을 것이다. 초기 게임이론은 군사학에 적용하였으나 점점 발전되어 사회학, 경제학, 경영학, 심리학 등에 적용되었다.

실제로 게임을 하면 경쟁의 스트레스를 잠시 잊을 수 있다. 내가 게임에 참여하거나 응원한다면 즐거운 시간을 보낼 수 있다. 게임이야 이기면 좋고 져도 별로 손해날 것이 없다. 하지만 게임에 한 번 지면 그것 때문에 스트레스를 받는 사람들이 있다. 반드시 한 번은 이겨야 직성이 풀려서 도전하고 또 도전한다. 돈이 들어도 도전하고 중요한 일을 앞에 두고도 게임에 정신이 팔려서 도전한다. 이 경우 게임은 즐기는 것이 아니라 자기 욕구를 채우기 위한 수단이 된다. 게임은 이기든 지든 즐거워야 한다. 그런데 게임에 이기기 위해 스트레스를 더 받는다면 그것이 과연 게임일까?

윈 윈 게임

경쟁이란 나와 다른 사람과의 대결구도이다. 대결구도란 이기든 지든 둘 중 하나를 결정해야 한다. 그런데 남을 이기려면 가장 먼저 극복해야 할 것이 있다. 그것은 바로 나를 이기는 것이다. 사실상 남을 이기는 것보다 자기를 이기기 더 어렵다. 수신제가치국평천하(修身齊家治國平天下)라 한다. 자신의 몸과 마음을 바르게 한 사람이 가정을 다스릴 수 있고 가정을 다스릴 수 있는 사람만이 나라를 다스릴 수 있으며, 나라를 다스릴 수 있는 사람만이 천하를 평화롭게 할 수 있다. 다른 사람과의 경쟁구도에서 내가 다치는 것이 많다. 자기도 모르게 경쟁자에 대한 미움이 쌓인다. 경쟁자의 말과 행동에 대한 불평이 생긴다. 경쟁자와의 대화가 거칠어지고 관계가 악화될 수 있다. 그 결과 마음에 상처를 입고 내면에 부정적 감정이 자리를 잡는다.

나를 극복한다는 것은 경쟁에 임하는 나의 생각과 자세를 달리하는 것이다. 다시 말하여 경쟁자를 보는 눈과 경쟁의 방법을 달리하는 것이다. 경쟁자를 공존의 대상, 도움의 대상, 나를 발전시키는 건강한 에너지로 보는 것이다. 경쟁자를 따돌리거나 제압해야 할 대상으로 보는 것이 아니라 함께 협력해야 할 대상으로 보는 것이 나를 극복하는 방법이다. 그리고 협력하고 함께 발전하기 위해 자신이 할 일을 꾸준히 해 나가야 한다. 이것이 자기를 이기는 방법이다. 그러면 스트레스가 덜해진다. 내면에 부정적 감정이 아니라 긍정적 감정이 자리를 잡는다. 경쟁자와의 관계에서 스스로 공정한 룰을 정하고 그것을 실천하려 한다.

부정적 감정은 스트레스를 가중시킨다. 그리고 주변 사람들을 괴롭게 한다. 심리적으로 나는 옳고 경쟁자는 그르다는 양극적이며 흑백중심의 사고방식이 자리 잡으면 서로에 대한 경계심만 가중된다. 반면에 긍정적 감정은 자기를 즐겁게 하고 다른 사람에게 기쁨을 가져다준다. 나와 너의 생각에서 옳고 그른 것을 찾지 않고 다른 것을 찾는다. 그리고 서로 다른 점을 조율하여 합의점을 찾으려 한다. 여기서 건전한 대화방법이 동원되고, 서로의 유익을 찾는 목적의식을 가진다. 게임을 하지만 어느 한 쪽이 이기는 게임이 아니라 둘 다 승자가 되는 게임을 하는 것이다. 이것을 윈 윈 게임(win win game)이라 부른다.

윈 윈 게임이라는 것이 말이 쉽지 실제로는 어렵다. 이것은 부단히 연습하고 훈련해야 하는 것이다. 윈 윈이 가능한 문제인지를 구별하는 것도 부단한 연습이 필요하다. 윈 윈 사고방식을 가지고 대응하며, 수용하는 자세를 훈련해야 한다. 가정이나 기업, 사회, 국가 간의 문제 등 협력과 공존의 모습이 훈련되며 실현되어야 한다. 윈 윈 게임은 우리가 이미 알고 있는 단어로 표현하라면 '선의의 경쟁'이라고 해야 할 것이다. 선한 의도와 목적 그리고 선한 방법으로 경쟁하는 것이며, 그 결과 경쟁에 참여한 모든 사람들과 구성원들에게 유익이 돌아가는 것이다.

한편 윈 윈 게임에 적용되지 않는 것이 있다. 그것은 진리의 문제, 선과 악의 문제이다. 여호사밧이 아합과의 동맹을 윈 윈 게임으로 생각했을지 모른다. 그러나 그것은 윈 윈이 아니었다. 두 나라 모두 참패하였다. 아합은 죽고 여호사밧은 권위에 치명타를 입었다. 두 나라 모두 경제와 군사력 등에서 엄청난 손해를 보았다. 그리고 여호사밧은 모압과 암몬으로부터 침공의 위기에 놓여 나라가 멸망할 지경에까지 이르렀다. 윈 윈 게임은 서로 상대와의 공정한 경쟁이 우선이다. 동시에 윤리적이어야 하고 진리의 기초위에 서 있어야 한다. 진리와 선악의 문제는 공존이 아니라 진리와 선이 반드시 이겨야 한다.

이방인은 결코 윈 윈을 원하지 않는다. 그들은 하나님의 백성을 괴롭히는 것을 즐거움으로 삼고 있다. 그들은 이기는 것으로 쾌감을 만들었다. "이스라엘은 이제 말하기를 그들이 내가 어릴 때부터 여러 번 나를 괴롭혔도다"(1절). 모압과 암몬은 하나님의 백성과 늘 대립각을 세워 왔다. 수많은 세월동안 하나님의 백성을 괴롭혔다. 모압과 암몬은 출애굽한 백성이 가나안 땅에 들어가는 것을 훼방하였다(민22~24장). 이스라엘이 가나안에 정착했을 때도 모압과 암몬은 오랜 시간 이스라엘을 괴롭혔다. 게다가 모압과 암몬은 우상을 이스라엘에게 들이는 통로였다. 이것이 이스라엘을 괴롭히는 주요인이었다.

시편 기자는 이방인으로부터 수많은 괴로움을 당했으나 그 때마다 이방인이 결코 이길 수 없었다는 것을 이미 알고 있다. "그들이 내가 어릴 때부터 여러 번 나를 괴롭혔으나 나를 이기지 못하였도다"(2절). 괴로움을 당하는 시간은 농부가 밭에 고랑을 내는 것처럼, 이방인과 대적인 시편 기자의 등에 밭고랑을 내는 것 같았다. "밭 가는 자들이 내 등을 갈아 그 고랑을 길게 지었도다"(3절). 그러나 이방인의 의도가 결코 쉽게 이루어지지 않는다. 이방인들의 의도가 처음에는 되는 것 같았으나 결과는 언제나 실패였다. 그것은 이방인과 이스라엘을 지켜보는 하나님의 개입 때문이다. "여호와께서는 의로우사 악인들의 줄을 끊으셨도다"(4절).
모압과 암몬은 시온 백성과 공존하는 것을 원하지 않는다. 그들은 시온 백성이 땅에서 멸절되기를 바라고 있다. 침공하는 이유가 바로 그것이다. 사실 모압과 암몬은 시온 백성과 형제간이나 다름이 없다. 그들의 조상은 아브라함의 조카 롯이기 때문이다. 하지만 핏줄이 같다고 생각이 같을 수 없다. 그들은 우상을 섬기고 있다. 모압은 그모스라는 신을 그리고 암몬은 밀곰이라는 신을 숭배한다. 그러므로 그들의 침공은 우상의 공격이기도 하다. 하나님은 이러한 침공은 단연코 물리치신다. 시온 백성이 대항할 수 없다면 하나님이 직접 개입하신다. "무릇 시온을 미워하는 자들은 수치를 당하여 물러갈지어다"(5절).

이김의 근원을 찾아

이방인의 공격은 아무 것도 아니다. 그들은 나름대로 힘을 키우고, 자기들끼리 동맹을 하며 이기는 전략을 짠다. 하지만 그들의 힘이 아무 것도 아니다. 하나님이 복병을 두었을 때 꼼짝없이 당한다. 나중에는 자기들끼리 싸우기까지 한다. 아마 그들이 시온 백성을 이겼다면 막강한 힘을 가지고 고대 근동을 호령했을지 모른다. 그러나 하나님은 그들을 자르신다. 지붕에 자라는 풀처럼 더 이상 자라지 못하도록 하나님이 그들을 마르게 하신다. "그들은 지붕의 풀과 같을지어다 그것은 자라기 전에 마르는 것이라"(6절). 하나님이 이기게 하시면 더 이상 자라지 못한다. 하나님이 이방과 우상의 성장을 막으신다.

지붕에 나는 풀은 아무 짝에도 쓸모가 없다. 이것은 잡초로 여겨져서 어느 누구도 달가워하지도 반가워하지도 않는다. 귀찮아할 뿐이다. "이런 것은 베는 자의 손과 묶는 자의 품에 차지 아니하나니"(7절). 그것들은 쓰레기가 되어 불에 살라질 뿐이다. 그 누구도 열매조차 기대하지 않는다. 시온이 포도나무와 무화과나무라면 모압과 암몬은 지붕위의 풀이다. 포도나무와 무화과나무는 가꾸어야 할 대상이다. 그래야 열매를 얻을 수 있기 때문이다. 그러나 지붕 위의 풀은 제거해야 할 대상이다. 지붕에 풀이 있는 집은 흉가처럼 보일 것이고, 풀을 제거하지 않는 주인은 게으른 사람으로 평가될 것이다.

지나가는 사람들이 지붕 위의 풀을 보았다고 가정해 보자. 아마 그 풀을 향해 축복하는 이가 있을까? 아무도 없을 것이다. 오히려 풀이 왜 저기 있어서 사람 괴롭히느냐고 할지 모른다. 지붕 위의 풀은 결코 축복의 대상이 되지 않는다. "지나가는 자들도 여호와의 복이 너희에게 있을지어다 하거나 우리가 여호와의 이름으로 너희에게 축복한다 하지 아니하느니라"(8절). 누구로부터라도 축복을 받는다면 그것은 이 땅에 존재할만한 가치가 있는 것이다. 반면에 축복을 받지 못한다면 그것은 결코 가치가 없다는 것을 의미한다. 이것은 쓰레기 취급을 당한다. 결국 그것은 버려질 대상으로 언제고 버려지고 말 것이다.

여기 축복하는 말의 내용을 보자. 축복하는 사람들은 축복의 대상을 향해 여호와의 이름으로 축복한다. 그렇다면 축복의 주체가 여호와 하나님임을 알게 된다. 축복의 하나님은 백성의 삶에 개입하신다. 시온 백성을 공격하는 이방인을 막으시고 시온 백성을 보호하신다. 하나님이 전쟁에 개입하시고 시온 백성을 이기게 하신다. 이것이 곧 하나님이 시온 백성을 축복하시는 방법이다. 이김은 하나님이 축복하시고 보호하시는 하나님의 간섭이다. 즉 하나님이 이김의 근원이시다. 나를 이기고, 세상을 이기는 힘의 근원이 하나님이시다. 선과 진리의 사람들이 함께 이기는 것의 근원은 하나님이시다.

시편 130편

사죄의 영성과 엘리후

변론 틈의 젊은이

욥이 고난을 당할 때였다. 욥의 친구 세 명이 욥을 위로하러 왔지만 욥의 모양이 너무 처참하여 입을 열어 위로할 수 없었다. 욥이 무너진 집터에 앉아 있는데 그의 몸에는 종기가 나서 고름이 흘러내린다. 얼마나 가려운지 기왓장으로 긁어야 겨우 시원할 정도였다. 기왓장으로 긁는 몸이 온전할 리 없다. 욥의 온몸에서 피가 나온다. 친구 세 명은 욥의 비참함에 넋이 나가 일주일동안 침묵한 채 바라만 보고 있었다. 일주일 후 친구들이 입을 열지만 욥을 위로하는 것이 아니라 욥을 향해 공격을 가하고 있다. 욥이 당하는 고통이 모두 죄의 결과라는 것이다. 욥은 결단코 그렇지 않다고 항변하여 욥과 세 친구 사이에 장시간 변론이 이어진다.

세 친구가 한 목소리로 욥을 공격하지만 욥을 이길 수 없다. 한편 욥은 자신의 무죄를 변론하느라 흥분하여 어느 새 자신의 마음을 다스리지 못하고 있다. 이 모양을 한 젊은이가 보고 있었다. 그는 엘리후였다. 엘리후는 어리다는 이유로 욥과 세 친구들의 변론을 잠자코 보고만 있었다. 그는 세 친구가 욥에게 대답도 못하면서 정죄하는 모습이 한심해 보였다. 반면에 욥은 하나님보다 자신을 의롭게 여기는 것처럼 보였다. 엘리후가 이 모습에 분노를 드러낸다. 엘리후가 입을 열어서 욥의 세 친구를 공격하고 이후에 욥을 공박한다. 지혜를 가진 노인들이라도 그 지혜를 탁상공론으로만 사용한다면 젊은이들로부터 공격을 당할 뿐이다.

엘리후가 욥을 공격한다. 하나님 앞에 범죄하였음을 인정한 사람만이 하나님의 은혜를 입는다는 것이다. 아무리 욥이 자기에게 죄가 없다고 하지만 변론 과정에서 자기 의를 인정하는 욥의 모습이 마치 죄를 반증하는 것과 같다. 엘리후는 자기 의를 내세울 것 같으면 차라리 잠잠하게 지내는 것이 훨씬 낫다고 생각한다(욥 33:31). 욥이 스스로 정직하다고 생각했지만 결과적으로 거짓말쟁이가 되었고 하나님을 훼방하고 있다고 엘리후가 말로 욥을 공박한다. 엘리후는 욥을 향해 하나님 앞에 사죄를 요청하지 않는 어리석음을 드러내고 있다고까지 말한다(욥 34:35).

엘리후는 하나님만이 완전히 의롭고 하나님만이 의의 기준임을 알고 있다. 사람은 하나님의 의와 지혜를 측량할 수 없다(욥 37:23). 그러므로 하나님은 스스로 지혜롭다고 여기는 사람을 돌아보시지 않는다. 비록 욥이 직접적으로 재앙을 당할만한 죄가 없다고 하여도 하나님 앞에 한없이 나약한 존재임을 인정해야 한다. 엘리후는 하나님과 사람을 비교하건대, 사람은 언제나 하나님 앞에서 죄인임을 인정하고 사죄를 청해야 한다고 말한다. 비록 고통이 직접적으로 죄 때문이 아니라 해도, 고통이 오면 자신을 먼저 돌아보고 자신의 나약함과 죄가 있는지를 반성해야 한다는 것이다. 이런 사람은 하나님께 사죄를 청할 수 있다.

수치를 모르는 민족

독일은 제2차 세계대전에서 패망한 이후 전 세계 나라 앞에서 자신들의 잘못을 시인하였다. 유대인을 아우슈비츠에서 학살했던 끔찍한 현장을 보존하고 독일의 청소년들에게 견학을 시키며 다시는 인류를 향해 이런 범죄를 하면 안 된다고 가르친다. 게다가 독일의 침공으로 고통을 당했던 프랑스와 공동으로 역사 교과서를 집필한다. 침략자의 눈으로 교과서를 만드는 것이 아니라 침략당한 사람의 입장에서 교과서를 만들겠다는 것이다. 독일의 총리는 이스라엘이나 프랑스를 방문할 때마다 과거에 대해 참회한다. 그리고 독일 국민 역시 과거의 잘못에 대해 여전히 반성하고 그런 일이 일어나지 않기를 다짐한다.

그런데 우리 옆의 일본은 어떤가? 그들은 과거 한국을 지배하였던 것을 근대화를 위한 기여라고 억지를 쓴다. 일본의 우익 인사들은 일본이 아시아 근대화에 지대한 공헌을 하였다고 망발을 일삼는다. 중국이나 한국에서 항의를 하면 일본 정부 인사들이 딴청을 피운다. 일본의 총리가 한국이나 중국을 방문해서 과거에 대해 애석하다고 말하기는 하지만 사실상 본심이 아니다. 외교적으로 약간의 예의를 보인 것에 불과할 뿐 결코 마음에서 우러나온 것이 아니다. 한국이나 중국에 대해 과거 문제에 대해 사죄를 구하기는 고사하고 사과조차 하지 않는다. 툭하면 일본의 근대화 기여를 운운하여 한국과 중국 사람들의 신경을 건드린다.

뿐만이 아니다. 일본의 역사 교과서에 과거 한국과 중국 침략을 빼놓는다. 역사가들은 애써서 과거 일본이 아시아 근대화에 끼친 것의 긍정적인 면만을 드러내려고 한다. 역사는 사실을 있는 그대로 기술할 때 후세들에게 교훈을 준다. 그러나 일본인들은 자기들에게 수치스러운 것은 빼놓고, 조금이라도 잘한 것만 기록하려 한다. 일본의 우익 인사들은 여전히 과거에 대한 수치를 인식하지 못하고 있다. 과거의 전쟁과 패권주의 그리고 아시아를 비롯한 수많은 민족의 고통을 전혀 생각하지 않는다. 그들은 과거의 세계 정복을 다시 꿈꾸고 있는지도 모른다. 그리고 자신의 헛된 야망을 자녀들에게 물려 주고 싶은지도 모른다.

그들은 이처럼 수치를 모른다. 한국을 강점하여 이 땅의 아름다움과 이름을 빼앗아갔다. 게다가 한국의 생산품들을 수탈했다. 뿐만 아니라 35년 동안 한국민의 정신세계를 침울하게 만들었다. 역사가 기록하고 있는 한 이런 일들은 결코 지워지지 않을 것이다. 일본인들은 역사를 객관적으로 보는 눈이 있어야 한다. 그래야 자기들의 잘못에 대해 수치스럽게 생각할 것이며, 잘못에 대해 용서를 구할 수 있을 것이다. 과거에 대하여 정직하게 직면할 수 있는 민족만이 인류의 미래를 위해 기여할 수 있다. 일본은 이런 점에서 아직 깨이지 못하였다.

실수라도 용서를 빈다

교통사고가 났다고 가정해보자. 평범한 사고방식을 가진 사람은 결코 교통사고를 원하지 않는다. 보통 사람들에게서 교통사고는 순전히 실수이다. 하지만 교통사고에 대한 피해는 막심할 수 있다. 차량이 망가졌다면 고칠 수 있을 것이고, 폐차 지경이라면 새로 살 수 있을 것이다. 그러나 사람이 다치면 평생 고생이다. 평생 장애인으로 사는 피해자가 생긴다. 혹은 사고로 목숨을 잃으면 다시 얻을 수 없다. 비록 실수라 해도 대형 사고를 낸 사람은 처벌을 받는다. 사고를 낸 사람의 삶과 가정에 어려움이 있어서 정상 참작이 있다 해도 처벌 자체를 면할 수는 없다. 교통사고의 예를 보면 실수도 처벌받아야 할 범죄이다.

그런데 교통사고를 낸 사람이 전부 보상할 수 없으니 보험에서 보상한다. 만약 교통사고 피해자가 보험으로부터 거액의 보상을 받았다고 치자. 그러면 사고를 낸 사람이 자기 때문에 보상이 이루어졌다고 큰 소리를 쳐도 될까? 결코 그렇지 않다. 사고를 낸 사람도 피해자 앞에서 잘못을 인정하고 용서를 빌어야 하며, 개인적으로 보상할 수 있을 만큼 보상해야 한다. 소위 말해 합의금을 주어야 한다는 것이다. 합의금 때문에 피해자 가족에게 경제적인 여유가 생겼다고 치자. 그렇다고 사고를 낸 사람이 피해자에게 내가 잘한 것이라고 큰 소리를 쳐도 될까? 정상적인 생각을 가진 사람이라면 결코 그럴 수 없다고 말할 것이다.

일본 사람들이 주장하는 것은 교통사고를 내고 피해자에게 유익을 주었으니 결과적으로 잘된 일이라는 논리와 같다. 이런 논리는 보험금을 노리고 일부러 교통사고를 내는 사람들이나 내세울만한 것이다. 보험금 때문에 일부러 사고를 냈다면 그것은 더 큰 범죄이다. 실수도 범죄인데 고의적인 사고는 결코 용서받을 수 없는 범죄이다. 일본이 한국과 중국을 고의적으로 침략한 것이 틀림없다. 그들은 미국까지 침략하였다. 그러나 미국으로부터는 원자폭탄으로 응징을 받았다. 그렇게 되었으니 일본과 미국은 서로 비긴 것이다. 하지만 한국과 중국으로부터는 응징을 받은 것이 없다. 지금의 국제 사회는 응징을 할 수도 없다.

그렇다면 일본은 그들의 범죄를 용서받을 길이 없다. 용서를 받으려면 잘못했다고 하고, 과거의 피해에 대해 금전적으로라도 보상을 해야 한다. 정신대 피해 할머니, 강제 징용자들, 징병으로 끌려가서 전사한 사람들의 명단을 밝히고 그들의 남은 삶이 편안하도록 배려해야 한다. 그래야 세계가 인정하는 경제대국의 모습이라 할 것이다. 아무리 잘하려고 한 일이라도 실수가 있다면 용서를 빌어야 한다. 하물며 일부러 잘못한 것이라면 사죄해야 마땅하다. 잘못한 것을 가지고 옳다고 우겨대는 것은 결코 정상적인 사고방식이 아니다. 분노만 드러낼 것이 아니라 우리에게는 엘리후처럼 일본을 꼼짝 못하게 옥죄어야 할 사람이 필요하다.

시편 기자는 고통과 괴로움을 수없이 겪었다. 그는 대적들로부터 모욕과 멸시를 당한 적이 있었다. 대적들은 시편 기자를 오해하고 중상 모략하였다. 대적들은 시편 기자를 향해 망하기를 고대했다. 심지어 대적들은 하나님이 없다고까지 말하면서 시편 기자의 마음에 난도질을 하였다. 대적들 중에는 과거에 친구인 사람도 있었다. 친구처럼 친한 척하다가 갑자기 싸늘하게 돌아서서 원수처럼 대하며 욕과 저주를 퍼붓는다. 이런 일을 당하는 사람의 마음이 어땠을까? 분노로 가득할지 모른다. 맞서 싸우려고 생각할지 모른다. 우리 같으면 능히 그러고도 남았을 것이다. 우리 같으면 원수를 갚아야 직성이 풀릴 것이다.

그러나 시편 기자는 결코 그렇게 하지 않았다. 그는 먼저 하나님께 부르짖었다. "여호와여 내가 깊은 곳에서 주께 부르짖었나이다"(1절). 사람이 저주하는 데 그 앞에 나서면 저주의 소리만 더 들을 뿐이다. 이럴 때는 사람을 피하는 것이 상책이다. 사람을 피해 혼자 있으면 무엇을 해야 하는가? 사람들이 밝은 곳에 있다면 피하는 사람은 깊고 어두운 곳으로 갈 수밖에 없다. 여기서 무엇을 해야 하는가? 하나님을 만나야 한다. 하나님께 자기 목소리를 들어달라고 간구해야 한다. 사람과 맞서 싸우고 대적하기보다는 자기의 애타는 심정을 하나님께 아뢰어야 한다. "주여 내 소리를 들으시며 나의 부르짖는 소리에 귀를 기울이소서"(2절).

하나님 앞에 자기의 아픔을 말할 때 조심해야 할 것이 있다. 그것은 자기의 의를 드러내려 하지 않는 것이다. 자기는 전혀 잘못이 없고 상대방이 잘못했다는 식이라면 욥과 같은 실수를 범할지 모른다. 이런 실수를 범하면 엘리후와 같은 사람에게 책망을 받을 것이다. 물론 하나님께도 책망을 받을 것이다. 하나님 앞에 아픔을 말할 때는 먼저 자기의 죄가 있지는 않는지 자기의 실수가 있지는 않은지 보아야 한다. 그리고 하나님께 자신의 죄와 실수 그리고 허물을 아뢰어야 한다. 하나님이 우리의 속을 다 알고 있으므로 죄인은 결코 하나님 앞에 설 수 없다. "여호와여 주께서 죄악을 지켜보실진대 주여 누가 서리이까"(3절).

자기의 허물을 인식한 사람은 자기를 향해 공격하는 사람의 죄를 용서해 달라고 기도할 수 있다. 자기 허물을 모르는 사람은 다른 사람을 향한 용서와 사죄의 기도조차 드릴 수 없다. 자기 허물을 알면 자기 허물과 다른 사람의 죄를 용서해 달라는 사죄의 기도를 드릴 수 있다. 하나님은 용서의 하나님이시다. 용서의 하나님은 경배를 받으셔야 한다. 사람은 용서의 하나님 앞에 두려움과 존경의 마음을 동시에 가진다. 두려움과 존경의 마음을 동시에 가지는 것이 곧 경외하는 마음이다. "그러나 사유하심이 주께 있음은 주를 경외하게 하심이니이다"(4절). 하나님 앞에 있는 사람은 언제나 하나님이 사죄의 하나님이심을 기억해야 한다.

하나님을 기대하라

용서와 사죄를 비는 사람은 하나님이 용서와 사죄의 은혜를 베풀어주실 것을 기대한다. 간구하는 사람은 용서와 사죄의 말씀이 자기에게 임할 것이라는 것을 기대하고 기다린다. "나 곧 내 영혼은 여호와를 기다리며 나는 주의 말씀을 바라는도다"(5절). 기대하지 않는다면 애초에 간구하지도 않을 것이다. 만약 기대하지도 않고 간구한다면 그것은 공연히 힘만 쓰는 일이 될 것이다. 그것은 믿음이 없는 간구일 뿐이다. 믿음없는 간구가 이루어질까? 결코 아니다. "오직 믿음으로 구하고 조금도 의심하지 말라 의심하는 자는 마치 바람에 밀려 요동하는 바다 물결 같으니 이런 사람은 무엇이든지 주께 얻기를 생각하지 말라"(약 1:6~7).

사죄와 용서를 바라는 사람의 심정이 어때야 할까? 그것은 애타게 기다리는 것이다. 반드시 있을 것이라고 믿고 기다리며 한시라도 빨리 되어지기를 기다려야 한다. 마치 파수꾼이 아침을 기다리는 것과도 같다. "파수꾼이 아침을 기다림보다 내 영혼이 주를 더 기다리나니 참으로 파수꾼이 아침을 기다림보다 더하도다"(6절). 자기 죄를 용서받고자 이처럼 기다려야 한다. 동시에 다른 사람의 죄도 용서받기를 기다려야 한다. 다른 사람의 죄가 용서받기를 기대하는 마음이 파수꾼과 같다면 이런 사람이야말로 하나님이 기뻐하시지 않겠는가? 이런 사람이야말로 하나님이 위대한 지도자로 세우시고 사람들로부터 존경을 받지 않겠는가?

시편 기자는 자신이 사죄의 하나님을 바라보고, 자신의 죄와 대적들의 죄가 용서받기를 구한다. 동시에 이스라엘 백성 전체가 사죄의 하나님을 바라보기를 기대한다. "이스라엘아 여호와를 바랄지어다 여호와께서는 인자하심과 풍성한 속량이 있음이라"(7절). 하나님은 온 인류의 죄를 모두 용서하시고도 남는 풍성한 사랑을 가지신 분이시다. 이처럼 풍성한 하나님을 바라본다면 하나님으로부터 풍성한 은혜를 얻지 않겠는가? 그 풍성한 은혜가 무엇인가? 그동안의 모든 죄를 용서받는 것이며 하나님으로부터 구원의 선포를 듣는 것이다. "그가 이스라엘을 그의 모든 죄악에서 속량하시리로다"(8절).

과거에 고통이 있었다면 지금 어떻게 해야 하는가? 엘리후의 말과 시편 기자의 간구를 기억하자. 나의 잘못은 무엇이었는지 먼저 반성하자. 그리고 나의 잘못과 실수를 회개하고 하나님께 용서를 빌자. 동시에 나에게 고통을 가져다 준 사람이 하나님께 용서와 사죄의 대상이 되게 해달라고 기도하자. 일본과 우리나라와의 관계가 이래야 하지 않을까? 우리가 고칠 일이 있다면 먼저 고치자. 그리고 당당하게 다른 사람의 고침과 구속이 필요함을 하나님께 아뢰자. 일본 민족이 여전히 우상과 사술에 매여 있는 한 그들은 결코 과거를 반성하지 않을 것이다. 일본이 구속의 은혜를 체험하는 길은 과거를 완전히 치유하는 길이다.

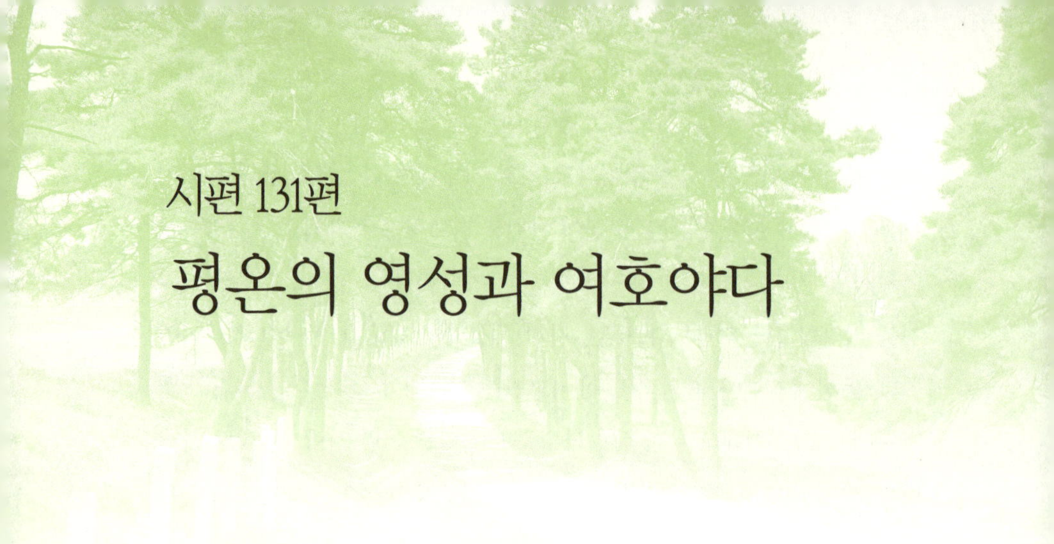

시편 131편
평온의 영성과 여호야다

개혁자 여호야다

북왕국 아합의 딸 아달랴가 남왕국 여호람 왕과 결혼한 이후에 남왕국에 아주 이상한 일이 생겼다. 아달랴는 그의 어머니 이세벨을 닮아 표독스럽고 세속적 야망에 불타오르며 잔인한 성격의 소유자이다. 게다가 아달랴는 이세벨의 우상숭배를 그대로 물려받은 여성이다. 우리 속담에도 며느리가 잘못 들어오면 집안이 망한다는데, 남왕국 유다야말로 여성 한 사람이 잘못 들어와서 엄청난 회오리 바람이 몰아쳤다. 아달랴는 자기 아들 아하시야가 왕이 된 것도 모자라 자기가 왕이 되는 일을 획책하였다. 아달랴는 아들이 예후의 칼에 죽는 것을 보고, 남왕국 왕가의 씨앗을 전멸하고 7년간 왕노릇을 하며 나라에 암흑기를 만들었다.

아달랴가 왕의 가족들을 전멸하려 할 때 아하시야의 여동생 여호사브앗이 아하시야의 아들 요아스를 빼돌렸다. 그리고 유모와 함께 아달랴의 눈을 피해 숨어 있게 하였다. 아달랴의 포악함을 피해 숨어있는 기간이 6년이나 되었다. 그 6년 동안 여호사브앗과 유모 그리고 요아스는 숨도 쉬지 못했을 것이다. 하지만 그들은 나름대로 평온을 가질 수 있었다. 그것은 남왕국 유다를 도우시는 하나님이 계시기 때문이며, 여호사브앗의 남편이자 대제사장인 여호야다가 그들을 살피고 있었기 때문이다. 대제사장 여호야다는 아달랴의 철권통치가 종식되고 남왕국의 재건과 부흥을 꿈꾸며 그 날이 오기를 기다리며 준비하는 사람이었다.

아달랴의 통치 6년간이 역사적으로는 암흑기간이었지만 여호야다에게는 국가를 재건하기 위한 준비기간이었다. 6년이 지나 7년 째 접어들자 어느 날 여호야다가 국가를 재건하는데 함께 할 사람들을 모았다. 그리고 언약을 세우고 아달랴를 몰아낼 작전계획을 세웠다. 아달랴가 성전에 들어갔을 때 찬송소리가 들렸다. 아달랴는 직감적으로 자신을 몰아낼 작전임을 깨닫고 반역이라고 외쳤다. 하지만 포악한 아달랴를 도울 사람이 아무도 없었다. 아달랴는 백부장들에 의해 성전에서 쫓겨나고, 말이 왕궁으로 드나드는 문에서 죽임을 당했다. 말의 문에서 죽임을 당했다는 것은 말처럼 취급받은 것이다. 사람 노릇을 못하면 이렇게 된다.

여호야다는 아달랴가 죽자 전국에 산재한 바알 신당을 파괴하고, 바알의 제사장을 죽였다. 그리고 과거 다윗 시대처럼 레위인들을 동원하여 성전을 지키는 사람들과 성전에서 찬양하는 사람들 그리고 성전에서 제사를 돕는 사람들을 조직하였다. 이제 여호야다가 할 수 있는 일은 요아스를 왕좌에 앉히는 것이다. 전 국민이 보는 앞에서 요아스의 즉위식이 성대하게 거행되었다. 요아스는 7살 때 왕위에 올랐는데, 대제사장 여호야다가 사는 날 동안 하나님 앞에서 정직하게 살았다. 여호야다가 사는 날 동안 이스라엘이 평온하였다. 한 사람의 영적 지도자가 깨이면 혼란스러운 나라가 정리되고 평온을 찾는다.

암흑과 개혁시대

역사적으로 볼 때 암흑시대라고 불리는 시대가 많다. 대부분의 암흑시대는 지도자들의 정신이 바른 원칙과 가치관을 성립하지 못했다. 중세 암흑시대가 그랬다. 이 때는 교회의 지도자들이 권력 지향적이며 세속 지향적이었다. 급기야 부를 쌓기 위해 성직 매매가 성행했다. 백성의 불만을 잠재우려고 거대한 성당 공사를 계획했지만 그마저도 자금문제를 해결하기 위해 성경을 아전인수로 해석했다. 교회가 목적을 위해 원칙과 믿음을 저버리면 일반 사람들은 그대로 따라 한다. 그러면서도 교회와 지도자들을 향해 불만과 불평을 가진다. 교회와 지도자들은 권위를 잃게 되고, 그에 따라 리더십과 영향력을 잃는다.

리더십과 영향력을 되찾으려 한다면 내면으로부터 개혁해야 한다. 그러나 교회는 내면의 개혁보다는 힘을 앞세워 생각과 행동, 창작과 예술 그리고 학문을 억압한다. 억압의 이유는 모두 교리에 어긋난다는 것이다. 코페르니쿠스와 갈릴레오의 지동설을 억압한 것이 대표적인 예이다. 그러나 아무리 억압한다고 해도 반드시 진실은 드러난다. 억압은 그에 대한 반발을 불러일으키고, 거대한 개혁의 요구에 직면한다. 마틴 루터가 종교개혁을 일으킬 당시는 이미 개혁의 요구가 제후들과 지식층 그리고 백성 사이에 팽배해 있었다. 이 정도 되면 권력으로 개혁을 막으려 해도 결코 성공하지 못한다. 결국 개혁에 부응해야 하는 것이다.

암흑시대에는 백성이 살기 불편하다. 백성의 자유가 억압당하고, 나라 안에는 윤리와 자유가 대접을 받지 못한다. 힘의 논리가 사회를 지배하고, 힘이 없는 사람들은 힘에 의해 하소연마저도 제재를 받는다. 하소연이 통하지 않으면 그 후에는 조직적인 저항이 생겨난다. 조직적인 저항이 들통나서 실패할 수도 있고, 완전무결하게 성공할 수도 있다. 분명한 것은 언제나 선한 것이 승리한다는 것이다. 불의가 잠시 득세하는 것 같아도 반드시 정의가 승리한다. 정의를 가로막는 힘이 아무리 강하다 해도 나중에는 정의와 자유를 원하는 힘과 요구가 더 강해진다. 자유는 죽음과도 맞바꿀만한 가치를 지니고 있기 때문이다.

아달랴 시대가 그랬다. 아무리 아달랴의 철권통치가 있다 해도 그 통치가 정당화될 수 없다. 아달랴는 다윗의 후손이 아니기 때문이다. 게다가 아달랴는 왕족을 모두 죽이고 불법적인 방법으로 정권을 잡았다. 불법적으로 정권을 잡은 사람은 정권을 유지하기 위해 또 다른 불법을 저지른다. 아달랴와 같은 사람들은 힘이면 모든 것이 되는 줄 안다. 이것은 사람을 그만큼 만만히 본다는 것이다. 사람을 가치있는 존재가 아니라 억압으로 다스리는 동물과 같은 존재로 생각한다. 남을 동물처럼 본다면 자기 역시 동물 취급을 받을 것이다. 그 결과 아달랴는 말의 출입문에서 처참하게 죽었다.

리더십의 축적

한편 깨인 생각을 가진 지도자, 정당하고 바른 가치를 추구하는 지도자는 암흑시대를 종식시킨다. 암흑을 종식시키고 새로운 시대를 여는 지도자는 그만큼의 능력을 소유한다. 여호야다는 영성과 정신세계 그리고 지도력에 있어서 새로운 시대를 여는 자격을 갖추었다. 그는 먼저 국가가 하나님의 언약에 의해 유지된다는 것을 알았다. 여호야다는 지도력의 핵심을 알았다. 그것은 지도자가 먼저 하나님 앞에 바르게 설 때 국가를 이끌어나가는 지도력을 갖추고 행사한다는 것이다. 여호야다는 암흑을 종식시킬 날을 기다리며 준비하였다. 리더십은 하루아침에 생기지 않는다. 아주 오랜 시간동안 꾸준히 쌓여가는 것이다.

여호야다는 사람들을 조직하는 능력을 가졌다. 그는 아달랴를 몰아내는 거사를 계획하고 실행하는 데 있어서 사람들을 설득하고 계획대로 추진하였다. 여호야다는 거사에 성공한 후에는 국가와 성전 제도를 정비하여 사람들을 적재적소에 배치하였다. 사람들의 재능을 알아보고 사람들이 가장 좋아하는 자리에 배치하는 것이다. 개혁을 성공하고 국가를 이끌어가는 토대를 만들 때에는 단순히 추진력만 가지고 되지 않는다. 지도자가 인력을 효율적으로 관리하는 능력을 갖추고 동시에 인력이 효율적으로 일하도록 시스템을 세워야 한다. 대제사장 여호야다는 다윗 시대를 본받아 효율적인 인력 관리 체계를 세웠다.

여호야다는 자신이 직접 정치 일선에 나서지 않았다. 초기 체제를 정비할 때는 일선에 나섰지만 왕이 세워진 이후에는 왕의 판단력과 통치력을 뒷받침하였다. 여호야다가 살아있는 동안 요시아 왕은 하나님 앞에 정직하게 일했기 때문에 나라 안에 평온이 있었다. 국가와 국민의 평온이 한 개혁자의 리더십에 의해 이루어졌다. 아마도 여호야다는 거사를 준비하고 계획하며 실행하는 과정에서 평온을 유지하였을 것이다. 하나님 때문에 반드시 성공한다는 믿음이 있었을 것이다. 그에게는 지도자가 불안하면 공동체가 바르게 설 수 없을 뿐더러 개혁과 발전은 불가능할 것이다. 지도자는 급박한 상황에서도, 피를 말리는 긴장 상태에서도 평온을 유지해야 한다.

지도자가 평온한 모습을 보일 때 따르는 사람들을 모을 수 있다. 불안한 사람들이 평온한 지도자의 그늘 밑으로 모이는 것이다. 추종자들은 평온한 지도자의 모습을 보고 평온을 찾는다. 어떤 상황을 만나든지 평온함을 유지하는 지도자가 문제를 해결할 수 있다. 평온한 지도자가 공정한 판단을 할 수 있기 때문이다. 평온한 지도자는 공동체의 평온을 위해 무엇을 어떻게 해야 하는지를 안다. 자신을 희생할 때는 희생하고, 다른 사람들을 동원해야 할 때는 동원한다. 동시에 사람들이 서로 협력해야 할 때는 효과적으로 협력하는 체계를 세운다. 만약 여호야다가 정치가였다면 이런 이상적인 정치가가 또 어디 있을까?

여호야다는 다윗의 성전 제도를 본받아 제도를 정비하였다. 아마도 여호야다는 성전제도만 본받은 것이 아니라 다윗의 영성과 지도력을 본받은 것 같다. 다윗은 하나님 앞에 겸손할 줄 알고 겸손을 유지할 줄 알았다. 겸손하다는 것은 인간의 한계를 인식하는 것이다. 자신이 해야 하지 않아야 할 일을 과감히 끊을 줄 아는 것이다. 그리고 자신이 해야 할 일에 집중하는 것이다. "여호와여 내 마음이 교만하지 아니하고 내 눈이 오만하지 아니하오며 내가 큰 일과 감당하지 못할 놀라운 일을 하려고 힘쓰지 아니하나이다"(1절). 여호야다는 자기가 할 일을 세웠다. 그리고 꾸준히 그 일을 진행하였다. 이것이 겸손의 진정한 모습이다.

다윗은 시를 지으며 항상 하나님과의 관련성과 그 결과를 말한다. 본문에서도 겸손이 하나님과의 관련성으로 등장한다. 그 겸손의 결과가 무엇인가? 평온이다. 하나님 앞에 겸손한 사람은 평온을 누린다. 왜냐하면 하나님의 보호와 인도하심을 믿기 때문이다. 자기 힘으로는 대적을 다 물리칠 수 없고, 나라를 다스리기 힘들지만 오직 하나님을 의지하고 하나님으로부터 배운다. 하나님으로부터 대적을 물리치는 지혜, 나라를 다스리는 지도력을 부여받는다. 하나님과 함께 하면 자신의 부족함을 하나님이 채워 주신다. 그러므로 하나님 앞에 겸손한 사람만이 하나님이 공급해주시는 것을 받는다.

하나님을 의지하는 사람은 하나님 안에서 평온을 경험할 수 있다. "실로 내가 내 영혼으로 고요하고 평온하게 하기를 젖 뗀 아이가 그의 어머니 품에 있음 같게 하였나니 내 영혼이 젖 뗀 아이와 같도다"(2절). 마치 아이가 어머니 품에 있을 때의 평온함처럼 사람이 하나님 안에 있을 때 평온함을 누린다. 아이의 관심은 오직 어머니이다. 어머니가 아무리 많은 근심을 한다 해도 아이는 그 근심을 모른다. 어머니 품에만 있으면 그것으로 평온을 누린다. 아이는 어머니가 자기에게 모든 것을 공급할 것임을 믿고 있다.

그러나 하나님에게는 걱정이 없다. 하나님은 우리를 향한 관심과 우리에게 평온을 주시려는 생각을 가지고 계시다.
긴박하고 어려움의 상황에도 평온을 유지하는 사람의 힘은 어디에서 나올까? 그것은 믿는 구석이 있을 때 가능한 일이다. 자신감이 자신을 평온하게 하지만 자신감의 근원은 자기 능력이 아니라 전능하신 하나님이 함께 하신다는 믿음에서 온다. 여호야다는 아내가 왕자 요아스를 6년간이나 숨겨도 아내와 함께 평온함을 유지하는 비결을 가졌다. 그것은 하나님을 바라보는 것이다. 시편 기자 역시 위기의 상황에서 하나님을 바라보았다. 하나님을 바라보는 것이 평온을 유지하는 비결이기 때문이다. "이스라엘아 지금부터 영원까지 여호와를 바랄지어다"(3절). 왜 바라볼까? 하나님이 의의 길로 인도하시고 의를 이루신다는 믿음 때문이다.

평온한 사람이 되려면

너무 바쁜 사람은 바쁨 때문에 마음이 분주하다. 만약 마음속에 여러 가지 가치가 혼재되어 있다면 그는 하릴없이 마음만 분주할 뿐이다. 분주한 사람에게서 평온을 찾을 수 없다. 평온을 찾으려면 자기가 할 일을 정확히 정해야 한다. 자기의 우선순위를 정하고 우선순위에 집중해야 한다. 시편 기자는 우선순위를 정했다. 그것은 하나님을 바라보는 것이다. 여호야다가 우선순위를 정했다. 그것은 믿음의 나라로 회복시키는 것이다. 그것을 위해 6년간을 준비했다. 아달랴를 축출할 계획을 세우고, 성전을 정비할 계획을 세웠다. 계획을 완벽하게 세운 사람은 일이 닥쳐도 당황하지 않는다. 계획대로 실행하면 되기 때문이다.

일반적으로 사람들은 기회가 없어서 성공하지 못한다고 생각한다. 그래서 자기에게 기회만 주어지면 성공할 수 있을 것이라고 장담한다. 그러나 기회가 주어져도 성공하지 못할 수 있다. 왜냐하면 분주할 때 우선적이고 중요한 일에 집중하는 훈련, 평온함을 가지는 훈련이 되지 않은 사람은 분주하기만 할 뿐 제때에, 제대로 일을 처리하지 못한다. 그는 일에 대한 중압감 때문에 평온을 상실한다. 평온을 상실하면 그 때부터 일이 꼬이기 시작한다. 그러니까 기회가 없어서 성공하지 못하는 것이 아니라 평온을 유지하는 비결을 알지 못하고, 평온을 유지하는 훈련을 쌓지 못해서 성공의 기회를 놓치는 것이다.

우리에게는 무수한 기회들이 있다. 우리 앞에는 할 일이 너무 많다. 내가 처리 할 일이나 처리하지 않아야 할 일이나 우리에게 계속 쌓여만 간다. 우리는 그것을 점잖게 거절하지도 못한다. 그리고 또한 그것들을 순리대로 처리하는 능력도 부족하다. 너무 일이 많다 보니 순리대로 처리하는 능력을 쌓는 훈련을 하지 못한다. 훈련이 부족하면 막상 일이 닥쳤을 때 처리해내지 못한다. 자기 앞에 놓여진 수많은 일에 대해 고민하다가 평온함을 잃는다. 그러니까 우리는 기회가 없어서 성공하지 못하는 것이 아니라 수많은 기회들을 정리하여 사용하는 방법에 대한 훈련이 되지 않기 때문에 성공하지 못하는 것이다.

평온한 사람이 되려면 평온의 훈련을 쌓아야 한다. 하나님을 바라보는 훈련, 하나님이 원하시는 것을 가장 우선적으로 처리하는 훈련, 위기와 긴박함에서도 침착함을 유지하는 훈련, 그 침착함으로 다른 사람에게 영향력을 주는 훈련을 쌓아야 한다. 어떤 위기 상황에서도 하나님이 함께 하시면 능히 대처할 수 있다는 믿음의 훈련을 쌓아야 한다. 내게 절호의 기회가 오면 그것을 멋지게 처리하도록 실행하는 계획을 가져야 한다. 어떤 상황을 예상하고 거기에 대비하는 훈련도 있어야 한다. 축적된 훈련이 평온한 사람을 만들어 리더십을 발휘하게 한다. 축적된 훈련 결과로 겸손하게 하나님을 바라볼 때 평온함을 누리게 될 것이다.

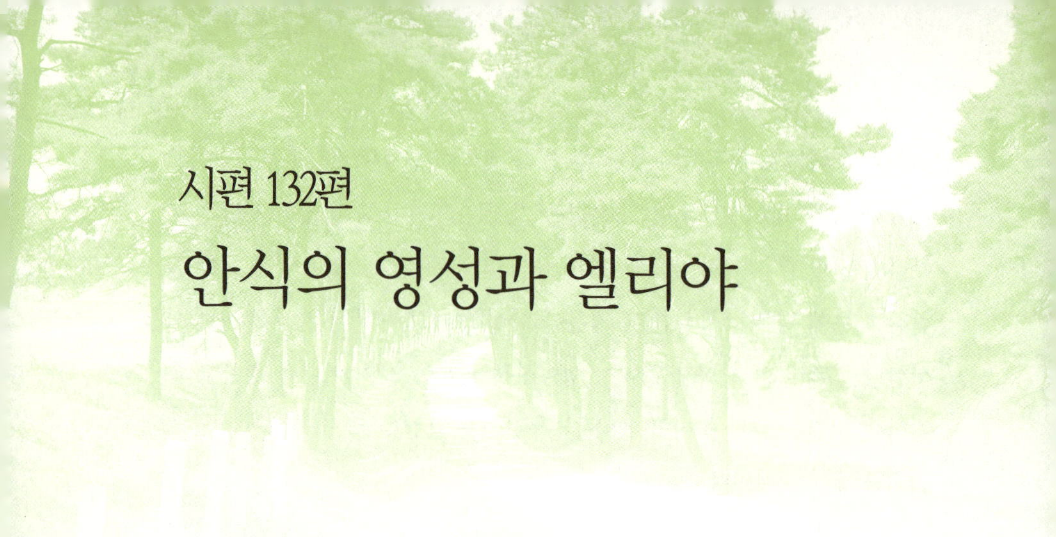

시편 132편
안식의 영성과 엘리야

열정과 안식 사이

엘리야가 아합 왕의 살해 의도를 피해 숨었다. 일단 목숨을 부지하기 위해 숨었다면 마음이 매우 불안하고 감정적으로 안정되어 있지 못할 것이다. 걱정이 앞서서 잠 한숨 못잘 것이고, 눈을 뜨면 멍하니 허공만 바라볼 것이다. 자기를 잡으려고 혈안이 되어 쫓아오는 군인들이 있을 것이니 혹시나 자기를 신고하는 사람이 있을까 염려되어 사람들 앞에 나서지 못할 것이다. 깊은 산 속에 숨는다면 일단 안전이 보장될 것이다. 문제는 먹을 것을 구하지 못한다는 것이다. 죽음과 배고픔 사이에서 이러지도 저러지도 못할 상황에 닥치게 되는 것이다. 어느 것을 결정하기 쉽지 않은 일이지만 이것이 사람의 가치를 판단하는 일이 된다.

그러나 하나님은 엘리야에게 잠깐의 안식을 허락하신다. 엘리야가 그릿 시냇가로 도망하였는데 하나님이 까마귀를 통해서 엘리야에게 음식을 가져다 주셨다. 까마귀들이 아침 저녁으로 엘리야에게 빵과 고기를 날라다 주었다. 그릿 시냇가에 숨은 엘리야는 살해의 위협 속에서도 안식을 취할 수 있었다. 그러나 흉년이 지속되자 까마귀들도 먹을 것을 먹을 수 없었다. 엘리야에게 또 다시 안식의 문제가 생긴 것이다. 이 때 하나님을 엘리야에게 사르밧의 한 여인의 집으로 가라고 명하신다. 하나님이 왜 엘리야를 그것으로 가라고 하실까? 거기서 엘리야가 안식할 수 있기 때문이다. 하나님이 엘리야에게 안식처를 제공하신다.

엘리야는 사르밧 여인에게 먹을 것을 달라고 하였다. 사실 여인도 흉년이라서 먹을 것이 없었다. 남은 것이라고는 가루 통에 남은 가루 한 움큼, 기름병에 기름 몇 방울뿐이다. 사람의 상식은 어떻게든 살아보려고 내 것부터 챙긴다. 그러나 여인이 엘리야의 말을 듣고 엘리야를 위해 빵을 만들어 주었다. 어차피 굶어 죽을 바에야 한 끼 더 먹는다고 별 의미가 없었다. 그런데 여인이 엘리야의 말에 순종하자 놀라운 일이 생겼다. 끼니마다 가루 통에 가루가 또 기름병에 기름이 있는 것이다. 엘리야는 사르밧 여인의 집에서 3년 반이나 머물렀다. 죽음의 위협을 피해 있는 3년 반이지만 엘리야에게는 나름대로 안식을 경험하는 시간이 되었다.

엘리야가 사르밧 여인의 집에 머물 때 그 집 아들이 죽었다. 엘리야의 귀에 여인의 한숨과 원망 소리가 들인다. 엘리야가 아들을 자기 침상에 눕히고 인공호흡을 하듯이 자기 몸을 아이의 몸 위에 엎드린다. 그리고 하나님께 부르짖는다. "하나님 여호와여 원하건대 이 아이의 혼으로 그의 몸에 돌아오게 하옵소서"(왕상 17:21). 하나님이 엘리야의 기도를 들으시고 죽은 아이를 살려 주셨다. 엘리야가 살아난 아이를 여인에게 인계하자 여인이 비로소 엘리야가 하나님의 사람임을 알았으며 엘리야가 전하는 말이 하나님의 말씀인 줄 믿었다. 하나님은 고통과 안식 사이에서도 하나님의 일을 이루시고, 하나님의 권위를 확립하신다.

지도자 훈련

지도자는 태어나는 것이 아니라 훈련되어지는 것이라는 말이 있다. 이 말은 타고난 기질이나 성품보다 삶의 과정에서 훈련받은 것이 지도자의 삶과 사역에 더 많은 영향을 끼친다는 의미이다. 부유한 가정에서 태어나고 건강하고 바르게 자라도록 후원을 받았어도 본인의 인식과 노력, 환경에 대응하는 방법, 인간관계를 맺는 것, 미래를 향해 전진하는 추진력 등을 얼마나 훈련이 잘 받느냐에 따라 다르게 나타날 수 있다. 그러므로 지도자가 되기까지 하나님은 반드시 훈련과정을 통과하게 하신다. 통과하지 못하면 통과될 때까지 훈련을 시키신다. 훈련과정을 거치지 않으면 지도자로서 효과적인 사역을 할 수 없기 때문이다.

하나님이 지도자를 위해 어떤 훈련과정을 개설하실까? 가장 중요한 것은 인격형성이다. 어떤 일을 탁월하게 처리하는 능력만을 원하시는 것이 아니라, 일의 과정에서 합리성과 인격 그리고 지속성을 유지하게 하는 인격을 갖추도록 하신다. 인격이 갖추어지면 다른 사람들이 그를 신뢰하고 일에 대해 자발적으로 협력한다. 사실 일을 못하는 이유는 기술과 실력의 부족이 대부분이지만 인격의 부족함이 더 결정적이다. 그러나 기술과 실력은 어느 정도 일을 잘 하게 할 수는 있으나 아름다운 가치를 지닌 일을 탁월하게 해내게 하지는 못한다. 아름다운 가치를 지닌 일, 그것을 탁월하게 할 수 있으려면 인격이 뒷받침되어야 한다.

로버트 클린턴 박사는 하나님이 지도자에게 세 가지 인격을 점검한다고 주장한다. 그것은 진실성 점검, 순종 점검, 말씀 점검이다. 진실성 점검이란 마음으로 진정 원하는 것에 대한 점검이다. 예를 들어 바나바가 재산을 팔아 드린 것은 그의 진실성을 증명하기 위한 것이다(행 4:37). 순종 점검이란 이해할 수 없는 상황에서도 순종하는 것에 대한 점검이다. 아들을 번제로 드리라는 말씀이 상식적으로 납득할 수 없어도 아브라함은 순종할 때 하나님이 아브라함의 순종을 확인하셨다(창 22:10). 말씀 점검이란 하나님의 말씀을 그대로 전달하는 것이다. 베드로가 사람들의 위협에 직면해서도 보고 들은 것을 전하겠다고 선언한 바와도 같다(행 4:19~20).

하나님이 지도자를 사용하시려고 점검하는 과정이 사람에게는 고통의 시간과 희생을 감수하는 과정이 될 수 있다. 사람들은 그 고통과 희생이 싫어서 하나님의 훈련과정을 거부하며 점검에 통과하려 하지 않는다. 사실 하나님이 인정하시기만 하면 그 후에는 엄청난 축복이 기다리고 있는데 사람의 눈에는 당장에 앞에 보이는 것만 보이기 때문이다. 그리고 현재의 고통이 지도자로 세우려고 하시는 하나님의 확인 과정임을 인식하지 못하기 때문이다. 사도 바울이 이것을 분명히 인식하고 고통을 받는 사람들에게 미래에 축복이 있을 것이라 격려했다. "현재의 고난은 장차 우리에게 나타날 영광과 비교할 수 없도다"(롬 8:18).

지도자의 안식

지도자는 고통스런 훈련을 통과하는 과정에서도 짧은 안식을 경험할 수 있다. 짧은 안식이라도 없다면 지도자는 탈진하여 죽고 말 것이다. 그러니까 짧은 안식은 새로운 힘을 얻게 하는 청량제인 셈이다. 엘리야가 그릿 시냇가와 사르밧 여인의 집에서 안식을 경험한 것은 그로 하여금 새로운 힘을 얻어 일하게 하려는 하나님의 의도이다. 그러므로 안식은 고통스런 훈련 과정에서 더 꿀맛같이 느껴진다. 이 안식의 시간에 지도자는 하나님이 함께 하시는 과정을 돌아본다. 그들은 하나님이 순종하는 사람들을 어떻게 사용하시며, 어떻게 길을 인도하시는 지를 되짚어본다. 그래서 자신의 인생 중에 하나님의 계획이 들어있음을 인식하게 된다.

지도자는 안식의 시간에 하나님을 만난다. 바울이 핍박자들을 피해 아라비아 광야에 숨어있을 때 삼층천을 체험하였다. 그리고 복음을 전하다가 감옥 속에 있을 때 하나님의 구원 계획을 더 깊이 경험하였다. 옥중서신이라고 불리는 에베소서는 창세전부터 계획하시고 이루시는 하나님의 구원 계획을 말하는데, 이런 놀라운 영적 통찰력은 바로 감옥 안에서 안식하는 중에 새로운 하나님을 경험했기 때문이다. 사도 요한이 핍박자들에 의해 체포되어 밧모섬에 유배되었다. 그러나 거기서 요한은 일곱 교회를 향한 하나님의 말씀을 들었고, 마지막 날에 이루어질 천국과 심판을 보았다. 유배지가 오히려 하나님을 만나는 안식처가 되었다.

지도자는 안식의 시간에 새로운 일을 계획할 수 있다. 그들은 지금까지의 사역을 돌아보고, 앞으로 어떤 일이 일어날지 예상하며 일어날 일에 대비한다. 그러므로 안식의 시간은 전진을 위해 준비하는 시간이 된다. 지도자는 안식의 시간에 환경과 사람에 대응하는 자신의 모습을 돌아본다. 자신의 실수를 깨닫고, 그 실수를 돌이킬 방법을 찾는다. 또 다시 그런 시간을 만난다면 어떻게 대응하리라 다짐한다. 그러므로 지도자에게 있어서 안식의 시간은 신앙과 인격을 더 성숙시키는 기회이다. 안식은 단순히 몸을 쉬는 시간에 불과한 것이 결코 아니다. 안식은 더 큰 일을 향해 나아가는 에너지 저장소이다.

지도자에게서 안식의 시간은 하나님께 영광을 돌리는 시간이다. 자신의 삶에서 함께 하시는 하나님을 만나게 되어 하나님께 영광을 돌린다. 자신을 신비하게 보호하시는 하나님의 사랑과 능력을 깨닫고 하나님께 감사를 드린다. 안식의 시간에 지도자는 자신의 실수와 허물을 깊이 돌아보고 앞으로 나아가게 하시는 하나님의 지혜를 깨닫는다. 그리고 그 지혜에 겸손히 순종하려는 결단을 가진다. 그러므로 지도자에게 있어서 적절한 안식이 필요하다. 동시에 지도자는 안식을 효율적으로 사용할 줄 아는 지혜도 필요하다. 안식을 적절하게 사용하지 못하면 아예 안식을 가지지 못하는 것이나 마찬가지이다. 그에게 에너지가 고갈되고 말 것이다.

시편 기자가 성전에 올라가며 노래를 부르고 있다. 성전은 하나님께 예배를 드리는 곳이다. 동시에 하나님 앞에 자기의 몸을 드리는 곳이다. 자기의 몸을 드리지만 하나님은 예배자에게 새로운 힘을 허락하신다. 그렇다면 성전은 안식처이다. 그에게 하나님의 품이 안식처이다. 시편 기자는 하나님을 안식처라고 표현한 적이 많다. 예배드림이 안식이며 동시에 새로운 길로 나아가는 출발점이 된다. 근심을 털어놓는 것도 새로운 길로 나아가는 방법이다. 근심은 앞으로 나아가게 하는 걸림돌이 되기 때문이다. 예배자는 하나님 앞에 근심을 털어놓고 잊는다. "여호와여 다윗을 위하여 그의 모든 겸손을 기억하소서"(1절).

다윗에게 얼마나 많은 근심이 있었을까? 그는 내면에 가진 근심 때문에 잠도 제대로 잘 수 없어 결국은 하나님의 성전을 찾고야 만다. "그가 여호와께 맹세하며 야곱의 전능자에게 서원하기를 내가 내 장막 집에 들어가지 아니하며 내 침상에 오르지 아니하고 내 눈으로 잠들게 하지 아니하며 내 눈꺼풀로 졸게 하지 아니하기를 여호와의 처소 곧 야곱의 전능자의 성막을 발견하기까지 하리라 하였나이다"(2~5절). 성전은 근심을 털어놓고 안식을 찾는 곳이다. 하나님을 만나 안식하는 곳, 하나님의 축복을 인식하는 곳이 하나님의 성전이다. 그렇다면 하나님의 성전은 사람이 안식을 얻기 위해 반드시 찾아야 하는 곳이다.

지친 사람이 쉴 곳을 찾는다. 목마른 사슴이 시냇물을 찾아 헤매듯이 사람은 하나님을 찾는다. 고통을 당하는 사람은 누군가 도와줄 사람을 찾는다. 다윗은 이스라엘 사람들이 의지할 만한 지도자이다. 사람들이 다윗과 같은 지도자를 찾는다. "우리가 그것이 에브라다에 있다 함을 들었더니 나무 밭에서 찾았도다"(6절). 훌륭한 지도자를 만났다는 것은 그만큼 축복이다. 그 지도자는 어디에서 오는가? 바로 하나님과의 관계에서 나온다. 그러므로 지도자는 가장 먼저 하나님을 만나고 경배하며 또 하나님과 대화하는 것을 즐겨야 한다. 그것이 지도자의 기본이기 때문이다. "우리가 그의 계신 곳으로 들어가서 그의 발등상 앞에서 엎드려 예배하리로다"(7절). 하나님은 사람이 당신에게 와서 쉬는 것을 좋아하신다. 하나님이 그것을 아주 평안하게 생각하신다. 사람이 하나님께 평안하시기를 간구한다. "여호와여 일어나사 주의 권능의 궤와 함께 평안한 곳으로 들어가소서"(8절). 사실 하나님의 평안은 사람이 하나님을 바르게 섬기느냐에 달려 있다. 하나님의 사람은 하나님의 마음을 알고 그 마음에 만족을 드린다. 제사장들은 하나님의 마음을 먼저 알고 사람들에게 전달해야 할 직분자들이다. "주의 제사장들은 의를 옷 입고 주의 성도들은 즐거이 외칠지어다"(9절). 하나님은 지도자를 위해 제사장들을 환영하신다. "주의 종 다윗을 위하여 주의 기름 부음 받은 자의 얼굴을 외면하지 마옵소서"(10절).

주 안에서 안식하라

지도자는 하나님의 후원을 받는 사람이다. 하나님이 지정하시고 훈련시키시며 약속을 주신 사람이다. 하나님은 지도자와 한 약속을 결코 어기지 않으신다. 그래서 하나님은 그 약속의 결과로 새로운 세대를 허락하신다. "여호와께서 다윗에게 성실히 맹세하셨으니 변하지 아니하실지라 이르시기를 네 몸의 소생을 네 왕위에 둘지라"(11절). 이미 다윗은 하나님으로부터 영원한 왕권의 언약을 받았다. 하나님이 이 약속을 영원토록 지키신다. "네 자손이 내 언약과 그들에게 교훈하는 내 증거를 지킬진대 그들의 후손도 영원히 네 왕위에 앉으리라 하셨도다"(12절). 성전에 들어갈 때마다 언약을 확신하는 사람은 그 때마다 안식을 경험한다.

하나님이 다윗과 이스라엘을 선택하셨다. 하나님이 이스라엘을 당신의 거처로 삼으셨다. 그리고 하나님이 그곳에서 쉬겠다고 하셨다. 이것은 하나님이 원하시는 바이다. "여호와께서 시온을 택하시고 자기 거처를 삼고자 하여 이르시기를 이는 내가 영원히 쉴 곳이라 내가 여기 거주할 것은 이를 원하였음이로다"(13~14절). 다윗과 이스라엘로서는 하나님으로부터 엄청난 특권을 받은 것이다. 한 번 생각해 보라. 하나님이 내 안에 들어와 계시고 나를 당신의 안식처로 삼으시겠다고 말씀하셨다면 당신은 어떻겠는가? 하나님이 당신을 통해 안식을 얻고 싶으시다면 당신은 어떻게 응답하겠는가? 당신에게 어떤 축복이 일어날까?

시편 기자는 하나님이 함께 계시므로 얻는 축복을 알고 있다. 그것은 그들에게 풍족한 양식이 있어 배고픈 사람이나 가난한 사람이 없으며 고통 후에 얻는 안식을 얻어 모두를 만족시키는 것이다. "내가 이 성의 식료품에 풍족히 복을 주고 떡으로 그 빈민을 만족하게 하리로다"(15절). 그러므로 안식은 하나님의 축복이다. 이 안식으로 인해 나라 안에 즐거운 노래 소리가 들린다. 제사장들이 하나님의 은혜에 감사하고 즐거움을 표현한다. 제사장을 바라보는 성도들 역시 얼마나 즐거운지 주변 사람들이 다 듣도록 큰 소리로 노래한다. "내가 그 제사장들에게 구원을 옷 입히리니 그 성도들은 즐거이 외치리로다"(16절).

지금까지 고통을 당하였어도 하나님을 만나면 안식을 얻는다. 고진감래(苦盡甘來)라 할 것이다. 하나님이 다윗을 새로운 왕으로 삼으셨고 나라 안에 안식을 주셨다. 다윗은 고통을 이기고 왕위에 오른 인물이다. 하나님이 훈련하시는 과정을 훌륭하게 통과하고 지도자로 세움을 받은 인물이다. "내가 거기서 다윗에게 뿔이 나게 할 것이라 내가 내 기름 부음 받은 자를 위하여 등을 준비하였도다"(17절). 새로운 축복은 안식을 훼방하는 사람과 근심을 가져다주는 사람에게 수치를 줄 것이며 하나님의 사람에게는 안식이 오랫동안 연장될 것이다. "내가 그의 원수에게는 수치를 옷 입히고 그에게는 왕관이 빛나게 하리라 하셨도다"(18절).

시편 133편

형제의 영성과 요셉

형들을 용서하다

야곱이 죽고 장례를 치른 후 형들이 요셉에게 찾아왔다. 요셉은 지금 막강한 권력을 가진 애굽의 총리이다. 반면 형들이 요셉 때문에 애굽으로 이주하여 고센 땅에 살고 있다. 어찌 보면 형들은 요셉에게 얹혀사는 셈이다. 아무리 동생이라 할지라도 형들이 신세를 지고 있으니 동생에게 감사해야 한다. 그러나 지금 형들이 찾아온 것은 감사하러 온 것이 아니라 용서를 빌러 온 것이다. 왜냐하면 과거에 형들이 요셉을 미워하여 아버지 몰래 요셉을 장사치들에게 팔아치웠기 때문이다. 그리고 나서 아버지에게 요셉이 짐승의 공격을 받아 죽었다고 거짓말을 했다. 다시 말해 형들이 동생을 인신매매의 대상으로 삼은 것이다.

요셉은 다시 장사치들에 의해 애굽의 시위대장의 집에 팔려갔다. 거기서 요셉은 엄청난 고생을 하였다. 종살이를 하고, 정직과 신뢰를 지키려다가 억울하게 감옥살이를 하였다. 그러나 요셉은 언제 풀려날지도 모르는 끝없는 감옥살이 중에도 자기를 지켰다. 말썽을 피운 적도 없었고, 죄수들과 간수들을 섬겨주어 인정을 받았다. 한번은 관원들의 꿈을 해몽해 주었는데 해몽대로 이루어졌지만 관원들은 요셉을 까맣게 잊고 있었다. 그래도 요셉은 자기 자리에서 최선을 다하였다. 얼마 후 애굽 왕 바로의 꿈을 해몽

할 기회가 생겼다. 요셉이 꿈을 해몽해 주고 단번에 애굽의 위기를 구할 새로운 총리로 부상(浮上)하였다.

총리가 된 요셉은 애굽의 흉년을 깔끔하게 해결하였다. 그리고 주변 나라들의 기근까지도 해결하는 역량을 발휘하였다. 이 과정에서 곡식을 사러 애굽으로 온 형들을 만났다. 형들을 통해 아버지가 아직도 살아계시고, 동생 베냐민이 장성하였다는 사실을 알게 되었다. 요셉은 자기 본심을 감추고 몇 차례 형들과 실랑이를 한 후 아버지와 형들 그리고 모든 가족을 애굽으로 이주하도록 하였다. 요셉이 가족들을 고센 땅에 거주하게 하였다. 이것으로 보아 요셉은 형들을 용서한 것처럼 보인다. 그러나 형들은 여전히 불안하다. 형들은 요셉으로부터 용서의 말을 듣지 못했으므로 아직도 죄책감에 시달리고 있다.

형들이 엎드려 용서를 빈다. 요셉은 형들의 말을 울면서 듣고 있다. 형들은 요셉에게 충성을 맹세하고 있다. 이제 요셉이 말할 차례이다. 결국 요셉이 형들을 용서한다. "요셉이 그들에게 이르되 두려워하지 마소서 내가 하나님을 대신하리이까 당신들은 나를 해하려 하였으나 하나님은 그것을 선으로 바꾸사 오늘과 같이 많은 백성의 생명을 구원하게 하시려 하셨나니 당신들은 두려워하지 마소서 내가 당신들과 당신들의 자녀를 기르리이다 하고 그들을 간곡한 말로 위로하였더라"(창 50:19~21). 진정한 용서는 후속 조치까지도 책임을 지는 것이다. 요셉은 형들을 용서하고 조카들의 삶과 교육까지도 책임졌다. 진정한 형제는 형제의 죄를 용서하고 그들을 책임지는 자이다. 형제를 향한 책임감이 형제 우애를 증명한다.

형제보다 더 중요한 것이 있는가

얼마 전 설날에 아주 무섭고 끔직한 일이 일어났다. 형이 동생과 동생의 가족들을 사냥총으로 쏘아 죽인 것이다. 형제들이 아버지로부터 유산을 물려받았는데, 형이 생각하기에 동생이 더 많이 물려받았다고 생각했다. 동생이 땅을 팔고 현금을 만지게 되자 형이 돈을 나누어 달라고 요구했으나 거절당했다. 아마도 여러 차례 이런 실랑이가 있었을 것이고, 형제들 사이에 돈 문제로 다툼이 있었을 것이다. 그날도 명절이라 형제들이 모였다. 여전히 형제들 사이에 돈 때문에 다툼이 있다. 화가 치민 형이 파출소로 가서 영치해 놓은 사냥용 총을 찾아와 동생의 집으로 들이닥쳤다. 결국 끔찍한 살인극이 벌어지고 말았다.

우리 속담에 '피는 물보다 진하다'는 말이 있다. 그러나 이 피를 희석시키는 요소들이 있다. 돈을 탐하는 인간의 욕심, 형제보다 내가 더 많이 가져야 한다는 우월의식과 같은 미움과 분노의 감정이 피를 물보다 더 못한 것으로 만들고 만다. 형제와 가족보다 돈을 더 중요한 가치로 여기는 것이다. 말로는 돈보다 가족, 돈보다 형제가 더 중요하다고 한다. 그러나 실제로 돈 때문에 형제 우애가 금이 가고, 가족간에 갈등이 증폭되며, 급기야 생명을 해치는 정도까지 이른다면 그것은 돈에 가장 큰 가치를 두는 것이 된다. 돈 때문에 감정이 상하고 사람을 해칠 정도라면 돈이 감정보다, 생명보다 우위에 있다는 증거가 된다.

요셉의 형들은 돈 때문에 요셉을 팔아넘긴 것이 아니었다. 형들은 단지 동생이 미워서 팔았을 뿐이다. 형들이 아직 젊은 나이이기는 하지만 그들은 아버지로부터 사랑을 받는 동생이 못마땅했고, 게다가 꿈까지 꾸어서 형들에게 약을 올리고 있으니 요셉을 눈에 가시처럼 여겼다. 형들은 요셉을 동생으로 여기지 않았다. 동생이라고 여겼다면 팔아넘길 수도 없었을 것이다. 그마나 맏아들 르우벤이 동생을 생각하고 나중에 구해주기 위해서 죽이지 말자고 하며 우물에 빠뜨리자고 제안했다. 그러나 르우벤이 잠시 자리를 비운 사이 요셉은 장사치들에게 팔리고 말았다. 르우벤은 요셉을 잃은 것에 대해 매우 슬퍼했다.

르우벤은 맏아들로서의 책임감 때문인지 혹은 형들 중에서 나이가 가장 많아서인지 모르지만 동생과 생명에 대한 가치를 조금은 인식하고 있었다. 그는 생명의 가치를 인식하고 동생 요셉을 보호하고자 했다. 물론 르우벤의 계획이 실패로 돌아가고 요셉이 애굽으로 팔려나갔지만, 형제들 중에 한 사람이라도 생명에 대한 가치와 동생을 생각하는 마음을 가졌다는 것이 그나마 다행이다. 10명의 아들 중에 한 사람이라도 제대로 된 사람이 있어야 할 것 아닌가? 공동체의 잘못을 거스를 수 있고, 시정을 요구할 수 있는 용감한 사람이 있어야 한다. 그래야 형제와 가족이 바른 길을 선택할 것이고 바른 방향으로 가게 될 것이다.

가족의 가치

아주 오래 전 방송국에서 이산가족 찾기 행사를 방영한 적이 있었다. 방송국 벽이 온통 가족을 찾는 내용이 담긴 벽보들이 붙어있었다. 저마다 가슴 아픈 사연들을 간직한 벽보들이다. 실제로 50년 만에 만난 사람, 30년 만에 만난 사람 등 이산가족들이 만나는 감동의 순간들이 있었다. 만남을 가지는 가족들이 오열하고, 그것을 지켜보는 시청자들이 함께 감동의 눈물을 흘렸다. 아마도 이런 감동은 우리나라만의 것은 아닐 것이다. 어떤 나라든지 전쟁과 가난으로 인해 가족이 흩어지는 아픈 역사들이 있었다면 그들에게도 가족을 만나는 감동이 있을 것이다. 그런데 그것이 우리에게 더 큰 의미로 다가오는 것은 무슨 이유일까?

남북의 이산가족이 금강산에서 만난 적이 있었다. 죽은 줄로만 알았던 부모와 자식이 혹은 형제와 자매가 수십 년 만에 만났다. 여기 저기 감시의 눈길이 있지만 그래도 그들의 만난 즐거움을 감추게 할 수 없고, 만남의 감격을 눈물로 표현하는 것을 막을 수 없다. 그리웠던 가족, 꿈에도 보고 싶었던 가족을 만난다는 즐거움과 감격이 어찌 말로 표현될 수 있을까? 그것은 현장에서 함께 느껴야만 공감할 수 있는 문제이다. 그런데 어찌 된 일인지 이산가족이 만나는 일이 자주 있다 보니 그것에 대한 감동도 식어졌다. 앞을 다투어 취재에 열을 올리고 생방송을 하던 방송국이 만남의 감동을 전하는 비율이 현저하게 떨어졌다.

그래도 가끔씩 방송에서 이산가족을 찾는다는 소식을 전하고 있다. 가난하던 시절 어쩔 수 없이 헤어져야만 했던 형제 자매들이나 실수로 집을 잃고 어려운 인생을 살았던 형제 자매들은 늦게나마 가족들을 찾고 싶은 욕구를 억누를 수 없다. 그래서 용기를 내어 잃은 가족을 찾겠다고 방송에 나온다. 그들이 방송에 나올 때는 가족을 찾아야만 한다는 열망, 찾을 수 있다는 실날과 같은 희망을 가진다. 비록 형제를 만나도 알아볼 수 없을지 모른다. 아마도 서로의 기억을 더듬고 맞는지를 확인해야 한다. 기억이 맞지 않는다면 유전자 검사라도 해야 한다.

비록 과정이 복잡해도 만날 수만 있으면 좋겠다. 고생이 된다 해도 만나기만 하면 좋겠다. 앞으로도 남은 고생이 있을지 모르지만 가족이 함께라면 이겨낼 수 있을 것이다. 가족을 만남은 과거에 대한 고생을 상쇄하는 것이다. 재회의 순간은 그동안의 아픈 과거를 한순간에 씻어내는 기쁨의 순간이다. 재회 후에는 형제들끼리 얼마든지 만날 수 있다. 그리고 아팠던 과거들을 나누며 서로 위로를 하게 될 것이다. 이제 그들의 앞에는 서광이 비칠 것이라는 희망이 남아있다. 가족이기에 기쁨과 슬픔을 함께 나눌 수 있다. 기쁨을 나누면 그 기쁨이 두 배가 될 것이고, 슬픔을 나누면 그 슬픔이 반감될 것이다. 기쁨과 슬픔을 나누며 가족에 대한 새로운 소중함을 느끼게 될 것이다.

다윗이 성전에 올라가며 노래를 부르고 있다. 다윗은 노래에 대한 자질과 음악에 대한 재능 그리고 시를 짓는 탁월함을 가지고 있다. 그는 인생의 모든 문제를 하나님 앞에 아뢸 수 있는 영성도 가졌다. 기쁨과 슬픔, 즐거움과 고난, 성취와 실패, 평안과 불안, 용서와 분노 등 모든 감정을 하나님께 아뢸 수 있다. 친구와의 관계, 대적으로부터 비난과 조롱을 받는 것, 인간관계의 시시비비와 우여곡절 등을 모두 하나님께 아뢸 수 있다. 이 모든 문제들을 하나님이 보고 계시며 판단하심을 알고 있기 때문이다. 이런 모든 과정을 겪으며 가지는 사람의 마음과 감정을 하나님이 속속들이 보고 계신다는 것을 알고 있기 때문이다.

다윗은 형들 밑에서 자랐다. 그러나 그에게는 형들과 다른 점이 있었다. 그는 하나님 마음에 합한 사람이었다(행 13:22). 골리앗과 대면할 때도 형들은 두려워 떨었다. 그러나 다윗은 아주 용감하게 골리앗을 맞서기 위해 나갔다. 다윗은 하나님이 자기를 도우신다는 믿음을 가졌기 때문이다. "다윗이 블레셋 사람에게 이르되 너는 칼과 창과 단창으로 내게 나아 오거니와 나는 만군의 여호와의 이름 곧 네가 모욕하는 이스라엘 군대의 하나님의 이름으로 네게 나아가노라"(삼상 17:45). 우리는 그 결과가 어떤지 이미 알고 있다. 다윗이 골리앗을 무너뜨렸다. 이 사건은 하나님이 이방을 제압하고 다스리심을 증명하는 것이다.

다윗의 승리를 통해 이스라엘에 어떤 일이 생기는가? 불안에서 평안을 찾고, 전쟁에서 평화를 되찾는 계기가 되었다. 전쟁으로 겪을 수밖에 없는 가족의 헤어짐이 더 이상 지속되지 않아도 된다. 이제 그들은 얼마든지 누구로부터도 제약을 받지 않고 가족과 함께 지낼 수 있다. 가족과 함께 즐거움을 누릴 수 있고, 가족이 모여 기쁨을 나눌 수 있다. 이웃들도 똑같이 가족과 함께 즐거운 시간을 보낼 수 있다. 전쟁에서 승리한 이후 온 나라

안에 가정의 평화가 이루어질 수 있다. 이것을 보는 왕과 지도자들 그리고 백성의 얼굴에는 흐뭇함이 가득하다. "보라 형제가 연합하여 동거함이 어찌 그리 선하고 아름다운고"(1절).
형제와 가족의 화합을 보고 가장 기뻐하는 사람이 누구겠는가? 아마도 부모님일 것이다. 부모님이야말로 형제들의 우애를 보고 자랑스러워할 것이며, 흡족한 마음을 가질 것이다. 부모님의 손에 무엇인가를 가지고 있다면 아마도 다 자녀들에게 주고 싶을 것이다. 마찬가지로 부모님의 손에 향유가 들려 있으면 바로 형제들에게 부어주고 싶을 것이다. 부모님이 자녀들을 마음껏 축복할 것이다. 자녀들은 부모님의 사랑과 축복으로 더 큰 기쁨을 부모님께 드릴 것이다. 형제우애는 하나님으로부터 기름부음을 받는 축복이다. "머리에 있는 보배로운 기름이 수염 곧 아론의 수염에 흘러서 그의 옷깃까지 내림 같고"(2절).

영원한 축복의 계기

다윗은 하나님이 세우시는 나라, 민족의 미래를 위해 영원토록 축복을 받는 나라를 세우고 싶었다. 하나님이 다윗에게 이미 그의 왕권이 영원하며, 그의 자녀들이 왕위를 물려받을 것이라 약속하셨다. 하나님은 그와 그의 자녀들의 왕위가 견고하게 될 것을 약속하셨다. 다윗은 하나님의 약속을 가시화시켜서 그 약속이 분명하다는 것을 백성에게 각인시켜주어야 한다. 다윗이 한 가지 방법을 택하였다. 그것은 새로운 수도를 정하는 것이다. 다윗이 헤브론에서 왕위에 올랐지만 왕권의 강화를 위해 새로운 도읍지를 선택하였다. 다윗이 택한 새로운 도읍지는 여부스 사람들이 살고 있는 산성, 예루살렘이었다.

하지만 여부스 사람들이 살고 있는 땅을 일방적으로 새로운 도읍지라고 선택하였다고 그것이 자기 땅이 되는 것은 아니었다. 다윗이 군대를 동원하여 여부스 성을 점령하였다. 산위에 있는 성이라 그런지 점령하기 매우 어려웠다. 성에 들어가는 모든 통로가 막혀 있었다. 다윗은 여부스 성에 물을 공급하는 통로를 발견하고 그곳을 통해 군대를 잠입시켰다. 다윗의 작전이 들어맞아 여부스 성을 점령하고는 그 성의 이름을 고쳤다. 다윗 성, 시온 성, 산성, 시온 산성 등 여러 가지 이름을 지었다. 이 성에 성전이 세워질 것이다. 이 성은 이스라엘 민족의 영원한 마음의 고향, 늘 고향과도 같은 안식처가 될 것이다.

시온 산에서 이스라엘은 아주 특별한 경험을 할 것이다. 그것은 헐몬 산에 내리는 것과 같은 이슬이 시온에 내리는 것이다. 헐몬은 팔레스틴 북방에서 가장 높은 산으로 항상 눈으로 덮인 산이다. 무려 2,850m가 되며 그 산에서 팔레스틴 전 지역을 볼 수 있다. 산 중턱에는 기온이 낮아서 대기중의 수분을 급격히 냉각시키고 그 결과로 인해 이슬이 많이 내린다. 이 산에서 발원한 물이 요단 강을 이루고 이스라엘 땅에 물을 공급한다. 그러므로 헐몬에 이슬이 내리고 눈이 덮인다는 것은 이스라엘에게는 아주 좋은 일이다. 헐몬에 이슬이 많을수록 광야지역에서 가장 귀한 물을 얻을 수 있어서 이스라엘은 하나님의 축복을 받았다고 믿는다.

시온은 헐몬의 이슬처럼 하나님의 축복이 임하는 곳이다. "헐몬의 이슬이 시온의 산들에 내림 같도다 거기서 여호와께서 복을 명령하셨나니 곧 영생이로다"(3절). 이곳에서 다윗을 통한 축복의 언약이 계승된다. 이곳에서 형제들이 서로 동거하며 기쁨을 누릴 수 있다. 이곳에서 하나님의 선택된 민족으로 기름부음을 받는다. 하나님은 이곳에서 영원한 복을 명하셨다. 영원토록 하나님이 함께 하시는 축복을 받는 곳이다. 그곳은 하나님을 만나는 성전이 있기 때문이다. 그곳의 영생의 샘을 통해 영혼을 시원케 하는 생수를 마실 수 있다. 형제가 함께 영생의 샘을 공유할 수 있다. 당신은 성전에 올라가며 이런 축복을 꿈꾸고 있는가?

시편 134편

성소의 영성과 사무엘

성소에서의 생활

사무엘은 어려서부터 실로의 성소에서 생활하고 있다. 그가 젖을 뗄 때부터 어머니 한나가 그를 성소에 맡겨 생활하도록 했다. 이미 한나는 맏아들 사무엘을 하나님께 바쳤다. 사무엘은 성소에서 나실인처럼 정결한 생활을 해야 했다. 사무엘은 어머니를 만날 시간이 일 년에 한 번밖에 없었다. 그 외 시간에 사무엘은 엘리의 가르침을 받고, 엘리를 수종들며 성소에서 지낸다. 어린시절부터 사무엘은 혼자였다. 혼자 잠을 자고, 혼자 성소의 일을 도맡아 한다. 엘리는 나이 많아서 성소의 일을 볼 수 없고, 엘리의 두 아들은 성소에 없는 편이 더 낫다고 할 수 있었다. 사무엘은 나이도 가장 어리고 힘도 약하니 가장 힘이 드는 일을 해야 했다.

문제는 당시 하나님의 말씀이 희미하게 되어 아무도 하나님의 말씀을 제대로 듣는 사람이 없다는 것이다. 주변 나라들 특히 블레셋이 이스라엘을 위협하고 있는데, 하나님의 말씀을 듣지 못하는 이스라엘로서는 어떻게 싸워야 할지 확신이 서지 않는다. 그도 그럴 것이 성소의 제사장 엘리는 하나님과 교제하지 못하고, 엘리의 두 아들은 성소에서 불량한 짓을 일삼고 있다. 제사에 드릴 제물은 독과점하여 폭리를 취하였다. 완전히 염불보다 잿밥에 마음을 두고 있는 식이다. 게다가 엘리의 두 아들은 성소에서 여인들을 욕보임으로 하나님의 거룩한 곳을 더럽히고 있다. 과연 하나님이 말씀을 중단하실 수밖에 없다.

사무엘은 어려서부터 세마포 에봇을 입고 여호와 하나님 앞에서 섬겼다. 그의 어머니는 일 년에 한 번씩 매년 제를 지낼 때마다 성소로 올라와서 겉옷을 지어 왔다. 한나는 집으로 돌아가도 사무엘은 여전히 하나님의 집에 남았다. 사무엘의 집은 성소였다. 사무엘이 자라는 곳도 여호와 하나님 앞 성소였다. 사무엘이 성소에서 제법 의젓한 소년으로 자라간다. 여호와 하나님과 사람들이 사무엘을 눈여겨보고, 사무엘에게 기대를 걸고 있다. 성경은 사무엘이 점점 자라는 데 여호와 하나님과 사람들에게 은총을 입었다고 기록한다(삼상 2:26). 성소에서 자란다는 것은 하나님의 눈에 띈다는 의미였다.

어느 날 성소에서 잠을 자는 사무엘에게 하나님의 말씀이 들렸다. 엘리도 엘리의 두 아들도 아닌 사무엘에게 하나님의 말씀이 임하신 것이다. 엘리와 그의 두 아들은 몸은 성소에 있어도 마음은 세속에 있다. 그러나 사무엘은 몸과 마음이 동시에 성소에 있다. 몸과 마음이 함께 있는 곳이 하나님의 집이었다. 하나님과 함께 하는 곳에서 하나님의 음성을 듣는 것이다. 사무엘은 자라면서 하나님의 음성을 들을만한 사람인지 확증을 받아야 했다. 그가 성소에 있지만 앞서 있었던 사람들의 행동을 보고 따르느냐 아니면 하나님이 보시기에 바르게 생각하고 행동하느냐의 검증이다. 성소는 하나님 앞에서 자신을 투명하게 드러내는 곳이다.

있어야 할 곳

미국의 22대 대통령 클리블랜드의 일화이다. 젊은 날 그는 친구와 함께 술집으로 들어가고 있었다. 그런데 술집에서 멀지 않은 교회에서 찬송소리가 들리는 것이 아닌가? 클리블랜드는 갑자기 마음에 찔림이 있어서 술집이 아닌 교회에 가고자 했다. 같이 있던 친구가 조롱을 하며 자기는 술이나 먹겠다고 한다. 그래서 클리블랜드는 교회로, 친구는 술집으로 들어갔고 그 길로 두 사람은 헤어졌다. 그로부터 22년 후 클리블랜드는 대통령에 당선되어 취임식을 거행하게 되었다. 그런데 감옥에서 이 광경을 보며 한숨과 후회로 눈물짓는 한 사형수가 있었다. 바로 22년 전 클리블랜드와 술집 앞에서 헤어진 친구였다.

사람은 어쩔 수 없이 환경의 영향을 받는 존재이다. 그러므로 사람이 어느 곳에 있느냐가 인생을 결정할 수 있다. 특별히 어린이들에게는 어디 있느냐에 따라 아이의 관심사를 결정할 수 있고, 인생의 지표가 정해질 수도 있다. 맹자의 어머니가 맹자를 가르치기 위해 세 번씩이나 이사를 한 것도 이런 이유에서일 것이다. 어린아이들은 주변 환경에서 호기심을 찾는 다. 그러나 좋지 않은 환경에서 찾는 호기심은 아이들의 정서를 나빠지게 할 수 있다. 혹은 특정한 환경만 계속 경험하면 생각이 편협해질 수 있다. 어린 시절에 여행과 다양한 경험을 하게 하는 것도 생각의 폭을 넓히기 위해서일 것이다.

부모는 자녀들에게 다양한 경험을 하고 새로운 상상력을 자극하는 곳으로 데려가야 한다. 어린이들과 청소년들은 그들이 처한 위치가 건강하고 발전적인 곳이어야 할 권리를 가지고 있다. 어른들은 어린이들과 청소년들에게 최상의 환경을 조성할 의무와 책임이 있다. 최상의 환경이란 엄청난 돈을 들여 구축된 인프라만을 의미하는 것이 아니다. 최고의 자재와 디자인으로 건축된 문화회관이 있다고 해서 그곳에서 어린이들과 청소년들의 상상력이 높아지지 않는다. 더 중요한 것은 그곳에 오는 아이들에게 상상력을 자극할만한 소프트웨어가 제공되는 것이다. 어린이와 청소년의 관심을 끄는 건전한 콘텐츠를 가지고 있어야 한다.

그러나 이 시대에 청소년들을 유혹하는 공간들이 훨씬 더 많다. 성인 게

임방, 성인 노래방, 술집, 유흥가 등 청소년들의 말초신경만을 자극하고 즐겁게 하려는 유혹이 어른들로부터 시작된다. 청소년의 주머니를 털어서 자기들의 배를 불리려는 시도이다. 이런 것들을 만들기 전에 먼저 생각해보자. 과연 내가 있는 곳이 내 자녀가 함께 있어도 부끄럽지 않은 곳인가? 나의 사업장에 나의 자녀들이 와도 떳떳하고 반갑게 맞아줄 수 있는 곳인가? 다음 세대들이 있는 그곳에서 영향을 받음으로 그들의 미래가 결정될 것이다. 그렇다면 우리가 할 일은 다음 세대에게 있어야 할 곳을 가르치고, 있어야 할 곳을 조성하는 것이다.

거룩한 곳

모세가 광야에서 40년가량 양을 치고 있었다. 어느 날 모세가 호렙산 중턱에서 아주 신기한 현상을 보았다. 그것은 떨기나무 하나에 불이 붙었는데, 불길은 타올라도 떨기나무는 재가 되지 않고 멀쩡하게 있는 것이었다. 하도 신기해서 모세가 불이 붙은 곳을 향해 달려갔다. 그런데 갑자기 하늘에서 음성이 들린다. 모세를 향하여 들리는 말은 "네가 선 곳은 거룩한 곳이니 신을 벗으라."는 것이다. 사실 모세는 그 산을 자주 다녔다. 그런데 그날따라 모세가 선 곳이 거룩하다는 음성을 들었다. 사실 모세가 있는 곳은 어떤 유적지도 아니며, 사람들이 많이 지나다니는 곳도 아니다. 그런데 왜 이런 음성이 모세에게 들렸을까?

모세는 그날 그곳에서 하나님을 만났다. 하나님은 언제 어디서나 모세를 만나실 수 있다. 하나님이 사람을 만나러 오시는 때와 장소가 바로 거룩한 때이며 거룩한 장소이다. 하나님이 임재하시고 말씀하시는 곳이 바로 거룩한 곳이다. 평소에 지나다니는 곳이었어도 그날 그곳에서 하나님을 만났다면 그때가 거룩한 시간이 된다. 왜냐하면 하나님이 거룩하신 분이기 때문이다. 후에 모세는 이스라엘 백성을 이끌고 나와서 광야를 행진할 때 다시 그 산에 올라 하나님을 만났다. 하나님과 대면하고 하나님이 주신 율법의 말씀을 들었다. 한 번 거룩하다고 인정된 곳에서 거룩한 일이 지속적으로 일어났다.

이스라엘 백성에게는 거룩한 곳에 대한 관념이 철저하였다. 거룩한 곳에 대한 기준은 하나님이 나타나신 곳, 하나님이 자신을 드러내신 곳이어야 한다. 사람이 하나님을 만나고 하나님의 말씀을 들은 곳이어야 한다. 그리고 하나님과의 만남이 지속적이고 하나님의 말씀을 늘 들을 수 있는 곳이어야 한다. 호렙산이 그랬고, 시온산이 그랬다. 이스라엘이 광야에서 하나님의 명령에 의해 세운 성막이 그랬고, 솔로몬이 세워 봉헌한 성전이 그랬다. 이스라엘 백성에게 성소는 영적인 중심지, 삶의 중심지 그리고 정신세계의 중심지였다. 성소 개념이 약화되면 그 민족도 약해졌다. 그러나 민족의 중흥기에는 성소를 다시 세웠다.

이스라엘은 포로기 시절에 성소가 있었던 자리를 바라보며 기도했다. 그들은 이방에서 방랑의 생활을 했어도 언젠가 돌아가 성소를 다시 회복하려는 간절한 마음으로 살았다. 그들은 성소를 지키고 그곳에서 하나님과 교제를 나누는 간절한 열망을 가졌다. 그 열망이 그들의 역사를 이루고, 고통과 고난 중에도 회복을 체험하게 하는 계기가 되었다. 그들은 언제나 성소에 머물고 싶었다. 그것이 그들에게 평안과 기쁨을 주는 장소였기 때문이다. 성소는 이스라엘 백성이 반드시 머물러야 할 곳이었다. 머물러야 할 곳에 머무는 것이 그들의 나라와 민족 그리고 삶에서 하나님의 축복을 누리는 기본적인 방법이었다.

시편 기자는 성전에 올라갈 때마다 하나님을 만난다는 즐거움에 부푼 기대를 안고 성전에 올라간다. 마음속에 기대가 부풀어 오르니 자연스럽게 찬송도 나온다. 시편 기자가 성전에 올라가며 부르는 찬송이 시편에 여러 편 실려 있다. 그만큼 성전에 올라가는 것이 그들 삶의 중심이었고, 마음과 감정을 표현할 수 있는 중요한 일상사였다. 성전에 올라간 사람은 시간이 되었다고 해서 성전에서 내려오지 않았다. 하나님의 임재를 느끼는 그곳은 언제나 머물고 싶은 곳이다. 친구 혹은 부모와 잠시 헤어져 있다 해도 하나님과는 언제나 함께 하고 싶다. 성전은 누구든지 머물러야 할 곳이다.

성전에서 밤을 지새워도 그에게는 즐거움이 가득하다. 성전에서 밤을 지새운다는 것은 그만큼 성전을 사랑하고, 하나님과의 교제가 즐겁다는 것이다. 그들은 밤을 새워 하나님을 찬양한다. "보라 밤에 여호와의 성전에서 있는 여호와의 모든 종들아 여호와를 송축하라"(1절). 대부분의 사람들은 밤이 되면 자기가 있어야 할 곳으로 간다. 낮에 직장에 가도 밤이 되면 집으로 들어간다. 집은 자기가 있어야 할 곳이기 때문이다. 성전에서 밤을 새운다는 것은 성전을 집보다 더 귀하다고 생각하는 것이다. 왜냐하면 그곳은 하나님이 계신 거룩한 곳이기 때문이다. 성소에서 지내는 사람 역시 하나님의 의해 거룩하다고 인정받는 사람이 되기 때문이다.

사무엘처럼 밤에 성소에서 잠을 잘 수도 있다. 사무엘이야 성소에 늘 머물렀고 그날이 특별한 날이라는 의식이 없었으므로 잠을 잘 수 있다. 그러나 특별한 절기가 되어 성소에 올라간 사람은 흥분된 마음에 잠을 잘 수가 없다. 밤을 새워 노래하며 밤을 새워 하나님께 영광의 찬양을 드려도 부족한 마음뿐이다. 자기 혼자 찬양하는 것만으로는 만족하지 못해 다른 사람들을 향해서도 함께 찬양하자고 외친다. "성소를 향하여 너희 손을 들고 여호와를 송축하라"(2절). 손을 들고 찬양하자고 권한다. 손을 들었다는 것은 하나님을 향해 마음이 드려졌다는 것이다. 마음속에 품은 믿음이 손을 드는 것을 통해 표현된다.

성소에 올라가 보니 흥분된 마음에 잠을 이룰 수가 없고, 도저히 앉아있을 수가 없다. 혼자서 감동을 하지만 혼자서는 어쩐지 허전해서 주변에 모인 사람들과 함께 감동을 나누고 싶다. 가슴 속에 뜨거운 열정이 타오르고, 손과 발과 몸이 춤을 추듯이 움직이며, 낭랑한 목소리로 노래가 저절로 나온다. 거룩한 곳은 결코 조용한 곳이 아니다. 거룩한 곳은 사람을 흥분시킬 수 있는 곳이다. 하나님을 만나는 즐거움과 하나님과 대화하는 기쁨이 고조되는 곳이기 때문이다. 그러므로 그곳을 더 찾아가고 싶고, 더 머물고 싶은 것이 당연하지 않는가? 당신의 믿음은 어떤가? 당신은 당신의 교회에 더 머물고 싶고 밤을 새우고 싶은가?

성소에서의 축복

거룩한 곳에 섰다는 것은 이미 거룩한 사람으로 인정을 받았다는 것이다. 거룩한 장소에는 거룩하게 되려는 마음을 가진 사람이 들어갈 수도 있으나 이미 거룩한 사람이기에 들어갈 수도 있다. 거룩하게 되려는 마음을 가진 사람이라도 성소에 들어간 순간 하나님은 그를 거룩하다고 인정하신다. 하나님이 인정하셨다는 것은 이미 그의 존재와 본질이 거룩해졌다는 것이다. 내가 거룩하다고 확신하는 것이 아니라 하나님이 그렇게 선포하시는 것이다. 나의 감정이나 생각보다 하나님의 선포와 인정이 더 중요한 것은 하나님의 선포가 진실이기 때문이다. 거룩한 곳에 섰을 때 나는 이미 거룩한 존재로, 하나님의 사람으로 변화되어 있다.

죄인이었던 내가 거룩한 존재로 변화되었다는 것이 얼마나 놀라운 사실인가? 몸에 병균이 침입했으나, 어느 새 병균이 떠나가고 건강한 몸이 되었다면 크게 잔치를 벌일만한 일이다. 하물며 죄인이 용서를 받고 거룩한 존재로 변화되었다면 내가 잔치를 해야하는 것은 물론이요, 하늘나라에서도 잔치가 벌어질 일이다. 하나님은 잃어버린 한 영혼이 돌아올 때 크게 기뻐하시고 잔치를 베푸시며 천군천사를 시켜 찬양하도록 지시하신다. 이처럼 나의 거룩함이 하나님 앞에서 복된 일이다. 하나님이 우리를 향해 거룩하기를 요구하신다(레 11:45). 거룩한 사람은 거룩한 하나님을 만나고 거룩한 사람과 장소를 찾는다.

하나님의 성소에는 하나님이 특별하게 구별하신 물건들이 있다. 그 중 하나가 하나님의 언약궤이다. 언약궤가 있는 곳은 거룩하므로 거룩하지 못한 사람은 들어갈 수 없다. 솔로몬이 이것을 알고 이방 여인들이 성소에 들어가지 못하게 하였다(대하 8:11). 거룩한 곳에 들어갈 수 있는 사람은 그 자격 자체가 복이다. 거룩한 곳에 서는 행위 자체가 하나님으로부터 복을 받을만한 행위이다. "천지를 지으신 여호와께서 시온에서 네게 복을 주실지어다"(3절). 거룩하지 못한 사람이 함부로 들어갈 수 없는 성소에 마음껏 들어가서 찬송할 수 있다는 것이야말로 하나님으로부터 거룩함이라는 큰 축복을 받은 것이 아닌가?

거룩한 사람이 되었으면 이제부터 거룩함을 상승시켜야 한다. 하나님이 거룩하기를 원하시는 사람을 찾으시므로 사람들을 거룩함의 대열에 편입시켜야 한다. 비록 솔로몬 시대에 이방여인은 거룩함의 장소에 들어갈 수도 없었고 거룩함의 대열에 편입될 수도 없었지만 하나님이 예수님을 통해 거룩함의 문호를 개방하셨다. 그러므로 누구든지 하나님의 거룩함에 들어갈 수 있다. 베드로 사도가 이것을 알고 거룩하게 되기를 촉구한다(벧전 1:16). 거룩한 곳에서는 거룩함을 상승시킬 수 있는 영적 에너지를 얻을 수 있다. 거룩한 곳에 가면 거룩에 관한 축복을 더 많이 알고 체험할 수 있다. 그러므로 사람들은 거룩한 곳을 바라보며 더 찾으려 한다.

시편 135편
지존의 영성과 비느하스

하나님을 향한 열심자

이스라엘이 광야를 행진하다가 싯딤이라는 곳에 머물게 되었다. 그런데 이스라엘 남자들이 그곳에서 모압 여자들을 보고 군침을 흘리며 가까이 한다. 이스라엘 남자들에게 아내가 있었다. 그런데 이스라엘 남자들이 보기에 모압 여자들이 훨씬 아름다워 보인다. 이스라엘 여자들은 거친 광야를 지나면서 가꾸지 못했다. 시간적으로나 정신적으로 가꿀 여유도 없었다. 그러나 모압 여자들은 정착민으로 살다보니 외모를 가꿀 여유가 있었다. 남자들이 보기에 모압 여자들이 이스라엘 여자들에 비해 훨씬 매력적으로 보인다. 이스라엘 남자들이 어떻게 하면 모압 여자들과 사귈 수 있을까 호시탐탐 노리고 있다.

모압 여자들이 자기들의 신에게 제사할 때 이스라엘 남자들을 초대한다. 이스라엘 남자들은 모압 여자들의 호의를 얻으려고 모압의 신전으로 들어가 모압 신 바알브올에게 절한다. 여자를 얻기 위해 신앙도, 지조도 내버리는 꼴이다. 아마 모압 사람들이 이스라엘을 경계하다 보니 여자들을 내세워 이스라엘 남자들의 정신을 혼미하게 만드는 지도 모른다. 그렇다면 이스라엘 남자들은 미인계에 속는 것이다. 이스라엘 남성들의 이런 행위가 하나님의 진노를 샀다. 하나님이 모세를 향해 백성의 두령을 잡아 교수형에 처하라며 화를 내신다. 모세가 백성의 중간 지도자들에게 바알브올에 잡힌 사람들을 죽이라고 명령한다.

하나님이 진노하심으로 인해 이스라엘에 전염병이 돌기 시작했다. 그래도 남자들이 정신을 차리지 못한다. 이스라엘의 한 남자가 대낮에 미디안 여성 하나를 데리고 자기 천막으로 들어간다. 무엇을 하려는지 보나마나 뻔하다. 남자를 보고 제사장 아론의 손자 비느하스가 창을 들고 천막으로 뒤따라간다. 그리고 뒤엉켜있는 남자와 여자를 향해 창을 꽂는다. 창이 남자와 여자를 관통하였다. 그때부터 전염병이 이스라엘 사이에서 사라지기 시작했는데, 그 사이 전염병으로 죽은 사람이 무려 이만 사천 명이나 되었다. 비느하스는 이스라엘의 위기 상황을 보았다. 그리고 위기 상황을 종료시키기 위해 힘든 결단을 내렸다.

하나님이 모세에게 비느하스를 칭찬하셨다. 비느하스가 하나님의 질투심을 가지고 행동한 것을 보고 내가 이스라엘을 멸망시키지 않았다는 것이다. 이제 하나님은 비느하스와 평화조약을 맺으려 하신다. 그것은 비스하스의 가문 즉 아론의 가문에게 영원한 제사장의 직분을 허락하시겠다는 것이다. 비느하스의 행동이 이스라엘을 위한 속죄가 되었다. 비느하스가 하나님의 질투심을 가졌다는 것은 오직 하나님만이 지존이어야 한다는 것을 뜻하신다. 이스라엘은 지존자 하나님을 섬겨야 하며 이스라엘의 범죄를 용납하지 않겠다는 열정이기도 하다. 그의 열정적 행동으로 인해 이스라엘이 용서를 받을 수 있었고 가문이 영광을 얻게 되었다.

방향을 바로 잡아라

이스라엘이 광야를 행진하는 것은 하나님이 허락하신 젖과 꿀이 흐르는 땅을 향해 가는 길이었다. 이스라엘이 가는 길의 방향이 가나안을 향한 것이다. 이스라엘의 목표는 가나안 땅에 들어가는 것이다. 이스라엘은 가나안에 들어가는 것이 그 민족의 목표이다. 하나님이 그 목표를 제시하여 주셨기 때문이다. 그러나 싯딤에서의 이스라엘 남자들의 행동은 목표를 상실한 것이었다. 이스라엘 남자들이 목표를 모압 여자들과의 쾌락으로 변경한 것이었다. 목표가 수정될 수는 있으나 수정된 만큼 손해를 입을 것이다. 게다가 수정된 목표가 비윤리적인 것이며, 질서를 해치는 것이라면 이루어지지 않는 것이 공동체를 위한 것이다.

하나님이 왜 이스라엘에게 가나안을 허락하겠다고 약속하셨을까? 그것은 이스라엘 민족에게 주셨던 언약을 지키기 위함이었다. 다시 말해 하나님의 하나님 되심을 이스라엘에게 확인시키기 위함이었다. 이스라엘은 가나안 정복까지의 과정을 통해 하나님을 경험해야 했다. 그리고 오직 하나님만 섬겨야 했다. 이미 하나님은 이스라엘의 출애굽 직후 십계명을 통해 이스라엘에게 오직 하나님만 섬길 것을 명하셨다. 그러나 이스라엘이 싯딤에서의 음행으로 인해 하나님을 향한 믿음을 저버렸다. 이는 하나님의 지존성을 훼손한 것이었다. 간음하지 말라는 명령까지 어겼으니 한 번에 하나님의 지존성을 여러 가지로 훼손한 것이었다.

영국의 한 단체에서 회의가 열렸다. 이 회의에 소방관 한 사람이 참석하였다. 사람들 사이에 불이 나면 소방관이 가장 먼저 무엇을 해야 하는지에 관하여 논란이 되었다. 대부분의 사람들은 인명을 구조하는 것이 가장 우선적이라고 입을 모은다. 그런데 소방관의 대답은 다르다. "불이 나면 소방관은 가장 먼저 자신의 생명을 구해야 합니다." 이유는 소방관이 살아야 다른 사람을 살릴 수 있다는 것이다. 소방관이 자기 목숨을 사랑하기 때문에 자기 안전을 꾀하는 것이 아니다. 만약 자기 목숨을 사랑한다면 소방관처럼 위험한 직업을 가지지 않아도 될 것이다. 그렇다면 소방관은 과연 누구를 위해 힘들고 위험한 직업을 택하였을까?

소방관은 다른 사람의 생명을 건지는 일을 한다. 소방관은 다른 사람의 안전을 생각한다. 그것 때문에 소방관은 체력 훈련을 하고 위험 상황에 대한 가상훈련을 한다. 위험 상황에서 자기를 지키는 훈련과 위험에 처한 사람을 지키는 훈련을 한다. 소방관의 안전이 보장되면 소방관은 다른 사람들을 향해 더 재빠르게 활동할 것이다. 하나님은 이스라엘을 선택하셔서 하나님의 지존성에 관한 사실을 이방에까지 전하기 원하신다. 그렇게 되려면 이스라엘이 먼저 하나님의 지존성에 대한 강한 확신을 가지고 있어야 한다. 지존하신 하나님을 다른 백성보다 더 강하게 섬겨야 한다. 하나님이 이런 이유로 이스라엘을 보호하셨다.

믿을 대상을 바로 정하라

이스라엘 남자들이 싯딤에서 모압 여자들을 꾀려다가 자기들의 가치와 하나님의 지존성을 포기하였다. 이스라엘이 방향 전환을 꾀한 것이다. 방향 전환이 하나님을 위한 것이었을까? 결코 아니다. 자기들을 위한 방향 전환이었다. 하나님을 향한 방향에서 자기를 위한 방향 전환은 하나님의 지존성을 훼손하는 것이었고 결과적으로 우상숭배를 하기까지 이르렀다. 이스라엘 남자들이 믿을 대상을 바꾸어 버렸다. 음행을 행하여도 아무렇지도 않을 것이라는 어리석은 의식이 그들의 생각을 사로잡는다. 바알브올을 섬기는 것이 더 재밌을 것이라는 단순한 생각이 이스라엘에게 전염병이 창궐하고 떼죽음이라는 결과를 낳았다.

자기를 높이고 자기중심으로 살려는 인간의 방향이 교만을 낳고 하나님을 멀리하게 되었다. 자기 본위와 중심적인 사고방식은 우상숭배이다. 눈에 보이고 확연하게 드러나는 우상보다 더 악하고 교묘한 것이 자기를 우상화시키는 경향이다. 사람들은 하나님의 자리를 자기에게 두고, 자기를 지존으로 여기려는 경향을 보인다. 하나님이 이것을 진노하신다. 하나님이 우상숭배를 향해 질투하신다. 우리를 향해 질투하시는 것이다. 이 질투의 결과가 무엇인가? 전염성이 강한 병에 들 수도 있다. 우상숭배 자체가 전염성이 강한 병이다. 영혼에 악한 병에 들었으니 몸이 악한 병으로 죽을 가능성이 얼마든지 있다.

하나님은 이스라엘에게 당신만이 유일한 믿음의 대상임을 강조하셨다. 하나님만이 창조자이시며 가장 높은 분이시다. 하나님이 백성 전체에게 이것을 요구하신다. 어느 한 사람이라도 예외가 없다. 그러나 백성이 단체로 하나님을 떠나고 하나님의 지존성을 훼손하는 일이 벌어질 때 어떻게 극복해야 하는가? 이때 비느하스같은 열심자가 나타나야 한다. 하나님의 질투로 질투하는 사람, 과단성을 가지고 하나님의 지존성을 지켜내는 사람이 필요하다. 그 사람이 민족을 살릴 수 있고, 자기와 후대에게도 보상을 받을 것이다. 하나님은 당신의 지존성을 높이는 사람에게 반드시 칭찬과 보상을 허락하신다.

이스라엘은 하나님의 지존성을 높이기로 선택된 백성이다. "여호와께서 자기를 위하여 야곱 곧 이스라엘을 자기의 특별한 소유로 택하셨음이로다"(4절). 하나님은 이스라엘에게 그 일을 행하도록 이스라엘을 도우셨다. 하나님이 애굽에 재앙을 내리심으로 이스라엘이 출애굽할 수 있는 최적의 상황을 허락하셨다. "그가 애굽의 처음 난 자를 사람부터 짐승까지 치셨도다"(8절). 하나님은 이스라엘에게 당신만이 믿어야 할 대상임을 알리셨다. 그러므로 이스라엘 백성은 자기들을 선택하신 하나님의 가장 높으심을 찬양해야 한다. "내가 알거니와 여호와께서는 위대하시며 우리 주는 모든 신들보다 위대하시도다"(5절).

가나안에 들어온 백성은 하나님만이 그들의 지존자이시며, 유일한 믿음의 대상임을 인정해야 했다. 이스라엘은 지존자 하나님을 찬양해야 할 책임과 의무를 가지고 있다. 그들은 하나님을 찬양하기 위해 하나님의 전에 서야 하며, 그들을 향하신 하나님의 선하심을 찬양해야 한다. 성전에 선 백성이 해야 할 가장 우선적인 것은 선하신 하나님의 아름다우신 이름을 찬양하는 것이다. "여호와의 집 우리 여호와의 성전 곧 우리 하나님의 성전 뜰에 서 있는 너희여 여호와를 찬송하라 여호와는 선하시며 그의 이름이 아름다우니 그의 이름을 찬양하라"(2~3절).

하나님은 지존자로서 창조의 능력을 행하셨다. 하나님은 자연을 다스리시며, 자연의 조화를 이루신다. 하나님은 우주와 만물을 다스리시는 분이시다. "여호와께서 그가 기뻐하시는 모든 일을 천지와 바다와 모든 깊은 데서 다 행하셨도다 안개를 땅 끝에서 일으키시며 비를 위하여 번개를 만드시며 바람을 그 곳간에서 내시는도다"(6~7절). 이 세상에 자연을 마음대로 다스릴 수 있는 분이 하나님 외에 또 누가 있는가? 창조하신 분이므로 다스리는 것도 가능하다. 하나님은 세상의 왕들도 다스리신다. "애굽이여 여호와께서 네게 행한 표적들과 징조들을 바로와 그의 모든 신하들에게 보내셨도다 그가 많은 나라를 치시고 강한 왕들을 죽이셨나니 곧 아모리인의 왕 시혼과 바산 왕 옥과 가나안의 모든 국왕이로다"(9~11절).

지존자이신 하나님이 이스라엘을 향하여 특별한 은혜를 베푸셨다. 그것은 젖과 꿀이 흐르는 가나안 땅을 이스라엘에게 기업으로 허락하신 것이다. 이스라엘이 중간에서 절망하고 애굽으로 되돌아가려고 해도 하나님이 모세를 통해 지속적으로 가나안 땅에 대한 희망을 말씀하신다. 그리고 하나님은 이스라엘이 가는 길을 도와주신다. 지존자이신 하나님이므로 이스라엘의 길을 얼마든지 여실 수 있다. 결국 이스라엘은 하나님이 약속하신 땅으로 당당하게 들어갔다. “그들의 땅을 기업으로 주시되 자기 백성 이스라엘에게 기업으로 주셨도다 여호와여 주의 이름이 영원하시니이다 여호와여 주를 기념함이 대대에 이르리이다”(12~13절).
가나안에 들어간 이스라엘은 영적인 싸움을 해야 했다. 그것은 우상숭배의 유혹을 물리치는 것이다. 사실 우상은 아무 것도 아니며 우상은 지존자의 역할을 할 수 없다. “열국의 우상은 은금이요 사람의 손으로 만든 것이라 입이 있어도 말하지 못하며 눈이 있어도 보지 못하며 귀가 있어도 듣지 못하며 그들의 입에는 아무 호흡도 없나니 그것을 만든 자와 그것을 의지하는 자가 다 그것과 같으리로다”(15~18절). 누가 우상을 향해 지존자라고 말하는가? 아무도 없다. 우상숭배자들은 지엽적인 복만을 달라고 할 뿐이다. 그러나 우상이 복을 줄 수 없다는 것은 그들이 먼저 알고 있다. 지존자 하나님은 이스라엘을 우상으로부터 지키고 싶으시다.

지존자를 찬양하라

지존자 하나님은 영적 싸움을 하는 백성을 알고 계신다. 그들의 영적 싸움에 개입하시며 승리하는 힘을 주신다. 이스라엘이 잘 나서 하나님이 능력을 주시는 것이 아니다. 하나님의 긍휼하심 때문에 이스라엘을 도우시는 것이다. 지존자가 아니면 사람이 하는 대로만 응대하는 것도 어렵다. 우상은 아예 하나도 응대하지 못할 것이다. 그러나 하나님은 사람의 요구보다 더 나은 방향을 사람에게 제시하신다. 긍휼을 가지신 분이시기 때문이다. “여호와께서 자기 백성을 판단하시며 그의 종들로 말미암아 위로를 받으시리로다”(14절). 하나님은 긍휼에 있어서도 지존자이시다. 과연 하나님은 지존자다우신 성품과 능력을 가지셨다.

이스라엘은 그들의 역사 속에서 지존하신 하나님을 많이 경험하였다.

방랑하는 아람 사람들이 애굽에 내려갔다 올라올 때는 강하고 번성한 민족이 되었다(신 26:5). 이스라엘이 애굽에서 나오는 과정과 광야에서의 행진 그리고 가나안에 들어오기까지의 승전 행진, 가나안에서의 정착과 번영 등 하나님의 도우심이 아니었다면 이스라엘은 결코 존재하지 못했을 것이다. 그러므로 이스라엘 사람들은 하나님을 찬양해야 한다. "이스라엘 족속아 여호와를 송축하라 여호와를 경외하는 너희들아 여호와를 송축하라"(19절). 이것을 가장 잘한 사람이 다윗이었다. 다윗은 그의 평생에 하나님의 지존하신 이름을 찬송하는 것을 목적으로 삼았다.

이스라엘 중에는 특별히 지존하신 이름을 찬양해야 할 사명을 가진 지파가 있다. 그것은 아론의 자손들 레위 지파이다. 레위 지파는 제사장 지파이다. "레위 족속아 여호와를 송축하라 여호와를 경외하는 너희들아 여호와를 송축하라"(20절). 레위 지파에서 제사장으로 선택된 사람은 아론이며, 아론의 후손들이 대대로 제사장이 되었다. 하나님은 아론의 지팡이에 싹을 틔우심으로 아론의 제사장직 권위를 인정하셨다. 그리고 아론의 손자 비느하스가 하나님을 위한 질투심을 보임으로 하나님으로부터 그와 그의 후손들에게 영원한 제사장직이 보존될 것을 보장받았다. 이처럼 특별한 사랑을 받는 지파가 찬양에 앞장서야 한다.

지존자 하나님이 이스라엘 민족들과 함께 하신다. 이스라엘이 수도로 정한 예루살렘에 하나님이 거하신다. 시온성을 건설하고 하나님을 찬양하는 그 백성에게 하나님이 계시고 찬양을 받으신다. 그들이 할 일은 찬양을 서로 권하는 것이다. "할렐루야 여호와의 이름을 찬송하라 여호와의 종들아 찬송하라"(1절). 그 백성은 하나님의 백성이다. 지존자 하나님이 다스리시는 백성, 하나님의 통치와 긍휼을 받는 백성이다. 백성은 지존자의 그늘 아래 있다. 그것이 안전이며 평화였다. 그러므로 이스라엘은 지존자 하나님을 모시고 찬양하며 살아야 한다. "예루살렘에 계시는 여호와는 시온에서 찬송을 받으실지어다 할렐루야"(21절).

시편 136편

감사의 영성과 스데반

순교자의 영성

스데반은 초대 교회 일곱 집사 중 한 사람이다. 스데반이 특별하게 여겨지는 이유가 여러 가지 있다. 먼저는 그가 초대 교회에서 최초의 순교자이기 때문이다. 열두 사도 중 한 사람이나 예수님을 열심히 따르던 여인들 중 한 사람도 아닌 집사 중 한 사람이 순교자가 되었다. 순교자가 된다는 것은 그만큼 강한 믿음과 열심을 가졌다는 의미이다. 동시에 예수님과 복음을 위해 물러서지 않는 결단력과 의지를 가졌기 때문이다. 믿음을 위해 죽음을 감수하는 불굴의 용기는 언제나 존경의 요소가 된다. 순교의 죽음은 반드시 견딜 수 없는 고통과 두려움 그리고 치욕이 따른다. 스데반은 이런 모든 것들을 그대로 수용하였다.

스데반은 당대의 사람들의 마음을 찌르는 설교를 하였다. 그는 구약 시대부터 지속된 하나님과 이스라엘의 관계를 알고 있었다. 그 관계는 단순히 아는 정도가 아니라 떼려야 뗄 수 없는 아주 끈끈한 관계였다. 하나님에게서 이스라엘은 사랑의 대상이었다. 어떤 때는 아내와 같은 사랑의 대상이었고, 어떤 때는 자녀와 같은 사랑의 대상이었다. 하나님은 선지자들을 통해 이스라엘에게 하나님의 사랑 모습을 다양하게 보여 주셨다. 스데반은 설교 중에 이스라엘 민족의 역사 속에 흐르는 하나님의 사랑 모습을 말하였다. 스데반은 이스라엘 민족이 하나님께 감사해야 함을 알고 있었다. 그는 감사할 역사적 이유와 당위성을 알고 있었다.

그러나 스데반의 마음에 애끓는 갈증이 있다. 그것은 이스라엘 백성이 하나님의 뜻을 바르게 알지 못한다는 것이다. 이스라엘 백성이 하나님의 뜻을 성취하신 구주 예수 그리스도를 십자가에 매달아 죽였다. 스데반이 백성을 향하여 강력하게 경고한다. "목이 곧고 마음과 귀에 할례를 받지 못한 사람들아 너희도 너희 조상과 같이 항상 성령을 거스르는도다"(행 7:51). 스데반은 이스라엘 백성이 당연히 하나님께 감사해야 한다고 생각한다. 이스라엘 백성은 감사는 고사하고 조상들의 악한 생각과 편견을 답습하여 성령을 거스리고 있다. 이스라엘은 도저히 용서받을 수 없는 짓을 하고 있다(마 12:31).

스데반의 경고에 백성이 매우 신경질적으로 반응한다. 그러나 여기에서 물러날 스데반이 아니다. 스데반은 하늘 보좌에 앉으신 예수님이 보고 계신다고 외친다. 백성이 스데반에게 달려들어 돌을 던진다. 스데반이 백성의 돌팔매질에 죽어가고 있다. 그러나 스데반은 백성의 죄를 그들에게 돌리지 말라고 하나님께 기도한다. 죽어가면서도 하나님께 용서를 빌고 있다. 이러한 영적 에너지가 어디서 나올까? 죄로부터 구원받음에 대한 감격과 감사 때문이 아니겠는가? 감사가 강렬하면 할수록 자신의 할 일이 명확해진다. 그리고 그 일에 대하여 열정이 생긴다. 감사가 확실한 사람은 주님의 사역에 생명을 다하여 충성한다.

감사의 이유

사도 바울은 데살로니가 교회에 보낸 편지에서 범사에 감사하라고 권면한다(살전 5:18). 바울은 감사를 하나님의 뜻이라고 믿었다. 감사는 현재 상황에 대한 긍정적 인식이다. 비록 자기 삶에 어려움이 있을지라도 그것을 긍정적으로 받아들이는 것이다. 상황을 긍정적으로 인식하는 사람은 현재의 사실이 좋은 결과를 가져올 것이라는 낙관적 생각을 가진다. 만약 주변의 압력이 있으면 그것은 자기를 겸손하게 하는 것이라고 이해한다. 혹시 건강이 좋지 않은 것이라면 하나님을 더 의지하게 하려는 하나님의 계획이라고 믿을 수 있다. 이처럼 감사는 어떤 환경이든지 긍정적으로 생각하고 희망적으로 해석하게 하는 요소이다.

이렇게 감사할 수 있는 이유는 자아 정체감이나 자존감이 긍정적일 때 가능하다. 자기는 하나님에 의해 새롭게 태어난 사람이라는 믿음이 저변을 이루고 있는 사람은 주변의 환경에 쉽게 무너지지 않는다. 자아 정체감이 강한 사람도 외압을 받을 수 있고 외압에 어느 정도 흔들릴 수 있으나, 쓰러져 다시 일어나지 못하는 일은 거의 없다. 자아정체감을 가진 사람은 자신의 존재와 소유가 모두 하나님으로부터 왔다는 것을 알고 있다. 그리고 하나님으로부터 받은 것이 너무 많고 엄청난 것이므로, 어려움과 괴로움이 있어도 그것을 능히 극복할 수 있다고 믿는다. 감사는 앞으로 받을 것보다 이미 받은 것이 많다는 것을 믿는 믿음이다.

가진 것이 많은 사람이 그것을 어디에 쓰겠는가? 자신의 안위만을 위해 사용한다면 소유를 잘못 사용하는 것이다. 소유는 자신만이 아니라 남을 위해서도 쓰여야 한다. 여기서 말하는 소유란 돈이나 외형적인 것만이 아니라 지식을 포함한 지혜 등 내적인 것을 포함한다. 자신에게 소유와 자원이 주어진 것은 누군가를 돕기 위한 하나님의 계획이다. 하나님이 소유를 주심으로 누군가를 돕기 위한 부르심을 확증하신다. 그리고 하나님이 소유를 가진 사람으로 하여금 도울 대상이 누구이며, 무엇인지를 깨닫게 하신다. 소유가 사용되어질 곳에서의 사명을 분명하게 확인한 사람은 그것에 대하여 감사할 줄 안다. 사명이 감사의 이유가 된다.

감사는 현재에만 머물지 않는다. 과거의 삶과 미래의 희망이 모두 감사의 이유이다. 과거부터 여기까지 지키신 에벤에셀의 하나님, 현재 함께 하시는 임마누엘의 하나님, 미래의 축복을 준비하시는 여호와 이레의 하나님이 나의 모든 삶을 지키신다. 언제든지 하나님은 믿음의 사람과 함께 하신다. 비록 믿음의 사람이 스데반처럼 죽음의 위기에 몰려도 하나님은 그 자리에 함께 하신다. 감사하는 사람은 하나님의 도우심이 자기에게 있다는 것을 알고 있다. 감사하는 사람은 사람이 자기를 버릴지라도 하나님만은 자기를 버리시지 않을 것이라는 사실을 믿는다. 감사하는 사람은 자신의 감사 이유가 하나님으로부터 왔음을 알고 있다.

감사의 내용

감사는 삶의 긍정적인 내용과 연관되어 있다. 생각해 보라. 삶을 얼룩지게 하고 마음에 쓰라림을 가져다주는 요소가 얼마나 많은가? 불안, 다툼, 갈등, 위기, 질병, 죽음의 공포, 따돌림, 염려, 우울 등등 사람을 억눌러 기를 펴지 못하게 하는 요소들이 수없이 많다. 그러나 감사는 이런 부정적 요소들보다 긍정적 요소들을 앞세우는 힘이다. 당신의 현재와 과거를 생각해 보라. 당신으로 하여금 기쁨을 주었고, 행복을 누리게 했던 요소들이 무엇인가? 그것들 역시 수없이 많다. 가족, 직장, 일거리, 좋은 친구, 다른 사람의 칭찬 등등 당신이 내세울만한 요소들이 많다. 그중에 가장 내세울만한 것은 당신의 영적 정체감을 제공하는 믿음이다.

감사는 당신을 긍정적이게 만든다. 삶의 만족, 활력, 행복, 낭만적 생각, 희망, 열정 그리고 다른 사람들에게 실제적인 도움을 주려는 의지 등등 당신으로 하여금 열정과 에너지가 넘치게 만드는 원인이 된다. 그것이 무엇인가? 일차적으로 감사하는 마음이다. 감사는 당신의 삶에서 아름다운 파장을 일으킨다. 사람들은 감사하는 사람에게 와서 대화를 청한다. 감사를 배우고 싶기 때문이다. 감사하는 사람에게 충고를 요청한다. 삶을 개선시킬 수 있는 실제적인 도움을 받고 싶어서이다. 당신의 긍정적 모습이 곧 감사 자체이다. 당신의 존재와 삶 자체가 감사이다. 당신은 감사하기 위해 태어난 사람이다.

스데반은 죽음의 위기에서도 하나님을 향한 기도를 잊지 않았다. 그는 내면에 하나님께 감사하는 마음을 가지고 있다. 그는 자기 민족의 역사 가운데서 하나님께 감사할 내용이 많다는 것을 설교를 통해 암시하였다. 그 민족의 역사를 돌이켜 보건대 감사의 내용이 수없이 많다. 이스라엘이 애굽에서 해방된 것이 감사하다. 해방의 역사를 주장하신 하나님께 감사해야 한다. "애굽의 장자를 치신 이에게 감사하라 그 인자하심이 영원함이로다 이스라엘을 그들 중에서 인도하여 내신 이에게 감사하라 그 인자하심이 영원함이로다 강한 손과 펴신 팔로 인도하여 내신 이에게 감사하라 그 인자하심이 영원함이로다"(10~12절).

이스라엘이 애굽에서 나온 후 하나님은 어떻게 하셨는가? 하나님이 그 백성을 인도하셨다. 하나님이 홍해를 가르셔서 이스라엘을 애굽의 군대로부터 구하셨다. "홍해를 가르신 이에게 감사하라 그 인자하심이 영원함이로다 이스라엘을 그 가운데로 통과하게 하신 이에게 감사하라 그 인자하심이 영원함이로다 바로와 그의 군대를 홍해에 엎드러뜨리신 이에게 감사하라 그 인자하심이 영원함이로다"(13~15절). 하나님이 이스라엘에게 살아갈 환경과 땅을 제공하셨다. "그들의 땅을 기업으로 주신 이에게 감사하라 그 인자하심이 영원함이로다 곧 그 종 이스라엘에게 기업으로 주신 이에게 감사하라 그 인자하심이 영원함이로다"(21~22절).

시편 기자는 민족의 역사 중에 함께 하신 하나님을 알고 있다. 이스라엘 민족은 하나님의 은혜를 많이 받았다. 그들은 세계에서 유일하게 하나님으로부터 특별한 은혜를 받은 민족이다. 아브라함을 선택하여 복을 주시겠다고 약속하셨는데 하나님은 아브라함의 후손을 애굽에서 키우시고, 가나안에 오기까지 도와주셨다. 하나님이 이스라엘에게 고난을 주신 것 역시 감사해야 한다. 왜냐하면 고난 중에 함께 하시는 하나님을 경험하기 때문이다. 하나님은 광야를 행진하는 이스라엘의 삶을 도와주심으로 광야를 무사히 통과하게 하셨다. "그의 백성을 인도하여 광야를 통과하게 하신 이에게 감사하라 그 인자하심이 영원함이로다"(16절).

이처럼 이스라엘의 과거를 도우신 하나님은 과연 어떤 분이신가? 그분은 감사를 받으실 분이시다. 그분은 선하고 인자하신 분이시다. "여호와께 감사하라 그는 선하시며 그 인자하심이 영원함이로다"(1절). 오직 하나님만이 세상을 다스리는 유일한 분이시다. "신들 중에 뛰어난 하나님께 감사하라 그 인자하심이 영원함이로다 주들 중에 뛰어난 주께 감사하라 그 인자하심이 영원함이로다"(2~3절). 그러므로 하나님만이 모든 감사를 한 곳으로 모아 받으셔야 하며, 감사의 특성 중에 최고의 감사를 받으셔야 할 유일한 분이시다. 하나님만이 영원토록 감사를 받으셔야 할 분이시다. 하나님이 세초부터 세말까지 계시기 때문이다.

하나님이 인류를 위하여 위대한 일을 행하셨다. "홀로 큰 기이한 일들을 행하시는 이에게 감사하라 그 인자하심이 영원함이로다"(4절). 하나님이 어떤 일을 행하셨는가? 하나님이 우주를 창조하셨다. 하나님이 하늘과 땅을 지으셨다. "지혜로 하늘을 지으신 이에게 감사하라 그 인자하심이 영원함이로다 땅을 물 위에 펴신 이에게 감사하라 그 인자하심이 영원함이로다"(5~6절). 하나님이 어두움의 세상에 빛을 주셨다. 빛의 창조자이신 하나님이 감사를 받으셔야 한다. "큰 빛들을 지으신 이에게 감사하라 그 인자하심이 영원함이로다"(7절). 하나님은 독생자 예수를 생명의 빛, 세상의 빛으로 보내셨다. 영원한 감사의 조건이다.

하나님은 혼돈의 세상에 질서를 부여하셨다. 해를 지으신 하나님이 낮을 주관하게 하셨고, 달을 지으셔서 밤을 주관하게 하셨다. "해로 낮을 주관하게 하신 이에게 감사하라 그 인자하심이 영원함이로다 달과 별들로 밤을 주관하게 하신 이에게 감사하라 그 인자하심이 영원함이로다"(8~9절).

하나님이 여기까지만 행하셨을까? 아니다. 창조의 마지막 순서로 사람을 지으시고, 에덴 동산을 비롯한 모든 환경을 다스리게 하셨다. 마지막 존재가 가장 귀하고 높은 존재가 된 것이다. 이 어찌 감사하지 아니한가? 창조를 통해 하나님 되심과 지존성을 증명하신 하나님이 이스라엘을 선택하셨다. 이 얼마나 놀라운 감사의 조건인가!

감사의 보상

하나님이 이스라엘 백성에게 가나안 땅으로 들어가도록 길을 열어 주셨다. 가나안 땅을 차지하고 강한 군사력으로 지키고 있는 왕들이 이스라엘의 진입을 막고 있었다. 방랑하다시피 광야를 지나온 이스라엘이 원주민들을 물리치기 어렵다. 그러나 하나님이 가나안의 왕들을 물리치시고, 이스라엘에게 가나안을 허락하셨다. "큰 왕들을 치신 이에게 감사하라 그 인자하심이 영원함이로다 유명한 왕들을 죽이신 이에게 감사하라 그 인자하심이 영원함이로다 아모리인의 왕 시혼을 죽이신 이에게 감사하라 그 인자하심이 영원함이로다"(17~20절).

사실 모세오경에서 찾을 수 있는 이스라엘 민족 특성은 감사가 아니었다. 그럼에도 하나님이 이스라엘에게 가나안을 주셨다. 그렇다면 지금 감사하고 있는 당신에게 하나님이 무엇을 주시겠는가? 감사를 모르는 백성에게도 이같이 하셨는데, 감사하는 백성에게 하나님이 주시려고 작정하신 바가 무엇이겠는가? 감히 우리는 상상할 수 없다. 하나님이 감사하는 백성을 비천한 데서 명예로운 자리로 끌어올리실 것이다. "우리를 비천한 가운데에서도 기억해 주신 이에게 감사하라 그 인자하심이 영원함이로다"(23절). 감사는 하나님으로부터 더 큰 은혜를 받는 특별한 비결이다. 하나님이 감사하는 사람에게 복을 주신다.

감사하는 사람에게는 원수가 생기지 않는다. 불평과 원망을 하는 사람, 욕심을 부리는 사람에게 원수가 생긴다. 진정으로 감사하는 사람, 감사를 마음으로부터 우러나와 행동으로 표현하는 사람에게는 원수라 할지라도 그 앞에서 고개를 숙이고 사죄할 것이다. 감사하는 사람은 위기를 당해도 하나님의 구원을 체험한다. 하나님이 어떤 방법으로든지 감사하는 사람을 구하실 것이다. "우리를 우리의 대적에게서 건지신 이에게 감사하라 그 인자하심이 영원함이로다"(24절). 하나님이 구원을 행하심으로 당신의 인자하심을 사람들에게 증명하신다. 구원받은 사람은 감사함과 더불어 하나님의 인자하심을 삶에서 깊이 경험한 사람이다.

감사하는 사람에게는 일용할 양식이 주어진다. 하나님은 사람들을 비롯한 이 땅의 모든 생물들에게 필요한 것을 허락하신다. 하나님이 지으신 것이 모두 쓸모 있고, 하나님의 피조물들이 모두 조화를 이루며 평안히 살아야 한다. 이것이 하나님의 뜻이다. "모든 육체에게 먹을 것을 주신 이에게 감사하라 그 인자하심이 영원함이로다"(25절). 그러나 이러한 은혜를 받은 사람들은 감사를 모르고 있다. 하나님을 떠나 있는 것이다. 하나님과의 관계가 회복되고, 은혜와 복을 더 많이 받아 누리기 원하는가? 그렇다면 하나님께 감사하라. "하늘의 하나님께 감사하라 그 인자하심이 영원함이로다"(26절). 감사만이 당신의 살길이다.

시편 137편

예루살렘의 영성과 에디오피아 관원

이방인도 구원받는다

흩어진 유대인들(디아스포라)에게 가장 가보고 싶은 곳은 예루살렘이다. 예루살렘은 그들의 영적인 고향이며, 마음의 고향이다. 예루살렘은 흩어진 유대인들이 사모하는 정신적 고향이다. 흩어진 유대인들뿐만 아니라 유대교로 개종한 이방인들까지도 예루살렘을 방문하는 것은 하나의 전통이며, 그들의 바람이기도 하다. 특별히 디아스포라나 개종한 이방인들은 유대인의 명절일때 예루살렘을 많이 방문했다. 예수님이 돌아가실 무렵에도 유월절 절기 기간이므로 사람들이 순례하기 위해 예루살렘으로 모여들었다. 아마도 그들은 예루살렘에서 예수님의 이야기를 들었을 것이다. 이것이 엠마오로 가는 두 제자의 질문이었다(눅 24:18).

예루살렘을 순례하는 한 사람이 있었다. 그는 에디오피아의 귀족이다. 그는 에디오피아 여왕의 국고를 맡은 사람이다. 오늘날로 말하면 재무부 장관이나 청와대 재무담당 비서관 혹은 여당의 사무총장쯤 되는 사람이다. 이 사람이 예루살렘을 순례하고 예배를 마친 후 돌아가는 길이었다. 귀족에 높은 신분인지라 마차를 타고 돌아간다. 마차 안에서 이 귀족은 이사야의 말씀을 소리 내어 읽고 있다. 그런데 일곱 집사 중 빌립이 이 사람의 성경읽는 소리를 듣고 접근하여 질문한다. "읽는 것을 깨달으셨습니까?" 사실 성경이 깨닫기가 그리 쉬운 일이 아니다. 수십 년 연구한 사람도 모르는 부분이 많다.

에디오피아 관리에게 성경이 쉽게 깨달아지지 않는 것은 어쩌면 당연한 일이다. 그의 배경과 경험이 성경을 이해할 만큼 되지 않을 수 있다. 게다가 누가 성경을 가르쳐주지도 않는다. 귀족은 지도하는 사람이 없어서 깨달을 수 없다며 빌립을 자기의 마차에 올라타도록 요구한다. 지금부터 빌립이 본격적으로 귀족에게 성경을 지도한다. 성경은 혼자 깨닫기에는 벅차다. 그러므로 누가 곁에서 지도해 주어야 한다. 빌립은 성경을 통해 종이 되어 고난을 받으신 예수님을 가르쳤다. 에디오피아 귀족은 빌립의 가르침을 받아 예수님을 영접하였다. 그리고 물이 있는 곳에 이르자 귀족이 먼저 빌립에게 청하여 세례를 받는다.

에디오피아 귀족은 예루살렘에 방문하였다가 일생일대의 행운을 얻었다. 그가 혼자서 성경을 읽어도 깨닫지 못했던 구원의 도리를 깨달았다. 예루살렘에 방문하지 않았더면 얻을 수 없었던 기회들을 예루살렘 방문 후에 한꺼번에 얻었다. 예수님을 배우는 기회, 성경을 가르치는 선생님을 만나는 기회, 세례를 받을 기회를 얻었다. 남들이 다 하는 일이라 해도 내가 싫어서 하지 않을 수 있다. 남들이 다 하는 일을 따라한다고 하여 남들과 똑같은 일을 경험하지는 않는다. 다른 사람들과 상관없이 나의 의지대로 결정하고 신앙에 따라 행동하는 것에서 놀라운 경험이 따른다. 하나님이 그 경험을 통해 하실 일이 있으시기 때문이다.

고향을 그리며

짐승에게는 귀소본능이 있다고 한다. 자기가 태어난 곳으로 돌아가고 싶은 본능이다. 자기가 태어난 곳으로 돌아가 죽고 거기서 번식하려는 본능이다. 연어는 민물에서 알을 깐다. 그리고 바다로 나가 대양을 마음대로 헤매고 다니다 알을 품고 고향으로 돌아온다. 알을 낳을 자리까지 돌아오는 연어는 아무 것도 먹지 않는다. 알을 낳은 후 연어는 기진맥진하여 죽고 만다. 연어의 몸이 썩어서 나오는 화학 성분이 강물에 영양을 공급하고 그 영양을 갓 태어난 연어 새끼들이 먹고 자란다. 연어는 귀소본능에 새끼를 위해 자신의 목숨을 버리는 희생정신까지 가졌다. 귀소본능은 희생정신과도 일맥상통하는 모양이다.

한낱 미물이라 불리는 짐승도 귀소본능이 있다면 사람인들 오죽하랴! 고향을 떠난 사람은 평생 고향에 돌아가고 싶어한다. 어린 시절 뛰어 놀던 고향에 대한 그리움에 사무치는 사람도 있다. 그래서 고향에 대한 노래들이 인기가 있는 모양이다. 힘들고 지칠 때 고향 생각만 하면 시름이 잊혀지고 새로운 용기가 샘솟을지도 모른다. 가능하면 고향에 가고 싶고, 고향에 가서 정착하고 싶은 마음도 있을 것이다. 이 바람이 명절 때가 되면 고향을 찾는 행렬로 이어진다. 고생길이기는 하지만 고향에 다녀온 보람과 뿌듯함이 있기 때문에 기를 쓰고 고향에 다녀오는 것 같다. 사람도 귀소본능에 따라 행동한다.

그러나 여러 가지 사정으로 고향에 가지 못하는 사람들은 괴롭다. 돈이 없거나 혹은 부모님께 잘못한 것을 용서해 달라고 빌 용기가 없어서, 혹은 고향 어른들께 면목이 없어서 등 나름대로 사정이 있을 것이다. 고향에서 기다리는 사람이 없다면 모를까! 기다리는 사람이 있다면 고향에 가고 싶은 마음이야 같은 처지의 사람만이 이해할 것이다. 게다가 고향에 돌아갈 자유마저 없다면 그것이야말로 가슴이 미어지고 찢어지는 아픔이다. 아직도 북녘의 고향에 가고 싶어도 갈 수 없는 사람들이 있다. 그들은 명절이면 북녘 땅에서 가장 가까운 곳에 모여 합동 차례를 지낸다. 그들에게 평생소원은 단지 고향에 가는 것 하나이다.

이러한 귀소본능이 우리나라만 있는 것이 아니다. 아프리카에서 노예로

잡혀온 사람들이 힘든 노예생활 중에 고향을 그리며 노래를 불렀다. 물론 대부분의 사람들이 고향에 가지 못하고 그 땅에서 죽었다. 자녀들에게는 고향 이야기만 들려주고, 그 땅을 자녀들의 고향으로 삼은 채 죽어갔다. 얼마나 사람들이 악한지 남의 고향을 빼앗고 돌아가지도 못하게 만든다. 자기 혼자 잘 살자고 다른 사람들의 아픔은 안중에도 없다. 그런 일을 문명인라는 사람, 모두를 평등하게 잘 살게 하겠다는 사람들이 저질렀다. 자기들에게는 문명이지만 당하는 사람에게는 미개인이 하는 짓이며, 평등이 아닌 억압이다.

그 땅은 우리 땅

이스라엘도 돌아가고 싶은 고향이 있다. 그들은 애굽에서 종살이를 할 때 하나님이 약속하신 땅으로 가야 했다. 그들은 약속의 땅에서 오랫동안 살다가 바벨론에 의해 나라가 멸망하였다. 예루살렘의 성전을 파괴한 느부갓네살은 예루살렘 주민들을 포로로 잡아갔다. 예루살렘이 고향인 사람들이 힘든 포로 생활을 시작한 것이다. 그들은 자나 깨나 고향 예루살렘으로 돌아가는 것이 소원이다. 지금 이스라엘이 마치 아프리카에서 붙잡혀 온 노예들처럼 고향을 그리며 노래를 부르고 있다. 그들은 고향에 돌아갈 처지에 있지 못하다. 그들의 마음과 현실에는 괴리가 있다. 이때 그들이 고향에 돌아갈 노래를 부른다.

이스라엘의 영적인 고향, 마음의 고향은 예루살렘이다. 심지어 흩어진 유대인과 개종한 이방인에게까지 예루살렘은 마음의 고향, 영혼의 고향이다. 그들은 어떻게든지 고향에 돌아가고 싶다. 그 마음을 노래로 표현한다. 돌아갈 수 없다면 슬픔의 노래를 부를 것이고, 돌아갈 때는 기쁨과 감사 그리고 감격의 노래를 부를 것이다. 그들은 슬픔의 노래가 바뀌어 기쁨의 노래가 불려질 날을 기다리고 있다. 절망의 노래가 바뀌어 희망의 노래를 부를 날을 기대하고 있다. 예루살렘은 그들의 감정을 일으키게 하는 요소가 된다. 왜냐하면 예루살렘이 그들의 고향이기 때문이다. 그것도 하나님이 주신 고향이니 어찌 노래하지 않겠는가?

바벨론의 포로 생활 중에 있는 이스라엘 민족은 늘 고향에 돌아갈 날만을 생각하였다. 그래서 다니엘처럼 하루 세 번씩 예루살렘을 향한 창문을 열고 기도하는 사람도 있었고, 에스겔처럼 고향에 대한 환상과 계시를 하나님으로부터 받은 선지자도 있었고, 에스라나 느헤미야처럼 고향에 돌아갈 기회가 생기자 지체하지 않고 고향으로 돌아온 사람들도 있었다. 예루살렘이 멸망하기 이전에 예레미야처럼 70년이 되면 이스라엘이 고향으로 돌아올 것을 예언한 선지자도 있었다. 이러한 예언과 기도, 행동은 모두 고향 예루살렘을 향한 열정과 기대감 그리고 귀소본능이 작용하기 때문에 가능했다. 이런 모든 일의 이면에는 하나님이 계신다.

이스라엘이 애굽에서 무려 430년이나 종살이를 하였다. 그리고 하나님의 약속하신 땅 가나안으로 들어오는 데 무려 40년이나 걸렸다. 그리고 베냐민 자손들이 예루살렘을 점령해야 했으나 그렇게 하지 못하고(삿 1:21), 다윗 왕 때 점령하게 되었다. 다윗은 예루살렘을 점령한 후 하나님으로부터 언약을 받았다. 그 성이 영원히 왕의 성이 되며, 하나님의 임재를 체험하는 성이 될 것이라는 말씀이다. 다윗 이후로부터 백성은 하나님의 이 말씀을 기억하였다. 심지어 바벨론의 종살이를 하는 동안에도 하나님의 말씀을 기억하였다. 그 땅은 하나님이 약속하신 땅이며 하나님이 자기 조상들에게 영원히 주신 땅이라는 것이다.

시편 기자는 고향 예루살렘을 기억하고 있다. 고향에 돌아가고 싶으나 돌아갈 수 없는 상황을 아파하며 눈물의 노래를 부른다. "우리가 바벨론의 여러 강변 거기에 앉아서 시온을 기억하며 울었도다"(1절). 비록 슬픔의 노래를 부르지만 목소리만 슬프게 하지 않는다. 구성진 가락을 받쳐줄 악기가 필요하다. 이 악기를 타며 노래하는 동안 고향을 잃은 아픔이 더 많은 사람에게 전달될 것이다. "그 중의 버드나무에 우리가 우리의 수금을 걸었나니"(2절). 악기를 타며 노래하는 동안 수많은 사람들이 고향에 돌아가고픈 노래를 듣고 공감할 것이다. 게 중에는 따라 하는 사람도 있을 것이고, 눈물을 훔치는 사람도 있을 것이다.

그러나 악기를 걸고 노래하는 것은 시인의 생각만이 아니다. 시인이 부르는 노래에 공감하고픈 백성이 요구했다. 사람들이 악기와 더불어 시온의 노래를 불러달라고 요구한다. "이는 우리를 사로잡은 자가 거기서 우리에게 노래를 청하며 우리를 황폐하게 한 자가 기쁨을 청하고 자기들을 위하여 시온의 노래 중 하나를 노래하라 함이로다"(3절). 요구사항에 노래를 불러주면 요구한 사람은 그 노래를 들으며 자신의 감정에 한 없이 취할 것이다. 물론 노래를 부르는 사람도 청중들의 공감을 보며 노래의 의미와 목적이 바르게 전달된다는 것을 알고 노래하는 이유를 깨닫게 될 것이다. 이처럼 노래는 청중에게 전달하는 힘이 있다.

시인은 노래 중에 예루살렘을 결코 잊지 않겠노라는 다짐을 말한다. 외부적인 환경과 물리적인 억압 때문에 직접적으로 예루살렘을 노래할 수 없는 상황이 와서 예루살렘을 부를 수 없다 할지라도 결코 예루살렘을 잊은 것이 아님을 말하고 있다. "우리가 이방 땅에서 어찌 여호와의 노래를 부를까 예루살렘아 내가 너를 잊을진대 내 오른손이 그의 재주를 잊을지로다"(4~5절). 오른손에 익혀진 재주가 잊혀지지 않듯이 예루살렘 역시 이스라엘과 시편 기자의 마음에 각인되어 있다. 현재의 상황에서 당신의 마음 속에 각인되어 있는 것이 있다면 무엇인가? 그렇게 각인된 이유가 무엇인가? 하나님이 각인시켜 주셨다고 믿고 있는가?

시편 기자는 만약 예루살렘을 잊거나 다른 어떤 도시나 사물을 예루살렘보다 중요시한다면 자신에게 말을 할 수도 없는 형벌이 내려질 것이라고 말한다. "내가 예루살렘을 기억하지 아니하거나 내가 가장 즐거워하는 것보다 더 즐거워하지 아니할진대 내 혀가 내 입천장에 붙을지로다"(6절). 아주 무섭기까지 한 말이다. 벙어리가 되지 않기 위해서라도 입에서 예루살렘을 말하겠다는 것이다. 그들에게 입이 있는 이유는 예루살렘을 말하기 위함이다. 예루살렘에서 하나님의 임재를 경험하고 하나님의 축복을 얻어야 한다. 그들의 입은 이것을 말하기 위해 존재한다. 그들은 입의 존재 이유를 알고 그 이유대로 사용하고 있다.

하나님이 갚으신다

하나님이 주신 땅은 다른 사람에게 넘어가서 안 된다. 하나님의 땅에서 하나님의 백성이 번성하며 살아야 한다. 만약 하나님의 백성이 약속의 땅에서 사는 것을 훼방하거나 방해하는 무리와 민족이 있다면 벌을 받을 것이다. 하나님이 그 백성을 뿌리 채 흔들어놓으실 것이다. 왜냐하면 이스라엘이 약속의 땅에서 사는 것이 하나님의 뜻이므로 하나님이 그 백성과 땅을 지켜주셔야 하기 때문이다. "여호와여 예루살렘이 멸망하던 날을 기억하시고 에돔 자손을 치소서 그들의 말이 헐어 버리라 헐어 버리라 그 기초까지 헐어 버리라 하였나이다"(7절). 하나님이 예루살렘을 공격한 사람들의 말을 기억하시고 반드시 보복하실 것이다.

바벨론이 한 때 세계를 정복했으나 하나님을 이길 수는 없었다. 그렇게 강하다는 느부갓네살 왕도 풀무불에 던져져도 죽지 않는 히브리 젊은이들을 보고 하나님께 경배하기로 다짐했다. 그래도 깨닫지 못하자 그는 일주일동안 초야에서 짐승과 같은 생활을 하였다. 느부갓네살과 바벨론은 예루살렘 성전과 성을 파괴하고 이스라엘을 포로로 잡아온 것에 대하여 회개해야 한다. 그렇지 않으면 그들도 다른 민족에 의해 똑같은 모양으로 당하게 될 것이다. 시인은 이것을 이미 예견하고 있으며 바벨론을 멸망시킬 사람에 대하여 축복까지 선언한다. "멸망할 딸 바벨론아 네가 우리에게 행한 대로 네게 갚는 자가 복이 있으리로다"(8절).

하나님은 악한 사람을 반드시 갚으신다. 이스라엘의 영적 고향이며 조상들이 대대로 살다가 물려준 땅 예루살렘을 멸망시킨 민족은 그들의 죄과를 받을 것이다. 그들이 예루살렘 성전을 훼파하며 하나님께 범죄했기 때문이다. 하나님이 바벨론보다 더 강력한 힘을 가진 민족을 키우시고 바벨론을 망하게 하실 것이다. 하나님이 당신의 성전과 성을 욕보인 나라를 결코 내버려두지 않으신다. 침공한 나라 역시 바벨론에 대하여 자비심을 베풀지 않을 것이다. 바벨론 역시 어린아이까지라도 고통을 받을 것이다. "네 어린 것들을 바위에 메어치는 자는 복이 있으리로다"(9절). 하나님께 범죄함이 이처럼 끔찍한 결과를 낳는다.

바벨론이 멸망된 후 이스라엘은 어떻게 될 것인가? 예루살렘으로 귀환할 것이다. 그리고 그 땅에서 성곽을 쌓고 성전을 재건할 것이다. 스룹바벨의 주도로 성전이 재건되었고, 느헤미야의 주도로 성곽이 축조되었다. 예루살렘에 에스라처럼 영적 부흥을 일으키는 사람이 등장할 것이다. 그리고 그 성은 다시 영적인 고향으로 제 구실을 하게 될 것이다. 에디오피아의 귀족이 오는 것처럼 언제 어느 때든지 누구든지 그 성과 성전을 보고자 원하는 사람은 보게 될 것이다. 흩어진 이스라엘뿐만 아니라 개종한 이방인들이 마음껏 찾아와서 예배를 드리는 장소가 될 것이다. 하나님이 그 땅에 임하실 것이며 당신을 찾는 사람들을 만나실 것이다.

시편 138편

인자의 영성과 사마리아 사람

비유 속 인자한 사람

예수님이 한 비유를 말씀하셨다. 어떤 사람이 예루살렘에서 여리고로 여행을 하다가 으슥한 곳에서 강도를 만났다. 가진 것을 다 뺏기고 흠씬 두들겨 맞아 피를 흘리고 거의 죽을 지경에 이르렀다. 누군가 도와주지 않으면 강도를 당한 사람은 죽을 것이다. 마침 제사장이 그 길을 지나가고 있다. 제사장이 피를 흘리는 사람을 보고는 멈칫 하다가 그냥 지나간다. 아마도 강도 만난 사람이 제사장에게 도와달라는 눈빛을 보냈을지 모른다. 그러나 제사장은 어찌된 일인지 그냥 지나쳐 버렸다. 제사장도 나름대로 이유가 있었겠지만 강도 만난 사람의 입장에서 보자면 야속하기 그지없고 심지어는 위선적으로 보이기까지 한다.

조금 후에는 레위인이 그 길을 지나간다. 레위인은 성전에서 봉사하는 사람이다. 레위인은 백성이 내는 성전세로 생활비를 받으며, 백성에게 거룩한 직업에 봉사한다며 존경을 받는 사람이다. 존경을 받는다면 존경받는 만큼 행동해야 한다. 그런데 레위인이 강도 만난 사람을 보더니 제사장과 똑같이 그냥 지나친다. 보통 사람의 상식으로는 도저히 이해되지 않고 용납되지 못할 행동으로 보인다. 제사장이나 레위인이 강도를 만날까 두려웠을까? 아마도 그들은 피를 흘리는 사람을 도와주다 보면 피를 만지게 되어 스스로를 더럽히는 것으로 생각했을지 모른다. 어쨌거나 강도 만난 사람을 버려두고 갔다는 것은 부정할 수 없다.

조금 후에 사마리아 사람 하나가 당나귀를 타고 지나간다. 사마리아 사람 역시 강도 만난 사람을 보았다. 그런데 그는 이전에 지나갔던 제사장이나 레위인과는 전혀 다르다. 그는 나귀에서 내려 강도 만난 사람의 상처를 보고는 포도주를 부어 소독을 한다. 일단 응급처치를 끝낸 후 강도 만난 사람을 자기 나귀에 태워 가던 길을 계속 간다. 마을이 나오자 사마리아 사람이 여인숙을 보았다. 사마리아 사람은 강도 만난 사람을 여인숙에 맡기고 치료를 부탁한다. 만약 치료비가 더 나오면 돌아오는 길에 치료비를 계산하겠다고 한다. 강도 만난 사람을 돕는 것이야 당연하다. 그런데 부족한 것까지 계산하겠다니 그에게 인자함이 흘러 넘친다.

예수님이 이 비유를 말씀하신 후 듣는 사람에게 질문하셨다. "누가 강도 만난 자의 이웃이냐?" 당신에게 이 말을 물으면 어떤 대답을 하겠는가? 예수님께 대답이 돌아온다. "자비를 베푼 자니이다." 예수님이 이 말을 듣자마자 곧바로 대답하신다. "가서 너도 이와 같이 하라."(눅 10:37). 예수님이 인자함을 베풀라고 하신다. 인자한 사람이 이웃이기 때문이다. 비록 종교적인 삶을 산다 해도 자비를 베풀지 못할 수 있다. 그러나 종교적 기득권자들로부터 무시를 당하는 사람이라 해도 자기 삶에서 자비를 베풀 수 있다. 사마리아 사람처럼 어려운 사람을 구하는 사람이 종교적 형식주의자보다 훨씬 더 하나님으로부터 칭찬을 받을 것이다.

인자를 베푸는 사회

우리나라가 매우 어려웠을 때 사람들이 외국으로 돈을 벌러 갔었다. 백여 년 전 하와이의 사탕수수 농장으로 간 분들이 있었다. 그들을 애니깽이라고 부른다. 그들은 사탕수수 농장에서 채찍에 맞아가며 일했다. 계약기간이 끝난 후 자유의 몸이 되었을 때 그들이 한 일이 무엇인가? 그들은 자기들이 잘 사는 일만 하지 않았다. 돈을 모아 고국의 독립을 위해 보냈다. 독립군의 활동비를 댄 것이다. 이국땅에서 자기들도 살기 힘든데, 나라의 독립을 생각하여 아끼고 저축한 피 같은 돈을 보낸 것이다. 그들이 지금 국적을 포기하려고 신청하는 사람들이 부지기수인 사회적 분위기를 본다면 무엇이라고 말할 것인가?

애니깽들이 고국에 대해 좋은 감정만을 가지고 있을까? 게 중에는 나라가 우리를 위해 해 준 것이 무엇이 있느냐? 나라가 우리를 버린 것이 아니냐? 나라가 제대로 설 수 없으므로 우리가 타국에서 이렇게 고생하는 것 아니냐며 원망하는 사람들도 있었을지 모른다. 그러나 지금 우리는 그렇게 불평하는 사람들을 기억하지 못한다. 독립자금을 모으고 그것을 보내기 위해 애쓴 사실들만 기억할 뿐이다. 그러니까 불평, 불만, 원망은 후대에 기억되지 못한다. 어려운 중에도 나라와 국민을 생각하는 인자와 나눔의 행동이 후대에 기억된다. 만약 당신의 이름과 삶이 후대에 기억되기를 원한다면 어떻게 해야 하겠는가?

우리가 잘 살게 되다 보니 외국인 근로자들이 이 땅에 들어와서 취직을 했다. 그들은 우리가 할 수 없는 소위 3D 업종에서 일한다. 위험하고 어렵고 더러운 곳에서 우리 대신 일하고 있다. 과거에는 그들의 나라가 우리보다 더 잘 살았다. 지금은 우리가 훨씬 더 잘살게 되었고 그들의 힘을 빌어 살고 있다. 우리는 그들에게 일을 시키고 돈을 주지만 사실 그들의 힘이 없다면 우리 산업은 위험에 처할 수 있다. 그렇다면 지금 우리가 그들에게 어떻게 해야 하는가? 그들은 임금을 제대로 받지 못하거나 인간 이하의 취급을 받고 있다. 외국인 근로자들이 우리나라에 와서 설움과 억울함을 당하고 있다.

개구리 올챙이 시절 모른다고 우리가 바로 그렇다. 우리가 과거에 당한

설움을 현재 되갚는 것도 아닐진대, 해외에서뿐만 아니라 국내에서조차 어글리 코리안으로 행세하는 것이다. 이 나라의 경제력이 과연 국민의 의식과 문화를 상승시키고 있는가? 우리가 억울한 일을 당했다 할지라도 그것을 보복하는 것은 옳은 일이 아니다. 게다가 외국인 근로자들은 우리가 당한 억울함의 당사자들도 아니다. 경제에 걸맞는 국민의식과 문화는 우리의 억울함은 해소하고 다른 사람의 억울함마저 해소할 수 있는 수준이어야 한다. 그래야 우리나라와 국민이 다른 나라와 국민으로부터 존경을 받을 것이다.

이 땅에서 먼저

사도 바울은 주는 것이 받는 것보다 복이 있다는 예수님의 말씀을 찾아냈다(행 20:35). 예수님은 인자(仁慈)함을 베푸는 사람이 이웃이라고 말씀하셨다. 인자를 베푼다는 것은 복을 나누어 주는 행위이다. 복을 나눈다는 것은 이미 자기 안에 복이 있다는 것을 의미한다. 우리가 알다시피 이 땅은 복을 받은 나라이다. 복음이 이렇게 확장되고, 국민이 배움의 기회를 가지며 경제력의 급성장한 나라의 유래를 역사 속에서 찾을 수 없다. 하나님이 이 땅에 복을 주신 이유가 무엇인가? 첫째는, 이 땅의 사람들에게 하나님의 인자하심을 깨닫게 하기 위함이다. 둘째는, 하나님의 인자하심을 실천하라는 것이다.

유래가 없는 축복은 분명 이 땅의 사람들을 향한 하나님의 인자와 축복이었다. 물론 가난을 뿌리치고 잘 살아보려는 열망을 가진 국민의 생각도 무시할 수 없다. 그러나 그런 생각을 누가 주는가? 하나님이 주셨다. 하나님은 생각조차 지배하심으로 축복하신다. 하나님이 생각을 지배하시는 것 역시 인자의 내용이며 방법이다. 세계에 수많은 나라와 민족

중에는 역사의 흥망성쇠를 거쳐 간 민족도 있으나 전혀 열망이 없이 살았던 민족도 셀 수 없이 많다. 열망을 가진 민족보다는 열망조차 없었던 민족이 더 많다. 그렇다면 우리의 열망 뒤에 하나님의 일하심이 있었음을 기억해야 한다.

하나님의 일하심은 어느 한 민족의 축복과 부흥에 국한될 수 없다. 하나님이 한 민족에게 복을 주신 이유는 또 다른 민족을 향해 일하라는 표식이다. 한 사람이 복을 받은 것이 다른 사람을 향해 복을 나누기 위한 하나님의 계획이듯이 한 나라가 복을 받는 것도 다른 나라를 향해 복을 나누라는 하나님의 계획이다. 이런 계획이 이미 이스라엘을 통해 이루어졌다. 미국이나 영국을 통해서도 이루어졌다. 이제 한국이 그 일을 하고 있다. 그렇다면 이 땅의 사람들은 축복을 단순히 감사하고 즐기며 누리는 것이 아니라 사명으로 인식해야 한다. 사명으로 인식한 축복이 그 가치와 사용에 있어서 하나님의 뜻에 맞을 것이다.

축복을 사명으로 인식한다면 우리가 할 일은 달라진다. 이 땅의 우리 백성 중 소외된 사람들을 향해서 할 일이 생긴다. 그들의 외로움을 달래주고, 아픔을 감싸주는 일을 할 수 있다. 그리고 외국인 근로자들을 인간처럼 대우하는 것이 가능해질 것이다. 우리가 대우한 외국인 근로자들이 한국의 팬이 될 것이다. 그들의 나라로 돌아간 이후 한국을 위해 무엇인가 해 줄 수 있는 기회가 왔을 때 그들이 나서 줄 것이다. 글로벌 시대에 그들은 우리의 파트너요 고객들이다. 지금 그들에게 인자함을 베풀지 못한다면 앞으로 우리가 이 축복을 유지할 수 없을 것이다. 지금의 축복은 인자를 베풀라며 주신 하나님의 자원이다.

시편 기자는 하나님의 인자하심을 경험하였다. 자신의 무능력과 무가치에도 불구하고 자신을 선택하여 하나님을 알고, 하나님의 축복을 받아 누리게 하는 것이 얼마나 감사한지 모른다. 그는 입을 열어 하나님을 찬양할 수 있다. 이방인과 이방 신의 위협 앞에서도 찬양할 수 있다. "내가 전심으로 주께 감사하며 신들 앞에서 주께 찬송하리이다"(1절). 신자가 불신자 앞에서 하나님을 찬양한다는 것이 말은 쉬우나 행동은 어려울 수 있다. 그만큼 하나님의 축복에 대한 자신감이 있어야 한다. 사람들 앞에서도 당당하게 드러내며 증명할만한 축복을 받아야 한다. 증명된 것을 말할 때에는 누구도 이의를 달지 못한다.

시편 기자는 이미 하나님의 인자하심과 성실하심을 삶에서 경험하였다. 하나님이 그의 간구에 응답하셨다. 하나님이 시인의 영혼을 강하게 하시고 영혼에 힘을 넣어 주셨다. "내가 간구하는 날에 주께서 응답하시고 내 영혼에 힘을 주어 나를 강하게 하셨나이다"(3절). 시편 기자는 몸이 성전으로부터 멀리 있어도 하나님의 축복을 기억하며 성전을 향한다. 하나님의 말씀과 이름이 세상 모든 이름 위에 가장 높다는 것을 체험하였으니 그것을 소리 높여 외친다. "내가 주의 성전을 향하여 예배하며 주의 인자하심과 성실하심으로 말미암아 주의 이름에 감사하오리니 이는 주께서 주의 말씀을 주의 모든 이름보다 높게 하셨음이라"(2절).

하나님이 인자하심을 보여주는 방법이 있다. 그것은 말씀을 통해서이다. 말씀을 듣는 사람은 하나님의 인자하심까지 함께 듣는다. 말씀의 내용 속에 인자하심을 들을 수 있다. 이스라엘을 선택하고 훈련시키시며 사용하시는 과정과 사랑하시는 장면이 모두 하나님의 인자하심이다. 그리고 말씀하시는 모습도 인자하시다. 이스라엘이 알아듣도록 차근차근 말씀하신다. 이스라엘뿐만 아니라 세상 사람들이 다 하나님의 인자하심을 알아야 한다. 하나님이 말씀으로 알려주셨고 말씀을 바르게 듣는 사람은 감사를 하게 된다. "여호와여 세상의 모든 왕들이 주께 감사할 것은 그들이 주의 입의 말씀을 들음이오며"(4절).

시편 기자는 하나님의 인자하심을 삶에서 깊이 경험하였다. 죽어 가는 상황, 곤란한 지경, 원수의 위협에서 하나님이 인자하심을 베푸셨다. 마치 강도 만난 사람에게 자비의 손길을 베푼 사마리아 사람의 모습에서 하나님의 인자하심을 연상할 수 있다. "내가 환난 중에 다닐지라도 주께서 나를 살아나게 하시고 주의 손을 펴사 내 원수들의 분노를 막으시며 주의 오른손이 나를 구원하시리이다"(7절). 시인은 하나님의 인자하심을 경험한 이후 그것을 계속 간직하고 싶어 유지시켜 달라고 기도한다. "여호와께서 나를 위하여 보상해 주시리이다 여호와여 주의 인자하심이 영원하오니 주의 손으로 지으신 것을 버리지 마옵소서"(8절).

인자하심을 노래하라

하나님의 인자하심은 사람에게 놀라운 사건이다. 사람이 하나님을 거역하고 하나님께 불순종하였으므로 하나님으로부터 버림을 받아야 마땅하다. 그러나 하나님이 사람을 용서하셨다. 용서의 이유는 하나님의 인자하신 성품 때문이다. 하나님이 사람을 불러서 당신의 인자하심을 경험하게 하셨고, 그 인자하심을 본받게 하셨다. 사람의 자격으로는 도저히 이룰 수 없었던 일이다. 그런데 하나님이 그 일을 이루셨다. 그것을 깨닫게 된 사람은 자기에게 이루어진 일에 대하여 놀라워할 수밖에 없다. 그것이 흥분되고 감격하여 기뻐하며 노래하게 된다. "그들이 여호와의 도를 노래할 것은 여호와의 영광이 크심이니이다"(5절).

노래할 수 있다는 것은 자신의 감정이 거기에 정해져 있다는 것이다. 하나님의 인자하심을 경험하고 그것을 다른 사람에게 적용하는 데 있어서 마음의 동의가 이루어졌다는 것이다. 하나님의 인자하심을 자연스럽고 자신있게 표현할 수 있게 되었다는 것이다. 하나님의 인자하심을 모르는 사람 앞에서도 자신이 경험한 하나님의 인자하심을 당당하게 밝힐 수 있다. 하나님의 인자하심이 사람을 이처럼 멋있게 바꾸어 놓는다. 당신의 인생이 멋있어지기를 원한다면 어떻게 해야 하는가? 바로 하나님의 인자하심을 경험하는 것이다. 수렁에서 건져내고, 혼란을 거두시며, 영혼을 소성시키는 하나님의 인자하심을 경험하는 것이다.

그러나 조심할 것이 하나 있다. 인자하심을 왜곡하여 해석하지 말아야 한다. 인자하심은 용서와 용납을 포함하고 있다. 그러나 인자하심을 자기 편의로만 해석하여 교만해지지 말아야 한다. 일부러 잘못을 저지르고 인자하심의 혜택을 입으려 하면 안 된다. 하나님은 사람의 마음까지도 아시고, 사람이 하나님의 인자하심을 바르게 적용하는지를 판단하신다. "여호와께서는 높이 계셔도 낮은 자를 굽어 살피시며 멀리서도 교만한 자를 아심이니이다"(6절). 하나님의 인자하심을 죄를 짓는 합리화의 이유로 삼으면 안 된다. 인자하심은 감사의 이유, 영광의 이유, 새로운 삶으로 나아가는 전진의 이유가 되어야 합당하다.

하나님의 인자하심은 나의 과거를 돌이켜 현재를 만든 것이다. 그렇다면 인자하심은 현재를 미래로 나아가게 하는 원동력과 하나님의 영광으로 나아가게 하는 에너지가 되어야 한다. 미래로 나아가는 에너지는 현재를 어떻게 사느냐에 달려있다. 우리는 하나님의 인자하심을 입었기에 겸손할 수 있다. 인자하심을 알았기에 노래할 수 있다. 감사하고 찬양으로 영광을 돌릴 수 있다. 겸손한 자세로 감사의 노래를 부르는 사람은 그 노래의 내용에서 하나님의 인자하심을 자랑한다. 감사하고 찬양하는 모습에서 하나님의 인자하심을 유지하는 것을 느낄 수 있다. 현재 하나님의 인자하심을 찬양하는 모습이 유지된다면 미래에 전달자로 우리는 온전해 질 것이다.

시편 139편

가치의 영성과 요나

선택 가치

요나가 하나님으로부터 명령을 받았다. 니느웨 성으로 가서 임박한 멸망을 외치라는 것이다. 만약 회개하지 않으면 니느웨가 멸망할 것이니 반드시 회개하라는 외침도 덧붙여야 한다. 니느웨는 포악한 앗수르 사람들의 수도이다. 앗수르 사람들은 이스라엘을 괴롭혔다. 수시로 침략해 사람들을 죽이고 재산을 약탈해 갔다. 앞으로도 얼마나 더 괴롭힐지 모른다. 이 지경이니 앗수르가 없어져야 이스라엘이 편해질 것이다. 북왕국 이스라엘 사람이든 남왕국 유다 사람이든 그들은 앗수르가 멸망하기를 하나님께 기도할 것이다. 이런 마당에 앗수르가 멸망할 것이라는 하나님의 말씀이 들려졌으니 요나가 기뻐할 법도 하다.

그런데 요나는 기쁘지 않다. 왜 그럴까? 그것은 하나님이 멸망만을 말씀하신 것이 아니라 회개도 말씀하셨기 때문이다. 앗수르의 멸망은 듣고 싶은 소리인데, 그들에게 회개를 외치라는 말씀은 전혀 달가운 소리가 아니다. 요나의 머리 속에 스쳐가는 생각이 있다. "만약 니느웨 사람들이 회개하면 어떻게 하지? 그러면 그들이 사는 것 아냐? 그렇다면 내가 니느웨로 가야 하나 말아야 하나? 만약 내가 가지 않는다면 니느웨는 어떻게 되지? 그렇지! 회개할 기회가 없어지고 멸망하고 마는거야!" 생각이 여기까지 이르자 요나는 니느웨로 가고 싶은 생각이 없어졌다. 자기가 가지 않는 것은 이스라엘 민족이 사는 길이 될 것이다.

요나에게 또 한 가지 생각이 스친다. 하나님은 한 번 말씀하신 것을 거두지 않으실 터이니 니느웨로 가라고 재차 말씀하실 것이다. 만약 여기 있으면 하나님께서 반드시 다시 가라고 하실 테니 그러면 아예 하나님이 보시지 못하는 곳으로 피하자. 그래서 요나는 하나님의 낯을 피해 다시스로 도망간다. 요나는 다시스로 가는 배 밑창에 누워 불안한 잠을 청한다. 아마 그 정도면 하나님도 찾지 못할 것이라고 생각하고 있는가보다. 요나는 지금 자기 편한대로 생각하고 있다. 이스라엘과 앗수르의 관계, 자신과 하나님과의 관계, 니느웨 성의 회개와 구원 그리고 멸망에 관한 것을 자기중심으로 생각하고 판단하며 행동하고 있다.

요나는 선민의식으로 오직 이스라엘만 구원받아야 하고, 니느웨 사람들은 반드시 멸망해야 한다는 고정관념에 사로잡혀 있다. 이스라엘만 선택받았으니 구원받아야 한다는 생각이다. 이것을 영적인 자존감이라고 해야 하는가? 아니면 교만이라고 해석해야 하는가? 자신이 귀하다는 것은 자존감이다. 그러나 자기 아닌 다른 사람은 망해야 한다는 생각은 교만이다. 자존감은 자기가 귀한 만큼 다른 사람도 귀하며 다른 사람도 구원받아야 한다고 생각하는 것이다. 요나의 자존감이 지나쳐 교만으로 변질되었다. 요나는 자존감으로 포장된 자신의 교만을 지키기 위해 니느웨의 가치를 무시하고 동시에 자신의 가치까지 떨어뜨렸다.

나의 가치

사람의 가치가 얼마나 될까? 사람의 몸이 가진 화학적 원소로 본다면 사람의 가치는 아주 작다. 한 과학자가 사람의 몸을 분석한 바에 의하면 38ℓ의 물과 1/7의 비누, 연필 9천 개 분의 탄소, 성냥알 2천 개 분의 철분, 그리고 닭장을 희게 칠할 정도의 회분, 그 외 인, 나트륨 등 소량의 원소들이 있단다. 이것을 값으로 친다면 약 만 원이 채 되지 않는다. 이렇게 본다면 사람은 엄청나게 값싼 존재이다. 실제로 사람을 노예로 만들어서 짐승처럼 취급하여 사고 파는 행위는 사람의 가치를 돈으로 매기는 것이다. 아마도 젊고 건장한 남자 혹은 아이를 잘 낳을 것 같은 건강한 여성이라면 값이 더 많이 나갈 것이다.

사람을 돈으로 사고 팔 수 없다. 그런데 현대판 매매로 착각하게 하는 일들도 있다. 스포츠 시장에서는 구단이 선수에게 돈을 지급하고 능력을 산다. 선수의 능력에 따라 값을 매기고 구단끼리 사고 팔기도 한다. 구단은 선수들의 능력을 동원하여 관중들에게 즐거움을 선사하고 경제적 유익을 남긴다. 선수는 구단에게 자신의 스포츠 능력을 제공하고, 구단은 선수들에게 돈을 지불한다. 경제적인 논리에서 본다면 별 문제 없는 것이기는 하지만 사람의 능력을 돈으로 사고 파는 것만은 확실하다. 사람의 가치가 돈으로 환산되는 것이다. 몰론 적은 돈이 아니라 천문학적 단위가 넘어가니 이것을 매매라고 말하는 사람은 없다.

사람은 동물과 비교해도 별로 내세울 것이 없다. 사람은 독수리처럼 높이 날 수 있는 것이 아니다. 개처럼 냄새를 잘 맡는 것도 아니다. 소처럼 힘이 센 것도 아니다. 표범처럼 날쌘 것도 아니고, 코끼리처럼 덩치가 크지도 않다. 돌고래처럼 수영을 잘하는 것도 아니고, 말처럼 빠르지도 않다. 단순 비교로만 본다면 사람의 가치는 별 볼일 없다. 그럼에도 사람이 이런 동물들을 지배하고 있다. 구조만으로 본다면 사람의 가치가 가장 높다. 왜 그럴까? 사람들은 이런 동물들의 재능을 이용할 수 있는 지능을 가지고 있기 때문이다. 자신에게 해로운 것은 제압하고, 이로운 것은 적절히 이용하는 지혜가 사람에게 있기 때문이다.

더 중요한 것은 사람이 하나님으로부터 가치를 부여받은 존재라는 것이다. 하나님이 사람을 지으실 때 사람에게 온 땅을 다스리라고 말씀하셨다. 하나님이 아름답게 지으신 세상을 사람에게 위임하신 것이다. 위임했다는 것은 위임받은 존재에 대한 가치를 인정하신 것이다. 사람이 하나님으로부터 가치를 인정받았다. 게다가 예수님도 이 땅에서 한 사람이 천하보다 귀하다 하시며 사람의 가치를 세상보다 귀하다고 보셨다. 자존감이란 하나님이 자기를 귀하게 보시며 인정하신다는 의식이다. 하나님과의 관계에서 자신의 존재 이유와 가치를 깨닫는 것이 자존감이다. 이것은 돈으로 환산할 수 없는 높은 차원의 가치이다.

변화된 나의 가치

가치라는 것은 값을 매길 수 없는 무형의 요소이다. 계량형으로 평가할 수 없는 비물질적인 것이다. 물질은 무게와 크기 혹은 길이로 계산할 수 있다. 물질은 효용가치를 계산할 수 있다. 그러나 무형가치는 효용가치를 쉽게 계산할 수 없다. 사람의 자존감은 무형가치이다. 근본적으로 돈이나 계량형으로 계산이 불가능하다. 사람의 몸은 화학원소로 계산할 수 있으나 사람의 생각과 재능 그리고 미래는 계산하기 어렵다. 이처럼 계산하기 어려운 것은 사람에게 내면의 깊이가 있기 때문이다. 사람이 사용하는 재능이 10% 정도라고 하니, 90%의 재능까지 합하면 엄청난 가치가 될 것이다. 어떤 사람이든지 이런 가치가 있다.

그런데 자신을 무가치한 존재로 여기는 사람들이 있다. 사람들로부터 따돌림을 당하거나, 위협이나 조롱을 당하면 대번에 자기 가치를 낮게 평가한다. 어떤 여학생이 친구들로부터 뚱뚱하다는 말을 한 번 듣고는 식사량을 줄이고 말았다. 자신이 뚱뚱하다고 착각한 것이다. 부모가 보기에는 전혀 그렇지도 않은데 말이다. 그리고는 식사량을 줄이다가 거식증에 걸리고 말았다. 자신의 가치를 아직 확인하지 못한 청소년에게 이런 일이 생길 수 있다. 그렇다면 어른들은 자신의 가치를 확인하고 있는가? 그렇지 못한 경우가 많다. 미움을 받을 때 함께 미워하거나 과거의 상처를 잊지 않고 여전히 미워한다. 이것은 가치의 문제이다.

자기의 가치를 아는 사람은 자기를 사랑하고 남을 사랑한다. 그러므로 자존감이란 자신에 대한 사랑이다. 어떻게 하면 자신을 사랑하게 되고, 자신의 가치를 높이는가? 이것은 무조건 자기 마음대로 하는 것이 아니라 자기의 인격을 높이는 것이다. 자신이 되고 싶은 것, 하고 싶은 것을 정하고 그것에 매진하며 일정 분야의 전문가가 되는 것이 가치를 높이는 일일 수 있다. 인간관계에서 풍부한 감수성을 보이며 다른 사람을 높여주는 것도 자신의 가치를 높이는 것이 된다. 자기 능력으로 사람에게 즐거움을 주거나, 새로운 분야를 개척하고 산업을 일으키는 것도 자신의 가치를 높이는 것일 수 있다.

그러나 가장 높은 가치는 천지를 창조하신 하나님께 있다. 하나님이 가치를 높여주셔야 높아지는 것이다. 하나님이 나를 지으셨다는 것을 아는 것이 가치의 시작이다. "주께서 내 내장을 지으시며 나의 모태에서 나를 만드셨나이다 내가 주께 감사하옴은 나를 지으심이 심히 기묘하심이라 주께서 하시는 일이 기이함을 내 영혼이 잘 아나이다"(13~14절). 그리고 하나님이 자기를 바라보고 계심을 아는 것이 가치를 유지하는 것이다. "여호와여 주께서 나를 살펴 보셨으므로 나를 아시나이다"(1절). 하나님의 생각대로 사는 것이 가치의 방법이다. "하나님이여 주의 생각이 내게 어찌 그리 보배로우신지요 그 수가 어찌 그리 많은지요"(17절).

사람의 가치는 하나님과의 관계에서 비로소 확인된다. 하나님이 사람을 알고 계신다. 시편 기자는 자신의 생각과 행동이 하나님 앞에 투명하게 드러남을 알고 있다. "주께서 내가 앉고 일어섬을 아시고 멀리서도 나의 생각을 밝히 아시오며 나의 모든 길과 내가 눕는 것을 살펴 보셨으므로 나의 모든 행위를 익히 아시오니 여호와여 내 혀의 말을 알지 못하시는 것이 하나도 없으시니이다"(2~4절). 사람이 가치 있는 것은 최고의 가치를 가지신 하나님으로부터 가치 있는 존재로 인정받고 있기 때문이다. 하나님이 사람의 가치를 확인하시려고 사람을 도우시며 사람에게 필요한 능력까지 주신다. "주께서 나의 앞뒤를 둘러싸시고 내게 안수하셨나이다"(5절).

하나님이 사람에게 하신 일이 너무 많다. 사람의 생각으로는 그것을 다 기억할 수 없다. 그저 할 수 있는 말은 많다고 말하는 것 정도이다. 많은 것도 셀 수 없이 많다. 그럴 때에는 '항상' 이라고 표현할 수밖에 없다. "내가 세려고 할지라도 그 수가 모래보다 많도소이다 내가 깰 때에도 여전히 주와 함께 있나이다."(18절) 하나님이 아니면 우리의 가치는 전혀 무관한 것이다. 그러므로 우리 가치의 기준과 범위는 하나님이시다. 가치의 원천이 하나님이시며, 과정과 결과도 하나님께 달려 있다. 죄인으로 사는 무가치한 인간이 하나님을 알게 된 이후 변화의 가치를 경험하고 가치 있는 존재로 변모하는 것이다.

시편 기자의 눈에는 자신의 가치를 깨닫지 못하고 무가치한 채로 남아있는 사람들이 보인다. 이름하여 악인이라 불리는 사람들이다. "그들이 주를 대하여 악하게 말하며 주의 원수들이 주의 이름으로 헛되이 맹세하나이다"(20절). 악인들도 내면에는 하나님의 완전한 가치를 인정하지만 겉으로는 인정하지 않는다. 그들은 하나님의 완전하심을 뺏고 싶어서 하나님을 대적한다. 그들의 겉과 속이 다르다. 시인은 이런 사람들과 사귀고 싶지 않다. "하나님이여 주께서 반드시 악인을 죽이시리이다 피 흘리기를 즐기는 자들아 나를 떠날지어다"(19절). 하나님이 악한 사람을 인정하지 않으므로 시인 자신도 인정하고 싶지 않다.

가치는 하나님과의 관계, 하나님을 믿고 하나님 앞에 겸손하며 하나님을 신뢰하는 것으로 확인한다. 시인은 자신과 가치가 다른 사람을 미워한다. 몸과 몸이 부딪혀 일어난 갈등은 쉽게 해결될 수 있다. 그러나 가치관이 달라 생기는 갈등은 쉽게 해결하기 어렵다. 왜냐하면 가치관의 차이가 심하면 영적 전쟁이라 할만하기 때문이다. 시인은 이런 영적 전쟁을 겪고 있다. 시인은 하나님으로부터 떠난 가치관을 가진 사람을 미워하고 있다. "여호와여 내가 주를 미워하는 자들을 미워하지 아니하오며 주를 치러 일어나는 자들을 미워하지 아니하나이까 내가 그들을 심히 미워하니 그들은 나의 원수들이니이다"(21~22절).

하나님과의 관계

가치는 하나님과의 관계에서 확인된다. 하나님과의 관계는 단순히 배운다고 되는 것이 아니다. 하나님과의 관계는 머리로 깨닫는 내용의 지식이 아니라, 경험으로부터 얻는 지식이다. 경험으로부터 도출된 내용은 자신이 결코 이룰 수 없었던 것을 하나님이 이루셨다는 믿음으로 귀착된다. "이 지식이 내게 너무 기이하니 높아서 내가 능히 미치지 못하나이다"(6절). 누구든지 요나처럼 하나님을 떠나 방황할 때가 있다. 그러나 시간이 지나고 보면 사람이 결코 하나님을 떠날 수도 없고 피할 수도 없다는 것을 경험으로 깨닫는다. "내가 주의 영을 떠나 어디로 가며 주의 앞에서 어디로 피하리이까"(7절). 경험은 또 다른 실수를 방지한다.

과거에 어떤 하나님 경험을 했는가? 우리는 하나님을 피해 하늘로 오르고, 땅 속으로 숨으려 했었다. 바다 속 깊은 곳으로 숨고, 캄캄한 곳에서 꼼짝하지 않고 싶었다. 그러나 하나님은 사람이 있는 곳을 보고 계신다. 하나님이 거기서 사람을 이끌어 내신다. "내가 하늘에 올라갈지라도 거기 계시며 스올에 내 자리를 펼지라도 거기 계시니이다 내가 새벽 날개를 치며 바다 끝에 가서 거주할지라도 거기서도 주의 손이 나를 인도하시며 주의 오른손이 나를 붙드시리이다"(8~10절). 왜 하나님이 당신을 피해 도망하는 사람을 붙들어 밝은 곳으로 이끄시는가? 사람이 하나님의 마음을 이해하고 하나님의 일을 할 수 있는 가치를 가졌기 때문이다.

사람이 하나님의 생각을 알면 하나님과의 관계는 재정립된다. 먼저 하나님을 떠나려고 했던 자신의 경험을 고백한다. "내가 은밀한 데서 지음을 받고 땅의 깊은 곳에서 기이하게 지음을 받은 때에 나의 형체가 주의 앞에 숨겨지지 못하였나이다 내 형질이 이루어지기 전에 주의 눈이 보셨으며 나를 위하여 정한 날이 하루도 되기 전에 주의 책에 다 기록이 되었나이다"(15~16절). 그리고 경험으로부터 얻는 하나님 지식을 고백한다. "내가 혹시 말하기를 흑암이 반드시 나를 덮고 나를 두른 빛은 밤이 되리라 할지라도 주에게서는 흑암이 숨기지 못하며 밤이 낮과 같이 비추이나니 주에게는 흑암과 빛이 같음이니이다"(11~12절).

이제 시인은 하나님과의 관계 속에서 자신의 가치를 살핀다. 하나님 앞에서 자신의 가치를 유지하고, 가치를 갱신하려는 결단을 가진다. 하나님 앞에 자기 마음 속 깊은 곳까지도 다 보이기를 원하며, 자신의 의지까지도 맡기려 한다. "하나님이여 나를 살피사 내 마음을 아시며 나를 시험하사 내 뜻을 아옵소서"(23절). 자신의 가치를 세우는 기준이 하나님임을 인정하고 하나님께 자신을 살펴달라고 부탁한다. 혹시 자기도 모르는 악한 일이 내면에 숨어 있다면 그것을 인정하고 없애달라고 부탁한다. 그는 깨끗하고 영원한 가치를 바라보고 있다. "내게 무슨 악한 행위가 있나 보시고 나를 영원한 길로 인도하소서"(24절).

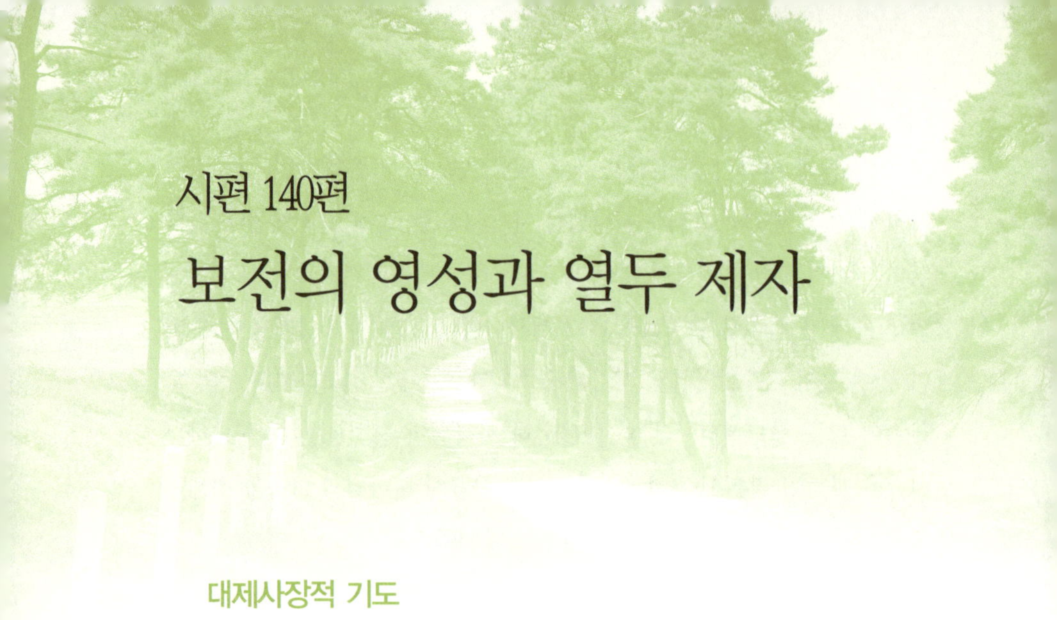

시편 140편

보전의 영성과 열두 제자

대제사장적 기도

예수님이 고난을 앞에 두고 기도하기 위해 산에 오르셨다. 고난이라는 엄청난 위기 앞에 하나님께 기도하지 않고서는 도저히 극복할 수 없기 때문이다. 기도로 하나님 아버지와 교제하고, 기도로 결단하며, 기도로 하나님 아버지로부터 위로와 힘을 얻어야만 다가올 고난에 당당하게 맞설 수 있을 것이다. 고난에 맞설 수 있는 것은 고난에 대한 보상이 있을 때 더 쉽다. 예수님은 이 고난이 영광과 관련되어 있다는 것을 알고 있다. 다시 말해 예수님에게는 고난 자체가 영광을 얻게 하는 방법이다. 예수님은 고난과 영광을 동일시하셨다. 기도로 힘을 얻을 수 있는 것은 고난에 대한 새로운 시각과 통찰이 마음에 새겨질 때 가능하다.

한편 예수님은 당신이 고난을 당한 뒤에 이 땅에 남아있을 제자들에 대해 안타까워하셨다. 제자들은 3년 동안 예수님을 따라 다녔다. 예수님으로부터 진리를 배우고, 그 진리를 세상에 퍼트려야 할 사명을 받았다. 그러나 제자들은 여전히 예수님께 의존할 뿐 자신감이 결여되어 있었다. 게다가 제자들을 세상으로부터 엄청난 압박을 받게 될 것이다. 예수님이 핍박을 받았던 만큼 제자들도 핍박을 받을 것이다. 예수님은 핍박을 받을 제자들을 생각해서 그들을 위해 기도하셨다. 요한복음 17장의 기도 중에 대부분이 제자들을 위한 기도였다. 이 기도가 예수님의 대제사장적 권위를 보인다고 하여 대제사장적 기도라 한다.

우리가 주목할 부분은 예수님은 세상에 남겨질 제자들의 영성과 육체적 보전을 위하여 기도하셨다는 점이다. 제자들은 보전되어야 한다. 제자들은 보호되고 안전하게 지켜져야 한다. 왜냐하면 그들이 앞으로 예수님을 이어받을 중요한 일을 해야 하기 때문이다. 예수님은 제자들이 보전되는 방법을 아버지께 간구한다. 그것은 아버지의 이름이다. "내게 주신 아버지의 이름으로 그들을 보전하사"(요 17:11). 이 이름은 아들이신 예수님이 먼저 받았다. 이 이름은 예수님의 권위를 드러내는 것이다. 제자들이 아버지의 이름으로 보전된다면 제자들 역시 예수님처럼 아버지의 권위를 가지고 있다는 뜻이다.

제자들이 아버지의 이름으로 보전되어야 하는 또 다른 이유가 있다. 그것은 제자들이 예수님의 사역을 계승해야 하기 때문이다. 사역을 계승하려면 사역에 대한 자질과 성품 그리고 열정을 지녀야 한다. 이것이 없거나 효과적으로 사용되지 못한다면 결코 사역에서 성공할 수 없다. 예수님은 제자들의 사역에서 자질과 성품 그리고 열정을 쇠퇴시키는 요소를 알고 계신다. 그것은 악이라는 실체이다. 그러므로 예수님은 제자들이 사역의 성공을 위해 악에 빠지지 않기를 기도하신다. "내가 비옵는 것은 그들을 세상에서 데려가시기를 위함이 아니요 다만 악에 빠지지 않게 보전하시기를 위함이니이다"(요 17:15).

변화와 혁신시대

100년 전에 세계 100대 안에 꼽히던 기업들이 100년이 지난 후 80%가 망하거나 흔적도 없이 사라졌단다. 경영학과 경제학을 공부하는 이들은 유수의 기업으로 꼽히던 기업이 망하게 된 원인을 분석하여 제시한다. 여러 가지 이유가 있을 것이다. 기업의 비전과 가치가 잘못되었다는 둥, 기업의 조직이 유기적이지 못하다는 둥, 조직의 생산성과 효율성이 떨어졌다는 둥, 경쟁기업과의 경쟁에서 밀렸다는 둥, 최고경영자가 융통성이 없고 편협하다는 둥 나름대로 분석하였는데, 그 분석은 모두 객관적인 증거를 갖춘 것들이었다. 그러나 이런 분석들을 종합하면 기업이 급격한 변화에 적응하지 못했다는 결론이 나온다.

사실 20세기는 엄청난 변화의 세기였다. 만약 20세기의 변화를 수량으로 측정한다면 과거 인류 역사 모두의 변화만큼 빠르고 다양했다. 하지만 21세기 들어서 변화하는 속도는 20세기보다 훨씬 빠르다. 어느 영역에서는 약 5년 정도면 과거 100년의 변화와 맞먹을 정도로 변화하고 있다. 지식의 양과 내용의 깊이, IT와 전자산업의 발달, 전 세계를 잇는 네트워크는 기성 세대들에게 적응할 수 없는 속도로 변화 혹은 진화하고 있다. 기업은 이러한 진화에 맞추어 저마다 혁신을 계획하고 있다. 혁신 프로젝트를 만들어 시행하지 않으면 도태되며 생존마저 불가능해진다는 위기감 때문이다. 변화의 속도가 사람의 생각을 바꾼다.

여기저기서 변화와 혁신을 부르짖는 시대이다 보니 변화와 혁신이라는 단어를 사용하지 않으면 시대에 뒤처지는 사람으로 인식될 정도이다. 시대에 뒤처진다고 인식되면 상대를 하려고 하지 않는다. 다른 기업들이 거래를 끊거나 소비자들이 외면한다. 그러니 기업이 변하지 않고서는 견딜 수 없다. 기업이 변하면 소비자도 덩달아 변한다. 기업과 소비자들은 시대의 트렌드를 따라가게 되었다. 혁신의 가치와 변화의 속도를 생각하지 않고 덮어놓고 변화만 추구하게 된다. 변화가 사람을 창조적으로 만드는 긍정적인 요소도 있으나 한편으로 사람으로 하여금 선택과 휴식의 기회를 박탈하고 생각의 혼란을 가져올 수도 있다.

혁신을 위한 프로젝트를 만들어내는 사람, 혁신 프로젝트를 구매하는 기업, 혁신을 수행하는 사람과 컨설턴트 등 기업의 혁신과 관련되어 거대한 산업군이 형성되었다. 변화를 주도하는 사람과 창조적으로 대응하는 사람 그리고 변화에 대한 생각을 조리있게 전하는 사람이 돈을 버는 시대가 되었다. 다른 사람의 변화를 돕는 사람들의 유형을 모은 직업도 등장하게 된다. 이 시대의 변화에 노인들이 적응하기 어려워하는데, 조만간 30대 중반조차도 변화에 적응하기 어려워하는 시대가 올 것이다. 어디까지 변하게 될는지 예측할 수는 있으나 어느 누구도 정확하게 단정할 수 없다. 미래는 하나님의 것이니 사람이 모두 알기 어렵다.

가치 충돌

아무리 변화와 혁신이 좋아 세상을 살기 좋게 만든다고 해도 그 역시 사람이 사는 시대일 것이다. 그렇다면 그 시대 사람들이 사는 새로운 생활방식이 생겨날 것이다. 그 생활에 쉽게 적응하고 익숙하여 사는 사람도 있고 적응이 쉽지 않아 어려워하는 사람도 있을 것이다. 적응하지 못하는 사람들 중에는 도피나 은둔을 선택하는 사람들이 있을 것이다. 오히려 이들은 물질적 가치보다는 정신적 가치를 더 소중히 생각하고 수행자나 구도자의 삶을 살 수도 있다. 언젠가 물질적 가치에 너무 깊이 빠져 든 사람들이 정신적 가치를 말하는 사람들을 존경하게 되고 따르는 현상도 생겨날 것이다.

물질적 가치는 쉽게 변하지만 정신적 가치는 상대적으로 오래 간다. 게다가 현대를 상징하는 정신적 가치에 지친 사람들은 좀 더 고전적 가치를 동경할 것이다. 그리고 고전적 가치를 보전하는 사람들의 행동에 찬사를 보내거나 후원하게 될 것이다. 예를 들어 도시에서 인터넷과 컴퓨터에 둘려 쌓여 사는 사람들이 한적한 시골에서 자연과 흙을 벗삼아 사는 사람들을 부러워할 것이다. 도시 생활의 소음과 자동차 매연으로 정신적 스트레스를 받고, 몸에 병을 달고 사는 사람들이 맑은 공기와 깨끗한 물, 조용한 환경을 찾아가고 싶을 것이다. 그런 시대에 맞추어 임대 전원주택을 비롯한 펜션과 리조트에 사람들이 호기심을 갖을 것이다.

최첨단 기기로 변하는 사회라 할지라도 사람들은 여전히 옛날이라는 향수를 그리워한다. 그것은 변화가 만족시켜주지 못하는 고전적 가치가 사람들 안에 존재하기 때문이다. 사람의 생각과 공동체 속에는 최소한 없어지면 안 된다고 생각하며 보존하려는 가치들이 존재한다. 이것을 편의상 보전 가치라고 부르자. 당신이 생각하는 보전 가치는 무엇인가? 쉽게 생각나지 않는다면 예수님이 생각하시는 보전 가치는 무엇인가? 제자들이 보전되어야 한다면 그 이유가 무엇인가? 그것은 선과 진리 그리고 생명이라는 가치이다. 예수님은 그 가치를 이 땅에서 구현하셨고, 제자들을 통해 그 가치를 역사와 지구촌에 전파하고 싶으시다.

아마도 앞으로의 시대는 변화와 보존, 혁신과 보전이라는 가치의 충돌이 일어날 것이다. 그 중에서도 가장 강한 것이 신앙일 것이다. 20세기 초반 보수와 진보의 싸움이 일어났었다. 그것은 신학적 세속화 논쟁이었다. 20세기 후반에는 신앙을 가져야 하느냐 말아야 하느냐의 문제로 발전되었다. 이미 포스트 모더니즘을 통해 신앙과 세속 가치의 충돌이 있었다. 앞으로는 변화를 따라잡는 신앙이 맞느냐 변화를 거부하는 신앙이 맞느냐의 논쟁이 일어날지 모른다. 변화 가치와 보전 가치의 우선성 문제가 등장할지 모른다. 만약 당신이라면 어떤 쪽을 선택하겠는가? 하나님은 당신에게 어느 쪽을 원하시겠는가?

시편 기자는 마음과 생각 그리고 육체적 문제에서 곤경을 겪고 있다. 시편 기자는 강포한 사람의 공격에서 자신이 보전되기를 하나님께 간절히 바라고 있다. "여호와여 악인에게서 나를 건지시며 포악한 자에게서 나를 보전하소서"(1절). 강포한 사람이 시편 기자의 주변에서 독설을 품어내고 있다. "그들이 마음속으로 악을 꾀하고 싸우기 위하여 매일 모이오며 뱀같이 그 혀를 날카롭게 하니 그 입술 아래에는 독사의 독이 있나이다(셀라)"(2~3절). 칼로 공격해 들어오면 한 번 막으면 그만이지만 독기를 품은 말로 공격해 들어오면 막아내기가 여간 어려운 것이 아니다. 독설로 공격을 받으면 그 여파가 아주 오래가고 마음에 상처가 남는다.

시편 기자는 자신의 보전이 자기 마음먹기에 달려있다고 생각하지 않는다. 왜냐하면 자기 마음조차 다스리기 어렵기 때문이다. 아무리 마음을 다스리려고 생각하고 마음을 다잡아도 불시에 찾아드는 공격 앞에 생겨나는 분노를 어쩔 수 없다. 자기 마음을 다스리지 못하니 하나님께 다스려달라고 부탁한다. 하나님이 공격을 멈추실 때 본인이 보전될 것이다. "여호와여 나를 지키사 악인의 손에 빠지지 않게 하시며 나를 보전하사 포악한 자에게서 벗어나게 하소서 그들은 나의 걸음을 밀치려 하나이다 교만한 자가 나를 해하려고 올무와 줄을 놓으며 길 곁에 그물을 치며 함정을 두었나이다(셀라)"(4~5절).

세상의 가장 좋은 것이 자신 앞에 있다 해도 자기가 보전되지 못하면 그것을 누릴 수 없다. 건강이 약한 사람이 삶을 즐길 수 없는 것이나 마찬가지이다. 하나님의 역사도 자신이 보전되어야 볼 수 있고 기뻐할 수 있다. 그러므로 하나님께 보전을 간구할 수밖에 없다. 이것은 절박한 심정으로 간구해야 한다. 하나님이 보전하시지 않으면 삶의 가치를 누릴 수 없기 때문이다. 하나님이 시인의 머리를 보호하심으로 보전하실 수 있다. "내가 여호와께 말하기를 주는 나의 하나님이시니 여호와여 나의 간구하는 소리에 귀를 기울이소서 하였나이다 내 구원의 능력이신 주 여호와여 전쟁의 날에 주께서 내 머리를 가려 주셨나이다"(6~7절).
원래 악한 사람이 꾀가 더 많다. 선한 사람은 꾀가 있어도 그것이 가치를 가지지 않은 것이라면 쓰려고 들지 않는다. 그러나 악한 사람은 자신의 이익만을 위해 아무 꾀나 마음대로 행한다. 사람이 악인의 꾀를 막을 수 없다. 악인의 꾀 앞에 보전될 사람도 없다. 그렇다면 하나님이 악인의 꾀를 막으셔야 한다. 하나님이 악인의 머리를 젖히시고, 악인의 입술을 잠잠하게 하셔야 한다. 하나님이 악인을 제압하시고 의인을 보전하셔야 한다. "여호와여 악인의 소원을 허락하지 마시며 그의 악한 꾀를 이루지 못하게 하소서 그들이 스스로 높일까 하나이다(셀라) 나를 에워싸는 자들이 그들의 머리를 들 때에 그들의 입술의 재난이 그들을 덮게 하소서"(8~9절).

보전의 결과

하나님이 의인을 보전하시는 방법은 악인의 꾀가 망하게 하는 것이다. 악인의 꾀가 혁신과 변화로 나타난다면 그것을 망하게 할 것이다. 악인의 꾀가 사회평등을 외치면서 폭력을 조장하고 자기들의 배만 불리는 것이라면 하나님이 그것을 망하게 하실 것이다. 이미 공산주의가 사라지는 것을 통해 하나님을 부정하는 악인의 꾀가 사라지는 것을 하나님이 직접 증명하셨다. 하지만 악한 것은 새로운 모양을 가지고 다시 등장할 것이다. 하나님이 악한 것을 완전히 제압하셔야 한다. 시인은 그것을 기대하고 있다. "뜨거운 숯불이 그들 위에 떨어지게 하시며 불 가운데와 깊은 웅덩이에 그들로 하여금 빠져 다시 일어나지 못하게 하소서"(10절).

하나님이 세상을 다스리신다. 악한 세력은 하나님의 다스리심을 빼앗으려 한다. 특히 의인을 향해 악한 말을 함으로 의인을 시험하게 한다. 혹시라도 말대꾸를 잘못할라치면 바로 말꼬리를 붙잡고 늘어진다. 말 한마디로 인격을 판단해버리고, 사람의 진실성을 왜곡할 수도 있다. 시인은 이런 영적 전쟁의 상황을 인식하고 있다. 시인은 하나님께 악한 말을 하는 사람을 막아달라고 한다. 하나님이 의인을 보전하신다면 사람의 악한 말에 대한 응답은 남에게 가는 것이 아니라 자기에게 돌아갈 것이다. "악담하는 자는 세상에서 굳게 서지 못하며 포악한 자는 재앙이 따라서 패망하게 하리이다"(11절).

시인은 분명히 힘들고 어려워도 의를 붙잡고 사는 사람이 바로 자기여야 한다는 것을 깨닫고 있다. 의를 붙잡고 살 때 사람들이 자기를 공격할 것이다. 세상의 악한 변화에 저항할 때 심한 반대와 욕설에 직면할 것이다. 그러나 시인은 하나님이 자신에게 가치를 부여하실 것임을 알고 있다. 자신의 가치는 다른 사람이 부여하는 것이 아니라 하나님이 하시는 것이다. 하나님이 가치있다고 생각하실 것이기 때문에 보전하실 것이다. 세상이 아무리 변해도 하나님이 의와 의인을 보전하실 것이다. "내가 알거니와 여호와는 고난 당하는 자를 변호해 주시며 궁핍한 자에게 정의를 베푸시리이다 진실로 의인들이 주의 이름에 감사하며 정직한 자들이 주의 앞에서 살리이다"(12~13절)

시편 141편

입술의 영성과 야고보

행함의 믿음

예수님의 동생 야고보는 초대 교회의 지도자이다. 그는 예루살렘 회의를 주재하고 이방인의 구원에 관한 교회의 분란을 막았다. 그는 유대인에게는 하나님의 뜻을 제한하지 말자고 권했고, 이방인에게는 유대인에게 걸림돌이 되는 이방 풍습을 중단할 것을 요구하였다. 야고보의 요구가 양쪽 모두에게 받아들여졌다. 이방인의 구원문제로 시끄러웠던 예루살렘 교회가 잠잠하게 되었다. 이후 교회의 중심이 이방인의 구원을 향해 열심을 가진 교회로 넘어갔다. 교회의 주요 활동 인물과 활동지도 선교사 바울과 바울의 선교지인 유럽 쪽으로 넘어갔다. 그러면 야고보 사도와 예루살렘 교회는 어떻게 되었을까?

이방인을 향한 선교사와 유럽 교회가 주목받는 동안에도 예루살렘 교회와 유대인을 중심으로 한 교회도 여전히 존재하였을 것이다. 한동안 성장했을 것이라 기대할 수도 있다. 관심의 중심이 옮겨져도 이전에 관심을 받았던 교회는 여전히 존재한다. 문제는 그 교회가 관심을 받지 못하는 순간에 정체 현상이 나타난다는 것이다. 사람의 숫자가 정체되는 경우도 있고, 기존의 구성원들이 나이가 들어가는 현상을 보일 수도 있다. 이렇게 되면 교회는 자기들만의 모임이 된다. 교회 밖의 사람들에 대한 관심이 줄어들고, 노쇠화 현상을 보인다. 구성원들끼리는 겉으로는 친밀해 보여도 속으로는 질투와 시기심이 생긴다.

아마도 예루살렘 교회를 비롯한 기존의 교회들이 이런 모습을 보인 것 같다. 어느 교회든지 이런 문제들이 생겨날 가능성이 있다. 이 때 목회자는 어떻게 대응해야 할까? 두고만 볼 수도 없고, 속을 끓고만 있을 수도 없다. 성격에 따라서 강력하게 대처하는 경우도 있을 것이고, 온순하고 조용하게 차근차근 처리해 나가는 경우도 있다. 전략적으로 차근차근 처리하다가도 어느 순간에는 확실하게 정리할 필요가 있다. 장로 야고보는 교인들에게 믿음과 행동에 관해 확실하게 못 박아 둔다. 행함이 없는 믿음은 죽은 믿음이라는 것이다. 행함은 마음과 생각 그리고 영성에서 나온다. 야고보는 교회와 교인들에게 영적 개혁을 요구한다.

영적 갱신의 모양은 가장 먼저 입을 어떻게 사용하느냐로 확인할 수 있다. 교만한 말, 욕설과 불평 혹은 원망이 나온다면 그의 영성이 왜곡되어졌다고 할 수 있다. 반면에 감사와 칭찬이 나온다면 그의 영성이 바른 상태임을 알 수 있다. 야고보는 듣기는 속히 하고 말하기는 더디 하라고 권한다. 동시에 성내는 것도 더디 해야 한다. 들어주는 것은 겸손한 모습이며 행함을 가진 믿음을 증명하는 좋은 방법이기 때문이다. 많이 들을수록 말할 기회가 적어진다. 말을 하려고 할 때는 핵심적이고 긍정적인 말을 한다. 입술이 적절하게 사용되는 것이 몸의 행함보다 더 눈에 잘 띈다.

말과 말의 세상

선거철이 되면 후보들의 공약(公約)이 난무한다. 그런데 이 공약이라는 것은 장밋빛을 지녔어도 조금 지나면 눈에 들어오지 않는다. 공약은 마치 무지개와 같아서 당선된 후에는 지키려고 관심을 가지는 후보가 별로 없다. 시간이 지나 공약이 흐지부지되고, 후보자나 유권자들에게 잊혀진다. 공약(公約)이 헛된 약속인 공약(空約)이 되고 말았다. 그런데 헛된 약속을 남발한 후보자가 다음에 나와서 또 비슷한 약속을 되풀이한다. 그리고 이전의 약속을 지키지 못한 이유를 아주 그럴듯하게 둘러댄다. 유권자들은 또 속아 넘어간다. 그래서 어떤 사람들은 정치가의 능력은 거짓말을 만들어내는 능력이라고 비아냥댄다.

다른 한 쪽에서는 이 공약을 공격하는 다른 정치가들이 있다. 이들 역시 자기들의 공약을 들이대며 상대편 후보의 공약에 공격을 가한다. 사실 공약이라는 것이 시차의 차이가 있을 뿐, 거의 비슷한 내용들이다. 그것이 시대적으로 맞느냐 그렇지 않느냐의 차이일 뿐이다. 누가 시대에 적절하고 성취가 가능한 현실적인 공약을 내세우느냐가 관건이다. 공약과 정책으로 대결한다면 아주 건강한 정치 문화라 할 수 있다. 우리 정치 문화는 어떤 것 같은가? 공약보다 상대측의 개인적 약점과 자존심을 건드려 인기를 떨어뜨린다. 상대의 인기가 떨어지면 반대급부로 내 인기가 올라간다는 계산에 의해서이다.

그러다 보면 허위 사실을 유포할 수 있다. 허위 사실을 접한 상대측을 발끈하게 되어 고발한다는 둥, 맞대응 하겠다는 둥 험악한 수준까지 올라간다. 어떤 경우는 허위가 아닌 진실을 말함에도 자신의 거짓을 감추기 위해 더 기세가 등등할수도 있다. 비웃음과 조소로 상대를 공격하고 자기는 조금 더 결백하다고 주장하면 상대편에서는 말꼬리를 잡고 늘어질 수도 있다. 이런 모습을 보는 유권자들은 헷갈리기만 한다. 도대체 누구 말이 맞는지 모르며 양쪽 다 똑같은 진흙탕에서 놀고 있는 사람들이라고 평가 절하한다. 왜 밖에서 보는 모습을 자기들은 볼 수 없을까? 지성인과 정치인이라고 해도 똑같은 사람인가보다.

이런 현상은 선거철이 아닌 보통 때에도 나타난다. 정치인들은 여전히 일을 하지 않고 말로만 일을 만들어내는 사람인지도 모른다. 그런데 한참 싸울 때라도 뒤에서는 같이 골프치며 낄낄댄다. 조금 지나면 정치적 타협이라는 명분으로 만나서 악수하고, 밥 한끼 먹고 나면 언제 그랬느냐는 둥 천연덕스럽다. 참 속도 좋다. 말 한 마디에 완전히 감정까지 정리되는가 보다. 말 한마디에 천냥 빚을 갚는다는 속담을 완전히 몸으로 실천하고 있지 않은가! 이것을 보는 유권자들은 도대체가 이해할 수 없다고 한다. 아마 이처럼 이해할 수 없는 일을 해야 정치가가 될는지 모른다. 이중인격인가? 혹은 고도의 인격 수양을 한 것인가?

갈등 관리

정치가들의 이런 행동은 보통 사람들에게 결코 쉽지 않다. 정치가들이야 국민이 보고 있으니 그렇게라도 행동을 해서 자기가 인격자인 척 해야 하겠지만, 국민은 인격보다 생존의 문제가 더 절박하다. 그러다 보니 생존의 문제가 생기면 결사적으로 싸워서 이기려고 한다. 자신의 문제가 아니니 모른 척 할 수도 있다. 그런데 자신의 인격에 상처를 입으면 어떻게 할까? 생존의 문제가 생길 것 같으면 가슴속에 묻어두고 참을 것이다. 그러나 생존과 관련되어 있지 않으면 불같은 분노를 드러낸다. 생존의 문제라 해도 참다 참다 쌓이면 폭발할 수 있다. 보통 사람들은 폭발해야 더 건강해질 수 있다.

아무리 생존의 문제가 절박해도 인격의 상처를 입으면 일단 상처를 준 사람과 갈등관계에 들어선다. 상처를 준 사람이야 갈등이 있으니 그것을 자기편에서 해결하려고 상처를 준다. 말의 상처를 받은 사람은 그 말이 마음에 비수로 꽂힌다. 상처를 준 사람은 아무렇지도 않게 자기 성격에 따라 표현했을 뿐인데, 받아들이는 사람이 성격의 차이나 생각의 차이에 의해서 상처라고 받아들일 수도 있다. 자기 방식대로 표현한 말이 때때로 상처가 되고 갈등의 원인이 될 수 있다. 일반 사람만 그런 것이 아니라 정치가들도 그럴 수 있고, 신앙인들도 그럴 수 있다. 신앙인이라도 갈등의 예외가 되지 못한다.

진짜 인격자는 오가는 말에서 인식의 차이가 있을 때 그 갈등을 지혜롭게 해결하는 사람이다. 신앙인이라 할지라도 갈등의 관리를 훈련하고 배워야 한다. 태어나면서부터 성격적으로 갈등을 잘 해결하는 사람이 있을 것이다. 혹은 환경적으로 배우고 익힐 수도 있다. 그러나 급격하게 변화된 사회에서 갈등 관리를 익히기 어렵다. 그러니까 일부러 훈련을 해야 한다. 갈등을 지혜롭게 극복하는 사람이 인격자라고 불릴 것이다. 그리고 존경을 받을 것이다. 혹은 조직에서 리더십을 발휘할 수도 있다. 공동체에 영향력을 발휘할 수도 있다. 공동체에서는 목소리가 큰 사람이 아니라 갈등을 잘 관리하는 사람이 존경받는다. 신앙인에게는 특별한 갈등 관리의 비결이 있다. 그것은 하나님을 의지하는 것이다. 사람에게 표현할 수 없으니 기도를 통해 하나님께 표현하여 먼저 마음이 시원하게 하는 것이다. "여호와여 내가 주를 불렀사오니 속히 내게 오시옵소서 내가 주께 부르짖을 때에 내 음성에 귀를 기울이소서"(1절). 갈등에 있을 때 신앙인은 기도 중에 하나님으로부터 지혜를 얻는다. 어떻게 대처하는 것이 하나님이 원하시는 방법인지를 깨닫게 된다. 신앙인의 갈등 해결 방법은 먼저 기도하는 것이며 그 후 깨닫는 지혜에 따라 행하게 되는 것이다. 그리고 신앙인은 갈등이 해결되었을 때 하나님이 지혜를 주셨다고 감사한다.

기도라고 하면 가장 먼저 떠오르는 것은 입을 열어서 하나님께 아뢰는 것이다. 마음속의 기도인 묵상 기도도 기도의 유형이지만, 입을 열어 말하는 기도만큼 비중을 많이 두지 않는다. 입을 열어 말하는 기도는 기도의 첫 단계이면서 동시에 가장 많이 사용되는 기도의 유형이다. 시편 기자는 입을 열어 하나님께 기도한다. 기도 자체가 하나님께 들려지기를 간절히 소원한다. 친구들과의 갈등 혹은 대적들의 비난에 직면한 내면의 갈등을 입을 열어 표현한다. 얼마나 절박한지 기도 중에 손이 저절로 올라간다. 감정이 몸으로 표현된다. "나의 기도가 주의 앞에 분향함과 같이 되며 나의 손 드는 것이 저녁 제사 같이 되게 하소서"(2절).

시편 기자가 찾은 갈등 해결 방법은 입술을 조심하는 것이다. 대적자의 공격에 입을 열어 맞대응을 하면 속이 시원할 것 같은데 그렇지 못하다. 오히려 더 혹독한 비난이 돌아온다. 크게 비난하고 싶어서 먼저 도전을 걸어온 대적에게 한 맞대응은 비난이 이어지는 빌미를 제공할 뿐이다. 그래서 시편 기자는 입을 여는 것을 조심하고 싶다. 하지만 마음먹은 대로 되지 않으니 하나님께 입술을 닫게 해 달라고 기도한다. "여호와여 내 입에 파수꾼을 세우시고 내 입술의 문을 지키소서"(3절). 어찌 보면 입을 다물고 맞대응 피하는 것이 최상책이다. 똥이 무서워서 피하는 것이 아니라 더러워서 피하는 것처럼 말이다.

입을 조심하겠다는 다짐은 악인과 같은 방법으로 살지 않겠다는 결심이기도 하다. 악인과 똑같이 행동한다면 시인의 인격이 나빠질 뿐이다. "내 마음이 악한 일에 기울어 죄악을 행하는 자들과 함께 악을 행하지 말게 하시며 그들의 진수성찬을 먹지 말게 하소서"(4절). 아무리 악한 사람이 꼬드기고, 악한 말을 하는 것이 달콤한 것 같아도 신앙인은 그것이 옳지 않다는 것을 감지해야 하고 거절해야 한다. 입을 조심한다는 것은 그만큼의 통찰력이 있다는 증거이다. 어리석은 사람은 입으로 범죄하고, 입으로 실수를 되풀이한다. 이런 사람이 반성과 생각을 할 줄 알고, 미래를 향해 앞으로 나아갈 것이다.

사실 갈등은 악인과 관련되어 일어나는 것보다 의인과 관련된 것이 더 많다. 악인의 공격은 영적 싸움이라 갈등보다 대적한다. 그러나 우리의 고집스러움과 교만은 의인의 말에도 반대하고 상처를 받으며 갈등관계에 들어간다. 시인은 이것을 바로 알고 있다. 그는 결코 의인과 갈등하고 싶지 않다. 의인이 말하면 그것을 약으로 여기고 의인을 축복할 것이다. "의인이 나를 칠지라도 은혜로 여기며 책망할지라도 머리의 기름 같이 여겨서 내 머리가 이를 거절하지 아니할지라 그들의 재난 중에도 내가 항상 기도하리로다"(5절). 지혜로운 사람은 의로운 사람의 말과 악인의 말을 구별하며 갈등의 상대를 구별할 줄 안다.

입술을 조심하라

사람이 듣지 못하는 이유는 들어야 하지 않아도 될 말이 너무 많기 때문이다. 들어야 할 말을 듣지 않으려고 귀를 닫다 보니 정작 들어야 할 말도 들으려고 하지 않는다. 그러나 꼭 필요한 말을 적당한 시기에 할 수 있는 사람이 있다면 사람들이 그의 말에는 귀를 닫지 않을 것이다. 잠언 기자는 이치에 합당한 말을 은쟁반의 금사과라고 평가한다(잠 25:11). 입술을 조심하는 사람이 의인이라고 인정을 받으며, 의인의 말이 사람들의 귀에 들릴 것이다. "그들의 재판관들이 바위 곁에 내려 던져졌도다 내 말이 달므로 무리가 들으리로다"(6절). 입술을 조심하는 사람은 한 마디를 해도 엄청난 영향력을 발휘한다.

당신은 말로써 긍정적인 영향을 끼치고 싶은가? 혹은 부정적인 영향을 끼치고 싶은가? 악인은 부정적인 영향을 끼치고 싶어한다. 말로 다른 사람을 부수고, 말로 사람의 인격을 처참하게 만들어 놓는다. 비난의 대상이 되는 사람은 마치 시신이 되어 길가에 버려진 것 같은 느낌을 가질 수 있다. "사람이 밭 갈아 흙을 부스러뜨림 같이 우리의 해골이 스올 입구에 흩어졌도다"(7절). 인터넷 시대에 아무 잘못 없이 마녀 사냥처럼 당하는 사람들이 아마 그런 느낌을 가질 것이다. 자기는 의인이라고 해도 군중심리에 의해 다른 사람을 공격할 수도 있다. 동시에 여러 사람들로부터 비난의 집중포화를 당하는 사람도 있다.

만약 당신이 당하는 입장에 처한다면 어떻게 할 것인가? 불신자들 중에는 해명하다 더 욕을 먹고, 자살까지 시도하기도 한다. 그러나 신앙인은 다르다. 신앙인은 가장 먼저 하나님께 아뢴다. "주 여호와여 내 눈이 주께 향하며 내가 주께 피하오니 내 영혼을 빈궁한 대로 버려 두지 마옵소서"(8절). 비난과 갈등의 상황은 빈궁한 상태로 빠져드는 것이다. 그러나 그 빈궁을 이겨내는 방법은 맞대응이 아니라 피하는 것이다. 폭풍우는 맞대응이 아니라 피해야 한다. 폭풍우가 지나고 나면 고요한 시간이 오기 때문이다. 시인은 하나님께 아뢰며 인간관계와 영적 폭풍우 상황에서 하나님을 찾고 그의 입술을 하나님께 아뢰는 데 사용한다.

입술을 함부로 사용하는 사람을 시인은 비난하거나 해결하려고 하지 않는다. 오히려 하나님께 해결해 달라고 부탁한다. "나를 지키사 그들이 나를 잡으려고 놓은 올무와 악을 행하는 자들의 함정에서 벗어나게 하옵소서"(9절). 이것이 입술을 바르게 사용하는 방법이다. 하나님이 입술을 보시고 그 소리를 들으시며 입술에서 나오는 내용을 판단한다. 입술을 조심하는 사람은 사람의 입술에 관한 판단도 하나님께 맡긴다. 그 결과조차도 하나님께 부탁한다. "악인은 자기 그물에 걸리게 하시고 나만은 온전히 면하게 하소서"(10절). 사람의 마음과 행동 그리고 입술의 결과는 모두 하나님께 속해 있다. "여호와는 고난 당하는 자를 변호해 주시며 궁핍한 자에게 정의를 베푸시리이다"(시 140:12). 하나님은 의인의 편이시다. 의인을 보전하실 것이라는 사실을 사람이 깨달았을 때 어떤 감정이 생길까? 하나님이 의를 영원히 보전하시고, 의인의 삶을 보전하실 때 그 대상이 바로 당신이라면 어떤 기분이 들까? 하나님이 생각하시는 보전가치가 바로 의인된 나라면 그 감격이야말로 이루 말할 수 없을 것이다. 하나님 앞에 감사하며, 정직한 삶으로 하나님과 동행할 것이다. "진실로 의인들이 주의 이름에 감사하며 정직한 자들이 주의 앞에서 살리이다"(시 140:13). 하나님은 변화하는 세상에서도 의와 의인, 정직과 신앙을 보전하신다. 아무리 세상이 변해도 이 가치는 결코 변하지 않아야 하며 세상을 주도해야 하기 때문이다.

시편 142편

통곡의 영성과 훌다

위기에서

남왕국 유다의 요시야가 국가개혁에 나섰다. 가장 먼저 하는 일은 성전을 개축하는 일이었다. 요시야는 대제사장 힐기야에게 수리비를 주어 성전 수리를 주도하게 하였다. 성전을 수리하는 도중에 율법책이 발견되었다. 힐기야는 서기관 사반에게 율법책이 발견되었다고 통보하자, 사반이 그것을 읽었다. 사반은 율법책을 왕 앞에서 낭독하였다. 그런데 율법책에 기록된 내용을 듣는 요시야 왕이 옷을 찢었다. 왕은 이전의 왕들을 비롯한 백성이 율법책에 기록된 대로 행하지 않았고, 그것 때문에 지금 백성이 고통의 세월을 보낸다는 것을 알게 되었다. 왕은 제사장과 선지자들을 시켜서 율법책의 의미를 여호와께 여쭙게 하였다.

왕의 명령을 받은 대제사장과 다른 제사장들 그리고 서기관이 여선지 훌다에게 가서 율법책에 기록된 사실에 관하여 묻는다. 훌다는 아마 레위인의 아내인 듯 하다. 훌다는 이미 하나님으로부터 율법책에 관련된 것을 들어서 알고 있었다. 훌다가 제사장들과 서기관에게 하나님의 말씀을 전한다. 하나님이 이미 유다 백성에게 재앙을 내리시기로 작정하셨는데, 그것은 율법책에 그대로 쓰여져 있었다. 백성이 율법에 기록한 바대로 하나님을 섬겨야 하는데, 오히려 우상에게 절하며 거기에 향을 피웠다. 백성의 어리석은 행동 때문에 하나님이 분노하셨다. 백성이 대대로 우상을 섬겼으므로 하나님의 진노가 사그라들지 않고 있었다.

그런데 백성이 율법책을 발견한 이후 조금 달라졌다. 백성이 하나님 앞에 겸손히 부복하여 통곡하는 것을 하나님이 보셨다. 하나님이 백성의 울음소리를 들으셨다. 이제 하나님이 백성에게 진노하시던 것을 잠시 보류하실 것이다. 백성을 향해 재앙을 내리려 하시던 것도 잠시 보류하실 것이다. 요시야 왕은 종교개혁을 완수하게 될 것이다. 이전 왕들 중에 평안한 죽음을 맞이한 왕처럼 요시야도 평안한 죽음을 맞이하게 될 것이다. 요시야 왕이 소임을 다하게 될 것이다. 하나님이 요시야 왕의 개혁 모습을 보시고 감동하셨고, 왕의 주도로 이루어지는 종교개혁을 기뻐하시기 때문이다.

왕의 주도 때문에 백성의 영적 분위기가 달라졌다. 대제사장과 제사장들 그리고 서기관들은 왕의 영적 주도성을 인정하고 순종한다. 순종한다는 것은 말대로 행한다는 것 이상을 의미한다. 왕을 지지하고 마음을 다하여 명령을 수행하는 것이다. 잘못이 있다면 깨닫아 자신을 겸손히 내려 놓고, 민족과 타인의 잘못이 있다면 대신하여 회개하는 것이다. 타인의 잘못이 민족 전체의 아픔이 될 것이고 나아가 민족의 혼란과 멸망으로 치닫게 될 것이다. 자기도 혼란과 멸망의 대상이 될 것이다. 그러므로 순종하는 사람은 영적 분위기가 바르게 되는 과정에서 통곡하게 된다.

눈물과 통곡

사람은 눈물을 가진 존재이다. 생리학적으로 눈물을 흘림으로 눈 안에 있는 이물질을 밖으로 밀어낸다. 그러나 더 중요한 것은 눈물이 감정의 표현이라는 것이다. 눈물을 가졌다는 것은 감정을 느끼고 그 감정이 뇌와 눈물샘을 자극하며, 자극의 결과로 감정을 표현할 수 있다는 것이다. 동물은 한 번의 눈물을 흘리고 잊어버리지만 사람은 지속적으로 눈물을 흘린다. 그러나 사람은 같은 감정을 느낄 때 눈물을 흘린다. 눈물을 흘리는 횟수와 양으로 보면 사람의 감정 정도를 추측할 수 있다. 정신적으로 건강한 사람이 감정을 자극하는 상황을 만나면 눈물을 흘림으로 자신의 감정을 표현한다.

최전방 부대에서 총기 난사 사건이 일어났다. 사건의 이유가 어떻게 되었든 젊은 목숨들이 생을 마감했다. 아들을 잃은 부모의 마음이 어떨까? 청천벽력과도 같은 소식을 들은 어머니는 아들을 조문하는 사람들 앞에서 울다 지쳐 실신한다. 하늘이 무너진 것 같은 절망감을 주체할 수 없어 감정의 격분을 통제할 수 없고, 미친 사람처럼 악을 쓰다가 까무러친다. 어머니의 울부짖음을 보는 다른 어머니들도 함께 한숨을 쉬며 눈물을 흘린다. 상상조차 할 수 없는 사건에 안타까움을 표시해도 어머니의 눈물과 고통 그리고 통곡을 상쇄할 수 없을 것이다.

슬픔의 눈물, 고통의 눈물과 함께 따라오는 것이 통곡이다. 통곡은 주체할 수 없는 감정을 몸으로 표현하는 행위이다. 통곡한다는 것은 울음소리가 사람들에게 크게 들리는 것이다. 울음소리 속에 사람의 아픈 감정이 함축되어 있고, 통곡을 듣는 사람들은 그 감정을 느끼게 된다. 통곡의 이유를 모르겠다며 꾸지람을 하는 사람이 있을지 모른다. 통곡하는 사람의 입장에서는 더 화나게 하는 모습이다. 어떤 사람들은 통곡을 외면하는 경우도 있다. 아마도 가장 감정이 메마른 경우일 것이다. 반면에 적극적으로 통곡하는 사람을 위로할 수도 있다. 어떤 말과 행동으로도 위로가 다 될 수 없지만 감정공유의 모습을 보이는 것이다.

눈물과 통곡에는 반드시 이유가 있다. 그것은 거의 자기의 실수보다는 다른 사람의 압박과 공격에 의한 것 때문이라고 생각된다. 본인의 실수는 매우 적고 다른 사람의 핍박과 비난이 훨씬 많은 비중을 차지한다. 다른 사람의 핍박에 반응하는 방법이 두 가지로 나타난다. 한 가지는 분노하며 받은 대로 갚아주는 것이다. 반면에 보이지 않는 곳에서 통곡하며 눈물을 흘리는 사람도 있다. 전자가 외향적인 사람에게서 찾을 수 있는 모습이라면 후자는 내성적인 사람에게서 찾을 수 있다. 그런데 내성적인 사람이 혼자 눈물을 흘리다가도 분노를 해소하지 못하고 밖으로 표출하면 다른 사람들이 통곡하게 될 사건을 일으킨다.

민족을 위한 통곡

사람은 스스로 감정을 다스리기 어렵다. 대부분 환경에 의해 감정의 기복이 생긴다. 사람에 따라 감정의 기복이 심한 경우도 있고, 상대적으로 덜한 경우도 있을 것이다. 다른 사람이 감정을 느끼지 못해도 내면에서는 감정적으로 격분하는 일도 있을 것이다. 대부분 사람들은 이미 일어난 일 때문에 감정적으로 격해지고, 눈물을 흘리며 통곡한다. 그러나 훌다의 경우는 앞으로 일어날 일과 관련된 통곡을 말한다. 백성이 지은 죄 때문에 혹독한 심판이 닥칠 것이다. 심판을 예상하는 자리에서 백성이 하나님 앞에 눈물을 흘리고 통곡한다. 이러한 통곡 속에는 과거에 대한 반성과 미래에 대한 예상이 담겨 있다.

이 나라 지도자들 중에는 미래를 위해 눈물로 호소하는 사람이 드문 것 같다. 필자는 이 시대에 민족의 미래를 놓고 눈물로 호소하는 지도자를 본 적이 없다. 역사가들은 과거 나라의 주권을 빼앗겼을 때는 그런 지도자들이 있었다고 말한다. 문제는 지금 없다는 것이다. 대부분 실수와 범죄가 드러나도 감추기에 급급하고, 그러다가 발가벗겨지듯이 완전히 드러나면 눈물을 흘리며 참회하는 모습을 보인다. 그 눈물은 자신의 수치심을 표현하는 것일 뿐이지 결코 미래를 준비하는 모습이 아니다. 우리에게는 미래를 위해 자신이 통곡하며, 백성에게 통곡하는 마음을 전달해 함께 통곡의 분위기를 이끌어낼 수 있는 지도자가 필요하다.

아들과 손자를 군대에 보내기 싫어서 국적을 포기하는 지도급 인사들에게서 민족과 미래를 위해 통곡을 요구한다면 무리한 요구일까? 아마도 그들의 무감정과 무신경 그리고 이기심이 아들을 잃고 통곡하는 어머니들을 만들어내는 이유가 될지 모른다. 가난하고 힘이 없는 사람은 아들을 군대에 보내 목숨을 잃는데, 머리 좋고 똑똑하며 돈도 벌고 출세한 사람은 아들을 빼돌려서 더 출세하게 만들고 더 성공하게 만든다. 그러면 이 나라를 위해 통곡하는 사람이 어디에 있겠는가? 과연 지도자들이 백성에게 나라를 위해 통곡해 달라고 요구할 수 있을까? 아마 나라를 위해 말 한 마디 할 때마다 반발을 사게 될 것이다.

이 시대야말로 민족을 위해 통곡할 때이다. 치열한 국가 경쟁속에 경제를 일으켜야 하며 전쟁 위기 속에 살아야 하는 나라, 실업자가 넘쳐나며 초고령 사회로 빠르게 진입하는 나라, 윤리성이 땅에 떨어진 이 나라의 미래를 어떻게 예상할 것인가? 사람의 생각으로는 암담할 수밖에 없다. 이 나라에서 지도자들에게 실망한 사람들 중에는 나라를 떠나고 한국 국적을 포기하는 경우도 있다. 실망감으로 국적을 포기하는 사람을 보며 과연 눈물로 통곡을 하는 지도자가 얼마나 있는가? 지도자가 통곡하지 못한다면 누가 해야 하는가? 이 사회 구성원 모두의 공동책임으로 인식된다면 백성 모두가 통곡해야 마땅할 것이다.

시편 기자는 하나님 앞에 통곡의 감정을 드러낸다. "내가 소리 내어 여호와께 부르짖으며 소리 내어 여호와께 간구하는도다"(1절). 시편 기자는 매우 활발한 사람이지만 동시에 내면에 깊은 근심과 시름이 있다. 내면에 잠재된 아픔과 고통을 스스로 이겨낼 수 없다. 사람이 스스로 이겨낸다는 것이 쉽지 않다. 누군가에게 하소연을 하여야 한다. 그런데 사람들은 그 하소연을 이해하려 들지도 않고 받아주지도 않는다. 오히려 왜 그런 감정을 가졌는지 이해할 수 없다며 면박이나 주지 않으면 그나마 다행이다. 무엇을 하여야 이 감정을 해소할 수 있는가? 그것은 하나님 앞에 나아가 통곡하는 것이다. 하나님만이 온전히 받아주시기 때문이다.

시편 기자가 하나님 앞에 통곡하는 모습이 어떤가? "내가 내 원통함을 그의 앞에 토로하며 내 우환을 그의 앞에 진술하는도다"(2절). 눈물을 약간 흘리는 정도라면 하나님 앞에 나가지 않았을지도 모른다. 찔끔찔끔 흘리는 눈물 정도로는 자신의 감정을 다 표현할 수도 없다. 아예 마음먹고 하나님 앞에 나가 철퍼덕 주저앉아서 하나님께 자신의 감정을 다 표현한다. 원통함과 우환을 통곡으로 풀어내지 못한다면 아마 정신이상이 올지도 모른다. 원통함을 표현하다가 정신을 놓는다면 깨어난 후에 정상이 될 것이다. 그러나 정신이상이 된다면 언제 정상인으로 회복될지 알 수 없다. 그러니 하나님께 통곡하는 것이 더 좋은 방법이다.

통곡하는 사람의 마음에는 통곡할만한 이유가 있다. 주변에서 들리는 비난의 소리에 마음이 아프고, 자기가 지나는 길을 알고 거기에 올가미를 준비해서 자신을 묶어 곤경에 빠뜨리려는 사람들 때문에 힘들다. 그래도 시편 기자는 사람을 원망하고 싶지 않다. 그들에게 선하게 대하고 싶다. 하지만 마음속에 생겨나는 아픔을 해소할 수 없다. 결국 하나님 앞에 나가서 통곡하는 것만이 유일한 해소의 방법이다. "내 영이 내 속에서 상할 때에도 주께서 내 길을 아셨나이다 내가 가는 길에 그들이 나를 잡으려고 올무를 숨겼나이다"(3절). 곤경의 상황에서 사람을 대적하지 않고 하나님을 찾는다는 것이 쉽지 않은 일인데 이렇게 할 수 있다니!
시편 기자의 사정을 누가 가장 잘 아는가? 몸이 가까이 있다고 해서 마음도 가까이 있는 것은 아니다. 이부자리를 같이하는 아내라 할지라도 마음을 몰라줄 수 있다. 오직 하나님만이 사람의 마음을 읽는 분이시다. 시편 기자는 하나님께 자신의 마음과 상황을 돌아보아 달라고 부탁한다. "오른쪽을 살펴 보소서 나를 아는 이도 없고 나의 피난처도 없고 내 영혼을 돌보는 이도 없나이다"(4절). 시편 기자는 외로운 상황에 있다. 외로움이 심해지면 견딜 수 없어서 통곡한다. 통곡의 눈물이 외로움을 어느 정도 해소할 수 있기 때문이다. 그러나 혼자 통곡하는 것보다 듣고 해결할 분 앞에서 통곡하는 것이 더 바람직하다.

통곡의 유익

하나님 앞에 통곡하는 사람은 반드시 하나님이 그의 통곡을 해결해 줄 것이라는 믿음을 가져야 한다. 그에게 먼저 믿음을 표시해야 한다. 시편 기자는 이전에도 하나님을 향한 믿음을 표시한 적이 있었다. "여호와여 내가 주께 부르짖어 말하기를 주는 나의 피난처시요 살아 있는 사람들의 땅에서 나의 분깃이시라 하였나이다"(5절). 외로운 상황에서 하나님만이 외로움을 해결해주시는 분이시다. 하나님만이 유일한 피난처요 자기 영혼을 돌보시는 분이시다. 하나님만이 나의 문제를 해결하시며 상황과 미래를 밝게 해 주실 수 있는 분이시다. 하나님이라도 의지하니까 살지 그렇지 않으면 무슨 험악한 사건을 일으킬지 모른다.

하나님께 통곡하는 사람은 자신이 무가치하다는 것을 알고 있다. 자신이 힘과 능력 그리고 지혜가 매우 약하다는 것을 알고 있다. 스스로 강해지려고 하지만 그것을 가로막는 사람들도 있다. 멀리 있는 적들도 있고, 가까운데 있는 사람들도 적들처럼 행동한다. 자신을 지지해 주는 사람이 없을 때 어떻게 하는가? 그것은 하나님을 찾아가는 것이다. "나의 부르짖음을 들으소서 나는 심히 비천하니이다 나를 핍박하는 자들에게서 나를 건지소서 그들은 나보다 강하니이다"(6절). 하나님께 구원의 손길을 내밀어달라고 부탁하여야 한다. 통곡하는 사람은 구원의 축복을 받는다. 아픔이 해결될 때 하나님의 응답이 느껴질 것이다.

하나님의 구원은 자유로 연결된다. 올가미가 사라지고 마음대로 외출할 수 있다. 사람의 비난과 공격이 두려워서 가택연금 상태처럼 지냈었다. 그러나 하나님께 통곡함으로 자유를 얻었다. 내면의 자신감을 얻었다. 하나님이 통곡하는 자기를 가치있는 존재로 대우해 주셨다. "내 영혼을 옥에서 이끌어 내사 주의 이름을 감사하게 하소서 주께서 나에게 갚아 주시리니 의인들이 나를 두르리이다"(7절). 하나님의 대우를 받고 보니 입에서 감사가 넘친다. 이제는 통곡할 일보다 감사할 일이 더 많다. 앞으로 하나님이 주시는 축복을 예상하고 있으니 신이 나고 날아갈 듯 기쁘다.

이스라엘 민족은 위기 때마다 통곡하였다. 그 통곡이 하나님의 마음을 돌이켰으며 구원의 응답으로 나타났다. 예수님도 여인들에게 "예수께서 돌이켜 그들을 향하여 이르시되 예루살렘의 딸들아 나를 위하여 울지 말고 너희와 너희 자녀를 위하여 울라"고 말씀하셨다(눅 23:28). 미래를 위해 통곡하며 백성의 구원을 위해 통곡하라는 부탁의 말씀이다. 사람 앞에 통곡은 감정 표현이며 도움을 받는 길이 될 것이다. 그러나 하나님 앞에 표현은 하나님으로부터 인정받고 구원에 이르는 길이다. 그 구원은 혼자만의 구원이 아니다. 백성 전체에게 나타나는 구원이다. 백성의 구원을 생각하는가? 하나님 앞에 나아가라. 그리고 몸과 마음을 다해 구원을 놓고 통곡하라.

시편 143편
응답의 영성과 바디매오

시각장애인

예수님이 여리고를 지나가실 때 한 사람이 예수님을 향하여 소리를 쳤다. “다윗의 자손 예수여 나를 불쌍히 여기소서”(막 10:47). 이렇게 외친 사람은 날 때부터 소경이었던 바디매오이다. 선천적 시각장애인 바디매오는 앞을 본 적이 없다. 선천적으로 장애이다 보니 고칠 방법을 찾을 수 없었다. 절망의 세월을 살았고 희망을 찾을 수 없어 체념한 상태로 살았다. 질긴 목숨 끊을 수는 없었다. 사는 모양이 죽지 못해 사는 꼴이다. 혹시 메시아가 오시면 자기 장애를 고쳐줄지 모른다는 실낱같은 희망이라도 가진다면 나름대로 살려고 발버둥을 칠 것이다. 그 희망의 날이 언제나 올까? 혹시 메시아가 자기 같은 존재를 알아나 줄까?

그런데 바디매오의 귀를 번쩍 뜨게 하는 소식이 들렸다. 홀연히 나타나서 하나님 나라를 말씀하시고 불치병자들을 고치며 다니시는 예수님이라는 분이 있단다. 사람이라면 그런 분을 한 번이라도 만나고 싶은 것이 당연하다.

자기의 사정을 아뢰기만 하면 반드시 앞을 볼 수 있을 것이라는 믿음이 생긴다. 절호의 기회가 왔다. 메시아의 사역을 하는 그분이 자기 동네를 지나간다는 소식이다. 앞을 못보는 사람은 귀가 밝다. 바디매오는 귀를 더 쫑

굿 세웠다. 메시아라는 그분이 자기가 있는 곳을 지나가기를 기다린다. 마침 사람들이 웅성웅성하는 소리가 들린다. 사람들의 대화를 들어보니 자기를 고쳐주실 그분이 지나가고 있다.

앞을 못보는 바디매오가 사람들 사이를 뚫고 지나갈 수 없다. 그가 할 수 있는 일은 소리를 지르는 것이다. 젖먹던 힘을 내어 우렁차게 소리를 지른다. 어찌나 큰 소리인지 사람들이 깜짝 놀라며 조용히 하라고 바디매오를 윽박지른다. 그래도 바디매오는 아랑곳하지 않는다. 더 큰 소리로 다윗의 자손을 부른다. "나를 불쌍히 여기소서." 그런데 이게 웬일인가? 그분이 바디매오를 가까이 오도록 부르시는 것이 아닌가! 바디매오가 겉옷을 버리고 예수님 앞으로 달려 나갔다. 일단은 바디매오의 큰 소리가 예수님의 귀에 들려졌고, 예수님의 마음을 움직인 것이 분명하다. 바디매오의 큰 소리에 예수님이 응답하신 것이다.

바디매오는 예수님 앞에 서서 부드러운 음성을 들었다. "무엇을 하여 주기 원하느냐?" 바디매오가 대답한다. "선생님이여 보기를 원하나이다." 예수님이 다시 말씀하신다. "가라 네 믿음이 너를 구원하였느니라." 이 말을 들은 바디매오가 눈을 떴다. 전에는 더듬거리고 사람들의 손에 이끌려오던 사람이 이제는 당당하게 앞을 보며 돌아갔다. 예수님이 바디매오의 소리에 응답하신 것은 단순히 바디매오가 불쌍하기 때문만이 아니다. 바디매오도 새로운 인생을 꾸리고, 행복하게 살아야 할 권리가 있었다는 것을 인정하기 때문이며, 그 권리를 실제로 누리도록 배려하는 것이었다. 그러므로 응답은 권리를 인정하고 누리게 하는 것이다.

희망 가지기

키에르케고르는 절망을 죽음에 이르는 병이라고 간파했다. 실제로 유방

암에 걸린 여성들 중에서 미래에 대한 희망을 간직한 여성은 5년 이상 생존율에서 높은 비율을 보였지만, 절망에 빠져있던 여성들은 5년 이상 생존율이 미비했다. 희망은 암을 이겨내는 요소이다. 희망은 암을 이겨내는 호르몬을 생산한다. 희망은 엄청난 부가가치를 창출해낸다. 희망이 고가의 약품보다 더 좋은 치료제를 몸에서 생산한다. 생명을 연장하려면 엄청난 돈을 들여야 하는데 희망은 그 일을 하는 원동력이다. 희망을 돈으로 환산한다면 평생 벌어도 다 벌 수 없는 고가이다. 돈으로 살 수 없는 것을 희망으로 얻을 수 있다.

누구에게 희망을 가져야 하는가? 무엇에 대한 희망을 가져야 하는가? 그것은 자기에 대한 희망이다. 절망 중에 있어도 반드시 헤쳐 나갈 길이 있을 것이라는 희망이다. 하지만 그 희망은 가지만을 위한 희망이 아니다. 다른 이로부터 오는 희망을 자기에게 적용할 수 있는 희망이다. 절망을 해결하는 길은 자기 내면과 외부 양쪽에 동시에 있다. 희망을 가지는 것은 자기이다. 외부로부터 들리는 소식을 절망이든 희망이든 해석하는 것은 자기 자신이다. 하지만 외부로터 들리는 소리는 정직하고 능력있는 것이어야 한다. 그 외부가 누구인가? 바로 예수 그리스도이시다. 예수 그리스도를 이 세상에 나를 위해 보내신 하나님 아버지이시다.

그러니까 희망은 내가 아니라 곧 예수 그리스도이시다. 오죽하면 바울이 예수 그리스도를 우리의 소망이라고까지 말했을까(딤전 1:1). 그 소망을 받아들여야 할 사람이 누구인가? 나 자신이다. 내가 소망을 받아들이면 내 안에서 병을 이기는 요소와 고난을 극복하는 요소가 된다. 예수님이 내게 소망을 주시면 나는 그 소망을 받아들이고 응답해야 한다. 내가 응답하는 것보다 더 우선적인 것은 하나님이 나에게 소망을 주시려고 나의 목소리에 응답하시는 것이다. 하나님이 나의 기도에 응답하시고, 나 역시 하나님의 소리에 응답해야 한다. 그것이 나의 삶에 소망을 주는 일이며, 소망으로 복을 받는 길이다.

하나님을 찾는 사람은 하나님이 들으실 것이라는 소망을 가져야 한다. 하나님이 응답하셨다면 그것은 소망이 성취된 것이다. 바디매오가 예수님을 부를 때 절망했다면 아마 부르지도 않을 것이다. 절망은 예수님을 부르지도 못하게 만드는 내면의 장애물이다. 반면에 소망은 내면의 장애물을 극복하게 한다. 소망을 가진 사람만이 응답을 받는다. 절망하는 사람은 응답을 받을 수조차 없다. 응답을 인식하는 능력조차 없기 때문이다. 소망만이 응답을 인식하는 능력을 준다. 소망을 가진 사람은 고난을 헤쳐나가는 길을 안다. 그리고 그 길에 과감히 진입한다. 장애물이 있어도 아랑곳하지 않는다. 소망이 장애물 통과의 추진력이다.

응답을 받으려면

고난에 처한 사람과 자신의 문제를 스스로 해결할 수 없는 사람은 어떻게 해야 하는가? 그 사람은 자신의 문제를 해결해 줄 수 있는 사람을 찾아야 한다. 쉽게 찾아질까? 쉽게 찾아진다면 고민이나 걱정을 하는 사람이 하나도 없을 것이다. 그렇다면 쉽게 찾아지지 않는 이유가 무엇일까? 찾는 기술이 없어서 그럴 수 있다. 혹은 이 세상에 없는 것이기 때문일 수도 있다. 혹은 있는 곳과는 거리가 먼 다른 곳에서 찾기 때문일 수도 있다. 문제는 절망을 이기고 소망을 가지는 훈련이다. 동시에 응답의 고귀함을 가지게 한다. 쉽게 찾아진다면 소망과 응답의 가치를 알지 못할 것이며, 소망과 응답을 가볍게 여길 것이다.

응답을 받으려면 어떻게 해야 하는가? 자신의 소망을 보여주어야 한다. 자신의 소망이 여러 가지 가능성 중에 하나라는 것으로는 부족하다. 자신의 소망이 마지막 남은 것이며, 유일한 것임을 하나님께 보여 드려야 한다. 바디매오가 소리를 지르는 것이나 그 소리의 내용을 생각해 보면 예수님만이 자기에게 유일한 소망이라는 것이 드러난다. 예수님을 향해 다윗의 자손이라고 고백하는 것은 예수님이 유일한 소망임을 표현하는 것이다. 유일한 소망을 표현한다는 것은 소망의 대상을 향해 최고의 가치를 인정하는 것이다. 그것은 소망의 가치를 알고 있다는 표시이다. 이런 표시를 드러내는 사람은 응답을 받을만한 가치가 있다.

응답을 받으려 할 때 장애물은 없는가? 바디매오도 장애물을 만났다. 주변 사람이 바디매오를 향해 윽박지른 것이다. 예수님의 음성을 들으려하는데 시끄러워 방해된다고, 혹은 예수님을 따라 가는 데 거추장스럽게 앞을 가로막는다고 바디매오를 제지한다. 바디매오 정도라면 당연히 제지하거나 무시해도 되는 존재로 생각하는 사람들도 있다. 제지하고 무시해도 아무도 항의하거나 이의를 달지 않을 것이다. 그러나 바디매오는 그 장애물을 의식하지 않았다. 더 소리를 지르며 예수님을 찾을 뿐이었다. 장애물을 두려워한다면 앞으로 나아갈 수 없다. 응답은 반드시 장애를 통과한 이후에 얻어지는 것이다.

바디매오가 응답을 받는 적극적인 행동이 무엇이었는가? 소리를 치는 것 외에 더 있다. 예수님이 부르실 때 겉옷을 벗어 던지고 달려갔다. 비록 앞이 보이지는 않지만 겉옷이 불편하고 거추장스러우니 벗어 던졌다. 겉옷이 자기의 유일한 재산임에도 불구하고 응답이 올 때는 과감히 포기하였다. 소망이 응답되면 현재 소유물을 완전히 포기할 수 있다. 그리고 바디매오는 예수님의 질문에 적극적으로 자신의 의사와 바람을 표시하였다. 지금 온 응답의 기회를 자신의 인생을 전환시키고, 앞으로 나아갈 수 있는 기회로 삼은 것이다. 바디매오는 한 번 만난 응답의 기회를 놓치지 않았다. 당신에게 응답의 기회가 왔다면 어떻게 하겠는가?

시편 기자는 자신의 삶을 돌아볼 때 아픔과 고난으로 점철되어 있는 상처투성이로 보았다. "그러므로 내 심령이 속에서 상하며 내 마음이 내 속에서 참담하니이다"(4절). 그 이유는 원수로부터 핍박을 당하고, 생명을 해치려고 호시탐탐 노리고 있어서 꼭꼭 숨을 수밖에 없었던 인생이기 때문이다. 숨을 죽이고 숨어 지내는 인생살이가 마치 죽은 것 같다. "원수가 내 영혼을 핍박하며 내 생명을 땅에 엎어서 나로 죽은 지 오랜 자 같이 나를 암흑 속에 두었나이다"(3절). 말도 못하고 밖에 나다닐 수도 없고, 이렇게 자유의 제한을 받고 있으니 마치 죽은 것이나 진배없다. 오죽하면 자유가 아니면 죽음을 달라는 말이 생겼을까!

죽은 것 같은 상황에서 할 수 있는 일이 무엇일까? 자기의 의지로 움직이면 움직일수록 외부의 압력을 더 거세어진다. 그러니 아무 것도 할 수 없는 것처럼 보인다. 하지만 방법이 하나 있다. 자신에게 가해지는 압력보다 더 센 힘을 가지신 존재를 찾고, 그분에게 적극적으로 도움을 청하는 것이다. 그분의 진실과 의에 호소하는 것이다. "여호와여 내 기도를 들으시며 내 간구에 귀를 기울이시고 주의 진실과 의로 내게 응답하소서"(1절). 그분은 바로 전능자 하나님이시다. 하나님께 자신의 심정을 호소하며 응답을 요청하는 것이다. 마치 비상 상황에 처한 선박이나 비행기가 외부로 구조신호를 보내는 것과도 같다.

하나님께 도움을 요청하지만 자신도 하나님 앞에 떳떳하지 못할 수 있다. 자기도 어떤 때는 압박을 가하는 사람들처럼 악한 생각과 말을 하였고, 악한 모양을 보인 적도 있었다. 사람을 미워한 적도 있었고, 악한 사람들과 악한 모습으로 경쟁한 적도 있었다. 하나님께 찾아갔지만 자기도 하나님으로부터 책망을 들을 수 있다. 하나님을 찾는 사람은 다른 사람을 탓하기보다 자신은 먼저 돌아보고 실수와 악함이 있었다면 용서를 구해야 한다. "주의 종에게 심판을 행하지 마소서 주의 눈 앞에는 의로운 인생이 하나도 없나이다"(2절). 하나님은 자기의 의를 드러내는 사람보다 약하고 부족하며 악함까지도 고백하는 사람에게 응답하신다.
하나님을 찾아갈 수 있고 응답을 구할 수 있는 이유가 있다. 그것은 과거에 하나님이 자기를 도우셨던 것을 기억하기 때문이다. 하나님이 옛적부터 지켜주셨으니 현재와 미래도 지켜주실 것으로 믿기 때문이다. "내가 옛날을 기억하고 주의 모든 행하신 것을 읊조리며 주의 손이 행하는 일을 생각하고 주를 향하여 손을 펴고 내 영혼이 마른 땅 같이 주를 사모하나이다 (셀라)"(5~6절). 하나님이 민족의 역사, 사람의 이력, 역사의 흐름을 주관하셨다. 하나님이 의인을 칭찬하시고 악인을 책망하셨다. 하나님은 반드시 의와 악을 구분하시고 심판하신다. 그분은 전능하시므로 추호도 틀림없이 판단하신다.

응답의 확신

시인은 거듭 거듭 하나님께 응답을 구한다. 하나님이 응답하시지 않는다면 사람이 죽음에 이를 수도 있다. 실제로 죽음에 이를 것 같은 절망감이 엄습하고 있기 때문이다. "여호와여 속히 내게 응답하소서 내 영이 피곤하니이다 주의 얼굴을 내게서 숨기지 마소서 내가 무덤에 내려가는 자 같을까 두려워하나이다"(7절). 하나님이 응답하신다는 것은 시인을 위기에서 구원하신다는 의미이며, 피난처이신 하나님이 시인을 수용하셨다는 의미이다. "여호와여 나를 내 원수들에게서 건지소서 내가 주께 피하여 숨었나이다"(9절). 하나님은 시인이 가지고 있었던 악한 마음이나 과거의 허물을 모두 용서하시고 받아주신다.

핍박과 조롱을 받을 때는 흑암 속에 헤매는 것과도 같다. 압력과 두려움은 캄캄한 밤에 길을 걷는 것과도 같다. 그러나 하나님이 응답하시면 새로운 아침을 맞이할 수 있다. 그 아침은 희망의 아침, 용기의 아침, 축복의 아침이며 믿음의 아침이다. 하나님의 응답을 확신하는 아침, 슬픔이 변하여 기쁨이 되고, 탄식이 변하여 찬송이 되는 아침이다. 시인은 밤에 응답을 받고 전혀 새로운 아침을 맞았다. 이제는 마음대로 밖에 나갈 수 있으며, 하나님이 자신을 지켜주신다는 확신을 가졌다. "아침에 나로 하여금 주의 인자한 말씀을 듣게 하소서 내가 주를 의뢰함이니이다 내가 다닐 길을 알게 하소서 내가 내 영혼을 주께 드림이니이다"(8절).

시인은 자신의 인생길이 하나님께 달려 있다는 것을 안다. 선하신 하나님이 시인을 공의와 평화가 가득한 땅으로 인도하실 것으로 믿는다. "주는 나의 하나님이시니 나를 가르쳐 주의 뜻을 행하게 하소서 주의 영은 선하시니 나를 공평한 땅에 인도하소서"(10절). 과거에 하나님이 그들의 조상들을 젖과 꿀이 흐르는 가나안 땅으로 인도하신 것처럼 지금은 시인과 믿음의 사람들을 의와 평화가 가득한 땅으로 인도하신다. 지금 시인은 의와 평화를 맛보러 간다. 하나님의 응답은 단순히 문제가 해결되는 것에 그치지 않는다. 하나님의 응답은 이상적인 모습으로 미래에 행복한 삶을 살도록 도와준다.

가장 이상적이고 행복한 모습이 어디에 있는가? 그것은 바로 하나님의 나라이다. 하나님의 나라에서 의인은 하나님을 찬양할 것이다. 구원받은 의인들이 환난에서 건지신 하나님을 노래한다. "여호와여 주의 이름을 위하여 나를 살리시고 주의 의로 내 영혼을 환난에서 끌어내소서"(11절). 그러면 악인은 어떻게 되는가? 악인은 하나님으로부터 영원토록 끊어진다. 이로써 하나님이 주의 종들을 향한 약속을 지키신다. "주의 인자하심으로 나의 원수들을 끊으시고 내 영혼을 괴롭게 하는 자를 다 멸하소서 나는 주의 종이니이다"(12절). 하나님의 응답은 마지막 구원과 하나님의 뜻을 이루심으로 증명될 것이다.

시편 144편

겸양의 영성과 골리앗

덩치만 믿고 까불면

이스라엘은 주변 나라들로부터 수없이 침략을 받았다. 농사지은 것과 숨겨놓은 씨앗마저 뺏긴다. 이스라엘도 조직적으로 대응하고 싶지만 민족을 이끌 지도자가 없다. 사사들이 등장해서 이스라엘을 안정시키는 적도 여러 차례 있었지만, 사사가 죽은 후에는 후계자가 세워지지 않았다. 지도자의 공백 기간 동안 이스라엘에 고통이 찾아온다. 이방의 침략에 속수무책으로 당하는 것이다. 지도자가 있어도 정권교체 시기에는 레임덕 현상이 오는데, 지도자가 없다면 백성에게서 도덕적 해이 현상이 올 것이 뻔하다. 도덕적 해이는 이방의 침략에 대한 무방비로 이어지고, 백성의 고통이라는 결과로 나타난다.

이스라엘이 생각한 대안은 왕을 세우는 것이었다. 그 결과 사울이 초대왕으로 추대되었다. 하나님이 사무엘을 시켜 사울을 왕으로 세웠다. 사울은 등장하자 내치와 외치의 안정을 꾀해야 했다. 군대를 모으고 훈련하여 침략자들을 대항해야 한다. 가장 우선적으로 물리쳐야 할 적은 블레셋이다. 블레셋은 늘 이스라엘을 침략하여 괴롭히던 존재이다. 그런데 이스라엘은 블레셋과 대항하기 어렵다. 우선 블레셋 군대는 잘 훈련된 군대에 철로 만든 무기를 가지고 있었다. 게다가 블레셋에는 용맹하고 전쟁에 능한 장수들이 많다. 그 중에 한 장수가 있는데 그가 바로 거인 골리앗이다. 블레셋이 골리앗을 앞세워 이스라엘과 교전을 벌인다.

골리앗이 이스라엘 군대를 향하여 싸움을 건다. "너희들 중 싸움 잘하는 놈 한 놈만 나와서 나와 붙어 보자. 나를 죽이고 이기면 블레셋 백성이 네 놈들의 종이 될 것이고, 만약 내가 이기면 네 놈들이 우리 종이 되어야 한다." 골리앗의 위세에 눌린 사울 왕과 이스라엘 군대가 벌벌 떨고 있다. 오금이 저려서 꼼짝도 못한다. 이스라엘 군대는 싸울 엄두도 내지 못하고 자기 진영에서 블레셋 군대의 눈치만 보고 있다. 언제 쳐들어올지 몰라서 초초하다. 백성의 삶을 안정시켜 주기 원해서 선택된 왕도 어쩔 줄 몰라 한다. 군대는 오합지졸에 사기마저 땅에 떨어졌으니 이 싸움에서 이길 것이라는 보장이 없다.

골리앗은 자기 힘만 믿고 큰 소리를 치는 사람이다. 일단 키가 크고 힘이 세다. 게다가 그동안 무술 훈련도 많이 했다. 골리앗은 누구랑 붙어도 이길 자신이 있다. 그는 자기 힘을 믿으며, 자기 손에 들린 칼과 창의 힘을 믿고 있다. 뿐만 아니라 자기들 신의 이름으로 이스라엘 군대를 저주하고 있다. 우리는 골리앗의 최후를 알고 있다. 그는 어린 목동 다윗의 물맷돌에 여지없이 무너지고 말았다. 덩치가 크고 힘이 있어도 겸양지덕이 없는 사람의 최후가 이렇다. 겸양이 없다보니 자만심이 넘쳐 방비가 허술하다. 갑옷을 입고 있어도 약점을 노출시키고, 약점을 파고드는 공격에는 대책 없이 당할 수밖에 없다.

장단점 사용

누구에게나 장단점이 있다. 다른 사람보다 단점이 많은 사람이라도 남과 다른 장점이 있다. 레나 마리아는 장애인이다. 두 팔이 없고, 한 쪽 다리가 짧다. 겉모양으로 본다면 남이 가진 것을 가지지 못했다. 생활의 불편이 이만저만이 아니다. 그러나 레나에게는 그녀를 인간으로 보아주며, 그녀를 키우는 것을 하나님의 축복으로 해석하고 지극한 정성으로 양육하는 부모가 있다. 부모의 영향을 받은 레나는 밝은 성격으로 자랐다. 남다른 노력으로 장애를 극복하고 정상인처럼 살고 있다. 신체 건강한 남편과 결혼하여 가정을 꾸리고 자녀를 낳았다. 성악을 공부하고, 노래로 하나님께 영광을 돌리며 사람들에게 희망을 준다.

일본의 오토다께 히로다까는 하반신 장애인이다. 그러나 어려서부터 활달한 성격을 가져서 학교의 분위기를 돋우는 일을 한다. 스포츠 팀 응원을 하고, 사회봉사에 앞장을 선다. 휠체어가 없으면 꼼짝도 못하는 이 친구는 휠체어를 타고 부지런히 돌아다닌다. 얼마나 열심인지 전국적으로 유명해졌다. 그도 그럴 것이 하반신 장애인이 그렇게 밝고 열심이니 유명해질 수밖에 없다. 그의 이야기가 책으로 나왔다. 베스트셀러가 되었고, 그의 활동이 수많은 사람들에게 용기가 되었다. 장애는 분명 약점이다. 그러나 그의 장점이 장애라는 약점조차도 극복할 수 있는 자원이 되었다. 누구에게나 약점을 극복할 수 있는 능력과 자원이 있다.

어떤 사람들은 자신의 장점을 생각하지 않고 단점만 생각한다. 남이 가진 것은 커 보이고, 자기가 가진 것은 작아 보인다. 남과 비교하여 자기에게 있는 것이 보이지 않고, 없는 것만 보인다. 늘 부족하다는 생각을 가진다. 소유의 부족을 생각하다가 자신감 결여로까지 이어진다. 95%의 장점을 가진 사람이라도 5%의 약점만 생각하면 성공하지 못한다. 반면에 비록 5%의 장점을 가졌고 95%의 약점을 가진 사람이라도 5%의 장점을 자랑스럽게 생각하고, 장점에 집중하면 인생을 성공으로 이끌 수 있다. 인생역전을 이루고 성공한 사람 대부분이 그런 사람이다. 좋은 환경보다 나쁜 환경에서 성공한 사람이 더 가치있다.

나의 장점을 보고 그것을 계발하고 사용할 줄 아는 사람은 남의 장점도 계발해 줄 수 있다. 자신의 장점을 계발하는 것이 성공의 우선 요소라면, 다른 사람의 장점을 계발하는 것은 성공의 핵심 요소이다. 그런데 이 사회에는 이론대로 되지 않는 경우가 많다. 자기 장점을 잘 보고 잘 사용하면서도 남의 장점에 대해서는 무가치하게 여기는 사람이 있다. 남의 단점만 보려고 하고, 남의 약점을 이용하여 자신의 유익만을 챙기는 불한당 같은 사람들이 있다. 이런 사람들은 자신의 장점을 무가치하게 생각하는 사람이다. 겉으로는 장점을 사용하는 것 같으나 속은 장점에 대해 감사하지 않고 약점을 메우려고 남의 장점을 뺏으려는 사람이다.

자신감과 교만의 차이

자신의 장점에 대해 긍지를 가진 사람은 자신감이 있다. 그들은 어떤 일이 맡겨지든, 어떤 상황에 처하든 자신의 장점을 사용하여 훌륭하게 처리할 수 있다는 자신감을 가진다. 그러다 보니 얼굴이 밝고 목소리가 씩씩하다. 긍정적인 대화를 하며 만나는 사람에게 용기를 주고 미래에 대한 희망을 제시한다. 그의 자세가 밝고 긍정적이기 때문이다. 장점보다 더 중요한 것은 자신감이다. 자신감을 가진 사람은 장점을 살리고, 약점을 보완할 줄 안다. 자신감을 가진 사람은 다른 사람의 장점에 대해 가치를 부여할 줄 알고, 다른 사람의 약점에 대해 비난하지 않는다. 이런 자신감이라면 얼마든지 가져야 하지 않을까?

그런데 자신감을 교만으로 치부하는 사람이 있다. 특히 신앙인들이 교만하지 말라는 설교를 많이 들어서인지 자신감과 교만을 구분하지 못하는 경우가 많다. 할 수 있다, 하겠다고 말하는 것을 교만으로 치부하는 경우이다. 그렇다면 할 수 없다, 안 하겠다고 말하는 것을 믿음이 없는 것으로 인정할텐데 우리는 어느 장단에 맞추어 춤을 추어야 할까? 자신감과 교만에 대해 분명히 선을 그을 필요가 있다. 자신감은 자기의 장점에 대해 자랑스럽게 생각하되 지나치게 드러내지 않으며 다른 사람의 장점도 인정하는 사람이다. 반면에 교만은 자기의 장점만 자랑할 뿐 다른 이의 장점에 대해 전혀 고려하지 않는 사람이다.

자신감은 겸양을 동시에 가진다. 자신감은 특정 부분에 관련되어서는 잘 할 수 있다는 생각을 가진다. 그리고 어느 부분에서는 부족할 수 있다는 사실을 인정하고 배우려고 노력한다. 다른 사람의 충고와 피드백에 대하여 겸손하게 받아들인다. 그러다보니 잘할 수 있는 영역이 점점 늘어난다. 자기가 개발한 분야를 과감하게 사용하고 성과를 거두고 다른 사람에게 유익을 줄 수도 있다. 그 결과 조직이나 공동체의 리더로 활동하게 된다. 성공을 이루었다고 해도 자신감을 가진 사람은 여전히 겸양을 유지한다. 겸양과 자신감이 함께 간다. 진정한 리더는 장점에 대한 자신감과 다른 사람에 대한 겸양을 동시에 가지고 있다.

반면에 교만은 자기 것만 생각하고 남의 것은 안중에 없다. 다른 사람을 무시하고 깔보는 사람이다. 겉으로 보기에는 자신감 같으나 실상은 안하무인으로 행동하는 사람이다. 겸양을 보이면 비굴하다고 생각하고, 겸손한 사람은 실패한 사람이나 실패를 감추기 위해 자기를 낮추는 사람이라고 생각한다. 겸양의 모습은 자기를 실패하게 하는 것이라고 착각한다. 이런 교만은 꺾일 줄 몰라서 하나님 앞에서까지도 겸손의 모습을 보이지 않는다. 무엇이든지 다 잘할 수 있다고 생각하는 사람은 사실상 하나도 잘하는 것이 없는 사람이다. 골리앗처럼 큰 소리를 치지만 자신의 약점을 파고드는 공격 앞에서는 속절없이 당할 뿐이다.

다윗에게는 남다른 자신감이 있었다. 어린 나이에 골리앗을 상대하겠다고 나선다는 것은 무모할 정도의 자신감이다. 다윗의 형들은 이런 다윗을 향해 교만하다며 책망을 했다. 그러나 다윗에게는 믿는 구석이 있었다. 곧 여호와 하나님이시다. "나의 반석이신 여호와를 찬송하리로다 그가 내 손을 가르쳐 싸우게 하시며 손가락을 가르쳐 전쟁하게 하시는도다"(1절). 다윗은 골리앗을 향해 이렇게 외쳤다. "너는 칼과 창과 단창으로 내게 나아 오거니와 나는 만군의 여호와의 이름 곧 네가 모욕하는 이스라엘 군대의 하나님의 이름으로 네게 나아가노라"(삼상 17:45). 다윗은 사람 앞에서는 당당한 자신감을 가졌고, 하나님 앞에서는 겸손함을 가졌다.

반면 골리앗은 지나친 자신감을 가졌으나 하나님을 인정하지 않는다. 오히려 하나님의 군대를 저주한다. 그의 오만함이 다윗의 믿음과 대비된다. "여호와는 나의 사랑이시요 나의 요새이시요 나의 산성이시요 나를 건지시는 이시요 나의 방패이시니 내가 그에게 피하였고 그가 내 백성을 내게 복종하게 하셨나이다"(2절). 다윗은 골리앗을 물리친 적이 있어도 자기의 능력이 모두 하나님으로부터 온 것임을 알고 있다. 하나님이 알아주시지 않는다면 자기는 아무 것도 아니다. 자기의 존재는 오직 하나님이 알아주실 때 가능성과 가치를 지닌다. "여호와여 사람이 무엇이기에 주께서 그를 알아 주시며 인생이 무엇이기에 그를 생각하시나이까"(3절).

골리앗이 쓰러지는 것을 보면 사람의 능력이라는 것은 아무 것도 아니다. "사람은 헛것 같고 그의 날은 지나가는 그림자 같으니이다"(4절). 그러므로 사람은 하나님 앞에서 낮아져야 한다. 골리앗처럼 덩치가 큰 사람도, 이방신들에게 심취된 사람도 빨리 깨닫고 하나님께로 돌아와야 한다. 하나님은 천지를 지으신 분이시다. 하나님이 자연을 동원하셔서 교만한 사람과 이방을 물리치실 수 있다. 시편 기자는 교만한 이방인의 멸망을 기원한다. "여호와여 주의 하늘을 드리우고 강림하시며 산들에 접촉하사 연기를 내게 하소서 번개를 번쩍이사 원수들을 흩으시며 주의 화살을 쏘아 그들을 무찌르소서"(5~6절).

교만한 이방인은 신앙인을 괴롭힌다. 이에 대하여 겸손한 신앙인은 하나님 앞에 구원을 간구한다. 사람의 힘으로 해결하려는 것이 아니라 하나님의 도우심을 구하는 것이다. 이것이 겸손이며 신앙인의 장점이다. "위에서부터 주의 손을 펴사 나를 큰 물과 이방인의 손에서 구하여 건지소서"(7절). 왕조차도 하나님 앞에 엎드려야 한다. 하나님이 만왕의 왕이시며, 왕을 구원하시는 분이기 때문이다. 겸손한 신앙인은 구원의 하나님을 향해 찬양한다. "하나님이여 내가 주께 새 노래로 노래하며 열 줄 비파로 주를 찬양하리이다 주는 왕들에게 구원을 베푸시는 자시요 그의 종 다윗을 그 해하려는 칼에서 구하시는 자시니이다"(9~10절).

겸양지덕

교만한 사람, 하나님께 겸손의 모습을 보이지 않는 사람의 모양이 어떠한가? 그들은 입만 열면 거짓을 말한다. 자기를 자랑하기는 하지만 알고 보면 진짜가 아니다. 자기 업적을 자랑하지만 속내는 남의 공을 가로채는 것이다. 자기 손으로 무엇을 하지만 남이 볼 때만 손을 놀릴 뿐이다. "그들의 입은 거짓을 말하며 그의 오른손은 거짓의 오른손이니이다"(8절). 시편 기자는 이런 사람들 틈바구니에 산다는 것이 괴롭기만 하다. 그래서 하나님께 사실을 아뢰며 구원을 간구한다. 하나님께 겸양의 모습을 보이는 것이다. "이방인의 손에서 나를 구하여 건지소서 그들의 입은 거짓을 말하며 그 오른손은 거짓의 오른손이니이다"(11절).

겸양지덕(謙讓之德)은 가장 먼저 하나님께 보여 드려야 한다. 피조물인 인간은 창조주 하나님 앞에서 낮아져야 한다. 하나님이 겸양의 모습을 아름답게 보시고 복을 허락하신다. 가장 먼저 자녀들을 통해 복을 허락하신다. 하나님이 자녀들을 아름답게 성장하도록 도우신다. "우리 아들들은 어리다가 장성한 나무들과 같으며 우리 딸들은 궁전의 양식대로 아름답게 다듬은 모퉁잇돌들과 같으며"(12절). 그러니까 자녀를 아름답게 키우고자 하는 사람은 먼저 겸손의 모습을 지녀야 한다. 하나님 앞에 겸손한 모습, 사람 앞에서 겸손한 모습을 자녀들이 볼 수 있어야 한다. 부모의 겸손함을 따라 자녀가 겸손하다면 어찌 자녀가 복을 누리지 않겠는가!

겸양지덕의 사람에게는 창고와 우리가 복을 받는다. 창고에는 곡식이 가득하고 우리 안에는 가축들이 번성한다. 번성하는 가축들을 방목한 넓은 들도 소유한다. "우리의 곳간에는 백곡이 가득하며 우리의 양은 들에서 천천과 만만으로 번성하며"(13절). 풍성한 수확을 하여, 수확물을 운반할 때도 불안하지 않고 즐거운 노래를 부른다. 하나님이 지키신다는 보장이 있기 때문이다. "우리 수소는 무겁게 실었으며 또 우리를 침노하는 일이나 우리가 나아가 막는 일이 없으며 우리 거리에는 슬피 부르짖음이 없을진대"(14절). 과거 이스라엘이 당하는 고통에 비교한다면 엄청난 변화가 일어났다. 모두 겸양지덕을 가지기 때문이다.

시편 기자는 자녀가 건강하고 바르게 자라며, 풍성한 수확과 가축의 번성 그리고 이방인의 침략을 걱정하지 않는 축복의 모습을 그리고 있다. 땅에서의 축복을 주관하시는 분은 하나님이시다. 여호와 하나님을 믿을 때 백성에게 복이 임한다. 왕이 하나님을 섬기고 하나님 앞에 겸손한 모습을 보이면 백성도 따라서 겸손한 모습을 보인다. 왕과 백성이 함께 복을 받는 것이다. 왕이 먼저 믿음과 겸양에 관해 모범을 보이니 백성도 따라 한다. 왕과 백성이 함께 겸양의 모습을 하나님께 보이고 그 결과 하나님이 주시는 복을 누린다. "이러한 백성은 복이 있나니 여호와를 자기 하나님으로 삼는 백성은 복이 있도다"(15절).

시편 145편

위대함의 영성과 바울

위대한 전도자

바울은 원래 핍박자, 포행자, 훼방자였다. 그는 믿음의 사람들을 핍박하고 체포하려고 날뛰던 사람이었다. 그는 율법에 완전한 사람이었고, 헬라 철학에 능통한 사람이었다. 그는 베냐민 지파 사람으로서 혈통적으로 정통성을 유지하고 있었다. 게다가 가말리엘 지파 사람이므로 율법적인 부분에 있어서도 흠이 없던 사람이었다. 또 로마 시민권을 가지고 있어서 어디서나 대접을 받을 조건을 가졌다. 그는 외모에 있어서 남보다 작아 보이기는 했지만 기본적인 조건으로 보아 거의 완전한 사람이었다. 이 정도 되면 기고만장할 만하다. 자기와 반대되는 사람들에게는 말과 철학 그리고 권력으로 얼마든지 압박을 가할 수 있을 만하다.

바울은 그의 기고만장함을 그리스도인 핍박에 사용한다. 집사 스데반의 핍박과 죽음에 앞장섰다. 그리고 예수님을 믿는 사람들을 핍박하고 체포하려고 대제사장의 인증서를 받아 다메섹으로 갔다. 젊은 나이에 배경이나 학식 그리고 후원자까지 있다면 기세가 등등할 만하다. 조건에서 본다면 이만한 조건을 당대에 찾아볼 수 없다. 하지만 이렇게 기세등등한 사람이라 할지라도 한계가 있다. 바울은 다메섹으로 가던 중 예수님의 말씀을 듣고 자신이 아무 것도 아닌 존재라는 것을 깨달았다.

사도 바울은 복음을 전할 때 자기를 나타내지 않았다. 자기 조건도 자랑할만하다. 그러나 그는 자기를 자랑하는 것이 아니라 예수님을 자랑한다. 고린도 교회의 교인들이 바울의 자격성을 따지고 덤벼들 때 바울은 자신의 배경을 거론한 적이 있다. 그래도 바울은 자기 배경이나 조건보다 예수님을 드러내고 싶다. 자기가 하는 모든 일은 예수님의 위대하심 때문이며, 예수님의 위대하심을 보여주기 위함이다. 바울은 고린도 교인들 앞에서 자기의 한계를 인정한다. 바울의 능력도 하나님이 주신 한계 안에서 이루어지는 것이다. 그러므로 바울이 자랑할 것은 하나님뿐이시며(고후 10:13), 예수님의 십자가이다(갈 6:14).

자기의 한계를 인정하는 사람은 당장 보기에는 왜소하고 초라해 보인다. 그러나 하나님 앞에서 자기의 한계와 약함을 인정하면 하나님으로부터 힘을 얻는다. 하나님이 가지신 무한한 능력을 약하다고 한계를 인정하시는 사람에게 나누어주신다. 바울이 이것을 깨달았다. 그는 하나님 앞에 자기 약함을 늘 인정한다. 그러자 하나님이 바울의 가는 길의 장애물을 제거하신다. 바울에게 위대한 선교의 일을 감당하게 하셨다. 바울이 이 원리를 깨닫고 보니 성도들에게도 그런 원리대로 살게 하고 싶다. 그래서 고린도 교인들에게 믿음을 가질수록 자기 한계를 인정하지만 오히려 하나님이 사역의 기회를 더 넓혀 주심을 증거한다(고후 10:16).

위대한 사람

마틴 루터 킹 목사는 이렇게 말했다. "누구나 다 유명해질 수는 없지만 누구나 다 위대해질 수는 있다." 여기 위대하다는 의미가 무엇일까? 하나님이 다스리시는 영역을 사람이 다 헤아릴 수 없기 때문에 우리는 하나님을 향하여 위대하신 분이라고 표현한다. 그러나 사람은 한계가 있다. 시간과 공간, 지식과 능력, 신앙의 인격의 한계가 있다. 그럼에도 사람은 위대해질 수 있다. 사람의 위대함이 무엇이며 어떻게 위대해질 수 있을까? 그것은 하나님의 위대하심을 의지하는 것이다. 하나님이 시키시는 일을 성실하고 꾸준하게 감당함으로 하나님의 뜻을 이 땅의 사람들에게 나타내고 실현시키는 위대함이다.

마틴 루터 킹 목사가 그랬다. 그는 차별받는 흑인들의 인권을 위해 일할 때 투쟁하다시피 하였다. 그에게 압력과 회유가 왔으나 굴복하지 않았다. 흑인들이 마음껏 시장을 보고, 흑인의 자녀들이 자유롭게 학교에 다닐 수 있는 날을 꿈꾸었다. 흑인들도 한 표의 투표권을 행사할 수 있으며 피부색 때문에 차별받지 않는 나라를 꿈꾸었다. 그는 비록 암살을 당해, 살아있을 때 꿈이 이루어지는 것을 볼 수 없었지만 그의 사후에 그가 꿈꾼 것이 미국 땅에 이루어졌다. 그 역시 흑인이라는 한계가 있었으나 하나님이 모든 사람을 존중히 여기신다는 사실을 알고 한계 극복에 도전하였다. 미국의 흑인 인권신장에는 그의 영향력이 있었다.

이러한 영향력을 일컬어 위대하다는 표현을 사용한다. 사도 바울 역시 위대한 전도자요, 목회자이며 교사, 선교사였다. 그는 유럽 복음화의 단초를 놓았다. 그는 신학 집대성의 동기를 제공하였다. 그는 목회가 무엇이며 어떻게 해야 하는지, 전도를 어떻게 하고, 교육과 훈련을 어떻게 해야 하며, 목회자로서 핍박과 갈등에 어떻게 대처해야 하는지를 몸으로 보여주고 글로 써서 교회와 성도들에게 알렸다. 수많은 신앙인들이 바울을 벤치마킹하였다. 바울의 영향력이 다방면으로 세계 곳곳으로 퍼지고, 시대를 흘러 점점 더 확장되었다. 그가 이렇게 위대한 영향력을 끼치는 것은 바로 예수님의 위대하심을 본받았기 때문이다.

사람의 위대함은 사람의 노력만으로 얻어지는 것이 아니다. 바른 방향을 잡아야 하고, 바른 노력이 있으며 바른 영향력을 행사할 때 위대하다는 칭찬을 듣는다. 꼭 유명하지 않다 해도 자기의 환경에서 바른 영향력을 끼치는 사람이 있다면 그는 위대한 사람이다. 유명해지려고 하다가 수치를 당하기보다는 유명해지지 않는다 해도 위대해지는 것이 더 멋진 일이다. 위대한 분을 본받다보면 저절로 위대해지고 그 결과로 유명세까지 치르게 된다. 유명해지는 것이 우선이 아니라 위대해지는 것이 우선이다. 우선순위를 바르게 정해져야 한다. 1순위는 이 세상에서 가장 위대하신 분을 따르는 것이다. 그러면 그분의 위대함을 따라 위대해진다.

유명인의 허점

파파라치라는 직업이 있다. 그들은 유명인의 사생활을 사진으로 찍어 언론에 넘기고 돈을 받는 직업인들이다. 사람들이 유명인의 사생활에 관심을 가지고 있다. 유명인들은 어디가나 유명세를 치른다. 파파라치들이 따라붙는다 치면 귀찮다고 도망을 다니든지 혹은 감정을 숨기고 점잖은 체 하며 웃는 표정을 한다. 유명하다는 것 때문에 사생활을 마음대로 즐기지 못한다. 더구나 파파라치들은 젊고 아름다운 여성 유명인들을 더 따라다닌다. 그러니까 유명인이라는 것은 남이 당하지 않은 귀찮음을 감수해야 한다. 귀찮다고 도망을 다니다가 사고를 당할지도 모른다. 다이애나 황태자비도 파파라치를 피해 도망하다 사고로 죽었다.

유명인들이 그 자리에 오르기까지 행운도 있었고, 자신의 노력도 있었을 것이다. 혹은 주변의 도움도 있었을 것이다. 그런데 유명인일수록 사람을 깜짝 놀라게 한다. 그 자리에 서면 모두 행복해 보이지만 스스로 불행한 일들을 선택하는 경우가 많기 때문이다. 사람들에게 웃음을 주는 여성 연예인들이 남편과 헤어진다. 남편에게는 웃음을 주지 못하는 가보다. 사람들과는 잘 지내는데 남편과는 잘 지내지 못한다. 급기야 이혼에 이르게 되고 세인의 입에 그들의 사는 모습이 회자된다. 젊고 아름답고 인기가 많은 여성 연예인이 자살하는 경우가 있다. 자기 삶에 대한 회의를 참지 못하기 때문이다.

유명하다고 다 행복한 것이 아니다. 유명하다고 다 위대한 것이 아니다. 유명한 것은 외모나 재주만 있으면 된다. 그러나 위대한 것은 다른 사람의 삶에 긍정적인 영향을 끼쳐야 한다. 유명하기는 하지만 위대한 삶이 아니라면 스스로 만족하지 못한다. 유명하다는 것은 사람의 생각과 인기를 좇게 되어 있다. 그러나 위대함은 가치를 추구한다. 위대함은 사람의 가치를 높이는 일을 한다. 위대함은 유명함보다 더 높고 깊은 보람을 가진 개념이다. 유명함은 단기간에 끝날 수 있지만 위대함은 오랫동안 지속된다. 위대함은 시간을 초월하여 사람들에게 영향을 끼친다.

문제는 사람들이 위대함보다 유명함을 추구한다는 데 있다. 그만큼 사람들의 안목이 짧고, 얕다는 것을 알 수 있다. 누구나 다 위대해 질 수 있다는 킹 목사의 말이 사실이라면 누구에게나 가능성이 열려 있다. 유명해지지 않는다 해도 가치와 보람을 가진 일을 할 수 있다. 자기 삶에 단 한분밖에 없는 위대한 분을 모시면 그렇게 될 수 있다. 위대하신 분의 가치를 따르고, 위대하신 분의 발자취를 뒤따르는 것으로 위대함의 길을 갈 수 있다. 위대하신 분의 지혜를 힘입으면, 위대하신 분이 뒤따르는 사람의 한계를 극복하도록 이끌어주신다. 여기에는 참 만족이 있다. 세상의 무엇과도 비교할 수 없는 기쁨과 보람이 있다.

시편 기자는 세상에서 가장 위대하신 분을 모시고 산다. 그의 인생은 자기 성취보다 위대하신 분의 뜻을 성취하는 데 있었다. 그의 인생의 목적은 위대하신 분의 이름을 높이는 것이었다. "왕이신 나의 하나님이여 내가 주를 높이고 영원히 주의 이름을 송축하리이다"(1절). 인생의 목적대로 살면 기쁘다. 인생의 목적을 매일 이루는 것에는 보람이 있다. 인생의 목적은 먼 훗날에 이루어지는 것만이 아니다. 목적은 오늘 이룰 수 있다. 오늘 목적에 맞게 살면 되는 것이다. "내가 날마다 주를 송축하며 영원히 주의 이름을 송축하리이다"(2절). 하나님의 이름을 높이는 것이 목적이라면 오늘 높여야 한다. 그래야 이름이 영원히 높여진다.

시편 기자는 하나님이 위대하시다는 것을 잘 알고 있다. 사람의 입으로 하나님의 위대하심을 다 표현할 수 없다. 측정할 수 있는 저울이 있었도 하나님의 위대하심을 다 측정할 수 없다. "여호와는 위대하시니 크게 찬양할 것이라 그의 위대하심을 측량하지 못하리로다"(3절). 시편 기자가 하나님의 위대하심을 체험하였다. 하나님의 위대하심이 그와 그의 후손들에게까지 약속되었다. 그러므로 시편 기자는 하나님의 위대하심을 노래하는 것이 가장 기쁘고 즐거운 일이다. 자기뿐만 아니라 후손들도 영원히 주의 이름을 높여야 한다. "대대로 주께서 행하시는 일을 크게 찬양하며 주의 능한 일을 선포하리로다 "(4절).

하나님의 위대하심을 체험한 사람은 늘 그 위대하심과 함께 살아간다. 위대하심을 기억하고, 위대하신 일을 반추하며 살아간다. "주의 존귀하고 영광스러운 위엄과 주의 기이한 일들을 나는 작은 소리로 읊조리리이다"(5절). 비록 사람들이 하나님의 위대하심에 두려워 떨고 있어도 나는 하나님이 두렵지 않다. 왜냐하면 내가 하나님의 위대하심의 혜택을 입고 사는 사람이기 때문이다. "사람들은 주의 두려운 일의 권능을 말할 것이요 나도 주의 위대하심을 선포하리이다"(6절). 그러다가 하나님의 위대하심을 체험하게 되면 하나님의 은혜와 의를 노래하게 될 것이다. "그들이 주의 크신 은혜를 기념하여 말하며 주의 의를 노래하리이다"(7절).

하나님의 위대하심은 사람에게 다 체험되지 않으나 사람이 전혀 깨달을 수 없는 것이 아니다. 하나님이 위대하시다는 것은 당신의 위대하심을 사람에게 깨닫게 하시고 그 위대하심을 따라 살게 하신다는 것에서 증명된다. 시편 기자가 하나님의 위대하신 성품을 깨달았다. 그리고 그의 삶이 하나님 체험으로 이어진다. 체험한 하나님을 노래하고 알리는 데 인생의 목적을 두고 산다. "여호와는 은혜로우시며 긍휼이 많으시며 노하기를 더디 하시며 인자하심이 크시도다 여호와께서는 모든 것을 선대하시며 그 지으신 모든 것에 긍휼을 베푸시는도다 여호와여 주께서 지으신 모든 것들이 주께 감사하며 주의 성도들이 주를 송축하리이다"(8~10절).

위대함의 길을 따라

위대함을 경험한 사람은 위대함의 길을 따른다. 뒤따르는 길 역시 위대함으로 가는 길이며 뒤따르는 사람에게도 위대함이라는 보상이 기다리고 있다. 위대한 사람은 위대함을 깨닫게 한다. 사람들에게 위대함의 기원과 방법 그리고 목적을 알리는 것이다. "그들이 주의 나라의 영광을 말하며 주의 업적을 일러서 주의 업적과 주의 나라의 위엄 있는 영광을 인생들에게 알게 하리이다"(11~12절). 위대함을 따르는 사람은 위대한 나라와 위대한 축복에 이른다. "주의 나라는 영원한 나라이니 주의 통치는 대대에 이르리이다"(13절). 위대한 축복은 위대함의 영역이 있다. 그 영역은 하나님이 통치하시는 나라이다.

위대함에 이르는 길은 결코 순탄하지만은 않다. 핍박과 고난이 따르고 유혹과 아픔이 따른다. 수많은 훼방과 방해를 받을 수도 있다. 그러나 이러한 난관들을 통과하지 못한다면 결코 위대해질 수 없다. 난관을 극복하는 것도 혼자 할 수 없다. 위대하신 분이 도와주셔야 한다. "여호와께서는 모든 넘어지는 자들을 붙드시며 비굴한 자들을 일으키시는도다"(14절). 하나님은 당신을 따르는 사람들의 삶의 세세한 부분까지 도우신다. "모든 사람의 눈이 주를 앙망하오니 주는 때를 따라 그들에게 먹을 것을 주시며 손을 펴사 모든 생물의 소원을 만족하게 하시나이다 여호와께서는 그 모든 행위에 의로우시며 그 모든 일에 은혜로우시도다"(15~17절).

하나님의 위대하심은 당신을 따르는 사람들의 기도를 들으신다는 것이다. 목소리를 들으시되 간구의 내용을 함께 들으신다. 기도를 들으신 하나님이 간구하는 사람에게 찾아오신다. "여호와께서는 자기에게 간구하는 모든 자 곧 진실하게 간구하는 모든 자에게 가까이 하시는도다"(18절). 하나님이 왜 찾아오시는가? 구원하시기 위함이다. "그는 자기를 경외하는 자들의 소원을 이루시며 또 그들의 부르짖음을 들으사 구원하시리로다"(19절). 하나님이 당신에게 간구하는 사람을 구원하심으로 위대하신 분임을 스스로 증명하신다. 증명된 것을 보고 깨달은 사람 역시 하나님의 위대하신 길을 뒤따를 수밖에 없다.

위대하신 하나님은 사람이 할 수 없는 일을 행하신다. 사람은 한계를 가지고 있으므로 사물이나 사람을 함부로 심판할 수 없다. 그러나 위대하신 하나님은 심판하실 수 있다. 하나님이 심판의 기준이 되신다. "여호와께서 자기를 사랑하는 자들은 다 보호하시고 악인들은 다 멸하시리로다"(20절). 하나님이 세상을 바르게 하신다. 사람이 바로 잡으려 해도 되지 않는 세상이 하나님에 의해 바로잡힌다. 이것을 깨달은 사람은 하나님의 위대하심을 더 찬양한다. "내 입이 여호와의 영예를 말하며 모든 육체가 그의 거룩하신 이름을 영원히 송축할지로다"(21절). 위대한 분을 노래하며 뒤따르는 길이야말로 위대함에 이르는 길이다.

시편 146편
다스림의 영성과 고레스

고레스 칙령

고레스는 페르시아의 왕이다. 그는 대제국 바벨론을 물리치고 유럽과 아시아 그리고 아프리카 지역을 평정하여 페르시아 제국을 건설하였다. 그가 제국을 일으킨 후에 어떤 일을 하였을까? 일단 제국을 일으킨 사람들은 자기만의 통치행위를 한다. 고레스의 통치행위는 백성에게 자유와 해방을 주는 것이었다. 가장 큰 예로 유다 백성에게는 고국으로 돌아가 예루살렘 성전을 재건할 수 있도록 허락해 주었다. 고레스는 칙령을 내려서 정복지의 백성에게 각각 자기들의 고향으로 돌아가 과거의 문화를 복원시킬 것을 허락한다. 자유와 해방을 얻음으로 제국의 수장이며 황제인 자기를 존경하며 따르라는 것이다.

고레스의 정책은 정복지의 백성을 무조건 죽이고, 약탈하고, 파괴하며 초토화시켜는 앗수르의 정책과는 완전히 다른 것이었다. 앗수르의 정책은 누구든지 반기를 드는 사람에게 이런 식으로 죽을 것이라는 강한 암시를 담고 있었다. 앗수르는 포악한 방법 때문에 수많은 나라와 백성으로부터 원성을 받았다. 그러나 앗수르가 아무리 짓눌러도 앗수르보다 강한 나라가 생겨날 것이다. 그때는 피지배 민족들이 앗수르를 틀림없이 배반할 것이다. 그만큼 억눌려 있었기 때문에 해방을 위해 분연히 일어설 것이다. 앗수르가 신흥 제국 바벨론에게 멸망당할 때 그들의 포악한 행동으로 인해 흔적조차도 남지 않았다.

고레스가 칙령을 내리게 되는 동기가 무엇일까? 그것은 고레스가 만군의 하나님 여호와를 알고 있었다는 것이다. 고레스는 하나님이 자기에게 제국을 건설하는 지혜와 힘을 주셨음을 공식적으로 인정하였다. 하나님께 감사하는 마음으로 유다 백성에게 고향으로 돌아가 성전을 건축할 것을 명한다. 게다가 자기를 제왕으로 세우신 하나님이 유다 백성과 함께 하시기를 원한다는 축복까지 덧붙인다(대하 36:23). 이는 하나님이 고레스의 마음을 감동시키신 것이었다. 오래 전에 예레미야가 고레스의 마음이 하나님에 의해 감동될 것임을 예언하였다. 역대하와 에스라가 이 사실을 기록하고 있다(대하 36:22, 스 1: 1).

제국의 왕이 되어도 이 정도 겸손하다면 백성에게 자비를 베푸는 왕이 될 것이다. 백성은 왕에게 감사와 존경을 가진다. 주변의 나라들도 왕의 너그러움을 알고 어지간해서는 배반하지 않는다. 자연히 제국의 수명이 오래 갈 것이다. 이러한 지혜가 누구로부터 오는가? 바로 하나님으로부터 온다. 하나님을 믿는 마음과 백성을 사랑하는 마음이 지혜의 결과이다. 왕이 나라를 다스리지만 자기 생각이 아니라 하나님의 지혜에 의해 다스린다. 중요한 결정을 내려야 하는 위기에서 하나님께 묻고 하나님의 뜻에 의해 결정한다. 역사는 이런 왕을 명예로운 이름으로 기억한다. 그리고 후대의 정치가들에게 귀감이 된다.

하나님을 아는 것과 모르는 것

워싱턴의 링컨 기념관에 간 적이 있었다. 그곳에 링컨의 게티스버그 연설문 전문이 실려 있었다. 우리가 잘 아는 대로 "국민의, 국민에 의한, 국민을 위한(of the people, by the people, for the people)" 이라는 말이 있다. 우리는 보통 이 말을 민주주의의 정신을 대표하는 말이라고 알고 있다. 그러나 실제로 전문의 앞뒤 내용을 보니 민주주의 정신보다는 신앙정신을 대표하는 말이었다. 왜냐하면 "국민의, 국민에 의한, 국민을 위한" 이라는 말 바로 앞에 하나님의 뜻에 따라 자유를 본 미국이라는 말이 나오기 때문이다. 이것은 하나님의 백성이 곧 민주주의를 이루는 정신을 가졌다는 말이다.

민주주의에서 국가의 주인은 국민이다. 그러나 국민을 위한다고 하지만 국민의 가치를 알지 못하는 정치가들이 많다. 무늬만 민주주의일 뿐, 속으로는 자기들의 정치 이념을 실현하려는 정치가들이다. 진정으로 국민을 위한 정치가는 어디서 나올까? 국가의 주인이 국민이지만 그 국민을 다스리는 분이 하나님이라는 것을 깨닫는 사람이 필요하다. 그것은 하나님을 알고 그분을 의지하는 믿음과 하나님의 뜻을 묻는 믿음으로부터 나온다. 국가의 주인이라는 개념은 국민이 되기 이전에 하나님임을 깨닫는 신앙과 정치철학의 일체감에서 나온다. 실제로 링컨이 행한 모든 일들은 국민을 위한 일이었지만 이면에는 하나님을 위한 일이었다.

반면에 하나님을 모르는 사람들은 어떻게 될까? 하나님이라는 이름만 알 뿐, 하나님과 교제하지 않는 사람의 모습이 어떻게 나타날까? 그의 결과는 사람을 못살게 하고 눈물을 흘리게 하는 것이다. 수많은 선량한 사람들을 반동으로 몰아서 강제수용소에 보내고, 정치적 목적을 위해 강제 이주시켜 사람이 살지 못하는 땅으로 옮겨다 놓는다. 러시아 연해주 지역의 우리 민족이 스탈린의 정책에 의해 중앙아시아로 이주했었다. 겉으로는 일본 스파이가 있으니 단절시키겠다는 것이지만 아마도 일본과 결탁했을지도 모른다. 강제 이주 정책 때문에 험한 땅에서 고생하다 죽어간 사람들과 한이 서린 인생을 산 사람들이 많다.

하나님이 사랑하시는 사람은 하나님을 알고 그의 다스림을 인정하는 자이다. 사람이 하나님의 형상으로 지어진 존재임을 알기 때문이다. 사람을 진정 사랑한다면 다른 사람을 배려하며 힘들고 고생하는 사람들에게 자유와 행복을 가져다주는 일을 한다. 그것이 하나님의 뜻이기 때문이다. 하나님의 뜻에 따라 정치를 하는 것이다. 정치의 목적이 무엇인가? 국민을 보다 더 행복하게 살게 하는 것이다. 그러나 국민을 탄압하고, 눈물을 흘리게 하며 한이 서리게 한다면 그것은 정치가 아니라 폭력이다. 하나님의 통치를 아는 사람은 진정한 정치와 폭력을 구분할 줄 안다. 그리고 진실의 정치를 선택한다.

이사야의 예언과 예수님

예수님은 정치가로 세상에 오시지 않았다. 그러나 예수님 당시의 사람들은 예수님을 향해 정치가로 활약하기를 원했다. 두 제자의 어머니가 그랬고, 두 제자가 그랬다. 소설가들에 의하면 셀롯인 시몬이나 가룟 유다도 예수님을 향해 정치가로 등장하기를 바랐다고 한다. 셀롯이라는 말 자체가 저항자들의 부류를 뜻하는 것이었고, 가룟이라는 말도 지역적인 특성과 정치적인 특성을 혼합한 말이었다고 한다. 그러나 예수님은 정치가로 등장하지 않았다. 다만 진정한 정치와 다스림의 모양이 무엇인지를 실제로 보이고 행동으로 옮기셨다. 예수님은 진정한 정치철학을 보여주시고 몸으로 직접 실천하신 분이었다.

예수님이 사역 초기에 이사야의 예언을 읽으신 적이 있다. 누가복음에 이 사건을 기록한다. "선지자 이사야의 글을 드리거늘 책을 펴서 이렇게 기록된 데를 찾으시니 곧 주의 성령이 내게 임하셨으니 이는 가난한 자에게 복음을 전하게 하시려고 내게 기름을 부으시고 나를 보내사 포로 된 자에게 자유를, 눈 먼 자에게 다시 보게 함을 전파하며 눌린 자를 자유롭게 하고 주의 은혜의 해를 전파하게 하려 하심이라 하였더라"(눅 4:17~19). 예수님은 여기서 당신의 목적이 사람을 위한 것임을 천명하신다. 그 천명 역시 스스로의 뜻이 아니라 하나님으로부터 온 것이다. 하나님이 진정으로 원하시는 것은 사람의 행복이다.

이 말씀의 기원이 되는 이사야의 말씀을 보자. "주 여호와의 영이 내게 내리셨으니 이는 여호와께서 내게 기름을 부으사 가난한 자에게 아름다운 소식을 전하게 하려 하심이라 나를 보내사 마음이 상한 자를 고치며 포로된 자에게 자유를, 갇힌 자에게 놓임을 선포하며 여호와의 은혜의 해와 우리 하나님의 보복의 날을 선포하여 모든 슬픈 자를 위로하되"(사 61:1~2). 하나님이 원하시는 것은 모든 나라, 모든 민족, 모든 백성이 진정한 자유와 행복을 얻는 것이다. 이것이 하나님이 세상을 다스리시는 근본 원칙이다. 그리고 정치가들에게 주시는 하나님의 지침이다. 예수님은 이것을 분명하게 간파하셨다.

하나님이 원하시는 다스림의 원칙을 깨닫고 실천하는 정치가야말로 위대한 정치가라고 존경을 받을 것이다. 자신의 철학과 생각이 사람들에게 보여지는 과정에서 자기의 내면에 담긴 하나님의 뜻을 실천하는 것이야말로 가장 위대한 정치이다. 사람들 속에서 일하시는 하나님의 뜻을 깨닫고 방향을 정확하게 정하는 것이다. 다스림의 방향과 목적을 자기에게 두거나 자신의 실현에 두지 않는다. 그 방향과 목적을 하나님과 백성에게 두는 것이다. 철저하게 이타적이 되지만 가장 본인에게 유익이 되는 것이다. 이사야가 그것을 예언하였고, 예수님이 그 일을 실천하셨다. 이 시대 사람들이 하나님의 다스림을 실천해야 한다.

시편 기자는 하나님의 다스리심을 알고 있다. 하나님의 다스리심이 사람들을 통해 사람들에게 표현되어야 함도 알고 있다. 하나님이 세상을 다스리실 때 사람들의 생각과 마음 그리고 행동을 사용하신다. 사람이 하는 일이 모두 하나님의 뜻과 계획 속에 있어야 한다. 하나님이 그것을 원하시고, 하나님의 뜻에 맞는 사람이 하나님을 입으로 몸으로 그리고 행동으로 찬양한다. 그러므로 시편 기자는 하나님을 찬양한다. "할렐루야 내 영혼아 여호와를 찬양하라"(1절). 그가 할 수 있는 일은 세상과 사람을 다스리시는 하나님을 평생 찬양하는 것이다. "나의 생전에 여호와를 찬양하며 나의 평생에 내 하나님을 찬송하리로다"(2절).

사람들은 힘이 센 사람, 지혜가 있는 사람을 의지한다. 혼자 힘으로 되지 않으니 사람을 의지하는 것이 당연하다. 그러나 사람을 의지할 때 실망하는 일이 생긴다. 왜냐하면 사람이 완전하지 못하기 때문이다. 사람이 진실하지 않을 수도 있다. 사람은 한계가 있다. 흙에서 왔다가 흙으로 돌아간다. 그러므로 사람을 의지하다가는 낭패를 볼 가능성이 많다. 시편 기자는 사람을 의지하다가 낭패를 본 경우가 여러 번 있었다. 그것을 통해 깨달은 것은 사람에게 의존하지 말자는 것이었다. "귀인들을 의지하지 말며 도울 힘이 없는 인생도 의지하지 말지니 그의 호흡이 끊어지면 흙으로 돌아가서 그 날에 그의 생각이 소멸하리로다"(3~4절).

정치를 하는 것에서도 자신의 힘을 의지하거나 사람을 의지하는 것이 아니라 하나님을 의지한다. 사람은 의지의 대상이 아니라 협력의 대상이다. 사람으로부터 협력을 얻고 동시에 사람과 협력해야 한다. 사람을 의지하지 않는다면 그 대안이 무엇인가? 그것은 이스라엘의 조상부터 지금까지 민족을 도우신 하나님을 의지하는 것이다. 사람을 도우시고 다스리시는 하나님이 원하시는 것은 당신을 의지하는 것이다. 당신을 의지하는 것 자체가 복을 받는 것이며, 복된 행위이다. 사람이 소망이 아니라 하나님께 소망을 두어야 한다. "야곱의 하나님을 자기의 도움으로 삼으며 여호와 자기 하나님에게 자기의 소망을 두는 자는 복이 있도다"(5절).

이스라엘은 하나님을 의지하는 전통을 가졌다. 과거부터 현재까지 역사 속에서 하나님의 다스리심을 받았다. 그리고 하나님을 의존할 때 복을 받았다. 실제로 행복하고 평화로운 시절을 보냈다. 반면에 하나님의 다스리심을 거절하고 제 맘대로 행할 때는 모진 고통을 당했다. 그들은 역사 속에서 이런 경험을 통해 하나님을 의지해야 한다는 것을 배웠다. 하나님의 다스리심에 복종해야 한다. "시온아 여호와는 영원히 다스리시고 네 하나님은 대대로 통치하시리로다 할렐루야"(10절). 이방인 고레스도 하나님의 다스리심을 알고 있는데 하나님의 백성이 모른다면 말이 되지 않는다. 하나님은 당신의 다스리심을 사람이 알기를 원하신다.

하나님의 다스리심을 따라

하나님이 다스리시는 영역이 어디까지인가? 하나님은 자연과 만물을 다스리신다. 하나님이 천지를 창조하셨으니 다스리시는 것도 당연하다. "여호와는 천지와 바다와 그 중의 만물을 지으시며 영원히 진실함을 지키시며"(6절). 다만 하나님은 사람에게 다스리는 일을 위임하셨을 뿐이다. 사람은 하나님의 위임에 따라 세상을 관리하는 역할을 맡았다. 관리자는 다스리는 사람이 아니다. 관리자는 다스리는 분의 뜻과 목적에 합당한 방향으로 가게 하는 일을 한다. 그러므로 세상을 다스리는 것은 사람이 아니라 하나님이시다. 하나님만이 유일한 통치자이시다. 하나님만이 통치자로서 존귀와 영광을 받으셔야 한다.

하나님의 다스리심은 사람들에게도 나타나야 한다. 특히 돈이 많고, 많이 배우고, 거창하게 사는 사람들에게만 하나님의 다스리심이 나타나는 것이 아니라 압박을 당하는 사람, 배고픈 사람, 갇힌 사람들에게도 하나님의 다스리심이 나타나야 한다. "억눌린 사람들을 위해 정의로 심판하시며 주린 자들에게 먹을 것을 주시는 이시로다 여호와께서는 갇힌 자들에게 자유를 주시는도다"(7절). 고레스 칙령은 이런 다스림을 행한 것이다. 하나님의 뜻에 맞는 다스림이다. 링컨이 흑인해방운동을 일으킨 것은 바로 이런 다스림을 행한 것이다. 예수님이 행하신 다스림을 기억하고 그의 활동을 예수님께 초점을 맞춘 것이다.

하나님의 다스리심은 힘들고 어려운 사람들에게 인생의 반전을 허락하신다. 눈이 캄캄하여 앞을 못 보는 사람, 억눌려서 자신의 의사를 제대로 펼치지 못하는 사람, 의로운 생각을 가지고 있음에도 제대로 인정받지 못한 사람은 하나님의 다스리심을 받아야 한다. 하나님이 눈을 뜨게 하시며, 억눌린 사람을 일으키시고, 의인을 인정하신다. "여호와께서 맹인들의 눈을 여시며 여호와께서 비굴한 자들을 일으키시며 여호와께서 의인들을 사랑하시며"(8절). 하나님의 다스림의 영역은 힘이 센 사람들만이 아니다. 하나님의 다스림 영역은 힘이 약한 사람들, 어딘가 부족한 사람들, 하나님의 도우심이 필요한 사람들에게도 적용된다.

하나님의 다스림 영역은 겉만 번지르르 한 사람들이 아니다. 겉모습도 초라하고, 게다가 속까지도 검게 타들어간 사람들이야말로 하나님의 다스리심을 받아야 한다. 하나님이 초라한 사람, 속이 타서 검게 썩어 들어가는 사람을 위로하고 싶으시다. 하나님은 중심인물만을 다스리시지 않는다. 하나님은 주변인처럼 보이는 사람까지도 하나님의 보호 아래 두고 싶으시다. 하나님의 다스림 영역이 구석구석 미치지 않는 곳이 없다. "여호와께서 나그네들을 보호하시며 고아와 과부를 붙드시고 악인들의 길은 굽게 하시는도다"(9절). 왕이나 부자나 힘을 가졌거나 그러하지 않은 누구든지 하나님의 다스리심을 믿고 행해야 한다.

시편 147편

구원의 영성과 빌립보 간수

빌립보 간수

바울이 빌립보에서 실라와 함께 복음을 전할 때였다. 귀신들린 여자 아이 하나가 점을 치며 주인에게 돈을 벌어다 준다. 바울이 이것을 보고 여자아이에게 있는 귀신을 나가게 하였다. 하지만 아이의 주인은 자기 수입이 끊겨진 것에 화가 나서 바울을 고소하였다. 바울과 실라가 관원들에 의해 체포되어 매를 맞고 사슬에 매인 채 감옥에 갇혔다. 바울과 실라는 감옥 안에서도 여전히 찬송하고 기도한다. 보통 사람 같으면 좋은 일을 하고 감옥에 갇혔다고 원망하며 다시는 좋은 일을 하지 않겠다고 다짐할 것이다. 그러나 진짜로 좋은 일을 하는 사람은 감옥에 갇혔을 때 더 좋은 일을 생각한다.

바울과 실라가 찬송하고 기도할 때 지진이 나고 사슬이 끊기며 옥문이 열렸다. 바울과 실라는 탈옥할 수 있는 기회를 얻었다. 그런데도 두 사람이 감옥 안에 그냥 앉아 있다. 바울과 실라를 감시해야 하는 간수는 이런 와중에서도 태연하게 잠을 자고 있었다. 그러다가 깨어 보니 감옥 문이 열려 있고, 감옥 안에는 캄캄하여 아무도 없는 것처럼 보였다. 죄수가 탈출한 것 같은 생각이 들었다. 간수에게 갑자기 두려움이 몰려왔다. 죄수를 제대로 감시하지 못한 죄책감과 졸다가 죄수를 놓치고 말았다는 자괴감 그리고 윗 사람들로부터 당할 수모 등을 생각하니 갑자기 살기가 싫어졌다. 그래서 차고 있던 칼을 빼어 자살을 하려 한다.

그런데 감옥 안에서 점잖은 소리가 들려온다. "네 몸을 상하지 말라 우리가 다 여기 있노라"(행 16:28). 간수가 급히 등불을 찾아 감옥 안을 비춰 보니 과연 그 안에 죄수들이 그대로 있다. 간수가 생각하기에 이런 일이 처음이다. 감옥문이 열렸는데 도망을 하지 않고 그대로 앉아있는 사람들을 처음 보았다. 갑자기 간수가 바울과 실라 앞에 엎드린다. 바울과 실라를 향해 존경심과 두려움이 함께 생긴다. 감옥이 열려도 탈출하지 않는 것을 보니 죄인이 아닌 것이 분명하고 당당하며 죽으려는 자기를 향해 말리기까지 했으니 두 사람이 이미 간수에게는 죄수가 아니라 생명의 은인이 되었기 때문이다.

간수가 바울과 실라에게 묻는다. "선생님들 어떻게 하여야 구원을 얻습니까?" 이 때 바울이 대답한 말이다. "주 예수를 믿으라 그리하면 너와 네 집이 구원을 받으리라"(행 16:31). 간수가 이 말에 순종하였다. 그가 그 때부터 예수님을 믿었다. 바울과 실라를 자기 집으로 모셔다가 복음을 전하도록 해 주었다. 두 사람의 상처를 치료해 주고, 온 가족이 함께 세례를 받았다. 또 음식을 차려 두 사람과 함께 먹으며 온 가족이 기뻐하였다. 간수는 죽으려고 하다가 상상하지 못한 기쁨의 시간으로 반전되었다. 죽었으면 이런 행복을 얻지 못했을 것이다. 간수만 구원받은 것이 아니라 온 가족이 함께 구원을 받았다.

훼방을 받으면

누구든지 실수를 하고, 실패와 위기를 당한다. 그러나 실수에 대해 취하는 자세가 사람마다 다르다. 어떤 사람은 솔직하게 자기가 실수했다고 말한다. 이런 사람은 앞에서는 창피할 줄 모르나 뒤에서는 용기있는 사람이라고 인정을 받는다. 어떤 사람은 자기가 실수한 줄 속으로는 알면서 겉으로는 아니라고 우긴다. 자존심 때문에 실수를 인정하는 것을 허락하지 않는 것이다. 이런 사람은 고집이 센 사람이라고 손가락질을 당한다. 어떤 사람은 자기가 실수한 줄조차도 모르는 사람이 있다. 그래서 실수를 나무라는 사람을 향해 싸우자고 덤빈다. 이런 사람은 어리석은 사람이라고 여겨져서 사람들이 아예 상대조차도 하지 않는다.

좋은 일을 하는 과정에서 훼방을 받는 사람도 있다. 바울이 귀신 들린 아이를 고쳐준 것처럼 말이다. 훼방을 받을 때에도 취하는 태도가 여러 가지이다. 좋은 일을 하다가 훼방을 받으면 훼방하는 사람을 원망하며 분노하는 사람이 있다. 나는 옳고 너는 그르다고 생각하는 것이다. 이런 사람은 믿음을 가졌어도 하나님이 간섭하신다는 사실을 잊고 있다. 그래서 분노하는 것이다. 자기 생각대로 되어야 하는 이기심이 그 마음속에 자리를 잡고 있는 것이다. 훼방하는 사람을 향해 몇 번 반항하다가 안 되면 좋은 일조차 포기해 버린다. 이런 사람에게 있어 좋은 일은 남을 생각하는 것이 아니라 자기 이름을 먼저 드러내보려고 하는 것이다.

어떤 이는 훼방을 받을 때 훼방하는 사람을 불쌍하게 여긴다. 훼방하는 사람이 몰라서 그런 것이니 상관하지 말자며 자기 일을 묵묵히 진행한다. 그럴수록 훼방이 더 심해진다. 그래도 여전히 참는다. 감옥에 갇혀서도 참고, 욕을 들어도 참는다. 훼방하는 사람들이 돌부처를 향해도 그렇게 욕을 하면 화를 낼 텐데, 그렇지 않은 것을 보니 돌부처보다 더 지독한 사람이라고 말하며 포기해버린다. 마치 권투 경기에서 아무리 때려도 맞는 선수가 쓰러지지 않으면 때린 선수가 먼저 지치는 격이다. 나중에는 훼방하던 사람이 자기 잘못을 인정하고 좋은 일 앞에 무릎을 꿇는다. 그리고 열렬한 팬과 성원자로 바뀐다.

어떤 경우에는 분노하다가 체념하고 침묵으로 돌아서는 사람, 묵묵히 듣다가 분노해서 사람을 놀라게 하는 사람이 있다. 저항과 체념, 분노와 침묵이 교차되는 사람이다. 대부분의 사람들이 이런 경우에 속한다. 다만 어느 편이 더 많으냐의 차이이고, 상대에 따라 어떤 입장을 취하느냐의 차이일 뿐이다. 그리고 마지막 결과로 어떤 입장을 취하느냐의 차이이다. 존경받는 사람은 어느 쪽일까? 마지막으로 승리하는 사람은 어느 것을 선택하는 사람일까? 아마 거의 모든 사람이 그것을 알고 있을 것이다. 그렇지만 마음대로 되지 않는다. 자기 마음과 말을 조절하는 능력이 없기 때문이다. 그래도 좋은 결과를 향해 가보자.

구원 이후 성장 과정

사람이 훼방과 위기를 당하는 이유가 무엇일까? 근본적으로는 죄인이기 때문이다. 위기와 훼방은 죄인이 의인으로서 성품을 형성하는 과정이다. 이미 죄인은 믿음으로 의인이 되었다. 믿음을 가진 것도 하나님의 은혜이다. 그러므로 의인이 되는 것은 순전히 하나님의 은혜이다. 그런데 은혜를 받은 의인조차도 위기와 훼방을 당할 수 있다. 그것은 의인의 모습으로 인정받고 성숙하기 위한 하나님의 계획이다. 사람은 위기와 훼방을 달가워하지 않지만 하나님은 의인을 성숙시키고 의인의 승리를 보고 싶으시기 때문에 위기와 훼방을 잠시 허락하신다. 위기와 훼방은 죄인에서 의인으로 변한 것을 증명하는 과정이다.

기독교 리더십 전문가 로버트 클린턴은 위기와 훼방이 기독교인의 삶 속에 반드시 나타난다고 한다. 그것은 하나님께서 의인에게 성실성을 점검하는 것이다. 이때 사람은 반항과 불평, 침묵과 인내 등의 선택을 할 수 있는 기회가 있다. 어떤 선택을 하느냐에 따라 하나님께 순종이 결정된다. 하나님이 순종을 보시고 그의 성실성에 대하여 검증하신다. 일단 순종하기만 하면 그는 하나님이 원하시는 성장과 성숙의 계단을 한 계단 오르게 된다. 그 결과로 하나님이 의인의 삶을 인정하신다. 의인이 더 많은 사람 더 넓은 사회에 영향력을 끼치도록 허락하신다. 이것이 영적 성장 사이클이다.

반면에 영적 침체 사이클도 있다. 기독교인의 여정에서 성실성 점검의 기회가 있을 때, 성실성을 보여주지 못하는 것이다. 위기와 훼방 때 불평하고, 사람들과 갈등하고 싸움으로 인해 성실한 모습을 하나님께 보여드리지 못하는 것이다. 이것이 곧 불순종이다. 이러한 불순종은 개인적으로 영적 침체의 과정에 이른다. 영적으로 침체하면 그의 내면에 있는 복음이 감추어진다. 이것이 영적 죽음으로 이르게 된다. 바울이 이런 과정에서 순종과 성실이 증명됨으로 빌립보 간수에게 구원의 복음을 전할 수 있었다. 바울과 실라의 선택으로 인해 구원의 복음이 빌립보 간수와 그의 가족들에게 나타날 수 있었다.

그렇다면 침체에 빠진 사람은 어떻게 할까? 침체에 빠진 사람은 하나님이 주신 믿음의 가능성을 다시 회복해야 한다. 그리고 그는 다시 기독교인으로서 여정을 시작해야 한다. 여기 하나님이 성실성을 점검하는 기회에서 순종을 선택해야 한다. 문제는 기독교인의 85% 정도가 순종보다는 불순종을 선택한다는 것이다. 그러한 불순종의 모습이 다른 사람의 구원을 방해한다. 불순종이 가족의 구원도 방해한다. 앞으로 가족이나 이웃이 구원받게 하려면 어떻게 해야 하는가? 성실과 순종을 증명하여야 한다. 아마 빌립보 간수의 가족이 구원을 받은 것 역시 간수의 선택이 성실과 순종에 합당하였기 때문일 것이다.

시편 기자는 위기와 훼방을 당한 이후 하나님이 주시는 구원을 경험하였다. 한 사람만 위기와 훼방을 당하는 것이 아니라 민족 전체가 위기와 훼방을 겪은 적도 있다. 하나님은 위기 때마다 구원하셨다. "여호와께서 예루살렘을 세우시며 이스라엘의 흩어진 자들을 모으시며 상심한 자들을 고치시며 그들의 상처를 싸매시는도다"(2~3절). 하나님께서 이스라엘이 당하는 위기와 훼방에서 그 민족을 구출해 주셨다. 하나님의 은혜와 능력을 생각하면 얼마나 감사한지 하나님을 향한 찬송이 저절로 나온다. 선하신 하나님이 백성에게 구원을 행하셨기 때문이다. "할렐루야 우리 하나님을 찬양하는 일이 선함이여 찬송하는 일이 아름답고 마땅하도다"(1절).

구원을 행하시는 하나님이 어떤 분이신가? 그분은 우주를 창조하시고 다스리시는 분이시다. 하나님은 모든 별과 별의 이름을 알고 계신다. "그가 별들의 수효를 세시고 그것들을 다 이름대로 부르시는도다"(4절). 그만큼 하나님은 넓은 우주에 계시며, 무한한 능력과 지혜를 가지고 계신다. "우리 주는 위대하시며 능력이 많으시며 그의 지혜가 무궁하시도다"(5절). 하나님은 우주의 주인이시다. 하나님이 우리에게 주시는 구원은 우주적인 차원이다. 우주를 다스리시는 하나님의 계획이기 때문이다. 구원받은 사람은 현재의 작은 것 때문에 분노하지 않는다. 더 큰 구원을 기억하고 그것을 이루기 위해 하나님 앞에 성실함을 보이려 한다.

하나님의 구원 대상이 누구인가? 바로 믿음의 사람인 의인이다. 의인은 하나님 앞에 겸손하다. 하나님이 겸손한 의인을 구원하시고 악인을 굴복시키신다. "여호와께서 겸손한 자들은 붙드시고 악인들은 땅에 엎드러뜨리시는도다"(6절). 하나님의 구원은 사람에 따라 다르다. 겸손한 사람은 구원의 대상이지만, 악인은 구원의 대상이 아니다. 악인은 하나님의 권위와 능력 앞에 두려움과 떨림으로 엎드린다. 그렇다고 악인의 구원이 이루어지는 것은 아니다. 두려움과 떨림만 가지고 있을 뿐 하나님 앞에 겸손해지지 않는다면 구원받을 수 없다. 공포심과 굴복이 믿음의 차원으로 승화되지 않는다면 하나님으로부터 구원받을 수 없다.

이스라엘은 하나님을 두려움과 공포의 대상으로 생각하지 않는다. 죄인이었을 때는 하나님을 향해 공포와 두려움을 가지지만 회개한 의인은 하나님과 친해진다. 하나님 앞에 간구할 수 있으며, 하나님의 구원 계획에 참여할 수도 있다. 하나님께 아뢰기도 하고, 하나님의 말씀을 듣기도 한다. 구원을 받은 사람은 하나님과 대화를 나눌 수 있는 자격과 특권을 가졌다. 구원받은 사람 역시 하나님과 친근한 대화를 나누며 위기와 훼방 중에서 하나님께 성실과 순종을 보인다. 하나님께 감사하며 찬양하는 것도 구원받은 사람으로서 성실과 순종을 보이는 것이다. "감사함으로 여호와께 노래하며 수금으로 하나님께 찬양할지어다"(7절).

구원의 축복

하나님의 구원은 사람의 모든 차원을 망라한다. 사람이 살아가는 모든 환경과 자연은 하나님의 구원 모습이다. 구원이란 만물이 온전하게 되는 것이다. 하나님이 구원받은 사람에게 정상적인 자연의 모습을 보이심으로 축복하신다. "그가 구름으로 하늘을 덮으시며 땅을 위하여 비를 준비하시며 산에 풀이 자라게 하시며 들짐승과 우는 까마귀 새끼에게 먹을 것을 주시는도다"(8~9절). 하나님의 구원은 하늘과 구름, 땅의 산과 풀, 들짐승과 까마귀까지 영향을 끼친다. 자연과 짐승들이 왜 정상을 회복해야 하는가? 그것은 하나님의 능력을 증명하기 위함이며, 구원받은 사람의 삶을 돕기 위한 하나님의 조치이기 때문이다.

하나님이 기뻐하시는 것은 구원받는 사람이 더 생기는 것이다. 빌립보 간수와 그의 가족처럼 온 가족의 구원을 하나님이 원하신다. 사도행전 2장에서처럼 날마다 구원받는 사람이 더해지기를 하나님이 원하신다. 하나님은 인간의 능력을 필요로 하는 것이 아니라, 믿음을 필요로 하신다. "여호와는 말의 힘이 세다 하여 기뻐하지 아니하시며 사람의 다리가 억세다 하여 기뻐하지 아니하시고 여호와는 자기를 경외하는 자들과 그의 인자하심을 바라는 자들을 기뻐하시는도다"(10~11절). 능력이 많으신 하나님은 하나님의 능력을 받을 사람을 찾으신다. 그 사람은 하나님을 찬양하는 사람이다. "예루살렘아 여호와를 찬송할지어다 시온아 네 하나님을 찬양할지어다"(12절).

하나님이 구원받은 사람에게 복을 주신다. 자녀에게 복을 주시며, 집안을 평안케 하시고, 배불리 먹이신다. 하나님이 구원받은 사람에게 말씀으로 복을 주신다. "그가 네 문빗장을 견고히 하시고 네 가운데에 있는 너의 자녀들에게 복을 주셨으며 네 경내를 평안하게 하시고 아름다운 밀로 너를 배불리시며 그의 명령을 땅에 보내시니 그의 말씀이 속히 달리는도다"(13~15절). 하나님은 추위와 얼음을 녹이시고, 구원받은 사람을 안심하게 하신다. "눈을 양털 같이 내리시며 서리를 재 같이 흩으시며 우박을 떡 부스러기 같이 뿌리시나니 누가 능히 그의 추위를 감당하리요 그의 말씀을 보내사 그것들을 녹이시고 바람을 불게 하신즉 물이 흐르는도다"(16~18절).

시편 148편
우주의 영성과 이십사 장로

찬양하는 장로들

계시록에는 하늘에서 찬양하는 이십사 장로가 등장한다. 최초로 등장한 것은 4장에서이다. 사도 요한이 하늘의 음성을 듣고 하늘의 보좌를 보았는데 거기 이십사 장로들이 흰옷을 입고 각기 보좌에 앉아있었다. 이십사 장로가 하는 일은 찬양하는 일이다. 하나님과 어린 양 예수를 찬양하는 역할을 한다. 이십사 장로가 어린 양을 찬양하는 모습이 기록되었다는 것은 어린 양이 이십사 장로의 찬양을 받기에 합당한 존재라는 의미이다. 계시록 5장에서는 이십사 장로가 기도의 금 대접을 어린 양에게 드리는 역할을 한다. 어느 경우든 어린 양은 이십사 장로로부터 대우를 받고, 이십사 장로는 하나님과 예수님을 찬양하고 보좌하는 역할을 한다.

이십사 장로의 기원에 대해서는 성경에 정확하게 기록되어 있지 않다. 다만 성서학자들이 추측하고 상징적인 숫자로 해석하는 등 이십사 장로에 대한 의견이 분분하다. 혹자는 열두 지파와 열두 제자를 합친 숫자라고 말하고, 혹자는 유대인과 이방인 교회 모두를 의미한다고도 해석한다. 어떤 이는 하늘의 천사들 혹은 천사장을 의미한다고 말한다. 그러나 어떤 해석이라도 명확한 증거가 없다. 우리가 알 수 있는 것은 이십사 장로가 하나님과 어린 양을 섬기고 찬양하는 하늘의 존재라는 사실이다. 아마도 이십사가 이스라엘의 완전 수 열둘의 두 배임을 감안하면 장로들의 찬양이 완전하다는 것을 상징할지 모른다.

찬양하는 역할을 하지만 그 패턴이 분명하다. 계시록은 이십사 장로가 하나님과 어린 양에 대한 우주적 통치를 찬양하고 있다고 기록한다. 이십사 장로는 보좌 위에 앉으신 어린 양에게 찬송과 존귀와 영광과 능력이 세세무궁토록 있기를 찬송한다(계 4:11). 이 찬송은 계시록 5장에서 하늘 위, 땅 위, 땅 아래 그리고 바다 위와 바다 가운데 모든 생물들이 똑같이 찬양한다. 그것도 이십사 장로가 어린 양께 성도들이 기도한 기도의 금대접을 드린 후에 일어났다. 이십사 장로는 어린 양이 우주의 창조자요 통치자이며, 찬양을 받기에 합당하신 분이라는 것이 증명하고 확산시킨다. 하늘의 존재가 할 일이 바로 이것이다.

기독교 신앙은 유일하신 여호와 하나님이 우주의 창조자요, 통치자이심을 믿는다. 하나님의 우주 통치는 영원하며 모든 나라와 모든 백성에게 알려질 것이다. 심지어 하늘과 무저갱의 영적 존재조차도 하나님의 우주 통치를 알고 하나님 앞에 부복할 것이다. 이십사 장로는 그들 중에서 가장 앞장서서 우주의 하나님을 노래한다. 하나님이 어린 양과 함께 우주를 창조하시고 통치하신다. 이십사 장로는 우주를 통해 영광을 받으신 분, 앞으로도 영원히 영광을 받으실 분을 노래한다. 우주가 어린 양의 통치 아래 있으므로, 우주가 어린 양을 노래해야 한다. 살아 있는 듯 정확한 패턴을 보이며 움직이는 우주도 하나님을 찬양해야 한다.

우주 여행

냉전 시대에 미국과 소련은 여러 가지 면에서 경쟁을 벌였다. 군비 경쟁을 벌여서 핵무기를 개발했다. 세계의 패권국가가 되려고 주도권 다툼을 벌여 일촉즉발의 전쟁 위기에 처한 적도 있었다. 미국과 소련은 눈이 보이지는 않지만 치열한 첩보전쟁을 치렀고, 이 때문에 첩보영화도 많이 등장하였다. 미국 쪽에서는 미국은 선이고, 소련은 악이라는 구도가 영화를 통해 증명하려는 의도가 있었다. 영화를 통해 정치적 지지까지 얻으려는 것이다. 사실 전쟁과 첩보, 냉전과 군비는 경쟁 당사자 모두가 악하다. 다만 외부적으로 드러내는 목적과 의도에 따라 선하게 보이기도 하고, 악하게 보이기도 하는 것이다.

미국과 소련의 경쟁은 그것으로 끝나지 않았다. 소위 말하는 우주 개발이 있었다. 우주 개발에 성과를 먼저 올린 것은 소련이었다. 소련이 우주선 스푸트니크 2호를 1957년 11월에 발사하였는데, 여기에 라이카라고 하는 개를 탑승시켜 우주에서 1주간을 지내게 했다. 이것은 인간이 탄 우주선의 출현을 예고하는 것이었다. 한편 미국은 머큐리 계획으로 유인우주선을 실현시키려고 하였다. 우주선 머큐리 호는 총중량 1.3t으로 1인승인데, 7명의 우주비행사가 선발되어 훈련이 시작되었다. 미국으로서는 우주에 생물체를 보내는 것이 소련에는 뒤쳐졌지만 사람을 보내는 것은 미국이 앞서겠다는 의도였다.

한편 소련에서도 4.7t의 1인승 우주선 계획이 진척되어, 1960년 8월 개 2마리를 태운 스푸트니크 5호를 무사히 회수함으로 유인우주선의 실현이 머지않았음을 예감하게 하였고, 마침내 1961년 4월 12일 우주선 보스토크 1호에 Y.A. 가가린이 탑승하여 대기권 밖으로 나갔고, 1시간 48분 동안 지구를 일주하고 무사히 소련 영내에 착륙하였다. 그때 가가린은 "지구는 푸르다."라는 말했다. 이 비행은 인간이 우주로 나선 최초의 기록이며, 이로부터 본격적인 우주시대가 시작되었다. 가가린은 귀환 후 아무리 둘러봐도 하나님이 없다고 말하였다. 그는 1968년 3월 비행 훈련 중 블라디미르 주에 추락하여 사망하였다.

보스토크에 한발 뒤진 미국의 머큐리 계획은 그 다음해 2월 20일에

J.H. 글렌이 탑승한 프렌드십 7호가 미국 최초로 지구를 3바퀴 도는 데 성공함으로써 실현되었다. 그는 "우주는 너무나 아름다웠다. 대자연은 너무나 큰 신비를 지니고 있었다. 나는 다시 한 번 창조주의 전능에 고개 숙이지 않을 수 없다"고 말하였다. 글렌의 성공은 머큐리 계획을 성공시켜 잔뜩 자존심이 상한 미국의 자존심을 어느 정도 세워준 것이었다. 그는 정치에 입문하여 상원의원을 지냈고, 1998년 77세 때 디스커버리 호를 타고 우주여행을 함으로 최고령 우주인이 되었다. 우주여행 중에 소련인과 미국인의 다른 점은 하나님을 느끼느냐에 있었다.

우주 신앙

1950년대 우주 개발 경쟁에서 소련에 뒤진 미국으로서는 특단의 대책이 필요했다. 특히 정권을 잡은 사람들은 소련과의 경쟁에서 이기는 것이 정권을 유지하는 방법이기도 하였다. 미국의 케네디 대통령이 의회에서 우주 개발에 관한 야심 있는 계획을 천명하였다. 1961년 5월 25일 케네디 대통령이 의회에서 우주 개발에 관련된 연설을 하였다. "나는 이 나라가 60년대 안에 인간을 달에 착륙시키고, 그리고 나서 무사히 지구로 귀환시킨다는 목표를 겨냥해야 한다고 믿는다." 케네디의 연설은 미국 의회와 국민을 감동시켰고, 온 나라가 우주 개발에 전폭적인 지지를 보냈다. 이 계획은 아폴로 계획이라고 이름 지어졌다.

1969년 7월 20일, 아폴로 11호의 선장 닐 암스트롱이 착륙선 이글에서 '고요의 바다'에 내려진 사닥다리를 천천히 내려오고 있었다. 케네디 대통령의 역사적 연설이 있은 지 8년이 지났을 때였다. 암스트롱이 준비한 말은 "한 사람의 인간에게는 보잘 것 없는 한 걸음이지만 인류에게는 위대한 도약이다."라는 것이었다. 이어서 올드린이 내려섰다. 이 상황은 전 세계에

중계되었다. 어떤 이들은 아폴로 11호의 달 착륙을 꾸며낸 것이며 쇼라고 말한다. 미국이 소련에 지지 않고, 케네디의 약속을 지킴으로 자존심을 세우기 위한 것이었다고 주장한다. 사실이야 어찌되었든 우주를 날고 싶은 인간의 욕망은 분명하다.

두 사람의 우주인 이야기로 돌아가려 한다. 소련인 가가린은 지구는 푸르며 지구 밖에서 보니 하나님이 없다고 말했다. 공산주의자다운 말이다. 반면에 미국인 글렌은 아름다운 우주와 자연을 보고 하나님의 창조를 생각하였고, 전능자 하나님을 찬양하였다. 미국인다운 말이다. 똑같은 지구를 보고도 어떻게 이렇게 생각이 다를 수 있다는 말인가? 두 사람의 생각이 다른 이유가 무엇인가? 불신자들은 이데올로기라고 대답할 것이다. 그러나 하나님에 관한 이야기를 하는 것으로 보아 신앙의 차이이다. 신앙의 차이가 두 사람의 보는 눈을 다르게 하였다. 뿐만 아니라 그리고 그들의 인생 여정과 종말이 달라졌다.

우주를 탐험하고 싶은 호기은 누구나 가지고 있다. 인간은 우주를 탐사할 수 있는 기술까지 개발하였다. 그렇다고 인간이 우주를 만들 수 있는가? 결코 그렇지 않다. 인간은 우주를 보고 창조하신 하나님을 찬양할 의무만 가진다. 인간은 우주를 보고 우주가 하나님을 찬양하고 있다는 것을 깨달아야 한다. 우주 개발 계획은 인간의 가능성과 기술력을 증명하는 기회이지만 동시에 하나님의 신비하심과 우주가 하나님을 찬양하고 있다는 것을 증명하는 기회여야 한다. 하나님이 그것을 사람에게 원하신다. 그래서 성경을 통해 우주가 하나님을 찬양한다는 것을 미리 알려 주셨다. 신앙의 사람은 성경을 보고 이런 영적 감각을 가져야 한다.

시편 기자는 하나님을 찬양하는 우주의 모습을 보고 있다. 하늘에서 하나님을 향한 찬양이 울려 퍼지고 있다. "할렐루야 하늘에서 여호와를 찬양하며 높은 데서 그를 찬양할지어다"(1절). 우주 전체와 구석구석이 하나님을 찬양할 장소이다. 하늘의 영적 존재도 하나님을 찬양한다. 그들의 의무는 하나님을 찬양하는 것이다. "그의 모든 천사여 찬양하며 모든 군대여 그를 찬양할지어다 "(2절). 시편 기자는 감히 우주와 하늘의 영적 존재를 향해 찬양을 명하는 형식을 취하고 있다. 높은 지위를 가진 사람이 낮은 지위의 사람에게 명령하는 것이 아니라 신앙인으로서 어떤 존재에게든지 하나님을 찬양하라는 당연한 권고를 할 수 있기 때문이다.

우주를 구성하고 있는 것들도 하나님을 찬양해야 한다. 해와 달과 별들이 우주를 구성하고 있다면 그것들이 하나님을 찬양해야 한다. "해와 달아 그를 찬양하며 밝은 별들아 다 그를 찬양할지어다"(3절). 해와 달과 별은 빛을 비추는 역할과 시간을 산정하게 하는 지표가 된다. 시편 기자는 인간의 상상력 너머에 있는 우주의 일원도 하나님을 찬양해야 한다고 믿는다. "하늘의 하늘도 그를 찬양하며 하늘 위에 있는 물들도 그를 찬양할지어다"(4절). 사람은 그것을 다 알 수 없으나 그것들도 하나님에 의해 지배를 받고 있다. 그것들은 모두 하나님에 의해 창조되었기 때문이다. "그것들이 여호와의 이름을 찬양함은 그가 명하시므로 지음을 받았음이로다"(5절).

하나님이 창조하신 자연은 나름대로의 질서와 규칙이 있다. 하나님이 질서와 규칙을 명하시고, 조화롭게 움직이도록 하셨다. 우주의 수많은 구성요소들이 있는데 그것이 사람들의 감각에 느껴지지 않을뿐 움직이고 있다. "그가 또 그것들을 영원히 세우시고 폐하지 못할 명령을 정하셨도다"(6절). 이러한 조화와 질서를 누구도 손 댈 수 없다. 악한 존재도 손 댈 수 없다. 악한 존재라도 하나님을 찬양해야 한다. "너희 용들과 바다여 땅에서 여호와를 찬양하라"(7절). 자연 현상도 우주 속에서 운행하시는 하나님이 하시는 일이므로 하나님을 찬양해야 한다. "불과 우박과 눈과 안개와 그의 말씀을 따르는 광풍이며"(8절).

시편 기자는 우주 안에 있는 요소들 중에 사람의 손이 쉽게 닿지 않는 것 역시 하나님을 찬양해야 한다고 권고한다. 이번에는 사람들의 손에 닿는 것들도 하나님을 찬양해야 함을 권고한다. "산들과 모든 작은 산과 과수와 모든 백향목이며 짐승과 모든 가축과 기는 것과 나는 새며"(9~10절). 사람들의 손에 닿은 것은 사람들이 다스릴 수 있다는 의미를 가진다. 그것들은 사람들의 지혜에 의해 보존되고 개발된다. 그것들의 운명이 전적으로 사람들 손에 달린 것 같다. 그럼에도 그것들은 하나님을 찬양해야 한다. 왜일까? 하나님이 사람들을 통해 그것들을 다스리시기 때문이다. 다스림을 받는 것조차 찬양의 이유이다.

우주 속의 사람

사람은 우주 속에 살고 있다. 역사 속의 인물은 모두 지구라는 곳에서 살았다. 알다시피 지구는 우주의 작은 요소에 불과하다. 사람 역시 지구의 아주 작은 요소이다. 그런데도 사람은 작은 것들을 더 많이 가지려고 욕망을 발산하였다. 아무리 가져봐야 하나님 편에서 본다면 보잘 것 없는 것이다. 역사에서 기록하는 위대한 정복자, 통치자들의 영토가 하나님 편에서 본다면 티끌만도 못하다. 역사가 인정하는 위대하고 지혜로운 사람이라도 하나님이 보시기에는 그저 작고 어리석은 존재에 불과하다. 그런데 하나님이 작은 사람이라도 하나님과 함께 하는 축복과 하나님을 찬양하는 축복을 주셨다. 얼마나 놀라운 일인가?

지구 속에 남녀노소, 빈부귀천, 다양한 인종들이 섞여 살고 있다. "세상의 왕들과 모든 백성과 고관들과 땅의 모든 재판관들이며 총각과 처녀와 노인과 아이들아"(11~12절). 그들이 모여 사회를 이루고 국가를 이룬다. 그들 모두 살아가는 데 필요한 요소를 가지고 있다. 물리적인 요소로 물과 공기, 정신적인 요소로 감정과 지식, 사회적인 요소로 관계 등이 있다. 이러한 모든 요소들이 사람에게서 질서와 조화를 이루고 균형을 잡을 때, 건강한 삶을 산다. 건강한 삶의 가장 근본적인 요소는 신앙이다. 하나님을 알고 의지하며 하나님으로부터 축복을 받아야 한다. 사람은 하나님의 통치에 따라 살며, 하나님의 위대하심을 드러내야 한다.

무엇보다 우주의 일원인 사람은 우주의 주인이신 하나님을 찬양해야 한다. 미국의 우주비행사 글렌처럼 우주를 보며 하나님을 느끼고 찬양할 줄 알아야 한다. 하나님이 우주 위에 가장 높으신 분이며, 우주의 미래를 주관하시기 때문이다. 사람을 비롯한 우주의 모든 요소들이 우주의 주관자 하나님을 알게 되면 당연히 하나님을 찬양하게 될 것이다. "여호와의 이름을 찬양할지어다 그의 이름이 홀로 높으시며 그의 영광이 땅과 하늘 위에 뛰어나심이로다"(13절). 이십사 장로처럼 하나님께 찬송과 존귀와 영광과 지혜와 능력이 있다는 것을 온 세상 사람들이 알도록 찬양해야 한다. 이것이 우주의 구성요소들이 해야 할 첫 번째 우선순위이다.

그런데 이렇게 높으신 하나님이 특별한 관심을 보이신 요소가 하나있다. 바로 당신의 백성이다. 구약시대에는 이스라엘이고, 신약 이후에는 교회를 이루는 성도들이다. 하나님이 교회와 성도들에게 친근히 다가오셨고, 하나님의 보좌의 자리까지 높여 주셨다. 하나님을 찬양할 수 있는 권리를 주셨다. "그가 그의 백성의 뿔을 높이셨으니 그는 모든 성도 곧 그를 가까이 하는 백성 이스라엘 자손의 찬양 받을 이시로다 할렐루야"(14절). 넓고 넓은 우주 속에 있는 아주 작은 존재가 우주의 주인이신 하나님을 찬양할 수 있는 특권을 받은 것이다. 과연 우주의 모든 요소를 향하여 하나님을 찬양하라고 당당하게 명령할만한 일이 아닌가!

특별히 하나님은 구원받은 사람에게 말씀으로 축복하신다. 말씀으로 구원을 확인하시고, 말씀으로 구원의 사람들을 격려하신다. 말씀으로 구원받은 사람들의 살아갈 길을 제시하신다. "그가 그의 말씀을 야곱에게 보이시며 그의 율례와 규례를 이스라엘에게 보이시는도다"(시편 147:19). 이러한 구원을 지금까지 받은 민족이 없었다. 오직 이스라엘만 받았다. "그는 어느 민족에게도 이와 같이 행하지 아니하셨나니 그들은 그의 법도를 알지 못하였도다 할렐루야"(시편 147:20). 이스라엘을 향한 구원의 축복이 믿음의 사람들에게로 퍼져 나갔다. 이러한 하나님의 축복이 오직 구원받은 사람에게만 임한다. 이 축복을 확인하면 위기와 훼방에서 믿음이 더 성장할 것이다.

시편 149편

성도의 영성과 가이사

빌립보 교회의 가이사

사도 바울은 각 도시의 성도들에게 편지를 통해 문안한다. 로마서, 고린도전서에서 성도들에게 문안하고, 옥중서신이라고 불리는 에베소서, 빌립보서 그리고 골로새서에서 성도들에게 문안하는 장면이 나온다. 모두 편지에 서두에서 인사를 할 때 성도들이 등장한다. 이는 바울의 편지를 받는 각 지역에 성도들이 이미 존재하였다는 의미이다. 바울은 그 성도들에 대해서 관심을 가지고 있었다. 그리고 그 관심을 인사를 통해 표현한다. 바울은 성도들의 믿음과 생활에 대한 관심, 끊임없는 핍박과 유혹에 대한 안부를 묻는다. 바울은 성도들에게 편지로 믿음의 삶을 권면하고, 위로하며 격려함으로 용기를 준다.

바울의 편지 중에는 몇몇 성도들이 실명으로 등장한다. 로마서 16장 15절에는 네 명의 이름이 등장한다. "빌롤로고와 율리아와 또 네레오와 그 자매와 올름바와 그들과 함께 있는 모든 성도에게 문안하라" 네 명의 성도가 있었고, 또 그들과 함께 하는 성도들이 있다. 한편 빌립보서 4장 22절에도 성도의 이름이 등장한다. "모든 성도들이 너희에게 문안하되 특히 가이사의 집 사람들 중 몇이니라" 이 구절은 가이사라는 사람의 집에 성도들이 있었다는 것을 보여준다. 가이사의 가족일 수도 있고 혹은 가이사와 한 지붕 아래 사는 사람들일 수도 있다. 가족을 포함해서 한 지붕 아래 사는 사람들로 추측할 수 있다.

당시 성도들은 공동생활을 하였다. 자기 집을 예배 처소로 내어주는 것은 물론이고, 힘들고 어려움을 겪는 성도가 있으면 자기 집에 기거하게 하고 음식을 대접하며 함께 지내는 경우가 많았다. 몇몇 성도들이 불신자들로부터 핍박을 받고, 생활의 근거를 잃었을 때 여유를 가진 성도들이 고난을 당한 성도들을 돌봐주는 것이다. 아마 빌립보서에 등장하는 가이사라는 사람도 곤경을 당하는 성도를 돕는 그런 사람이었을 것이다. 성도들을 돕는 성도, 지도자의 위치에 있는 성도라 할 수 있다. 지위가 높거나 경제적으로 여유를 가진 성도들이 공동생활의 구심점이 되어 그렇지 못한 성도들을 돕고 함께 기거하였다.

사도 바울은 이 모습을 이미 알고 있었고, 편지할 때 한 사람을 대표자로 하여 공동생활을 하는 성도들에게도 안부를 물었던 것 같다. 그런데 가이사는 헬라식 이름이다. 그것도 왕의 이름을 가졌다. 이로 보건대 가이사는 매우 지위가 높은 사람이었던 것 같다. 다른 성도들을 충분히 도울 수 있는 능력을 가진 사람으로 보인다. 대부분의 사람들은 지위가 높으면 교만하고 다른 사람들은 무시하는데 반하여 가이사는 겸손하고 다른 사람들을 돌보는 일을 한다. 믿음이 사람을 이렇게 만든다. 세속적인 사람들과 함께 하는 것보다, 가진 것이 부족하고 지위가 낮아도 겸손한 신앙인들을 함께 하는 것을 더 좋아한다.

성도라는 이름

성도(聖徒)라는 말은 '거룩한 무리'라는 뜻이다. 즉 거룩하다고 일컬음을 받는 사람들의 모임이다. 거룩하다고 일컫는 한 사람뿐만이 아니라 여러 사람을 의미한다. 통상적으로 성도라는 말은 예수님을 믿는 사람을 의미한다. 믿는 사람을 향하여 거룩하다고 지칭하는 것이다. 거룩은 하나님의 성품이고, 동시에 하나님을 믿는 사람들의 성품이다. 레위기에서는 이렇게 권면한다. "나는 너희의 하나님이 되려고 너희를 애굽 땅에서 인도하여 낸 여호와라 내가 거룩하니 너희도 거룩할지어다"(레 11:45). 베드로전서에도 이 말씀이 반복되고 있다. "기록되었으되 내가 거룩하니 너희도 거룩할지어다 하셨느니라"(벧전 1:16).

바울은 믿음의 사람들을 향해 성도라고 표현한다. 성도가 되라는 것이 아니고 이미 성도가 되었다는 것이다. 바울은 성도들의 삶의 모습을 알고 있다. 구체적으로 실명을 거론한 것을 보아서 여러 경로를 통해 성도들의 이름과 삶의 모습에 대하여 들었을 것이다. 이에 대해 바울이 성도라는 이름을 붙여준 것이다. 오늘날처럼 단순히 믿는다고 해서 혹은 출석 성도라고 해서 성도라고 불러주지 않는다. 당시는 믿음 때문에 생명을 잃을 위기가 닥치고 인생의 인프라를 포기해야 하는 상황을 만나는 사람들이 많았다. 그만큼 핍박과 위협이 많았다. 이때 믿음을 선택한 사람들이 교회를 이루었다. 그들은 진짜 성도들이다.

베드로는 믿음의 사람들을 향하여 이렇게 선언한다. "너희는 택하신 족속이요 왕 같은 제사장들이요 거룩한 나라요 그의 소유가 된 백성이니 이는 너희를 어두운 데서 불러 내어 그의 기이한 빛에 들어가게 하신 이의 아름다운 덕을 선포하게 하려 하심이라"(벧전 2:9). 베드로가 믿음의 사람들을 향해 네 가지를 선언한다. 택하신 족속, 왕 같은 제사장, 거룩한 나라 그리고 그분의 소유된 백성이다. 여기 베드로가 믿음의 사람들을 향해 거룩하다고 표현한다. 거룩한 사람은 하나님의 택함을 받은 사람이며, 왕 같은 제사장의 권위를 가졌고, 하나님의 소유된 백성으로 인침을 받았다는 의미이다. 거룩은 여러 존재성을 함께 지닌다.

그러므로 거룩이란 본인의 믿음에 대한 하나님의 평가이다. 거룩은 삶의 모습이며 동시에 삶의 존재이다. 거룩은 믿음의 목표이며 동시에 믿음의 시작이다. 우리의 거룩은 하나님의 거룩하심 때문에 가능하다. 하나님의 거룩이 시작이라면 우리의 거룩은 목표이다. 우리의 거룩을 통해 하나님의 거룩하심이 드러난다. 그것이 거룩의 하나님이 시작이자 목적이신 이유이다. 거룩은 하나님이 허락하시고 인정하시는 것이며 하나님을 모신 사람, 예수님을 닮은 사람의 존재성이다. 하나님이 거룩하다고 인정하실 때 비로소 거룩한 것이다. 성도들은 이런 내적이고 영적 과정을 거친다.

거룩의 시간성

거룩은 두 가지의 시간성을 가진다. 하나는 현재의 시간성이며 다른 하나는 미래의 시간성이다. 현재의 시간성이란 하나님이 나를 향해 지금 거룩하다고 인정하는 것이다. 하나님이 나의 믿음을 인정하시고, 거룩한 존재라고 일컬어주시는 것이다. 한편 미래의 시간성이란 하나님의 영원한 나라에서 거룩한 백성으로 찬양하는 모습이다. 믿음의 목표로써 거룩을 기억하고, 영원한 거룩에 이르기 위해 삶의 작은 부분에서 거룩하기를 원하는 것이며 거룩을 실천하는 것이다. 그러므로 거룩은 두 가지의 시간성을 동시에 가지고 있다. 어느 하나를 무시하면 안 된다. 거룩의 두 가지 시간성이 공존할 때 거룩에 대해 완전히 이해한다.

일반적으로 그리스도인들은 거룩해지기를 원한다. 이것은 아직 거룩하지 못하다는 의미로 해석할 수 있다. 거룩이 목표이며, 하나님 나라에 가기까지는 완전히 거룩하지 못하다는 생각을 가질 수 있다. 왜냐하면 죄악의 세상에서 유혹을 받고, 죄에 노출되어 있는 자기를 보고 있기 때문이다. 작은 죄에도 아파하고, 고민하며 죄의 유혹에 넘어갔을 경우 죄책감을 가진다. 거룩을 미래의 차원으로만 생각한다면 거룩하지 못한 것 때문에 죄책감을 가질 가능성이 높다. 그리고 거룩하기 위해 부단히 노력해야 하는 부담감을 가진다. 거룩하기 위해 지독히도 자기를 절제하는 율법주의적 모습이 나타날 수 있다.

어떤 이들은 거룩한 것에만 초점을 맞춘다. 이미 예수님의 피로서 거룩하게 되었으므로 죄악에 노출되어도 충분히 이길 수 있다는 자신감을 표시한다. 문제는 자신감이 너무 넘쳐서 죄를 지어도 자기 영이 지은 것이 아니고, 자기 육체가 지은 것이라고 합리화한다. 그러면 육체와 영이 떨어져 있다는 말인가? 우리 육신이 살아있는 한 영과 육체는 언제나 붙어있다. 육체가 지은 죄는 영이 지은 것이다. 손이 죄를 지었는데 손이 지은 것이므로 나는 상관없다고 하는 것과 똑같은 이치이기 때문이다. 현재적 거룩은 자신감은 좋으나 지나친 은혜 중심으로 치우쳐서 죄에 대해 무감각해진다는 약점을 가질 수 있다.

거룩은 양면성을 가지고 있다. 미래를 향한 행동인 율법주의적 특성과 현재 이루어진 축복인 은혜 중심적 특성을 동시에 지니고 있다. 거룩의 양면성이 신비하다. 성도란 이런 신비한 양면성의 차원을 통합하고 조화를 이루는 삶을 사는 사람들이다. 그렇다고 아주 어렵지도 않다. 지금 예수님을 믿고 있고 예수님께 순종하면 되는 것이다. 지금 믿는 사람에게 거룩한 존재라 일컫고, 지금 순종하는 사람에게 거룩한 축복을 약속하는 것이다. 믿음과 순종이 별개가 아니듯이 거룩의 시간성 역시 별개의 개념이 아니다. 양면성이지만 하나로 합쳐 있는 것이다. 그러므로 성도의 삶은 매우 신비하다.

시편 기자는 성도를 존귀한 사람으로 인식하고 있다. 존귀한 사람을 보는 것이 즐겁다. "땅에 있는 성도들은 존귀한 자들이니 나의 모든 즐거움이 그들에게 있도다"(시 16:3). 거룩한 사람은 보는 사람이 더 즐겁다. 거룩함에 압도되었으나 바라보는 것이 전혀 부담되지 않고 즐겁기만 하다. 거룩함이 즐거움을 가져다주기 때문이다. 그 즐거움은 하나님을 향한 찬양으로 나타난다. "할렐루야 새 노래로 여호와께 노래하며 성도의 모임 가운데에서 찬양할지어다"(1절). 하나님이 거룩함의 근원이며, 즐거움의 원인이기 때문이다. 그러므로 하나님과 서로를 바라보며 성도는 거룩함과 즐거움 그리고 찬양을 함께한다.

성도들은 자기들의 삶의 근원이 무엇인지를 아는 사람들이다. 보통 사람들은 부모로부터 태어나서 죽으면 조상에게로 돌아간다고 생각한다. 철학자들은 우주의 기원과 사람의 기원을 동일시한다. 물, 불, 흙 정도를 생각한다. 과학자들은 사람을 구성하는 원소를 밝혀내어 사람의 근원을 찾으려 한다. 그러나 아무리 찾아도 사람의 신비를 설명할 수 없다. 게다가 거룩함에 대한 신비를 밝혀내는 것은 더 어렵다. 사람의 거룩함을 밝혀내는 것은 사람을 하나님과 연결시킬 때만이 가능하다. 사람은 하나님의 지으신 존재이다. "이스라엘은 자기를 지으신 이로 말미암아 즐거워하며 시온의 주민은 그들의 왕으로 말미암아 즐거워할지어다"(2절).

하나님으로부터 지음을 받았다고 믿으면 하나님을 뵈올 때마다 하나님을 즐거워한다. 하나님이 백성을 인도하는 방법으로 왕을 허락하셨다. 하나님을 신실히 섬기는 왕, 백성을 끔찍이 아끼고 백성에게 바른 방향을 제시하는 왕, 백성의 삶을 기쁘고 신나게 하는 왕을 볼 때마다 즐거움이 넘쳐난다. 왕의 통치에서 하나님이 백성을 사랑하는 모습을 느낄 수 있다. 사랑을 느끼는 사람은 즐겁다. 그 즐거움이 몸을 통해 표현된다. 하나님을 향한 즐거움을 표현하는 데 동원할 수 있는 모든 악기를 다 동원한다. 심지어 몸조차도 악기이다. "춤 추며 그의 이름을 찬양하며 소고와 수금으로 그를 찬양할지어다"(3절).

하나님은 찬양하고 즐거워하는 백성을 거룩하다고 인정하신다. 찬양하는 백성을 볼 때마다 기뻐하신다. 거룩한 사람이 고난을 당할 때가 있다면 하나님이 그를 구원하신다. 하나님의 구원을 기억하면 하나님 앞에 더 겸손해진다. "춤 추며 그의 이름을 찬양하며 소고와 수금으로 그를 찬양할지어다"(4절). 거룩한 사람은 기본적으로 하나님의 구원을 경험한 사람이다. 그리고 하나님을 기쁘게 하는 존재이다. 거룩한 사람의 마음속에 즐거움이 있으며 잠자리에서조차도 기쁨의 노래가 나온다. 그의 삶 전체가 즐거움 덩어리이다. "성도들은 영광 중에 즐거워하며 그들의 침상에서 기쁨으로 노래할지어다"(5절).

성도의 삶

거룩한 사람은 입술로 거룩함을 드러낸다. 거룩이라는 단어를 사용함으로 거룩해지는 것은 아니다. 단어의 의미는 배움으로 가능하다. 그러나 거룩의 진정한 사용은 하나님을 향한 찬양이며 사람들에게 하나님의 기쁨을 주는 언어생활을 할 때이다. 비난과 원망, 불평과 상처를 주는 말은 그의 마음에 죄악된 요소가 도사리고 있다는 것이다. 마음에 거룩함이 가득하면 입술에서 거룩을 체험하게 하는 말이 나온다. 거룩한 사람의 입술에서 나오는 소리는 하나님을 높이는 소리이다. 하나님을 높인다는 것은 하나님 앞에 겸손하다는 표시이다. 그 결과 하나님은 겸손한 사람에게 은혜를 주시며 그를 높이신다(잠 3:34).

성도의 입에 하나님을 향한 높임이 있다. 거룩한 입을 가진 사람은 분명하고 바르게 행한다. "그들의 입에는 하나님에 대한 찬양이 있고 그들의 손에는 두 날 가진 칼이 있도다"(6절). 두 날을 가졌다는 것은 그만큼 날카롭다는 의미이다. 옳고 그른 것을 분명하게 판단할 수 있고, 옳은 것을 취하며 그른 것을 버린다. 혼란과 혼돈의 세계에서 거룩한 사람이 교통정리를 한다. 거룩한 사람에게는 하나님의 지혜가 있기 때문이다. 거룩한 사람은 행함에 있어서 분명하다. 하나님 앞에 바르고, 사람들 앞에서 일관성을 유지한다. 거룩은 입술로만 나타나는 것이 아니라 행동을 통해 나타난다. 하나님의 사람으로서 바르고 분명한 행함이 거룩함을 표시한다.

거룩한 사람은 정의를 행하는 사람이다. 거룩한 사람은 하나님이 주시는 힘을 받아 악을 행하는 사람을 제압할 것이다. "이것으로 뭇 나라에 보수하며 민족들을 벌하며 그들의 왕들은 사슬로, 그들의 귀인은 철고랑으로 결박하고"(7~8절). 이스라엘이 이방 민족을 제압할 때가 언제였는가? 바로 왕을 비롯한 백성이 거룩했을 때였다. 거룩하지 못했을 때는 이방인들에 의해 시달림을 당하였지만, 하나님 앞에 거룩함을 회복했을 때는 이방을 정벌하고 평화를 누리는 축복을 얻었다. 거룩이란 강한 힘을 가지게 하는 요소이다. 하나님이 거룩한 사람과 민족에게 강한 힘을 주시기 때문이다. 거룩은 칼과 창의 힘보다 훨씬 더 강하다.

거룩은 하나님의 명령을 따라 행함에서 나온다. 거룩한 하나님이 명하시는 것에 순종하는 삶이 있다. 아브라함이 하나님의 명령에 즉시 순종하여 아들 이삭을 번제로 드리려 했듯이, 거룩한 사람은 순종을 즐거워한다. 하나님의 명령을 듣고 그것을 행하는 것도 영광이다. 아무나 하는 것이 아니라 거룩한 사람에게만 주어지는 특권이기 때문이다. "기록한 판결대로 그들에게 시행할지로다 이런 영광은 그의 모든 성도에게 있도다 할렐루야 "(9절). 세상 사람들이 얻을 수 없는 하나님의 지혜와 판단 그리고 행할 수 있는 능력이 거룩한 성도들에게 있다. 하나님이 이처럼 성도들에게 영광의 삶을 허락하신다. 할렐루야!

시편 150편

찬양의 영성과 다윗

찬양의 사람 다윗

성경의 저자 중에 노래를 가장 많이 지은 사람은 다윗이다. 다윗은 군사 전문가, 전략가, 하나님의 마음에 합한 신앙인, 이스라엘의 기초를 놓은 왕, 성전제도를 정비하고 신앙의 조직화를 이룬 사람이다. 뿐만 아니라 다윗은 문학가, 시인, 노래하는 사람이었다. 다윗은 시와 문학 그리고 노래에 관심이 있었고 소질을 가졌다. 그래서 그가 왕이 되었을 때도 성전 제도를 정비하며 각종 찬양대를 조직하고, 찬양대의 지휘자와 봉사자의 역할을 정하였다. 다윗은 스스로 찬양하기도 하고 다른 사람에게 찬양의 기회를 주었다. 동시에 다윗은 찬양이 지속되도록 시스템을 만들어 찬양의 나라가 되도록 하였다.

다윗은 어린 시절에 들에서 양을 치는 목동이었다. 그는 양을 칠 때 무료한 시간을 보내지 않았다. 공상을 한다든지 장난을 치지 않았다. 그는 양 떼를 돌보면서 하나님과 함께 하는 시간을 보냈다. 다윗은 들판에서 혼자 있을 때에 하나님이 함께 하시는 것을 생각하며 수금을 탔다. 어린 시절에는 수금을 타며 노래하는 것이 즐거움이었다. 악기에 대한 소질과 음악에 대한 소질이 있지만 실력을 키우는 것은 순전히 본인의 노력이다. 성인도 연습하면 실력이 느는데 하물며 어린 다윗이 수금을 연습한다면 실력이 일취월장했을 것이다. 이러한 음악 실력은 그의 감수성과 리더십을 높일 수 있는 재능이 되었다.

드디어 다윗에게 수금 실력을 뽐낼 기회가 왔다. 사울 왕이 두통으로 고생할 때였다. 악신이 사울을 괴롭힐 때마다 사울의 두통이 심해서 견디지 못한다. 이 때 신하들이 사울에게 수금을 잘 타는 사람을 구해서 음악을 감상하면 낫게 될 것이라고 권한다. 소위 말하는 음악치료이다. 사울을 치료하는 데 뽑힌 사람이 다윗이었다. 사울이 고통 당할 때 다윗이 곁에서 수금을 타며 노래를 한다. 그러면 사울의 두통이 거짓말처럼 사라진다. 다윗의 음악 실력이 얼마나 출중한지 사울을 괴롭히던 악한 영조차 힘을 쓰지 못하고 물러간다. 찬양은 영적 능력을 가졌다. 찬양은 사람의 정신을 맑게 하고, 치유의 도구로 쓰일 수도 있다.

다윗은 찬양을 생활화했다. 그는 기쁠 때도 찬양하고, 슬플 때도 찬양했다. 즐거운 일이 있을 때도 찬양하고, 불행과 고난이 닥칠 때도 찬양하였다. 아침에도 찬양하고, 낮에도 밤에도 찬양했다. 웃어야 할 때도 찬양하고, 울어야 할 때도 찬양했다. 다윗은 자신의 신앙과 생각 그리고 영성과 감정을 찬양으로 표현했다. 사실 다윗의 삶을 지탱했던 힘은 찬양할 수 있는 신앙이었다. 다윗의 삶을 성공적으로 이끌 수 있었던 요인도 찬양할 수 있는 재능과 영성이었다. 다윗은 자신의 삶의 목적과 방법을 찬양으로 설정하였다. 찬양하기 위해 살며 그의 삶 자체가 곧 찬양이었다. 다윗을 향한 여러 평가가 있지만 다윗이야말로 진정한 찬양의 대가라고 평가할 수 있다.

시편의 찬양

시편은 내용에 있어서 여러 장르의 시로 구성되어 있다. 찬양시, 탄식시, 감사시, 신뢰의 시, 회상의 시, 지혜시, 제왕시 등이 있다. 어떤 시는 한 가지의 장르만이 아니라 두세 가지 장르를 포함하고 있다. 예를 들어 시편 45편은 제왕시, 지혜시, 찬양시이다. 시편 78편은 회상시이며 동시에 지혜시이다. 오늘 우리가 보는 150편은 찬양시이다. 찬양시는 시편에서 가장 많이 나오는 장르이다. 찬양의 대상은 여호와 하나님이시다. 찬양해야 할 이유는 하나님이 우주를 창조하시고, 이스라엘을 선택하셨기 때문이다. 그리고 이스라엘을 애굽에서 구원하셨기 때문이다. 이스라엘은 하나님의 특별한 구원의 대상으로서 하나님을 찬양해야 한다.

시편은 다양한 감정을 담고 있다. 시편을 읽으면 다양한 감정적 언어를 접하게 된다. 존경, 수치, 두려움, 슬픔, 분노, 의심, 사랑 등이다. 시편은 이러한 단어들을 사용하여 하나님 앞에 있는 인간의 불안함을 표현한다. 그리고 불안으로부터 사람을 구하시는 하나님을 만난다. 사람의 감정적 상태는 하나님을 만나기 위한 과정이다. 시편은 단순한 감정만을 표현하는 것이 아니라, 감정을 지배하시는 하나님을 만나고 그 하나님을 찬양하려는 의도를 담고 있다. 하나님은 사람의 어떤 감정이라도 알고 계신다. 그리고 감정의 영역을 다스리신다. 감정의 다스림을 받는 사람은 자신의 감정을 하나님과 연결시켜 문학적 작품을 만들어 낸다.

시편은 구성에 있어서도 여러 특색을 가진다. 알파벳 시편, 교차대칭 구조의 시편 등이 있다. 알파벳 시편이란 각각의 구절이 히브리어의 글자 순서대로 시작하는 것이다. 예를 들어 첫째 구절이 알렙(א)으로 시작되었다면 두 번째 구절은 벧(ב)으로 시작하는 것이다. 대표적인 것이 시편 119편이다. 시편 중에서 가장 긴 시인데, 일곱 구절마다 한 단락이 되어 각각의 단락의 첫 글자가 알파벳 순서대로 나온다. 히브리 알파벳이 23글자인데 마지막 두 번째 글자(שׂ)와 세 번째 글자(שׁ)를 같은 글자로 인정하여 22단락에 각각 8절씩 176절이 된다. 이렇게 시를 만들려면 글자에 대한 이해와 고도의 문학적, 작문 실력이 있어야 한다.

한편 교차대칭 구조는 내용이나 문구가 대칭을 이루고 있는 것이다. 예를 들어 제일 먼저 이야기한 것이 가장 나중에 나오고, 두 번째 이야기한 것이 뒤에서 두 번째로 나오는 경우이다. 교차대칭 구조는 시편 중에서 가장 흥미로운 구조이다. 사실 시편은 평행법을 많이 사용하고 있다. 동의적 평행법, 방의적 평행법, 종합적 평행법, 상징적 평행법 그리고 반복적 평행법이다. 게다가 피봇 플레이(pivot play)라고 하여 한 단어를 가지고 여러 구절에 반복하게 하는 방법이다. 이처럼 정교한 양식을 가지고 있는 것을 보아 시편이 단순히 감정만 담은 것이 아니라 고도의 문학적 기교를 사용하여 문학적 완성도를 높이고 있다.

찬양의 사람 찾기

다윗은 150편의 시편 중에서 가장 많은 편수를 지었다. 정사에 바쁜 사람이 이처럼 많은 문학작품을 남겼다는 것은 그만큼 시간을 효율적으로 사용했다는 의미이기도 하고, 하나님을 향한 열정이 넘쳤다는 것을 의미하기도 한다. 게다가 재능도 있어서 다른 사람보다 더 빨리 자신의 영성과 생각 그리고 감정을 표현할 수 있었다고 볼 수 있다. 과연 다윗은 지도자가 되기에 합당하다. 지도자는 어느 한 분야에서 열정과 두각을 드러낸다. 그러나 한 분야만 외골수로 생각하지 않는다. 다양한 분야에 대한 이해가 있고, 다양한 분야를 망라하고 종합하는 통찰력을 가졌다. 다윗이 바로 그런 인물이다.

하나님은 성공하는 사람보다 찬양하는 사람을 더 좋아하신다. 성공이 수단이라면 찬양이 목적이기 때문이다. 성공한 사람이라고 인정을 받아도 자기 힘으로 성공했다고 생각하면 자기 자랑만 늘어놓을 것이다. 그러나 하나님의 은혜로 성공했다고 하면 하나님을 찬양할 것이다. 젊은 축구선수가 골을 넣고 기도하는 것을 보라. 그리고 승리 후에 기도하는 것을 보라. 그들은 재능과 실력이 있어서 승리에 기여하였다. 그러나 승리 뒤에 하나님이 계신다고 믿는다. 그래서 승리를 허락하신 하나님을 찬양하는 것이다. 아무리 능력이 있어도 하나님을 찬양하지 않는다면 그의 능력은 제한될 것이다. 그들은 무한한 하나님의 능력을 의지해야 한다.

하나님은 무한한 능력을 가지고 계신다. 그리고 그 능력을 사람에게 나누어 주신다. 어떤 사람에게 나누어 주는가? 능력을 받을 대상은 하나님을 찬양할 사람이다. 하나님을 찬양할 것이기 때문에 하나님으로부터 받은 능력을 주저함이 없이 사용한다. 아니 하나님이 주저함이 없이 주신다. 하나님은 재능을 가진 사람보다 찬양할 사람을 먼저 찾으신다. 재능은 하나님이 필요한 대로 주시면 된다. 그러나 찬양은 하나님과의 관계성이다. 하나님은 능력보다 관계성을 먼저 보신다. 하나님과의 관계가 바른 사람, 하나님을 기쁘시게 하는 사람, 하나님을 찬양할 사람이 하나님으로부터 필요한 능력을 부여받을 것이다.

성공하기 위해서 개인의 재능과 노력도 필요하다. 그러나 방향이 분명해야 한다. 방향이 옳지 못하면 재능과 능력이 하나님께 결코 영광이 되지 못한다. 방향을 바로 잡고 그것을 향해 전진하면 재능이 발견되고, 능력이 향상된다. 그러므로 가장 우선적인 것은 하나님과 관계를 바르게 하는 것이다. 하나님을 찬양하고, 찬양을 받으시는 하나님으로부터 칭찬을 받는 관계이다. 다윗이 바로 이러한 조건을 만족시켰다. 그는 하나님을 목적으로 그리고 하나님을 중심으로 인생과 정치의 방향을 잡았다. 그리고 하나님을 만족시키기 위해 일했다. 하나님이 다윗을 이스라엘의 위대한 지도자로 삼으시는 것이 당연하지 않겠는가?

시편 150편은 할렐루야로 시작해서 할렐루야로 끝난다. 원문성경이나 한글판이 그렇다 영어 번역판은 "주를 찬양하라(Praise the LORD)"로 시작해서 같은 말로 끝난다. 할렐루야의 원문 그대로를 사용하는 것을 보아서 한글판 번역이 원문에 훨씬 더 가깝다. 할렐루야는 여호와를 찬양하라는 뜻이다. 말 그대로 찬양으로 시작해서 찬양으로 끝나며, 전형적인 찬양시의 성격을 가졌다. 본문의 내용에서도 찬양이라는 단어가 명령형의 형태로 11번이나 연속적으로 사용된다. 찬양이 신앙인에게 있어서 그만큼 중요한 것이며, 반드시 해야 할 것이기 때문이다. 찬양받으실 하나님이 계시므로 사람은 찬양해야 할 타당한 이유가 있다.

찬양의 장소가 어디인가? 기본적으로는 하나님의 성소이다. 하나님을 만나는 곳이다. 하나님을 만나는 기쁨과 하나님의 임재를 경험하는 기쁨을 찬양할 수 있다. 그러나 하나님은 우주 만물에 계시다. 그러므로 우주 만물 어느 곳에서라도 하나님을 찬양할 수 있다. 우주 만물을 볼 때마다 하나님의 위대하심을 찬양할 수밖에 없다. 미국의 그랜드캐니언을 발견한 스페인 장교는 위대한 장관 앞에서 입을 벌리고 다물 수 없었다. 겨우 진정한 장교는 그 자리에 엎드려서 하나님의 위대하심을 찬양했다. 우리가 있는 그곳이 바로 찬양할 곳이다. "할렐루야 그의 성소에서 하나님을 찬양하며 그의 권능의 궁창에서 그를 찬양할지어다"(1절).

왜 찬양해야 하는가? 사람은 반드시 찬양해야 할 이유를 가지고 있다. 그것은 하나님의 위대하신 권능의 혜택을 입었기 때문이다. 동시에 사람은 하나님을 따르기 때문이다. 하나님이 원하시는 길과 하나님이 제정하신 방향을 선택하고 따르는 사람은 따르는 것에 대한 기쁨을 찬양으로 표현한다. 하나님이 우리에게 당신을 따르도록 부르신 것이 하나님의 권능이다. 구원하려고 부르셨고, 또 하나님의 위대한 일을 나누도록 부르셨으니 얼마나 감사한 일인가? 사람은 이처럼 하나님의 위대한 일을 혜택으로 받았다. 당연히 찬양해야 한다. "그의 능하신 행동을 찬양하며 그의 지극히 위대하심을 따라 찬양할지어다"(2절).

찬양의 소재가 많다. 관악기와 현악기가 동원된다. "나팔 소리로 찬양하며 비파와 수금으로 찬양할지어다"(3절). 타악기가 동원되며 각종 악기들을 찬양의 도구로 사용할 수 있다. "소고 치며 춤 추어 찬양하며 현악과 퉁소로 찬양할지어다"(4절). 작은 소리를 내는 악기만 사용하는 것이 아니라 큰 소리와 높은 소리가 나는 악기를 사용한다. "큰 소리 나는 제금으로 찬양하며 높은 소리 나는 제금으로 찬양할지어다"(5절). 찬양하는 즐거움과 기쁨을 큰 소리와 높은 소리를 내어 표현하는 것이다. 음악의 고저장단이 사람을 흥겹게 한다. 하나님도 고저장단의 가락을 내며 찬양하는 사람의 열정과 헌신을 받으신다.

찬양하라 영혼들아

찬양해야 할 대상은 여호와 하나님이시다. 이스라엘의 하나님, 다윗의 하나님, 구원의 하나님, 전능한 하나님 그리고 찬양받으실 하나님이시다. 한편 찬양해야 할 주체는 우리이다. 하나님으로부터 구원의 은혜와 능력을 입은 사람들이다. 언제 찬양하는가? 호흡이 있는 순간마다 살아있는 동안에 하나님을 찬양해야 한다. 누가 찬양하는가? 호흡이 있는 사람 모두 살아있는 동안에 하나님을 찬양해야 한다. "호흡이 있는 자마다 여호와를 찬양할지어다 할렐루야"(6절). 다윗은 사람들에게 권면하기 이전에 자신이 먼저 그런 삶을 살았다. 그는 자기 인생의 우여곡절 중에 지키신 하나님을 찬양했다.

찬양은 특별한 일이 아니라 삶이다. 찬양하는 것은 인생의 근원을 아는 사람들이 자기 인생이 하나님으로부터 시작되어, 하나님에게서 맺어진다는 것을 알고 있다는 증거이다. 성경의 기자들이 찬양하는 이유가 모두 이런 공통점들을 가지고 있다. 찬양은 고상하고 아름다운 즐거움을 가지게 한다. 찬양은 말초신경만을 자극하는 대중음악과는 다르다. 자기의 내면을 아름답게 하신 하나님을 향해 표현하는 것이다. 찬양할수록 더 아름다워지고, 찬양할수록 더 아름다운 일들이 생겨난다. 찬양할수록 하나님이 기뻐하시고 아름다운 일들을 더 많이 허락하신다. 이처럼 아름다운 일들이 생겨나는데 어찌 찬양하지 않겠는가?

지금까지 150편에 걸쳐 시편의 영성을 함께 산책하여 왔다. 산책이라는 말은 가벼운 발걸음이라는 뜻을 가지고 있는데, 정기적으로 산책을 하려면 그것도 쉽지 않은 길이다. 날씨가 좋지 않거나, 급한 사고가 생기거나, 건강이 허락하지 않는다면 산책하는 것이 어렵다. 그러므로 정기적인 산책은 단단히 마음먹고 습관화하여야 가능하다. 영성산책 역시 마찬가지이다. 단단히 마음먹고 습관적으로 묵상할 때 가능하다. 시편의 영성산책을 통해 성경 인물들이 가진 생각과 시편 기자의 영적 사색을 묵상하며 사람의 영적 감정과 고민, 기쁨과 열정 그리고 그에 따른 신앙생활 등의 다양한 면모를 볼 수 있었다.

영성산책은 여전히 단단히 마음을 먹고 꾸준히 가야하는 길이다. 그러나 하나님이 함께 하시는 길, 예수님이 인도하시는 길, 성령님이 도와주시는 길이다. 삼위일체 하나님이 함께 하시고 능력을 주는 한 영성산책이 꾸준히 지속되어 우리 영성을 건강하게 되기 원한다. 모두 하나님의 은혜이며, 능력이다. 영성산책을 지속하도록 도와주신 하나님께 영광과 감사 그리고 찬양을 올린다.

닮음 3

초판 1쇄 인쇄 2011년 1월 3일
초판 1쇄 발행 2011년 1월 10일

지은이 김향안

발행인 김 일
펴낸곳 글로리아
디자인 some + think 디자인
교정인 김은미
캘리그라피 choi
등 록 2007년 3월 9일 제3-235호
주 소 (156-830) 서울시 동작구 상도1동 685
홈페이지 www.kcdc.net
전 화 02-824-3004, 5004
팩 스 02-824-4231

ISBN 978-89-7666-107-4(03230)

* 잘못된 책은 바꾸어 드립니다.
* 책 값은 뒤표지에 있습니다.